National-Grade Textbooks in the 10th Five-Year-Plan
普通高等教育“十五”国家级规划教材

21世纪高等院校法学系列精品教材

婚姻家庭法学

（第三版）

主　编　杨大文　龙翼飞　夏吟兰

撰稿人　（以撰写章节先后为序）

杨大文　孙若军　夏吟兰

龙翼飞　曹诗权

中国人民大学出版社

·北京·

第三版修订说明

普通高等教育“十五”国家级规划教材《婚姻家庭法学》第三版，是在第二版的基础上全面修订的，本书遵循教材的编写规范，总结了婚姻家庭法课程长期的教学经验，比较准确地对婚姻家庭法规范体系作了全面的阐述，在内容上具有理论性研究和应用性研究并重、以国内法为主、兼顾比较法等特点。这次修订的重点有以下几个方面：

第一，进一步实现教材体系的规范化，使各章之间、章内各节之间更加匀称和协调。为此，在保持总体框架不变的情形下，章节以下的标题，作了某些必要的变动，有的还作了专题补充。

第二，增加了最高人民法院《关于适用〈中华人民共和国婚姻法〉若干问题的解释（三）》的规定，从而使相应的章节丰富了有关法律适用的内容。

第三，对部分章节在内容、文字上的修改较多，其目的在于避免重复、删除冗杂，力求提法、用语的一致性和准确性。

本次修订由主编杨大文教授统一执笔。中国人民大学出版社的编辑们提供了许多重要的帮助。又及：本书初版时共有15章，自第二版起已合并为13章，特此说明。

本书编写组

2012年10月

编写说明

本书是普通高等教育“十五”国家级规划教材之一。

婚姻家庭法学是民商法学的重要组成部分，但又有其独特的学科内容。本教材的编写特点是：第一，全面阐述婚姻家庭法学的基本原理，以利于学生系统地掌握婚姻家庭法学的基本知识。第二，对如何适用中国婚姻家庭法律制度的具体规定进行必要的分析，并引入相关典型案例，引导读者提高分析问题和解决问题的能力。第三，对婚姻家庭法学的理论进行论述时，采用学界的通说观点，同时还简要介绍经典文论，以扩大读者的学术视野。第四，为了便于读者掌握中国现行婚姻家庭法律制度，本教材还附了修改后的《中华人民共和国婚姻法》、《中华人民共和国收养法》、《婚姻登记条例》以及最高人民法院关于适用《中华人民共和国婚姻法》的相关司法解释。

本教材不仅适用于高等院校法学专业本科生和研究生，也适用于法学专业自修、函授及网络教育的专科生和本科生。本教材中对法律适用问题的分析和阐释，同样有助于从事立法、司法和法律服务工作的读者更好地把握当代中国婚姻家庭法律制度的立法精神和司法规则。

本教材的各位撰稿人长期从事婚姻家庭法学的研究和教学工作，同时又参加了当代中国婚姻家庭法律制度的立法活动和法律实践。杨大文和龙翼飞是中国人民大学法学院教授、博士研究生导师，夏吟兰是中国政法大学教授、博士研究生导师，曹诗权是中南财经政法大学教授、博士研究生导师，孙若军是中国人民大学法学院副教授、硕士研究生导师。各位撰稿人的分工是：

杨大文：第一、二、三、四章；

龙翼飞：第九、十一章；

夏吟兰：第七、十二章；

曹诗权：第十、十三、十四、十五章；

孙若军：第五、六、八章。

编　者

2007年7月

目　录

第一编　总论

第二编　分论

第三编　附论

附　录

第一编

总论

第一章
导　言

【重点问题】

婚姻家庭的历史性
婚姻家庭的一般概念和法律概念
婚姻家庭的自然属性和社会属性
婚姻家庭的社会功能
婚姻家庭制度与经济基础、上层建筑
婚姻家庭制度的历史类型
婚姻家庭法的沿革：古代的和近现代的婚姻家庭法

第一节　婚姻家庭的概念和社会本质

婚姻家庭法是调整婚姻家庭关系的法律，是一定国家的婚姻家庭制度的法律形式。婚姻家庭法学是研究有关婚姻家庭的法律制度、法律关系以及与此相关的法律现象的科学，是民法学中具有相对独立性质的分支学科。本书作为高等学校法律专业的婚姻家庭法学教材，开卷伊始，首先应当按照历史唯物主义的观点和方法，对作为社会关系特定形式的婚姻家庭、作为社会制度组成部分的婚姻家庭制度，从理论上予以必要的解析。掌握这方面的基础知识，是学习和研究婚姻家庭法学的出发点。

一、婚姻家庭释义

婚姻家庭自其产生之时起，便成了人类社会中最广泛、最普遍的社会关系。以婚姻为基础的家庭，是社会肌体中的细胞组织。但是，在一个极为漫长的历史时代里，人们对自身生活于其中的婚姻家庭，没有也不可能作出科学的解释。在中国古代，人们对婚姻家庭的认识历来受着传统的天命思想和宗法观念的支配，似乎人世间的“男女之别”、“夫妇之义”、“父母子女之亲”、“尊卑长幼之序”等等，都是圣人秉承天意而制定的，因而是万古不可更易的。我国古籍陆贾《新语》中宣称：“……先圣仰观天文，俯察地理，图画乾坤，以定人道，民始开悟，知有父子之亲，君臣之义，夫妇之道，长幼之序。”汉儒董仲舒在《春秋繁露·基义》中，更是以唯心主义的、宿命论的观点去解释社会和婚姻家庭中的既存秩序，说什么“君臣、父子、夫妇之义，皆取诸阴阳之道。君为阳，臣为阴；父为阳，子为阴；夫为阳，妻为阴……王道之三纲，可求于天。”在古代的欧洲，人们对婚姻家庭的认识主要是以宗教神学为根据的。亚当和夏娃的神话，被当作人类婚姻家庭的发端，只有圣经和教会才能对婚姻家庭作权威的诠解。

恩格斯在《家庭、私有制和国家的起源》一书的第四版序言中，针对以往的婚姻家庭问题研究状况，从历史的角度作了精辟的评述：“在六十年代（指19世纪60年代——引者注）开始以前，根本谈不到家庭史。历史科学在这一方面还是完全处在‘摩西五经’[①] 的影响之下。人们不仅毫无保留地认为那里比任何地方都描写得更为详尽的这种家长制的家庭形式是最古的形式，而且把它——除一夫多妻制外——跟现代资产阶级的家庭等同起来，这样一来，家庭似乎根本没有经历过任何历史的发展；至多认为在原始时代可能有过杂乱的性关系的时期。”[②]

随着社会的前进和科学的发展，人们对婚姻家庭的认识不断深入。达尔文关于物种起源和人类起源的学说，扩大了人们认识原始社会的眼界，人类学、考古学、民族学、历史学等领域所取得的种种进展，为研究婚姻家庭的起源和演变积累了愈来愈丰富的资料。历史唯物主义问世后，将辩证唯物主义的世界观和方法论运用于社会领域和婚姻家庭领域，廓清了笼罩着婚姻家庭的历史迷雾，使婚姻家庭的研究成为真正的科学。

在18世纪和19世纪之交，拉菲托、米拉尔和叶尼什等人有关婚姻家庭的研究，对传统的父权制理论发起了最初的冲击。19世纪中叶以后，一些学者以他们对原始社会的研究，在婚姻家庭的起源和演变等方面提出了新的见解。《母权论》的作者巴霍芬、《原始婚姻》的作者麦克伦南、《古代社会》的作者摩尔根等，便是为恩格斯所提及的这方面的著名学者。巴霍芬以大量的研究成果为依据，探讨了人类两性和血缘关系的演进过程，驳斥和否定了父权制的婚姻家庭是自始就有、永恒不变的观点。麦克伦南第一次指出氏族不是家庭扩大的结果，也不是各个家庭的联合，而是先于家庭而出现的一种普遍存在的社会组织形式。摩尔根认为婚姻家庭是随着社会发展而变化的，具有不同的历史形态，比较符合实际地描述了原始社会的历史、社会组织和婚姻家庭的演进模式。恩格斯在评价上述学者及其研究成果时指出：家庭史的研究是从1861年，即巴霍芬的《母权论》出版的那一年开始的。摩尔根在自己的领域里独立地重新发现了马克思的唯物主义历史观。

但是，上述学者的研究成果仍然具有很大的局限性，这是由他们的世界观和方法论决定的。例如：巴霍芬认为婚姻家庭的发展不是取决于社会的物质生活条件的变化，而是取决于宗教的变化。摩尔根尽管在许多问题上自发地作出了符合历史唯物主义的解释，却认为人类的“理性”在社会进化中，从而也在婚姻家庭的进化中起着决定性的作用。只有历史唯物主义的婚姻家庭观，才科学地阐明了婚姻家庭的本质和发展规律。

按照历史唯物主义的观点，在人类社会中，婚姻家庭并非自始存在、永恒不变的。婚姻家庭是人类社会发展到一定阶段的产物，是与一定的社会生产方式和生活方式相适应的人类的两性和血缘关系的社会形式。婚姻家庭在本质上是一种社会关系，是存在于婚姻双方和家庭成员之间的社会关系，它是适应社会发展的客观需要而产生和发展变化的。

（一）婚姻家庭的一般概念

依照我国婚姻家庭法学界比较公认的见解，婚姻家庭的一般概念可以大致表述如下：婚姻，

---

① 指基督教《旧约全书》的前五卷，即创世记、出埃及记、利未记、民数记和申命记，相传以上各卷均为摩西所作。

② 《马克思恩格斯全集》，第22卷，247页，北京，人民出版社，1965。

是为当时的社会制度所确认的，男女两性互为配偶的结合；家庭，是以婚姻、血缘和共同经济为纽带而组成的亲属团体和生活单位。

上述表述概括了不同历史类型的婚姻家庭形态的共同的本质特征，对任何社会中的婚姻家庭都是适用的。

婚姻是男女两性结合的社会形式，这种结合的双方须为异性，同性结合不成其为婚姻。所谓“同性婚”，是不符合婚姻的本质的。婚姻是男女双方具有配偶身份的结合，这种配偶身份是为当时的社会制度所认可的。不具有配偶身份的结合不成其为婚姻。非婚同居，以及中国旧社会中家长与妾的关系，便是这方面的明显例证。婚姻是家庭的发生基础，婚姻双方构成了最初的家庭关系，通过生育行为又形成了父母子女、兄弟姊妹、祖孙等其他家庭成员之间的关系。家庭是一个亲属团体，同一家庭的成员相互之间具有特定的亲属身份，他（她）们是被婚姻和血缘纽带连结在一起的。此外，收养也是家庭关系的发生原因。家庭又是一个经济上的共同体，如以家庭为单位组织生产、组织消费等，具体情形因不同的社会经济结构而异。正因为家庭既是亲属团体又是经济单位，所以家庭成员一般均为近亲属，而亲属（包括某些近亲属）并非均为同一家庭的成员，他（她）们是分属不同家庭的。

应当指出，在学术研究的领域，学者们往往在不同的意义上使用婚姻家庭的概念，这在许多著作中是十分常见的。归纳起来，大致有广义说、狭义说和折中说三种不同的主张。

依广义说，婚姻家庭泛指自群婚制出现后的各种两性和血缘关系的社会形式，包括群婚、对偶婚、一夫一妻的个体婚以及与上述婚姻形式相适应的家庭形式，如血缘家庭、普那路亚家庭、对偶家庭、一夫一妻的个体家庭等。

依狭义说，婚姻家庭仅指原始社会崩溃后，文明社会中一夫一妻制的个体婚和个体家庭。这种婚姻家庭同私有制、国家一样，都是从原始社会到文明社会的变革过程中的产物。

依折中说，对婚姻不妨作广义的理解，原始社会中的群婚、对偶婚亦可称为婚姻。因为，群婚制出现后的各种婚姻禁例，已将此类两性结合与前婚姻时代的并无任何限制的两性结合加以区别。但是，对家庭应作狭义的解释；在私有制和一夫一妻制确立以前，与原始的公有制经济和社会组织相适应，婚姻双方分属于不同的氏族，作为经济共同体的家庭是根本无法存在的。

作为法律调整对象的婚姻家庭关系，其概念当然是狭义的，法律和这种婚姻家庭是同时代的产物。本书只是在涉及原始社会中两性和血缘关系的社会形式时，为了方便起见才在广义上使用婚姻家庭的概念。

（二）婚姻家庭的法律概念

依照我国婚姻家庭法学界比较公认的见解，婚姻家庭的法律概念可以大致表述如下：婚姻，是男女双方以永久共同生活为目的，以夫妻的权利义务为内容的合法结合；家庭，是共同生活的，其成员互享法定权利、互负法定义务的亲属团体。

上述概念突出地表明了婚姻家庭主体之间的权利义务关系。婚姻家庭的法律概念实际上是婚姻家庭法律关系的概念。婚姻家庭关系一经法律调整，相关主体便被法定的权利和义务联结在一起。

古往今来，许多学者曾试图从法律上对婚姻家庭作出这样或那样的解释。例如：古罗马五大法学家之一的莫迪斯丁（Modestinus）说，婚姻是发生神法与人法的共同关系的终生结合。这种主张基本上为基督教的婚姻观所继受，后又通过婚姻契约说加以改造。颁行于19世纪末的教会法指出，婚姻是男女双方为建立一个终生的、旨在依其自然属性繁衍和教育后代的共同体而形成的一种契约；至于家庭，则被视为以婚姻为核心的，居住在同一场所共同生活的亲属。

古代法学中的婚姻家庭概念显然是非科学的。至于在当代还颇为流行的契约说，在法理上也是不无争议的。婚姻的缔结和协议解除，与契约的成立和终止确有相似之处。但是婚姻的效力、夫妻间的权利义务都是法定的，而不是当事人约定的。家庭中的血缘关系，基于出生的自然事实而发生，更是与约定无关。在这个问题上，本书作者是摒弃契约说、主张制度说的，婚姻家庭法律关系的性质和内容并不取决于当事人的意志，而是由不同社会的婚姻家庭制度确定的。

婚姻家庭的一般概念和法律概念并不矛盾，两者在实质上是一致的。前者是就婚姻家庭这种社会关系而言的，这一概念适用于哲学、人类学、民族学、社会学、伦理学等诸多学科。后者是就婚姻家庭法律关系而言的，这一概念适用于法学领域。

二、婚姻家庭的自然属性和社会属性

婚姻家庭是社会关系的特定形式，是以两性结合和血缘联系为其自然条件的社会关系。因而，人们常说婚姻家庭兼具自然属性和社会属性。在考察婚姻家庭的本质时，一定要正确地认识这两种属性，以及两者之间的关系。自然属性只是为婚姻家庭的形成提供了不可缺少的条件，社会属性才是婚姻家庭的本质属性。

（一）婚姻家庭的自然属性

两性结合和血缘联系，是婚姻家庭区别于其他社会关系的重要特征。这里所说的自然属性，是指男女两性的生理差别和人类固有的性的本能，以及通过生育而实现的种的繁衍等。如果没有这些自然因素，婚姻家庭便无从产生，既没有存在的必要，也不可能实现其特有的社会功能。因此，在研究婚姻家庭的本质时，应对其自然属性予以足够的重视。在生理学和生物学的领域中，某些自然规律对婚姻家庭同样也是起作用的。

自然选择规律在逐步排斥近亲属通婚的过程中所起的作用，便是这方面的明显例证。恩格斯在《家庭、私有制和国家的起源》一书中，对此多有论述。他在论及普那路亚群婚时曾说："不容置疑，凡血亲婚配因这一进步（指血缘群婚为普那路亚群婚所替代——引者注）而受到限制的部落，其发展一定要比那些依然把兄弟姊妹之间的结婚当作惯例和义务的部落更加迅速，更加完全。"他肯定了摩尔根的下述论断：这一进步可以作为"自然选择原则是在怎样发生作用的最好例证"①。恩格斯在论及对偶婚时又说，"在这种越来越排除血缘亲属结婚的事情上，自然选择的效果也继续表现出来"②。原始社会中两性和血缘关系社会形式的演变，是同自然选择规律的要求相一致的。人们在长期的生活实践中总结出来的近亲不婚的禁例，有利于造就在体质上、智力上更加健全的人种，有利于社会的文明进步。

婚姻家庭的自然属性是客观存在的，任何时代、任何国家的婚姻家庭立法都不能置之不顾。例如，婚姻须为异性的结合，确定法定婚龄须考虑人的身心发育程度，以一定范围的血亲关系和特定的疾病作为法定的婚姻障碍，以有性生理缺陷、丧失性行为能力作为禁止结婚或准予离婚的理由，以出生作为血亲关系发生的法律事实等。在涉及婚姻家庭的自然属性的问题上，立法者是不能随心所欲、恣意妄为的，否则便要受到自然规律的惩罚。

（二）婚姻家庭的社会属性

作为社会关系特定形式的婚姻家庭，是社会的产物而不是自然界的产物，前文中所说的两

---

① 《马克思恩格斯全集》，第21卷，49页，北京，人民出版社，1965。

② 《马克思恩格斯全集》，第21卷，58页。

性的生理差别、性的本能和基于生育而发生的血缘联系等自然因素，都是先于婚姻家庭而存在的，是人类尚未脱离动物界时就已经存在并发生作用的。这些自然因素普遍地存在于一切高等的或较高等的动物界，婚姻家庭却是人类特有的、在社会发展的一定阶段上出现的社会关系；绝不可将婚姻家庭赖以形成的自然条件和婚姻家庭本身混为一谈。决定婚姻家庭本质的是其社会属性，而不是其自然属性。马克思曾说："人的本质并不是单个人所固有的抽象物，实际上，它是一切社会关系的总和。"① 这一论断对揭示婚姻家庭的本质具有很重要的指导意义。自婚姻家庭形成以来，它便是社会关系总构成的组成部分。婚姻家庭与社会诸关系具有密切的内在联系，它是依存于一定的社会结构、具有相应的社会内容的。婚姻家庭的起源、性质、特点及发展变化等，远非其自然属性所能说明，只有从其社会属性中才能找到正确的答案。

在原始社会崩溃以来的数千年中，人类从生理学、生物学的角度来看并没有发生重大的变异。然而，在此期间却出现了许多性质不同、形态各异的婚姻家庭。这显然是基于社会因素的作用，而不是基于自然因素的作用。人类社会特有的婚姻家庭因其社会性而根本不同于动物的生活群体。夸大婚姻家庭的自然属性、贬低其社会属性是完全错误的，将两种属性并列起来等量齐观也是完全错误的。

列宁曾说：马克思、恩格斯的基本思想是将社会关系分为物质关系和思想关系，"思想的社会关系不过是物质的社会关系的上层建筑，而物质的社会关系是不以人的意志和意识为转移而形成的，是人维持生存的活动的（结果）形式"②。考察婚姻家庭中的物质社会关系和思想社会关系，有助于理解婚姻家庭的社会属性。婚姻家庭中的物质社会关系是同一定社会的物质生活条件特别是作为经济基础的生产关系相适应的。婚姻家庭中的思想社会关系（包括感情的、伦理的和法律的等因素）是同一定社会的上层建筑包括意识形态相适应的。正因为如此，以婚姻为基础的家庭堪称社会的细胞或社会的缩影。

三、婚姻家庭的社会功能

婚姻家庭是适应人类社会发展的客观需要而出现的，自其产生之时便担当着重要的、其他社会组织无法替代的功能。这些功能将婚姻家庭和社会密切地联系在一起，是婚姻家庭的本质和作用在社会生产、社会生活中的具体表现。一夫一妻制形成以来的婚姻家庭起着调节两性关系、组合亲属生活的重要作用，它是社会中人口再生产的单位，也是重要的经济单位和教育单位。

上述功能反映了一定社会中的生产方式和生活方式对婚姻家庭的要求；在不同的社会制度下，它们的具体表现是不尽相同的。婚姻是家庭的发生基础，婚姻关系又是家庭关系的核心；婚姻家庭的社会功能，亦可简称为家庭的社会功能。婚姻家庭在调节两性关系、维护两性关系的社会秩序中的功能是显而易见的，此处无须赘述，仅就婚姻家庭在以下几个方面的功能略作说明。

（一）实现人口再生产的功能

恩格斯说："根据唯物主义观点，历史中的决定性因素，归根结蒂是直接生活的生产和再生产。但是，生产本身又有两种。一方面是生活资料即食物、衣服、住房以及为此所必需的工具

① 《马克思恩格斯全集》，第3卷，5页，北京，人民出版社，1960。

② 《列宁选集》，3版，第1卷，19页，北京，人民出版社，1995。

的生产；另一方面是人类自身的生产，即种的蕃衍。”① 一定数量的人口和人口的再生产，是社会存在和发展的必要条件。婚姻家庭是人口再生产的社会形式，人口再生产是通过婚姻家庭中的生育行为实现的。历史上的每一种生产方式，都有其特定的人口规律。社会制度不同，婚姻家庭在实现人口再生产的功能时也呈现出相应的特点。基于社会主义制度下人口规律的客观要求和人口现状，我国以实行计划生育为基本国策之一，其目的在于实现人口与经济、社会的协调发展和社会的可持续发展。婚姻家庭制度和生育制度具有密切的联系，实行计划生育是我国婚姻家庭法的一项基本原则。

（二）组织经济生活的功能

以婚姻为基础的家庭，自其产生之时起便在社会经济生活中起着重要的作用。在古代社会的自然经济中，家庭的经济功能尤为突出，当时的家庭是组织生产和消费的最重要的经济单位。进入资本主义时代后，由于大工业的发展和生产组织形式的变化，家庭作为生产单位的功能已大大削弱，但它仍是组织消费的基本经济单位。

恩格斯曾经指出：“随着生产资料转归社会所有，个体家庭就不再是社会的经济单位了。”② 社会主义建设的实践表明，完成上述变革需要经历一个很长的历史过程。我国现正处于社会主义初级阶段，改革开放以来，家庭的经济功能有所增强。广大的农村承包经营户和个体工商户，是社会主义市场经济中活跃的细胞，具有组织生产经营的功能。特别需要指出的是，家庭作为消费的经济单位，仍是社会分配和个人消费的中介，它在养老育幼（扶养家庭中没有独立生活能力的成员）方面所起的重要作用，是其他社会组织无法替代的。可以想见，只有到了“各尽所能，按需分配”的共产主义时代，家庭的经济功能才会最终消失。

（三）教育功能

以婚姻为基础的家庭是社会中一个重要的教育单位。家庭教育是社会教育不可缺少的组成部分。家庭是人们最初的生活环境和活动场所。家庭成员之间在血缘的、感情的、经济的和共同生活的等方面的密切关系，使家庭教育具有不同于学校教育、其他社会教育的种种特点。在教育事业不发达的古代，家庭教育是最重要的教育手段。近现代以来学校教育和其他社会教育有了很大的发展，但家庭教育在全部社会教育中仍具有其特殊的地位。它在养成健全人格、培养思想品德、实现文化传承等方面都起着重要的作用。邓小平同志说：“革命的理想，共产主义的品德，要从小开始培养。”③ 良好的家庭教育，是实现这一要求的重要保证。应当指出，广义上的家庭教育不以父母对子女的教育为限，还包括家庭成员之间的相互教育。在社会主义制度下，应当将家庭教育、学校教育和其他社会教育更加有效地结合起来，进一步发挥家庭作为教育单位的作用，以促进人的全面发展和社会的文明进步。

第二节　婚姻家庭制度及其历史类型

与现实形态的婚姻家庭不同，婚姻家庭制度是一定社会中经济基础的上层建筑，是经济基础对婚姻家庭的要求在上层建筑领域的集中表现；它是由各种有关婚姻家庭的社会规范构成的，包括法律规范、道德规范和习惯等。阶级社会中的婚姻家庭制度具有一定的法律形式，但是，

① 《马克思恩格斯全集》，第 21 卷，29～30 页。
② 《马克思恩格斯全集》，第 21 卷，89 页。
③ 《邓小平文选》，2 版，第 2 卷，105 页，北京，人民出版社，1994。

广义上的婚姻家庭制度是不以婚姻家庭法律制度为限的。遵循历史唯物主义原理考察婚姻家庭制度与经济基础和上层建筑相关部门的内在联系，考察婚姻家庭制度的演进过程，对学习和研究婚姻家庭法学具有重要的意义。

一、婚姻家庭制度与经济基础、上层建筑

（一）经济基础决定婚姻家庭制度的性质和特点

在经济基础和上层建筑的关系中，前者一般地表现为主要的、起决定作用的方面。经济基础的性质，决定了上层建筑的性质。从总体上说，有什么样的经济基础，便有什么样的婚姻家庭制度。一定社会中婚姻家庭制度的性质和特点，归根结底是由作为经济基础的生产关系决定的。马克思说："社会——不管其形式如何——究竟是什么呢？是人们交互作用的产物。人们能否自由选择某一社会形式呢？绝不能。在人们的生产力发展的一定状况下，就会有一定的交换和消费形式。在生产、交换和消费发展的一定阶段上，就会有一定的社会制度、一定的家庭、等级或阶级组织，一句话，就会有一定的市民社会。"① 婚姻家庭制度的演进过程表明，不同类型的婚姻家庭制度都是与当时的社会经济基础相适应的。原始社会中的群婚制、对偶婚制和当时的血缘组织，是与原始公有制的经济基础相适应的。剥削阶级社会中的一夫一妻制的婚姻家庭制度，是与生产资料私有制的经济基础相适应的。在社会主义公有制的经济基础上，形成了新的、更高类型的、男女平等的一夫一妻制的婚姻家庭制度。各种婚姻家庭制度的更替，无一不是经济基础发生变革的必然结果。

从根本上来说，生产力的发展是社会制度、婚姻家庭制度不断进步的原动力。但是，婚姻家庭制度同其他上层建筑一样，它和生产力的联系是以经济基础为中介的。只有生产力的发展导致经济基础的变革，才能导致婚姻家庭制度的根本变革。正因为如此，人类社会的婚姻家庭制度既是不断发展变化的，又在一定历史阶段中处于相对稳定的状态。

另外，婚姻家庭制度也同其他上层建筑一样，对经济基础并不是消极、无为的。婚姻家庭制度能够通过自身特有的途径，能动地反作用于经济基础，并通过经济基础影响生产力的发展。先进的婚姻家庭制度是促进生产力发展的积极因素，落后的婚姻家庭制度是束缚生产力发展的消极因素。在评价一定的婚姻家庭制度时，绝不能仅以这一制度本身作为考察对象，而应结合社会条件进行客观、全面的分析，归根结底要看它在当时对生产力的发展，对社会的发展起何种作用。这是我们评价婚姻家庭制度包括婚姻家庭法律制度的基本标准，也是我们实行婚姻家庭制度改革的理论依据。

（二）上层建筑、意识形态对婚姻家庭制度的制约和影响

建立在同一经济基础之上的各种上层建筑是相互联系的。经济基础对婚姻家庭制度的要求，往往不是直接地，而是通过上层建筑的相关部门反映出来的。婚姻家庭制度属于上层建筑的范畴，但它并不是上层建筑的一个独立部门。构成婚姻家庭制度的各种社会规范，是寓于上层建筑的相关部门之中的。广义上的上层建筑包括意识形态。我们既要肯定经济基础对婚姻家庭制度的决定作用，又要重视上层建筑包括意识形态对婚姻家庭制度的制约和影响。只有这样，才能正确地解释为什么一些具有同一类型经济基础的国家，在婚姻家庭制度上会呈现出各自的特色。如果置上层建筑、意识形态于不顾，一切问题都直接地、机械地从经济基础中去寻找答案，

---

① 《马克思恩格斯全集》，第27卷，477页，北京，人民出版社，1972。

同样也是违背历史唯物主义原理的。列宁曾说："如果企图把两性关系从它们与整个思想体系的总的联系中划分出来后的本身变化，直接归结到社会的经济基础，那就不是马克思主义，而是唯理主义。"①

上层建筑、意识形态对婚姻家庭制度的制约和影响作用是多方面的，作用的途径也各自有别，此处通过以下几个方面略作说明。

1. 婚姻家庭制度与政治

政治是经济的集中反映，政治制度对婚姻家庭制度的制约和影响是很强烈的。只要对中国古代的宗法政治和奴隶制、封建制的婚姻家庭制度的关系，对以"自由、平等、民主"标榜的资产阶级政治和资本主义婚姻家庭制度的关系稍加考察，便不难发现其中的一致性和内在联系。我国的社会主义民主政治，党和国家的有关政策，在改革和完善婚姻家庭制度的过程中起着极为重要的作用，是推动婚姻家庭文明进步的强大动力。

2. 婚姻家庭制度与法律

法律是国家制定或认可的，以国家的强制力保证其实施的行为规范。阶级社会中的婚姻家庭制度均有一定的法律形式。调整婚姻家庭关系的法律在古今中外各国的法律体系中都占有很重要的地位，如罗马私法中的亲属法，中国历代封建法典中的户婚律，近现代各国的亲属法和各种有关婚姻家庭的单行法等。婚姻家庭法律制度，是婚姻家庭制度的核心内容。我国的婚姻家庭法是具有中国特色的社会主义婚姻家庭制度在法律上的集中表现。由于法律是以国家的强制力为其后盾的，它在调整婚姻家庭关系方面的特殊作用是其他上层建筑无法替代的。

3. 婚姻家庭制度与道德

婚姻家庭是社会中重要的伦理实体，道德观念和道德规范的体系中具有大量的有关婚姻家庭的内容。与法律不同，道德不是凭借国家的强制力，而是依靠信念、传统、教育和社会舆论等力量，去评断善恶、是非，从而引导和约束人们的行为，调整人与人之间、个人与社会之间的关系。道德既具有社会性，又具有阶级性。恩格斯在《反杜林论》中指出："人们自觉地或不自觉地，归根到底总是从他们阶级地位所依据的实际关系中——从他们进行生产和交换的经济关系中，吸取自己的道德观念"，"所以道德始终是阶级的道德"②。在阶级社会中，统治阶级的婚姻家庭道德同婚姻家庭法律是一致的，两者是相辅相成、互为补充的。在我国的现实生活中，社会主义的婚姻家庭道德是婚姻家庭制度的精神支柱。为了实现依法治国和以德治国相结合的治国方略，对婚姻家庭关系的法律调整和道德调整是缺一不可的。

4. 婚姻家庭制度与宗教

宗教是自然力量和社会力量在人们思想中的一种虚幻的、歪曲的反映。"在这种反映中，人间的力量采取了超人间的力量的形式。"③ 在古代社会，宗教对婚姻家庭制度的影响是很强烈的。在一些政教合一的国家里，婚姻家庭制度是按照宗教的教义构筑起来的，宗教经典是婚姻家庭法的立法依据和重要渊源，如印度教的《摩奴法典》，基督教的《圣经》，伊斯兰教的《古兰经》等。时至今日，宗教对一些国家婚姻家庭制度的影响还是极为明显的。中国古代的宗教有其自身的特点，除某些少数民族外，宗教对婚姻家庭制度的影响不如伊斯兰教国家、基督教国家那样强烈，但同样也存在"神权"对婚姻家庭关系的干预。在社会主义制度下，我国公民有信仰或不信仰宗教的自由。对婚姻家庭方面的宗教传统、宗教活动等，应当依法予以尊重，

---

① 蔡特金：《回忆列宁》，59～60页，北京，人民出版社，1960。

② 《马克思恩格斯全集》，第20卷，102、103页，北京，人民出版社，1971。

③ 《马克思恩格斯选集》，2版，第3卷，667页，北京，人民出版社，1995。

同时也要禁止利用宗教力量非法干涉婚姻家庭。

此外，风俗习惯和文学艺术对婚姻家庭制度也有一定的影响。风俗习惯一般都是在历史上长期形成的，同人们的生产和生活环境有着密切的关系，具有民族性、地区性、传统性等特点。某些为法律所认可的婚姻家庭领域中的习惯，本身就是婚姻家庭制度的内容。运用形象思维反映社会生活和婚姻家庭生活的文学艺术，则是通过对人们的婚姻家庭观的影响，潜移默化地发挥其作用的。

上层建筑包括意识形态对婚姻家庭制度的制约和影响，此处不能一一详加列举。同时还要看到，婚姻家庭制度对有关的上层建筑包括意识形态也有一定的影响。产生于同一经济基础的制度和思想体系本来就是同质的、相互联系的。

二、婚姻家庭制度的历史类型

任何婚姻家庭制度都不是抽象的，它只能以具体的历史形态存在于社会发展的一定阶段。基于婚姻家庭制度和社会制度的一致性，我们可将经济基础的不同类型作为区分婚姻家庭制度历史类型的客观依据。如果对婚姻家庭的概念持广义说，以群婚制为婚姻家庭制度的萌芽，可将婚姻家庭制度分为群婚制、对偶婚制和一夫一妻制三种历史类型。恩格斯在《家庭、私有制和国家的起源》一书中指出："群婚制是与蒙昧时代相适应的，对偶婚制是与野蛮时代相适应的，以通奸和卖淫为补充的一夫一妻制是与文明时代相适应的。"① 需要说明的是，上述引文中的文明时代是作为私有制社会的同义语使用的。此外，恩格斯还在上述著作中，对婚姻家庭制度的发展前景作了科学的预见，断言在资本主义生产方式消灭后，必将出现与新的时代相适应的、婚姻自由、男女平等的一夫一妻制的婚姻家庭制度，即社会主义和共产主义社会中的婚姻家庭制度。

如果对婚姻家庭的概念持狭义说，以一夫一妻制的形成为婚姻家庭制度确立的标志，可将婚姻家庭制度分为奴隶制的婚姻家庭制度、封建制的婚姻家庭制度、资本主义的婚姻家庭制度和社会主义婚姻家庭制度。

（一）原始社会中的群婚制和对偶婚制

在原始社会早期，生产力极为低下，原始人类出于生存的需要，只能结成不大的群体共同劳动、共同生活。原始群体是人类最初的社会组织形式，群体成员之间的劳动协作是最初的生产关系。同一群体的成员在两性关系方面没有任何限制，人与人之间的血缘关系是无法用后世的亲属观念来判明的。如果硬要将婚姻家庭的概念用于当时的原始人类，那么，一个群体就是一个"婚姻"集团，一个"家庭"公社，实际上也是一个社会。

某些人类学著作曾用原始杂交、乱婚等词语去说明当时人类的两性生活。其实，当时只是在两性关系方面没有后世出现的种种禁例，两性结合具有自然的、朴素的性质。恩格斯曾经讽刺某些歪曲了两性关系原始状态的学者：如果像观察妓院那样去观察这种状态，那便不可能对它有任何理解。

随着原始社会的缓慢发展，从最初的毫无限制的两性关系中逐渐演变出各种群婚制的两性结合，原始群体在群婚制发展的一定阶段为氏族所替代。

按照摩尔根在《古代社会》一书中提出的婚姻家庭的进化模式，群婚制的低级形式是血缘

① 《马克思恩格斯全集》，第21卷，88页。

群婚，群婚制的高级形式是普那路亚群婚，或称亚血缘群婚。① 血缘群婚已经排除了直系血亲之间的两性关系。父母与子女等不同辈分的异性间有严格的婚姻禁例，两性关系是按照世代来划分的。普那路亚群婚仍然是一种同行辈的集团婚，但是已从两性关系中排除了兄弟姐妹。同辈旁系血亲之间的婚姻禁例越来越严格，最初排除了同胞的兄弟姐妹，后来又排除了血缘关系较远的堂兄弟姐妹、从兄弟姐妹。

关于原始社会中群婚制的具体形式，学者们历来有不同的见解。恩格斯在《家庭、私有制和国家的起源》一书的第一版中，基本上采纳了摩尔根提供的有关群婚制的资料，后来又根据新的研究成果对此作了重要的修正。他在上述著作的第四版序言中说："摩尔根的主要著作出版以来已经十四年了，这十四年间，关于原始人类社会历史的材料，已经大大丰富起来……有的提供了新的材料，有的提出了新的见解。结果，摩尔根的某些假说便被动摇，或甚至被推翻了。不过，新搜集的资料，不论在什么地方，都没有导致必须用其他的原理来代替他的基本观点。他给原始历史研究所建立的系统，在基本的要点上，迄今仍是有效的。"②

自那时起，一个多世纪过去了，原始社会研究的大量成果证明了群婚形式的复杂性和多样性。不少学者对血缘群婚和普那路亚群婚是否存在、能否将其作为原始婚姻的不同发展阶段等问题，提出了这样或者那样的质疑。我们认为，问题不在于群婚制的具体形式，而在于群婚制本身。许多新的研究成果，包括对血缘群婚和普那路亚群婚持否定态度的在内，不仅不能否认群婚制的存在，反而通过各种例证为形形色色的群婚制的广泛存在提供了更多的、更为有力的证明。

氏族组织出现于群婚制的一定发展阶段。恩格斯曾说："看来，氏族制度，在绝大多数场合下，都是从普那路亚家庭中直接发生的。"③ 又说，澳大利亚的婚级制度也可以成为氏族的出发点。对此不应从排他的意义上理解；许多研究成果表明，氏族的发生途径是多样的，而不是单一的。原始社会中最初出现和长期存在的是母系氏族，这是一个出于共同的女祖先的后裔组成的，按照母系确定其血缘关系的社会组织。在群婚制下，是无法按照父系确定人们的血缘关系的。由于兄弟姐妹（同胞的或血缘较远的）间存在严格的婚姻禁例，氏族是实行族外婚制的。换言之，只有实行族外婚才能将不同的氏族加以区别。族外婚既是通婚的原则，也是氏族的组织原则。在母系氏族制度下，婚姻双方分属于不同的氏族，子女是母方氏族的成员，而不是父方氏族的成员。这种母系氏族既是一个血缘团体，又是组织生产和生活的基本单位。

形成于原始社会末期的对偶婚制，是从群婚制到一夫一妻制的过渡。其实，成对配偶在或短或长的期间相对稳定地同居生活的现象，在群婚制下或更早的时代便已出现。随着社会的发展、两性和血缘关系社会形式的变化，群婚制下的各种婚姻禁例越来越严格，一男一女对偶同居的现象逐渐被习惯、道德固定下来。正如恩格斯所说："由于次第排斥亲属通婚——起初是血统较近的，后来是血统愈来愈远的亲属，最后是仅有姻亲关系的——，任何群婚形式终于在实际上成为不可能的了，结果，只剩下一对结合得还不牢固的配偶，即一旦解体就无所谓婚姻的分子。"④ 对偶婚虽然具有相对稳定的性质，但双方的结合并不牢固，极易为双方或一方破坏。在母系氏族制下，这种对偶婚仍以女子为中心。被人们称为对偶家庭的结合，仍然不是严格意

---

① "普那路亚"一词是夏威夷语中亲密伴侣的译音，亚血缘群婚一词是我国学者郭沫若在其史学著作中首先使用的。

② 《马克思恩格斯全集》，第 22 卷，258～259 页。

③ 《马克思恩格斯全集》，第 21 卷，52 页。

④ 《马克思恩格斯全集》，第 21 卷，59 页。

义上的家庭。在氏族公有经济中，它不可能成为一个脱离氏族而独立的经济单位。

（二）私有制社会中的一夫一妻制

一夫一妻制的婚姻家庭制度是在原始社会和阶级社会交替之际出现的。它从最初萌芽到最后形成经历了一个很长的过程。在这一过程中，各种社会变革错综复杂地交织在一起。母系氏族为父系氏族所替代，两性社会地位的根本变化和男尊女卑制度的形成等，便是这种婚姻家庭制度出现的历史前奏。就经济根源而言，一夫一妻制的婚姻家庭制度的产生，是原始公有制崩溃和私有制确立的必然结果。

原始社会中的两性和血缘关系的社会形式，是同当时的公有制生产关系的一定发展阶段相适应的，对偶婚制已经成为它的极限。正如恩格斯所说，要使对偶家庭进一步发展为牢固的一夫一妻制，还需要有新的社会的动力。① 这里所说的新的社会动力，就是原始社会末期出现的私有财产。在母系氏族社会盛极而衰的时候，生产力有了较大的发展，农业和畜牧业提供的剩余产品起初无疑是归属于全氏族的，后来，情况逐渐发生变化。按照当时的性别分工，部分男子成为畜群等新的财产的掌管者，在阶级分化的过程中，部分男子又成为新的生产工具即奴隶的管理人。私有经济因素的积累和阶级分化，使部分男子拥有越来越多的财富和权势。同时还要看到，在群婚制下，只能判明谁是子女的生母；在对偶婚制下，谁是子女的生父一般说来也是能够判明的。恩格斯指出："随着财富的增加，它便一方面使丈夫在家庭中占居比妻子更重要的地位；另一方面，又产生了利用这个增强了的地位改变传统的继承制度使之有利于子女的意图。但是，当世系还是按母权制来确定的时候，这是不可能的。因此，必须废除母权制，而它也就被废除了。"② 父系氏族制确立后，子女由母方氏族的成员变为父方氏族的成员，实行按父方确定世系的规则，以及由子女承袭其财产的新的继承制度。于是，在父系氏族内部逐渐形成了以男子为中心的，拥有一定私有财产的一夫一妻制的婚姻家庭。男女两性社会地位的变化，从原始的、朴素的平等关系到男尊女卑，也是在私有制和阶级形成的过程中完成的。对植根于私有制的一夫一妻制，恩格斯曾就其本质作了深刻的剖析："它是建立在丈夫的统治之上的，其明显的目的就是生育确凿无疑的出自一定父亲的子女；而确定出生自一定的父亲之所以必要，是因为子女将来要以亲生的继承人的资格继承他们父亲的财产。""一夫一妻制是不以自然条件为基础，而以经济条件为基础，即以私有制对原始的自然长成的公有制的胜利为基础的第一个家庭形式。"③

私有制社会中的一夫一妻制有其特定的社会历史内容，不应仅就其字面意义作简单化的解释。恩格斯曾说："正是奴隶制与一夫一妻制的并存，正是完全受男子支配的年轻美貌的女奴隶的存在，使一夫一妻制从一开始就具有了它的特殊的性质，使它成了只是对妇女而不是对男子的一夫一妻制。"④ 这种"特殊的性质"在私有制社会中始终存在，所不同的只是它的程度和表现形式。

起源于私有制的一夫一妻制的婚姻家庭制度经历了长期的演变过程，奴隶制的、封建制的和资本主义的婚姻家庭制度都是私有制社会中一夫一妻制的婚姻家庭制度的具体的历史形态。它们的性质和特征，都反映了各该社会的经济基础和上层建筑的要求。关于这些婚姻家庭制度在法律上的表现，本章第三节还将从历史沿革的角度另作说明。

---

① 参见《马克思恩格斯全集》，第21卷，64～65页。
② 《马克思恩格斯全集》，第21卷，67页。
③ 《马克思恩格斯全集》，第21卷，74、77页。
④ 《马克思恩格斯全集》，第21卷，75页。

（三）社会主义婚姻家庭制度及其发展方向

早在一百多年以前，恩格斯就对婚姻家庭制度的历史走向和未来的前景作出了科学的预见："我们现在正在走向一种社会变革，那时，一夫一妻制的迄今存在的经济基础……不可避免地都要消失。""随着生产资料转归社会所有……一夫一妻制不仅不会终止其存在，而且最后对于男子也将成为现实。"①

社会主义婚姻家庭制度是新的、更高类型的婚姻家庭制度，它的建立和发展是人类婚姻家庭史上的伟大变革。私有制和阶级剥削制度是旧时代的一夫一妻制的婚姻家庭制度赖以存在的基础；男女、夫妻、亲子、家长和家属之间各种不平等的关系，同社会成员在生产资料占有方面的不平等、阶级不平等是一致的，两者具有同样的社会根源。从历史上来看，从奴隶制、封建制的婚姻家庭制度到资本主义婚姻家庭制度，总的来说是沿着文明进步的方向发展的，但是，这并没有从根本上改变私有制社会中一夫一妻制的婚姻家庭制度固有的性质。社会主义制度的建立，消除了旧婚姻家庭制度的社会根源，为新婚姻家庭制度的发展开辟了广阔的道路。

社会主义婚姻家庭制度产生并决定于社会主义公有制的经济基础，同时也反映了社会主义的政治、法律、道德等对婚姻家庭的要求。它具有婚姻自由，一夫一妻，男女平等，保护妇女、儿童和老人合法权益等基本特征。这种新的婚姻家庭制度有利于人的全面发展，有利于婚姻家庭和全社会的文明进步。

在社会主义社会的一定发展阶段中，新的婚姻家庭制度还不够完善。我国现正处于社会主义初级阶段。婚姻家庭领域中的旧制度、旧传统的残余影响不可能在短时期内完全消除。人们的婚姻家庭生活，还受着社会经济和文化发展水平的制约。在婚姻家庭领域，男女两性在法律地位上的平等还不等于实际生活中的完全平等。只有通过社会主义物质文明和精神文明建设，才能为完善社会主义婚姻家庭制度创造各种更加有利的条件。婚姻家庭制度与社会制度是同步发展的。社会主义婚姻家庭制度具有强大的生命力，代表着人类婚姻家庭制度的发展方向，它是从阶级社会的婚姻家庭制度向共产主义社会的婚姻家庭制度的过渡。

第三节　婚姻家庭法的沿革

婚姻家庭法历史悠久，源远流长。在重视身份关系的古代各国，婚姻家庭法的发达一般是早于财产法的。调整婚姻家庭关系的法律（不论其名称如何），在不同时代的法律体系中都占有很重要的地位。古代法多采取诸法合体的形式，婚姻家庭法规范是被包容在内容庞杂的统一法典之中的。近现代法以婚姻家庭法为民法的组成部分，也有一些国家是以其作为独立的法律部门的。本节对古代婚姻家庭法、近现代资产阶级国家婚姻家庭法、社会主义国家婚姻家庭法，从历史发展的角度略作简介。关于我国近现代的婚姻家庭法，当在第二章第一节中另作说明。

一、古代婚姻家庭法概况

（一）中国古代婚姻家庭法简介

1. 奴隶制时代的婚礼和家礼

中国古代法有其自身的特点，刑的起源较早，成文法典的制定较晚，它是从奴隶制到封建

① 《马克思恩格斯全集》，第21卷，88、89页。

制的社会变革过程中的产物。在奴隶制时代，婚姻家庭关系主要是由维护宗法制度的礼，以及为统治阶级所认可的习惯加以调整的。这些礼制和习惯，实际上起着法的作用。

我国古籍《礼记·昏义》中说："夫礼始于冠，本于昏，重于丧祭，尊于朝聘，和于乡射，此礼之大体也。"① 其中，冠、昏、丧、祭等礼都是奴隶主阶级的成员在婚姻家庭生活中必须遵守的行为规则，此处姑且称其为婚礼和家礼。至于奴隶们的婚姻家庭生活，当然是不会见诸礼制的，是按照习惯处理，甚至是由其主人随心所欲地支配的。

宗法制度是中国古代最重要的上层建筑，婚姻家庭制度是依附于、从属于宗法制度的。从一定意义上也可以说，当时的婚姻家庭制度是宗法制度的组成部分。古代的婚礼、家礼反映了宗法制度对婚姻家庭的要求，它们的种种特征，都可以从宗法制度中找到合理的解释。

所谓宗法制度，无非是原始社会的父系氏族制在阶级社会中的转化形态。掌握了国家机器的奴隶主阶级，通过这种制度，将宗族组织和政治组织强固地结合在一起，借助血缘纽带实现其阶级统治。所谓："别子为祖，继别为宗，继祢者为小宗。有百世不迁之宗，有五世则迁之宗。百世不迁者，别子之后也。宗其继别子之所自出者，百世不迁者也。宗其继高祖者，五世则迁者也。"② 这就是宗法家族的组织法，也是宗法制国家的组织法。奴隶主阶级不仅借助血缘纽带将同姓贵族联结起来，还通过异姓贵族的联姻，形成一个广泛的亲属网络和政治网络。以婚姻为基础的家庭，是宗法系统的基层单位和细胞组织。奴隶制时代的礼将"合两姓之好"、"上以事宗庙，下以继后世"为婚礼的最高目的，以"孝"、"悌"为家礼最高原则，都是出于维护宗法制度的需要，都是为了巩固家庭、宗族中的宗法统治秩序乃至国家、社会中的宗法统治秩序。

在宗法制度下，婚礼被置于礼之本的地位。《礼记·昏义》曰："男女有别，而后夫妇有义；夫妇有义，而后父子有亲；父子有亲，而后君臣有正。""昏礼者，礼之本也。"《中庸》中亦有"君子之道，造端乎夫妇"等语。婚姻是被认为人伦之始的。宗法制度下的婚礼，是以实行包办、买卖婚姻和维护奴隶主阶级的名义上的一夫一妻制和事实上的一夫多妻制为其实际内容的。当时的礼制以聘娶婚为结婚方式，以"六礼"为嫁娶程序。父母、尊长对子女、卑幼握有主婚权，在婚事上往往以聘娶为名，行买卖之实。按照礼制的要求，妻仅得为一人，但奴隶主贵族在事实上是实行多妻制的。《礼记·昏义》载："古者天子后立六宫、三夫人、九嫔、二十七世妇、八十一御妻"；其他古籍中也有诸侯一娶九女，卿、大夫一妻二妾，士一妻一妾等记述。娣媵制便是这种多妻制的典型例证。

历史资料表明，娣媵制在商代即已出现，西周、春秋时更为盛行。《公羊传·庄公十九年》载："媵者何？诸侯娶一国，则二国往媵之，以侄娣从。"所谓娣，是指从姐同嫁之妹；所谓侄，是指从姑同嫁之侄女。当时诸侯有一娶九女之俗。娶一国女时，同姓之二国以女从媵，每国合侄、娣为三人，三国共合九女之数。这种公开实行的多妻制，是奴隶主贵族借联姻扩大政治势力的一种手段。

宗法制度下的家礼以"亲亲"、"尊尊"、"长长"、"男女有别"等为基本内容。当时的家庭是父系、父权、父治的家长制家庭，夫、父、家长往往一身而三任。一家之内，大权操于家长之手，男女、夫妇、上下、长幼之间尊卑有序，各有其位，不得僭越。所谓"天无二日，国无二君，家无二尊"③，所谓"君者，国之隆也，父者，家之隆也，隆一而治，二而乱"④，都说明

① "昏"或作"昬"，其义与"婚"同。

② 《礼记·大传》。

③ 《孔子家语·本命解》。

④ 《荀子·致仕》。

了当时的家长制家庭是宗法社会的缩影。家长在家庭中处于支配一切的地位，其权力是至高无上的，也是不可分割的。子女、卑幼对父母、尊长须绝对服从，恪遵孝道，在人身和财产关系方面都受着家礼的重重束缚。

中国奴隶制时代的婚礼和家礼对后世有很大的影响。这方面的一些具体制度，如嫁娶程序方面的“六礼”，婚姻离异方面的“七出”、“三不去”，以及立嫡、立嗣和亲属的服制等，都发端于奴隶制时代，后又为封建制时代的礼与律所继受。

2. 封建制时代的户婚律

中国历代封建王朝对婚姻家庭关系的调整是礼律并用的。一方面，奴隶制的宗法制度为封建宗法制度所代替后，古已有之的婚礼、家礼在经过改造、补充后仍然发挥着重要的作用。另一方面，有关婚姻家庭的成文法也有了相当的发展，以户婚律（或类似名称）为主的婚姻家庭法规范体系，是历代封建王朝制订的统一法典的组成部分。

与婚姻家庭有关的成文法始于战国时代。《法经》和秦律中与婚姻家庭有关的一些规定，就其性质而言属于刑法和行政法规范，并不是系统地调整婚姻家庭关系的法律。汉九章律有《户律》一章，用以规范婚姻家庭以及与此有关的其他事项。三国、两晋、南北朝均上承汉制而有所损益。魏律、晋律中均有《户律》，北齐律中改称《婚户律》。北周律中分列《婚姻》、《户禁》两篇。南朝各代基本上沿用晋律。隋开皇律将婚、户合二为一；《大业律》中再次分为《户律》和《婚律》。唐律以《户婚》为其第四篇，集封建时代前期户婚立法之大成，起着承上启下的作用，不仅为以后的封建法典所仿效，而且远播域外，对周边的一些国家和地区有很大的影响。宋代有关户婚的律条载于《刑统》，辽、金、元的法典中均有关于户婚事项的规定。明律中分律为六，《户律》中有《婚姻》等七门。清律基本上因袭明律。封建时代的婚姻家庭法规范，除以律名者外还有其他一些法律形式，如户令和后期与律并用的例等。有关户婚事项的例，是处理婚姻家庭案件的直接依据。

应当指出，中国历代封建法律对婚姻家庭关系的调整是很不全面的。有关户婚事项的调整详于礼而略于律。对婚姻家庭关系的调整是以礼为主，以律为辅的。在律中所规定的，主要是那些与刑相关，即一旦违反即处之以刑的问题，其他则一概委之于礼。当然，我们完全可以将为国家所认可的有关婚姻家庭的礼制，特别是其中的实体性规范，作为婚姻家庭法的组成部分。户婚等律在调整范围上是有其局限性的，即使是比较完备的法典如唐律、明律等，其中的婚姻家庭法规范也是很有限的。只有将礼和律结合起来考察，才能掌握婚姻家庭制度的全貌。

（二）外国古代婚姻家庭法简介

在古代的东西方各国，婚姻家庭关系最初主要是由习惯法加以调整的，后来才逐渐采取成文法的形式。古巴比伦王国汉穆拉比法典（Code of Hammurabi）中有关婚姻家庭的规定，实际上是这方面的习惯法的汇集。在那些宗教势力特别强大、实行政教合一的国家里，宗教经典起着法典的作用，其中也有许多婚姻家庭领域的行为规则。如希腊的米惹斯（Menes）法典，犹太的摩西（Moses）法典，印度的摩奴（Manu）法典，基督教的旧约全书（The Old Testament）、新约全书（The New Testament），伊斯兰教的古兰经（Koran）等。外国古代婚姻家庭法的内容因不同的国家和时期而异，头绪纷繁，此处仅以罗马亲属法和欧洲中世纪的习惯法、寺院法的婚姻家庭制度为例，略作介绍。

1. 罗马亲属法

古代罗马是高度发达的奴隶制国家，包括亲属法在内的罗马私法，比同时代的许多国家更为完备。公元前5世纪制定的《十二铜表法》中，就出现了有关家父权的规定。从共和国时期到帝国时期，民众大会通过的法律、元老院的决议、皇帝的敕令、最高裁判官法以及习惯等，都是亲属法的渊源。后来，东罗马帝国查士丁尼皇帝在位时又对包括亲属法在内的罗马私法进行了系统的编纂。《查士丁尼法典》、《法学阶梯》和《法学汇纂》中的有关内容，为研究罗马亲属法提供了丰富的资料。

古代罗马的亲属制度具有强烈的宗法性质，人身依附关系十分突出，表现在结婚、离婚、夫妻关系、亲子关系等诸多方面。马克思曾说："罗马的家长对于他的家庭经济范围内的一切享有绝对的权力。"① 这种权力被称为家父权。家父为自权人；处于家父权下的家庭成员则为他权人，他们的权利须受家父权的多种限制。

罗马亲属法中设有婚约制度，订婚须出于父命。根据《尤利亚及巴比亚珀贝法》（Lex Julia et Papia Poppaea）的规定，订婚后两年不结婚者，其婚约即行废止。婚姻的种类有二：一为正式婚，亦称有夫权婚姻，其规定属于市民法；一为略式婚，亦称无夫权婚姻，其规定属于万民法。按照市民法的规定，结婚方式分为三种，即共食婚、买卖婚和时效婚。共食婚须举行隆重的宗教仪式。买卖婚须男子在计量者之前以要式契约的方式买受女子。时效婚则要求，男女双方须在事实上以夫妻关系同居一年始得成为配偶。② 按照万民法的规定，在男女双方符合法定要件时，依当事人的合意即可成婚。市民法的结婚方式盛行于奴隶制时代前期，后期逐渐为万民法上的结婚方式所替代。

家父权和夫权在罗马亲属法中具有很重要的地位。按照早期法律中的规定，家父权十分强大。例如：家父在家庭中有司祭祀的权力、司审判的权力、支配家庭财产的权力等，甚至还有出卖子女的权力。按照后期法律中的规定，家父权有所削弱，家子也可取得一定的特有财产。夫权因市民法上的正式婚而取得。在有夫权婚姻中，妻的家庭地位低下，在人身关系、财产关系方面均受夫权的支配。夫对妻享有惩戒权等诸多权力；在妻致人损害时，夫甚至可将其引渡于他人，以免除自身的责任。由于实行吸收财产制，妻的财产，不论是婚前或婚后所得，均归其夫所有。在无夫权婚姻中，妻的家庭地位相对地说是有所改善的。按照万民法的规定，妻在人身权和财产权方面已有一定的独立性。后世的一些法学家认为万民法婚姻已开夫妻别体主义之先河；其实，即使按照万民法的规定，夫妻也不是家庭中地位平等的主体。

在罗马亲属法中，婚姻终止的原因有三，即配偶死亡、自由权或市民权的丧失和离婚。离婚的方式分为协议离婚和片意离婚：前者出于夫妻双方共同的意思，后者则出于夫妻一方的意思。法律对协议离婚和片意离婚的理由、程序有不同的规定。从片意离婚的法定理由来看，夫妻双方的权利是很不平等的。需要说明的是，按照早期的法律，出于家父的意思而离婚，也是离婚方式之一。处于家父权之下的婚姻当事人，即使本人并无离婚的意愿，家父亦可责令其离婚。至帝国时代后期，此种离婚方式已被废除。

2. 欧洲中世纪婚姻家庭法

欧洲各国封建制时代的婚姻家庭制度，是在西罗马帝国灭亡后，在日耳曼人氏族解体和接受罗马文明影响的条件下，逐步建立起来的。在整个中世纪，婚姻家庭法具有发展缓慢、宗教影响强烈等特点。婚姻家庭法的源流，主要来自习惯法、寺院法和罗马法三个方面。各国的差别很大，甚至在一国之内的不同地区，适用的法律也是不统一的。

早期封建制国家的婚姻家庭法主要是习惯法的汇集和编纂。法兰克王国的《萨利克法典》（Lex Salica）和《里普里安法典》（Lex Ripuaria）等，便是这方面的明显例证。从这些法典的有

① 《马克思恩格斯全集》，第16卷，650页，北京，人民出版社，1964。

② 如女方外宿达三日以上，时效即告中断。

关规定中可以看出：买卖婚已经逐渐取代了日耳曼人早期实行的更为原始的结婚方式；父权和夫权十分强大；由原始社会中的氏族蜕变而来的血亲团体（Sib），在婚姻家庭生活中仍然起着很大的作用；离婚具有浓厚的男子专权主义的色彩。同时还可以看出：当时的婚姻家庭制度中还保有某些母系氏族制遗留下来的习俗。

随着欧洲各国封建化的加深，习惯法在内容上也是有所变化的。日耳曼法和罗马法的交融，寺院法的兴盛和王室制定的法律的颁行等，不断地为婚姻家庭法增添新的内容。但是，即使到了中世纪后期，习惯法在许多国家中仍然是调整婚姻家庭关系的重要手段。例如，13 世纪时的《诺曼底大习惯法典》（Grand Customier of Normandy）中的婚姻家庭法规范，普遍适用于法国的北部地区。

寺院法亦称宗规法或教会法。它对世俗事务特别是婚姻家庭生活的干预，是随着基督教教义的传播、教权的扩张和教令的统一而逐渐强化的。在 11、12 世纪左右，寺院法进入了全盛时期，其中有关婚姻家庭的规定具有凌驾于世俗立法之上的权威。寺院法中的婚姻家庭法，主要以《新约全书》（The New Testament）、《使徒教律》（Teachings of the Apostles）、《使徒约章》（Constitution of the Apostles）、宗教大会的决议、教皇颁发的教令集等为依据。《旧约全书》（The Old Testament）中的一些伦理原则，也是为寺院法所奉行的。1234 年教皇格利高里九世颁发的教令集，即以婚姻法为第四编。

寺院法本诸教义以结婚为宣誓圣礼（sacraments）之一。关于婚姻的成立，寺院法在实质要件方面列举了众多的婚姻障碍（marriage impediment）；在形式要件方面要求当事人举行一定的宗教仪式。关于婚姻的解除问题，寺院法持禁止离婚主义。《马太福音》中说："神作之合者，人不得而离之。"这就是禁止离婚的宗教依据。寺院法中的有关无效婚姻（void marriage）和别居制（separation bed and board）的规定，在一定意义上是作为禁止离婚的救济手段而使用的。寺院法中有关婚姻家庭的规定还涉及亲子、收养、监护、继承等诸多方面。

婚姻家庭制度的宗教化，是欧洲中世纪婚姻家庭法的一大特色。宗教改革运动以后，寺院法的作用逐渐弱化。关于婚姻家庭方面的立法权和司法权，由宗教当局向国家机关转移。这一过程，被形象化地称为婚姻还俗运动（Secular movement）。

自中世纪开始，罗马亲属法对欧洲广大地区的婚姻家庭制度仍有重要的影响，并未因西罗马帝国的灭亡而中断。它在东罗马帝国完全适用。西欧各国在适用日耳曼习惯法、寺院法的同时，还按照属人主义原则，对原罗马帝国疆域的居民有选择地适用罗马法。罗马法复兴运动兴起后，罗马亲属法的原理、原则和许多具体规定，得到了广泛的研究和应用。到了 16 世纪，罗马法几乎成为欧洲多数国家的普通法，起着补充各国法律之不足的作用，婚姻家庭法也不例外。早期的资产阶级法学家往往借助于罗马法的现成模式表达本阶级的法律要求。罗马亲属法的研究和应用，促进了欧洲各国婚姻家庭法的发展，从一定程度上推动了从古代型的婚姻家庭制度到近代型的婚姻家庭制度的转变。

二、近现代资产阶级国家婚姻家庭法概况

随着资本主义法制的确立，在法律体系中逐渐形成了若干各有其调整范围的法律部门，以婚姻家庭法为主要内容的亲属法是民法的重要组成部分。在编制方法上，大陆法系国家采法典主义，一般均将亲属法编入民法典，如法国、德国、瑞士、日本等。基于亲属法在民法典中的体系结构的不同，又有法国式编制法和德国式编制法的区别。英美法系国家则采单行法主义，

没有统一编制的民法典，婚姻家庭法是由一系列的单行法构成的。

（一）大陆法系国家婚姻家庭法简介

1.《法国民法典》中的亲属制度

1804 年的《法国民法典》中有关亲属制度的规定，在资本主义国家早期的婚姻家庭立法中是很有代表性的。它以法律的形式宣告了资本主义婚姻家庭制度对封建主义婚姻家庭制度的胜利。这部法典依据罗马法的体例，首设人法一编，以民事主体（包括私权的享有、人的法律能力等）和亲属关系方面的问题为主要内容；有关婚姻、家庭事项的具体规定，载于该编的第五章至第十章，其内容包括结婚、离婚、父母子女、收养、亲权和监护等。在第三编中，对夫妻财产契约和夫妻财产制作了详尽的规定。其他编、章中也有若干涉及亲属、婚姻、家庭事项的规定。

法国民法典在民法史包括亲属法史上具有划时代的重要意义。拿破仑曾以此法典自诩："我的光荣不在于打胜了四十多个战役，滑铁卢会摧毁这么多的胜利……但不会被任何东西摧毁的，会永远存在的，是我的民法典。"恩格斯在致康·施密特的信（1890 年 10 月 27 日）中说："拿破仑法典成为世界各地编纂一切新法典时当作基础来使用的法典。"这已为许多国家的立法实践所证明，亲属制度也不例外。该法确立的未经当事人合意不得成立婚姻的原则，揭开了婚姻立法史的新篇章。

关于婚姻的成立，该法以当事人的结婚合意为必要条件，从而在法律上确立了共诺婚制。同时还规定了婚姻成立的其他法定要件，如法定婚龄、禁止结婚的亲属关系、禁止重婚等。依该法，子女未达一定年龄（男 25 岁，女 21 岁）时，未经父母同意不得结婚。父母意见不一致时，有父亲的同意即可。即使当事人已达上述年龄，也要通过法定方式征求父母等尊亲属的意见（参见该法第 152 条、第 153 条）。

关于婚姻的效力，与往昔的法律相比较，妻对夫的人身依附关系已大大削弱。该法规定夫妻互负忠实、帮助、救援等义务；双方只要不违背善良风俗和法律的规定，在处理夫妻财产关系时可自行订立契约。但是，夫妻在家庭中的法律地位还是不平等的，如在有关条款中规定妻应顺从其夫，妻未得其夫同意不得为某些特定的法律行为包括诉讼行为等（参见该法第 215 条至第 225 条）。这种不平等性，在夫妻财产关系方面表现得尤为明显。

关于婚姻的终止，该法以配偶一方死亡（包括宣告死亡）和离婚为婚姻终止的法定原因。有关条款中列举了离婚的法定理由，其中一些规定对夫妻双方是不公正的（参见该法第 229 条至第 233 条）。例如：夫得以妻与他人通奸为理由诉请离婚，妻仅得以夫与他人通奸，且于夫妻共同居所姘度为理由诉请离婚。除裁判离婚外，该法还规定了须受法律严格限制的、有条件的协议离婚制。1816 年专制王朝复辟后，在法律上废止了关于离婚的原规定，1884 年才予以恢复，但协议离婚不在恢复之列。

关于亲子关系，该法对父母子女间的权利和义务作了各种具体规定。有关亲权的规定仍然是以父母为本位的。亲权为父母双方享有，实际上主要由父行使。非婚生子女的法律地位，更是远较婚生子女低下，在认领、继承等问题上，对非婚生子女有许多歧视性的规定。

1804 年的《法国民法典》，总的说来是以公民权利平等、契约自由等资产阶级的法律原则为其立法依据的。但是，在贯彻这些原则时，亲属法方面的规定远不如财产法方面的规定，许多条款都保有旧时代留下的痕迹。经过两个世纪中的多次修改，亲属法内容已经发生了许多新的变化。此处仅就 20 世纪的一些重要修改略作例示。按照 1938 年所作的修改，妻应顺从其夫的原规定已被废止。按照 1942 年所作的修改，妻的行为能力已不受其夫的限制。1945 年，法国成立了民法修改委员会，对亲属法方面的许多条款，分别予以废止、修改或增补，例如，1965 年规定了新的法定夫妻财产制。经1966年和1972年的两次修正后，养子女、非婚生子女已具有与婚生子女平等的法律地位。法国亲属法的多次修改，在大陆法系国家的亲属立法史上留下了重要的轨迹。

2.《德国民法典》亲属编

1896年通过、1900年施行的《德国民法典》亲属编，也是大陆法系国家中具有代表性的婚姻家庭立法。《德国民法典》是从自由资本主义时代向帝国主义时代过渡时期的产物。它既汲取了《法国民法典》的成果，又反映了新的时代特点。亲属法是该法典中独立的一编即第四编，编内各章对民事婚姻、亲属、监护等制度都作了具体详尽的规定。总的说来，在结婚、离婚、已婚妇女和子女的法律地位等方面，这个亲属编的规定比法国亲属法等早期立法有所进步。但是，某些规定仍受封建传统的影响。一方面，《德国民法典》亲属编比法国亲属法更为全面地反映了资本主义婚姻家庭制度的要求，在体系结构、立法技术等方面也更为周密、严谨、成熟。另一方面，它的种种烦琐、复杂之处，又是常为人们所诟病的。《德国民法典》亲属编同样也作过多次修改。在纳粹德国时期，亲属编中有关婚姻事项的规定均被废止，代之以1938年颁行的第三帝国婚姻法。第二次世界大战后，又废止了1938年婚姻法，代之以1946年婚姻法。1957年的《男女平权法》、1969年的《非婚生子女地位法》等的颁行，1977年的离婚法改革，以及20世纪末对民法典的修订等，都是德国婚姻家庭法发展过程中的重大事件。

（二）英美法系国家婚姻家庭法简介

英国的婚姻家庭法有其基于历史传统而形成的种种特点。在发展过程中，其虽然也受罗马法的影响，但不如欧洲大陆国家那么明显。自中世纪以来，普通法和衡平法在调整婚姻家庭关系方面起着重要的作用。后来才更多地采用了成文法的形式，针对婚姻家庭事项颁行了许多单行法。在婚姻家庭法近代化的过程中，英国在立法上的改革是比较缓慢、保守的。这种状况，自20世纪以来，特别是在第二次世界大战以后，有了明显改变。在结婚问题上，1836年婚姻条例开始承认在政府机关登记的民事婚。1898年的婚姻条例才规定不以举行宗教仪式为结婚的必经程序。在离婚问题上，1857年以前，英国法仍采取禁止离婚主义，法院无权判决离婚；因特别重大的理由需要解除婚姻关系的，须经议会通过法案才被准许。该年颁行的处理夫妻案件法始开离婚之禁。当时规定的离婚的法定理由是极为有限的，经过多次修改后才逐渐扩大。在家庭关系方面，早期的立法仍受封建传统的影响，妻处于依附于夫的地位，父母双方对未成年子女的监护权也是不平等的。1870年的已婚妇女财产法扩大了妻在家庭中的财产权利。1882年在法律上允许适用夫妻分别财产制，并规定妻有独立的缔结契约的权利。1923年的法律改变了过去的规定，要求夫妻双方互负贞操义务。1925年的扶养法颁行后，如果父方的行为不端，可依法确定母方为未成年子女的监护人。英国法原来是不承认收养制度的，1926年的养子法颁行后，已由不承认转为承认。

自第二次世界大战结束至今，英国先后颁行了许多有关婚姻家庭的单行法，如1949年的婚姻条例，1964年的堕胎法和夫妻住所法，1969年的家庭改革法和离婚法，1973年的婚姻案件条例，1976年的收养条例等。1969年的离婚法突破了传统的过错离婚原则，以婚姻无可挽回的破裂作为离婚的法定理由，并以若干法定情形作为婚姻破裂的依据；在具体规定上兼采有责主义和破绽主义，立法上是将两者结合起来的。20世纪末，英国又进行了新一轮的婚姻家庭法改革。

英国的婚姻家庭法对许多国家，特别是英联邦各国和美国等都有很大影响。早在殖民地时代，后为美国疆域的英国殖民地便适用普通法。美国独立以后，许多州的婚姻家庭法都因袭了过去的传统。在殖民地时代适用法国法和西班牙法的地区，婚姻家庭法受罗马亲属法的影响较大。

在美国，合法婚姻有三种形式，即依各州立法而成立的法律婚（民事婚），依习惯法而成立的习惯婚，以及依宗教仪式而成立的宗教婚，即使在一些不承认习惯婚的州，某些形式要件上的欠缺也并不影响婚姻本身的效力。美国的婚姻家庭立法是以州为本位的，各州的婚姻家庭法不尽相同，法定婚龄高低不一，有关婚姻障碍的规定也是不完全一致的。各州法律一般均规定夫妻有同居、扶养等权利和义务。夫妻财产制有不同的形式，有些州以采用分别财产制为原则，有些州则对特定的财产采用共同财产制，共有的范围也是大小有别的。对亲子关系的法律调整也是各州婚姻家庭法的重要内容，例如，1982 年颁行的纽约州的家庭关系法，对子女的监护和费用、非婚生子女的认领以及收养等问题，都作了各种具体的规定。各州法律对婚姻关系的解除均采用诉讼离婚的方式，不承认诉讼外的协议离婚。关于离婚的法定理由，各州的早期立法具有比较浓厚的有责主义的色彩。20 世纪 60 年代末，加利福尼亚州的离婚法率先实现了从有责主义到破绽主义的转变，离婚程序也有所简化。现在几乎所有的州都准许一定形式的无过错离婚，在具体规定上则是有区别的。有的以婚姻无可挽回的破裂作为离婚的一般理由，有的除此而外还兼采某些传统的离婚理由。基于婚姻家庭法方面的州际法律冲突，美国的州法律全国统一委员会于 1970 年通过了《统一结婚和离婚法》，其内容已为许多州在不同程度上采用。该法对离婚的法定理由仅作概括性的规定，即婚姻无可挽回的破裂，并无列举性的具体规定。

法、德、英、美等国的婚姻家庭法，都是资本主义婚姻家庭制度的法律形式。资本主义婚姻家庭制度的建立和发展，经历了一个很长的历史过程。在此期间社会条件发生了很大的变化，表现在政治、经济、文化、妇女地位、家庭的功能、人们的生活方式和伦理道德等各个方面。这一切，都迫使资产阶级国家不断地修改婚姻家庭法。亲属制度中的封建传统进一步被破除，夫妻在家庭中的法律地位渐趋平等，在离婚立法上从限制离婚主义向自由离婚主义发展，以及禁止滥用亲权、改善非婚生子女的境遇等，便是晚近以来资产阶级国家婚姻家庭法发展变化的一些主要表现。对资产阶级国家婚姻家庭立法的改革，应当结合各国的具体情况予以恰当的评价，在肯定其积极意义的同时，又要认识其局限性和不彻底性。这些立法上的改革，是在资产阶级的“自由”、“平等”、“民主”原则许可的范围内进行的，不可能改变植根于私有制的资本主义婚姻家庭制度的本质。

三、社会主义国家婚姻家庭法概况

社会主义国家的婚姻家庭法问世于 20 世纪之初，经历了两个不同的发展阶段。第一个阶段中，苏维埃婚姻家庭法是唯一的社会主义国家婚姻家庭法。第二个阶段中，随着第二次世界大战后一系列社会主义国家的成立，社会主义国家的婚姻家庭法在内容和形式上都有新的发展。在 20 世纪 90 年代，国际风云变幻，苏联和东欧一些国家的情况发生了很大的变化。但是，这些国家的婚姻家庭法还是可供研究、可资借鉴的。

（一）第二次世界大战前的苏维埃婚姻家庭法

沙皇俄国时代的婚姻家庭法具有浓厚的封建、宗教色彩。十月革命胜利之初，苏维埃政权便开始通过立法措施改革婚姻家庭制度。1917 年 12 月发布的《关于民事婚姻、子女和实施户籍登记的法令》和不久以后发布的《关于离婚的法令》，在婚姻家庭制度废旧立新的过程中起了重要的作用。但是，当时的立法措施中也有一些过于激进的，后为实践证明是不切实际的规定。1918 年的《俄罗斯联邦户籍、婚姻、家庭和监护法典》和 1926 年的《俄罗斯联邦婚姻、家庭和监护法典》，为新的婚姻家庭制度奠定了初步的法律基础。后者自 1927 年起施行多年，在苏联各加盟共和国早期的婚姻家庭立法中是很有代表性的，其内容包括婚姻、父母子女及其他近亲属、监护和保佐、户籍登记等编。

苏联的婚姻家庭立法，是以加盟共和国为本位的，各加盟共和国的法典是婚姻家庭法的基本渊源。适用于全联盟的有关法律，则是各加盟共和国婚姻家庭法的立法根据。例如：《俄罗斯联邦婚姻、家庭和监护法典》以及乌克兰等加盟共和国的同名法典，在 20 世纪 40 年代所作的数次修改，都是按照苏联最高苏维埃主席团的有关命令进行的。此外，苏联最高法院和司法部的有关规范性文件，对适用婚姻家庭法、调整婚姻家庭关系也起着重要作用。

在苏联的法律体系中，婚姻家庭法是一个独立的法律部门，而不是民法的组成部分。各加盟共和国的民法典和婚姻家庭法典是同时并存的。这种立法体制后为一些社会主义国家所采用，对新中国早期的法学和立法也有颇大的影响。

（二）第二次世界大战后的社会主义国家婚姻法

第二次世界大战以后成立的各社会主义国家相继颁行了调整婚姻家庭关系的法律，名称不一，内容也各具特色。1949 年的保加利亚人民共和国的《人与家庭法》，是将作为民事权利主体的人及其法律能力和有关婚姻家庭的事项，置于同一法典中加以规定的。南斯拉夫联邦人民共和国于 1947 年制定了《婚姻基本法》、《亲子关系基本法》、《收养基本法》、《监护基本法》等适用于全联邦的法律；后又按照联邦宪法的规定，由各共和国（自治省）行使婚姻家庭方面的立法权：有的共和国继续适用上述四部法律，有的共和国则以联邦宪法所定原则为依据，另行制定了新的法律。罗马尼亚于 1954 年，捷克斯洛伐克于 1963 年，德意志民主共和国于 1965 年，保加利亚于 1973 年，古巴于 1975 年，阿尔巴尼亚于 1982 年，都颁行了新的调整婚姻家庭关系的法律（名称不尽相同）。越南于 1986 年制定了新的婚姻家庭法，以此代替 1959 年的婚姻法；20 世纪末，又对该法作了修改和补充。

第二次世界大战以后，苏联的婚姻家庭法也有所发展变化。1968 年，苏联最高苏维埃颁行了《苏联和各加盟共和国婚姻家庭立法纲要》。1969 年，俄罗斯联邦以上述纲要为依据颁行了新的婚姻和家庭法典，其他加盟共和国的婚姻和家庭法典也作了相应的修改。1979 年，苏联最高苏维埃主席团颁发了关于修改上述纲要的命令，责成各加盟共和国按照命令中的要求进一步完善婚姻家庭立法。苏联解体后，俄罗斯联邦于 1995 年制定了新的家庭法典，自该法典施行之日（1996 年 3 月 1 日）起，原《苏联和各加盟共和国婚姻家庭立法纲要》以及苏联最高苏维埃主席团过去颁发的有关婚姻家庭的法令，不再适用于俄罗斯联邦。

中华人民共和国的婚姻家庭法，是具有中国特色的社会主义类型的婚姻家庭法，对其发展过程本书将在第二章第一节中另作说明。

思考题

1. 怎样理解婚姻家庭的一般概念和法律概念？
2. 为什么说社会属性是婚姻家庭的本质属性？
3. 婚姻家庭主要有哪些社会功能？
4. 怎样理解经济基础对婚姻家庭制度的决定作用？
5. 怎样理解政治、法律、道德、宗教等对婚姻家庭制度的制约和影响？
6. 婚姻家庭制度有哪些历史类型？
7. 中国古代的婚姻家庭法有何特点？
8. 罗马亲属法有哪些主要内容？（以教材中涉及的为限）
9. 当代大陆法系国家和英美法系国家在婚姻家庭法的编制方法上有何区别？
10. 社会主义国家的婚姻家庭法经历了哪些发展变化？

第二章
婚姻家庭法概述

【重点问题】

我国近现代的婚姻家庭立法
婚姻家庭法的概念和调整对象
婚姻家庭法在我国法律体系中的地位

第一节　我国近现代的婚姻家庭立法

一、半殖民地半封建社会的婚姻家庭立法

封建主义婚姻家庭制度在中国历史上实行了两千多年之久。这种制度的经济根源，是封建的生产资料私有制和小生产经济；这种制度的政治根源，是封建的宗法统治；这种制度的思想根源，是与封建的经济和政治相适应的宗法伦理观念。父母、尊长对子女、卑幼的婚事包办强迫，剥削阶级的以纳妾为形式的多妻制，男尊女卑和夫权统治、家长专制、漠视子女的利益，以出妻为主要方式的男子专权离婚等，便是封建主义婚姻家庭制度的主要特征。这一切，在当时的礼与律中都有深刻的反映。

进入半殖民地半封建社会后，随着社会条件的变化，封建主义婚姻家庭制度日趋没落，婚姻家庭领域的反封建斗争空前高涨。但是，在帝国主义、封建主义和官僚资本主义的联合统治下，封建的经济基础和上层建筑仍然存在，封建礼教在婚姻家庭生活中仍有很大的影响，致使已经衰颓的封建主义婚姻家庭制度一直延续到新中国成立前的旧中国。这种制度不仅是广大人民特别是妇女生活中的沉重锁链，而且是阻碍生产力发展、阻碍社会文明进步的桎梏。

从清末、北洋军阀统治时期到国民党政府统治时期，一系列的婚姻家庭立法活动正是在这样的历史背景下进行的。对这一期间的婚姻家庭立法，应当结合当时的社会条件，对其历史作用和局限性作恰当的评价。

（一）清末、北洋军阀政府统治时期的民律亲属编草案

中国婚姻法近代化的尝试，是从1911年起草的《大清民律草案》开始的。在此以前，曾于1910年颁行《大清现行刑律》。这是一部在修订《大清律例》的基础上制定的过渡性的法律，其中也包括婚姻家庭法规范。《大清现行刑律》仍是诸法合体的封建法律，在婚姻家庭方面的规定，与唐、宋、明、清诸律一脉相承，封建性十分浓厚。该法中的有关规定，如保留亲属的服

制，维护父母、尊长对子女、卑幼的主婚权，肯定纳妾、立嫡等制度，禁止祖父母、父母在而子孙“别籍异财”，以“七出”为离婚的法定理由等，便是明显的例证。《大清现行刑律》中的婚姻家庭法规范和其他民事法规范，在清朝覆灭后仍为北洋军阀政府所援用，称为《大清现行刑律》中的民事有效部分。

《大清民律草案》是旧中国第一部独立的民法草案。它在体例和内容上大致以德、日等国的民法典为蓝本，但也保留了历代封建法律中的某些内容，这在亲属、继承两编中表现得尤为明显。当时的修订法律馆在为《大清民律草案》告成而上的奏折中说：“凡亲属、婚姻、继承等事，除与立宪相背酌量变通外，或本诸经义，或参诸道德，或取诸现行法制，务期整饬风纪，以维持数千年民彝于不蔽。”其立法宗旨，可谓跃然纸上。

一方面，北洋军阀政府统治时期，对婚姻家庭关系的法律调整除适用《大清现行刑律》中的婚姻家庭法规范外，还通过其大理院作了许多判例和解释，以补法律规定之不足。例如：订婚须写立婚书，依礼聘娶（四年上字第一五一四号）；婚姻须有合法的主婚人主婚（二年上字第二号）；无亲生子则立嗣惟限于男子（五年上字第一五四号）；家长与妾间不适用夫妻离异之规定（九年统字第一二九八号）等。①

另一方面，北洋军阀政府在《大清民律草案》的基础上，于1915年起草了《民律亲属编草案》，1926年告成的《民律草案》中亦有亲属一编，用以规定亲属、婚姻、家庭等事项（该编是1925年起草的）。其中仍有不少旧制度的痕迹，如宗祧继承等。

清末和北洋军阀政府统治时期制订的《民律草案》均未实际施行，1926年的《民律草案》曾由当时的司法部通令各级法院作为内部条例援用；这些草案在我国婚姻家庭法近现代化的过程中所起的作用不容忽视，但它们在现实生活中的影响是很有限的。

（二）国民党政府民法亲属编

国民党政府成立之初，便开始了婚姻家庭方面的立法活动。当时的法制局于1928年起草了《亲属法草案》，共82条。法制局在有关起草事宜的呈文中说：“援将亲属、继承两法尽先纂拟……至将来民法物权、债权等编陆续告成，自亦可以单行法公布，或使各该编与亲属、继承两编合并，成为一种民事法典。”② 这个《亲属法草案》，为后来的民法亲属编做了立法上的准备。

作为《中华民国民法》组成部分的亲属编，是于1930年12月26日公布，自1931年5月5日施行的。全编分为7章：通则，婚姻，父母子女，监护，扶养，家，亲属会议，计171条。在起草过程中，国民党中央政治会议曾通过9项立法原则，作为制订该编的依据。

国民党政府民法亲属编的颁行，在法律形式上实现了中国的婚姻家庭法从古代型到近现代型的转变，在婚姻家庭立法史上自有其一定的地位。但是，这个亲属编一味地仿效资本主义国家的亲属立法，与当时的婚姻家庭生活的实际状况是脱节的。当时有的法学家曾作以下评述：“……我们试就新民法（指国民党政府统治时期颁行的民法）第一条到第一二二五条仔细研究一遍，再和德意志民法及瑞士民法和债编逐条对校一下，倒有百分之九十五是有来历的，不是照账誊录，便是改头换面。”③ 亲属编也不例外。如果仅就法律本身而言，可将这个亲属编划归资本主义国家婚姻家庭法的类型，但是，从当时的实际状况来看，它不是我国婚姻家庭制度改革

① 括弧内用中华民国纪年；其中上字号为大理院的判决，统字号为大理院的解释。

② 转引自谢振民：《中华民国立法史》，906页，南京，正中书局，1948。

③ 吴经熊：《新民法和民族主义》，转引自杨鸿烈：《中国法律思想史》下册，370页，上海，商务印书馆，1937。

的成果，而是半殖民地半封建社会的婚姻家庭制度在法律上的反映，具有很大的局限性和虚伪性。它在仿效资本主义国家亲属制度的同时，又保有一定的封建色彩。

例如：在婚姻的普通效力和夫妻财产制这两节中，就有不少维护夫权、限制已婚妇女权利的条款。在男性家长掌握家庭财权的情况下，侈谈各种夫妻财产制。立法理由中说，“妾之问题，毋庸规定”，“妾之制度，亟应禁止”，相关条文中却为妾的家属地位提供了法律上的依据。① 亲属编中虽无关于立嗣的条款，继承编中却有关于指定继承人的规定。有关家制和家长家属关系的规定，更是这方面的明显例证。

这个亲属编至今仍适用于我国台湾地区。20 世纪 80 年代以来，台湾地区立法当局对“民法”亲属编作了若干修正，许多规定已非复旧观。为了正确处理我国在婚姻家庭领域的区际法律冲突问题，了解台湾地区婚姻家庭有关规定的历史和现状是很有必要的。

二、新中国成立前革命根据地的婚姻家庭立法

早在“五四运动”前后，以李大钊等为代表的革命先驱便在传播马克思主义学说的同时，宣传了解放妇女、改革婚姻家庭制度的主张。中国共产党成立后，在第二次全国代表大会的宣言中提出了解放妇女、实行男女平等的革命纲领。第一次国内革命战争时期，革命势力所及之处，妇女运动蓬勃兴起，封建主义婚姻家庭制度受到强烈的冲击。中国共产党领导下的革命政权通过立法对婚姻家庭制度实行全面的改革，则是自第二次国内革命战争时期开始的。

（一）中华苏维埃共和国婚姻条例和婚姻法

1927 年以后，许多革命根据地中实行了一系列的社会民主改革，并且根据斗争的需要开始了革命法制的建设。1930 年 3 月颁行的《闽西婚姻法》，1931 年 7 月的《鄂豫皖工农兵第二次代表大会婚姻问题决议案》等，都是为改革婚姻家庭制度而采取的最初的立法措施。

随着全国性的工农民主政权的建立，《中华苏维埃共和国婚姻条例》于 1931 年 12 月 1 日公布施行。该条例共分 7 章，计 23 条。不久以后，又根据实践经验对这个条例作了必要的修改，于 1934 年 4 月 8 日颁行了《中华苏维埃共和国婚姻法》。《婚姻条例》和《婚姻法》的主要内容是：（1）确定男女婚姻以自由为原则；废除封建的包办、强迫和买卖的婚姻制度，禁止童养媳。实行一夫一妻；禁止一夫多妻。（2）规定了结婚的条件和结婚登记的办法。结婚的年龄，男子须满 20 岁，女子须满 18 岁。结婚须双方同意，不许任何一方或第三者加以强迫。有五代以内亲族血统者，患危险性的传染病者、精神病人及疯人，均禁止结婚。男女结婚须同到乡苏维埃或城市苏维埃举行登记，领取结婚证。废除聘金、聘礼及嫁妆等陋俗。（3）实行离婚自由。离婚须向乡或城市苏维埃登记（如发生争议，由裁判部处理）。（4）实行男女平等，保护妇女和子女的合法权益。对离婚后子女的抚养，财产的处理，以及“私生子”等问题，都作了具体的规定。（5）保护革命军人的婚姻。红军战士之妻要求离婚须得其夫的同意。经过 2 年（适用于通信便利的地区）或 4 年（适用于通信困难的地区）其夫无信回家者，其妻可向当地政府请求登记离婚。

上述《婚姻条例》和《婚姻法》，在我国的婚姻家庭制度改革史上具有很重要的地位。某些规定虽然还有不够成熟之处，实际施行的时间也不长，但是，它们为我国新的婚姻家庭制度奠定了初步的法律基础，是新中国婚姻家庭立法的源头。

---

① 国民党政府民法第 1123 条规定：“虽非亲属而以永久共同生活为目的，同居一家者，视为家属。”

（二）抗日战争、解放战争时期地区性的婚姻条例

早在抗日民主政权创建之初，许多边区就先后颁布了施政纲领，其中包括有关妇女问题和婚姻家庭问题的基本政策。1941 年 5 月 1 日颁布的《陕甘宁边区施政纲领》指出："依据男女平等原则，从政治经济文化上提高妇女在社会上的地位，发挥妇女在经济上的积极性。保护女工、产妇、儿童，坚持自愿的一夫一妻婚姻制。"各边区在施政纲领中的有关规定，是制定婚姻条例的重要根据。

抗日战争时期地区性的婚姻条例很多，如 1939 年 4 月的《陕甘宁边区婚姻条例》，1941 年 4 月的《晋西北婚姻暂行条例》，1942 年 1 月的《晋冀鲁豫边区婚姻暂行条例》，1943 年 1 月的《晋察冀边区婚姻条例》，1945 年 3 月的《山东省婚姻暂行条例》，等等。到了解放战争时期，有些地区对原有的婚姻条例加以修订，有些地区还通过了新的婚姻条例或其他有关规定，如 1946 年 4 月的《陕甘宁边区婚姻条例》，1949 年 7 月的《修正山东省婚姻暂行条例》，1946 年 2 月的《晋察冀边区在外工作人员申请离婚程序》，等等。

各抗日根据地和解放区的社会条件和斗争环境不尽相同，婚姻条例的贯彻执行在程度上是有区别的。总的来说，这些条例的立法精神都是废除封建主义婚姻制度，实行新民主主义婚姻制度；内容均以调整婚姻关系为主，家庭关系较少涉及。

抗日战争、解放战争时期各地的婚姻条例，在基本原则上同苏区时代的婚姻立法是完全一致的。例如，1943 年的《晋察冀边区婚姻条例》第 2 条规定："男女婚姻须双方自主、自愿，任何人不得强迫。禁止奶婚，童养媳，早婚，及买卖婚姻。"第 3 条规定："严格实行一夫一妻制。禁止重婚，纳妾，蓄婢，及类似一夫多妻，或一妻多夫之各种婚姻。"1946 年的《陕甘宁边区婚姻条例》指出："男女婚姻以自愿为原则，实行一夫一妻制。""禁止强迫包办及买卖婚姻。"

出于调整婚姻关系的实际需要，许多条例有关结婚、离婚的规定比苏区时期的立法更为具体、详尽。有的条例中还增加了婚约的订立和解除等内容。关于法定婚龄，各地的规定是略有区别的。例如，晋察冀边区的规定是男 20 岁，女 18 岁。晋冀鲁豫边区规定是男 18 岁，女 16 岁。关于离婚程序，一般均对双方自愿离婚和一方要求离婚加以区别。前者办理离婚登记即可，后者须由县政府处理或由司法机关依诉讼程序处理。在一些条例中，还具体列举了一方要求离婚的法定理由。关于离婚后子女的抚养教育、财产和生活等问题，基本精神与苏区时期的立法相同，有的在具体问题上有所发展。

各地区的条例中一般均有保护军人婚姻（有的还包括婚约）的规定。军人的配偶提出离婚，须得军人同意。在音信断绝、军人生死不明时，须经一定期间（如 3 年、4 年或 5 年），他方始得向政府请求离婚。有的地区还为此颁行了单行办法，如 1943 年 1 月的《陕甘宁边区抗属离婚处理办法》，同年 6 月的《山东省保护抗日军人婚姻暂行条例》等。

在苏区、抗日根据地和解放区中，婚姻家庭制度的改革是同各项民主改革的实行、妇女地位的变化等，紧密地联系在一起的。土地革命和土地改革的实行，对当时的婚姻家庭制度改革起了巨大的推动作用。在法律的支持和保障下，自主婚姻显著增加，不合理的旧式家庭关系得到了改善。广大人民、广大妇女在婚姻家庭问题上的反封建斗争空前高涨，封建主义婚姻家庭制度已成崩溃瓦解之势。婚姻家庭制度改革所取得的初步成果，对发挥广大群众参加生产、支援革命战争的积极性起了重要的作用，并且为中华人民共和国成立后的婚姻家庭制度改革和法制建设，积累了许多宝贵的经验。

三、中华人民共和国的婚姻家庭立法

新中国成立以来的婚姻家庭改革和法制建设，大致经历了三个不同的发展阶段。在第一个阶段，随着1950年《婚姻法》的颁行，从法律上废除了封建主义婚姻家庭制度。经过广泛、深入的贯彻婚姻运动和各项有效的工作，城乡地区广大群众的婚姻家庭关系发生了深刻的变化。在我国社会主义改造和社会主义建设的过程中，婚姻家庭制度顺利地实现了从民主主义性质的改革到社会主义性质的改革的转变。这一阶段所取得的成就是巨大的，其主要标志是社会主义婚姻家庭制度的基本确立。第二个阶段中，因受“文化大革命”影响，婚姻家庭方面的法制建设停步不前，公民的婚姻家庭权益也得不到应有的保障；某些过去已经基本上被破除的陈规陋习又重新抬头，乘机蔓延。这是我国婚姻家庭制度改革过程中出现的一次重大的曲折。进入第三个阶段，情况发生了根本的变化。党的十一届三中全会以来，社会主义民主和社会主义法制有了长足的进展，婚姻家庭法制重新走上了健康发展的轨道。1980年《婚姻法》和其他有关法规的实施，特别是2001年对《婚姻法》的修正，加强了对婚姻家庭关系的法律调整。我国的婚姻家庭法规范体系已经基本形成。瞻望前景，随着我国民法典（或法典化的民法）的颁行，婚姻家庭法制必将更加完善。

（一）1950年婚姻法的颁行和新中国成立初期的贯彻婚姻法运动

1949年9月，《中国人民政治协商会议共同纲领》庄严地宣布：“中华人民共和国废除束缚妇女的封建制度，妇女在政治的、经济的、文化教育的、社会的生活各方面，均有与男子平等的权利。实行男女婚姻自由。”1950年4月，中央人民政府委员会第七次会议通过了《中华人民共和国婚姻法》，并决定自同年5月1日起公布施行。这是新中国成立以后颁行的第一部具有基本法性质的法律，是为改革婚姻家庭制度而采取的重大立法措施。

1950年《婚姻法》是我国民主革命时期婚姻家庭制度改革的历史经验的总结，又是适应全国解放后调整婚姻家庭关系的实际需要而制定的。它具有长期的革命传统、强烈的反封建的本质和鲜明的中国特色。这个法律共分8章，即原则，结婚，夫妻间的权利和义务，父母子女间的关系，离婚，离婚后子女的抚养和教育，离婚后的财产和生活，附则。内容以调整婚姻关系为主，同时也对家庭关系作了必要的规定，名称虽然是婚姻法，实际上是一部婚姻家庭法。但也要指出，它对家庭关系的法律调整是失之过简、不够全面的。

“废除包办强迫、男尊女卑、漠视子女利益的封建主义婚姻制度。实行男女婚姻自由、一夫一妻、男女权利平等、保护妇女和子女合法利益的新民主主义婚姻制度。”这就是1950年《婚姻法》在第1条中所作的最重要的规定。它既指出了这部法律的基本任务，又确定了这部法律的基本原则。重婚、纳妾、童养媳、干涉寡妇婚姻自由和借婚姻关系问题索取财物等，都是旧婚姻家庭制度的必然产物，也是实行新婚姻家庭制度的障碍，所以《婚姻法》明令予以禁止。

废除封建主义婚姻家庭制度的斗争，按其性质来说是继续完成民主革命中尚未完成的任务。所以，1950年《婚姻法》第1条中仍然使用了实行新民主主义婚姻制度的提法。从中国革命的全过程来看，婚姻家庭制度的改革，既包括民主主义性质的改革，又包括社会主义性质的改革；前者是后者的必要准备，后者是前者的必然趋势，这是由我国社会和革命的特点决定的。新中国成立以后，开始了从新民主主义革命到社会主义革命的转变，在婚姻家庭问题上虽然还要把尚未完成的反封建斗争进行到底，但是，我们所要建立的婚姻家庭制度必然是社会主义类型的。1950年《婚姻法》把自己的斗争锋芒主要指向封建制度和封建思想，这是完全正确的，是符合新中国成立初期的实际情况的；但是，绝不能认为它的历史使命仅以反封建为限。废除封建主义婚姻家庭制度只是为建立社会主义婚姻家庭制度扫清障碍。经过新民主主义性质的改革，建立和发展社会主义婚姻家庭制度，才是这部《婚姻法》的根本宗旨。

1950 年《婚姻法》颁行以后，广大人民、广大妇女在婚姻家庭方面的民主权利得到了法律的保障。在全国范围内，婚姻家庭问题上的反封建斗争日益高涨。同时也要看到，来自封建势力和封建思想的阻力也是很大的。在一些地区，包办、买卖婚姻和干涉婚姻自由的现象相当普遍，歧视、虐待和残害妇女的情况相当严重。例如，自 1950 年《婚姻法》颁行至 1951 年 9 月，据不完全的统计，妇女因上述问题而致死亡（包括自杀或被杀）的，中南区各省有 1 万余人，山东省有1 200余人。① 必须及时地采取有力的措施，才能保证《婚姻法》的贯彻执行，促进旧制度的崩溃和新制度的成长。

党和政府十分重视贯彻执行婚姻法的工作。早在 1950 年 4 月，中共中央就发出了《关于保证执行婚姻法给全党的通知》。后来，政务院、最高人民法院以及内务部、司法部等，曾多次发出关于贯彻婚姻法、检查婚姻法执行情况的指示。到了 1952 年年底和 1953 年年初，农村土地改革和厂矿企业的民主改革已经基本完成，开展一次广泛、深入的贯彻婚姻法运动，不仅是必要的，而且也是完全可能的。为此，中共中央和政务院分别于 1952 年 11 月 26 日和 1953 年 2 月 1 日发出了贯彻执行婚姻法的重要指示，并规定以 1953 年 3 月为全国贯彻婚姻法运动日。1953 年 2 月 18 日，中共中央又发出了《关于贯彻婚姻法运动月工作的补充指示》。这三个文件，对贯彻婚姻法运动的任务、方针、方法和各种政策界限，都作了明确的规定，从而保证了运动的健康发展。

当时的婚姻家庭制度改革，是一项极为重要的反封建的民主改革。但是，其性质不同于农村中的土地改革。它所要解决的问题，绝大多数属于人民内部矛盾。中共中央在上述补充指示中指出："这次贯彻婚姻法运动月的目的，就是要普遍地进行这个宣传教育工作，在婚姻问题上系统地批驳旧思想、旧制度和旧习惯，并且树立新思想、新制度和新风气的阵地，使干部和人民群众在新旧婚姻制度问题上划清思想界限。"根据这一任务，必须坚持民主的、说服教育的方法，绝不能把人民内部的封建思想和人民的敌人——封建阶级混同起来；当然，这并不排除对违法犯罪行为采取必要的强制手段。

在中央和地方各级党委的领导下，全国和各地都成立了贯彻婚姻法运动委员会。在运动前和运动中，进行了几千个典型试验，训练了几百万基层干部、大批宣传员和积极分子，印发了几千万份宣传品；通过各种形式，在全国 70%左右的地区（少数民族地区和土改尚未完成的地区除外），向广大群众进行了婚姻法的宣传教育工作。同时，还检查了县以上各级人民法院、民政部门和基层干部执行婚姻法的情况。

在这次运动中，各地都按照中央规定的政策界限，正确地处理了大量的有关婚姻家庭的民事纠纷和刑事案件。具体说来，对一般因包办、买卖婚姻和封建思想造成的婚姻家庭纠纷，都是通过说服教育，在提高当事人思想觉悟的基础上，改善其夫妻关系和家庭关系。对那些夫妻关系十分恶劣、确实无法共同生活的，则在调解无效时批准其离婚要求。对旧社会遗留下来的重婚、纳妾问题，如果当事人之间相安无事，政府并不主动予以追究；提出离婚的，根据具体情况依法处理。干部和群众有一般的干涉婚姻自由和其他违反婚姻法的行为，但并未造成严重后果的，经批评教育后，只要本人决心改正错误，一般不再给予处分。对少数干涉婚姻自由，

① 参见中央人民政府政务院：《关于检查婚姻法执行情况的指示》，1951-09-26。

情节严重，以及虐待、摧残甚至杀害妇女的犯罪分子，则依法予以惩处。

经过这次运动，巩固和发展了新中国成立初期婚姻家庭制度改革的成果。广大群众受到了深刻的思想教育和法制教育，广大干部也增强了法制观念，改进了工作作风。自主婚姻显著增加，民主和睦的家庭大量涌现，社会风气也有了很大的改变。根据我国 11 个大城市在 1954 年上半年所作的统计，合于婚姻法规定准予结婚登记的，已占申请结婚登记总数的 97.6%，因包办、买卖婚姻和其他原因未准登记的，仅占 2.4%。另据原内务部在 1955 年对 27 个省、市所作的统计，在申请结婚登记的 265 万人中，合于法定条件准予登记的，已占 95%。这一切都表明，旧婚姻家庭制度已崩溃瓦解，新婚姻家庭制度正在健康成长。

（二）1980 年婚姻法对我国婚姻家庭立法的发展

1980 年 9 月 10 日通过、1981 年 1 月 1 日施行的《中华人民共和国婚姻法》（以下简称 1980 年《婚姻法》），是在 1950 年《婚姻法》的基础上，根据实践经验和当时婚姻家庭领域的新的情况和问题制定的。它的颁行是巩固和发展社会主义婚姻家庭制度的需要，是保障公民婚姻家庭权益，促进社会文明进步的需要。在当时的时代背景下，这部法律的贯彻实施，对婚姻家庭领域的拨乱反正也起了重要的作用。

1980 年《婚姻法》分为 5 章，共 37 条。第一章总则，是有关婚姻法的任务和原则的规定。第二章结婚，是有关婚姻成立的条件和程序的规定。第三章家庭关系，是有关夫妻、父母子女和其他近亲属间的权利、义务的规定。第四章离婚，是有关婚姻解除的程序和处理原则，以及离婚后的子女的抚养教育、财产和生活的规定。第五章附则，是有关制裁、执行和施行问题的规定。它对我国婚姻立法的发展，主要表现在以下几个方面：

1. 对基本原则的补充

1980 年《婚姻法》除保留原婚姻法中的婚姻自由、一夫一妻、男女平等、保护妇女和子女合法利益等原则外，增加了保护老人合法权益的内容，并且将实行计划生育也列入原则。为了保证有关原则的实施，还在总结实践经验的基础上增加了禁止买卖婚姻、禁止家庭成员间的虐待和遗弃的规定。

2. 对法定婚龄和禁婚亲的修改

1980 年《婚姻法》将法定婚龄提高为男 22 周岁，女 20 周岁；将原婚姻法中关于禁婚亲的规定，改为禁止直系血亲和三代以内的旁系血亲结婚。并在有关结婚登记的规定之后，增加了登记结婚的男女可根据双方的约定成为对方家庭成员的条文。

3. 扩大对家庭关系的法律调整

原婚姻法只规定了夫妻间、父母子女间的权利和义务，1980 年《婚姻法》则将祖孙和兄弟姊妹也列入了调整范围。在夫妻人身关系方面，1980 年《婚姻法》将实行计划生育作为双方的共同义务。在夫妻财产制、扶养、抚养、赡养、收养和继父母继子女关系等问题上，1980 年《婚姻法》中的规定也比原法更为具体。同时，还增加了父母对未成年子女的管教、保护等规定。

4. 对离婚条款的增补

关于一方要求离婚的纠纷，1980 年《婚姻法》规定可由有关部门进行调解或直接向人民法院提出离婚诉讼。对于经由诉讼程序处理的离婚案件，1980 年《婚姻法》规定，如双方感情确已破裂，调解无效，应准予离婚。这对保障离婚自由、防止轻率离婚都有很重要的意义。考虑到我国妇女经济地位的变化，以及保护当事人的特别是妇女和子女权益的需要，在离婚后的子女、财产和生活问题上，1980 年《婚姻法》对原来的有关规定也作了适当的修改。

此外，1980 年《婚姻法》在附则中还增加了有关制裁和执行的条款。这对维护法律的严肃性和权威性、加强同婚姻家庭方面的违法行为作斗争，都是十分必要的。

1980 年《婚姻法》颁行后，从 20 世纪 80 年代到 90 年代，我国的婚姻家庭法制建设有了长足的进展。《中华人民共和国收养法》（以下简称《收养法》）的颁行和修正，使作为婚姻家庭制度组成部分的收养制度有了比较完备的法律形式。《中华人民共和国民法通则》（以下简称《民法通则》）、《中华人民共和国未成年人保护法》（以下简称《未成年人保护法》）、《中华人民共和国妇女权益保障法》（以下简称《妇女权益保障法》）、《中华人民共和国老年人权益保障法》（以下简称《老年人权益保障法》）、《中华人民共和国人口与计划生育法》（以下简称《人口与计划生育法》）等法律中，均有若干婚姻家庭法规范。《中华人民共和国继承法》（以下简称《继承法》）中的某些规定，也是与婚姻家庭法有关的。在此期间，各地和有关部门以法律为依据颁行了许多涉及婚姻家庭事项的规范性文件，其内容包括婚姻登记、收养登记、民族婚姻、涉外婚姻、涉侨、涉港澳台婚姻、保护妇女、儿童和老人权益等各个方面。最高人民法院对如何适用法律处理婚姻家庭案件等问题，先后作出了大量的司法解释。一个以宪法为立法依据，以婚姻法为基本法，包括有关法律、法规、规章、司法解释的婚姻家庭法规范体系已经初步形成。

（三）2001 年对《婚姻法》的修正和立法前瞻

改革开放以来的二十多年间，我国的社会生活和婚姻家庭生活发生了巨大的变化。1980 年《婚姻法》的各项原则得到了进一步的贯彻，文明进步是当代中国婚姻家庭生活的主流。同时，婚姻家庭领域也出现了一些前所未有的情况和问题，需要从立法上制定相应的对策。1980 年《婚姻法》有其巨大的历史功绩，但内容上也有不足之处：一是立法上的空白较多，二是某些规定已经滞后，应当根据调整婚姻家庭关系的实际需要进行补充和修改。综观修改 1980 年《婚姻法》的全过程，从 1995 年 10 月 30 日八届全国人大常委会第十六次会议将其列入该届人大的立法规划，到 2001 年 4 月 28 日九届全国人大常委会第二十一次会议通过《关于修改〈中华人民共和国婚姻法〉的决定》，历时五年有余。其间，还曾将《婚姻法》的修正草案全文公布，提交全民讨论。修正后的《婚姻法》对 1980 年《婚姻法》的补充和修改，主要有以下几个方面：

1. 关于总则

一是在第 3 条的禁止性条款中增设了“禁止有配偶者与他人同居”、“禁止家庭暴力”的规定。二是在新增的第 4 条中，规定了婚姻双方和家庭成员的共同责任，从而集中体现了《婚姻法》的立法宗旨。

2. 关于结婚制度

主要是增设了有关无效婚姻和可撤销婚姻的规定，其内容包括婚姻无效的原因，婚姻撤销的原因、程序、请求权人和请求权行使的时间，婚姻无效和被撤销的法律后果等。上述规定，使我国的结婚制度较前更加完善。

3. 关于家庭关系

在夫妻财产制上，一是改进了原有的法定夫妻财产制，分别列举了法定夫妻财产制中双方共有财产和一方个人财产的种类和范围；二是规范了夫妻财产约定，包括约定的内容、形式和效力等。在父母子女关系中，增设了子女应当尊重父母的婚姻权利，不得干涉父母的再婚自由以及婚后的生活等规定。在父母对未成年子女的保护和教育、父母对非婚生子女的生活和教育费用的负担，祖孙间、兄弟姐妹间的抚养、赡养和扶养等问题上，也对 1980 年《婚姻法》的相关规定作了必要的修改。

4. 关于离婚制度

对离婚的法定理由，在重申如夫妻感情已破裂，调解无效，应准予离婚的同时，增设了若干列举性、例示性的规定；符合法定情形之一，调解无效的，应准予离婚。法定理由的具体化，增强了法律的可操作性，有利于保障离婚自由，防止轻率离婚。对 1980 年《婚姻法》有关在一定条件下限制离婚请求权的规定，修正后也作了必要的增补。在离婚后子女的抚养、教育问题上，增设了不直接抚养子女的父或母对子女有探望权的规定。在离婚时的财产处理等问题上，增设了在法定条件下一方对另一方有权请求补偿的规定等。

5. 关于救助措施和法律责任

修正后的《婚姻法》增设了救助措施和法律责任一章，对违反婚姻家庭法行为的受害人，规定了各种必要的救助措施；对各种违反婚姻家庭法的行为，规定了相应的法律责任。

修正后的婚姻法填补了 1980 年《婚姻法》中的某些空白，加强了婚姻家庭关系的法律调整。如果从全面完善婚姻家庭法制的视角对其作理性的审视，我们认为这次修法只是一种阶段性或过渡性的立法措施，现有的规定是尚不到位的。应当通过新的、根本性的立法措施增设若干婚姻家庭领域不可缺少的具体制度，并使之配套，使其成为既有科学性、系统性又有一定的前瞻性的法律。目前，起草民法典（或法典化的民法）的工作已列入我国立法机关的议事日程，这是全面完善婚姻家庭法制的大好时机。在民法典的婚姻家庭编（或亲属编）中确立全面、系统的婚姻家庭法规范体系，并辅之以必要的单行法和其他规范性文件，是全面完善婚姻家庭法制的最佳方案。

第二节　婚姻家庭法的概念和调整对象

一、婚姻家庭法的概念

（一）婚姻家庭法的名称和含义

顾名思义，婚姻家庭法是调整婚姻家庭关系的法律，但是，在法制史和比较法领域中，调整婚姻家庭关系的法律名称不一，内容也有很大的区别。在古代罗马，调整婚姻家庭关系的法律称为亲属法，它是罗马私法的重要组成部分。在中国历代封建法律中，调整婚姻家庭关系的法律称为户婚律（也有称为婚户律或径称户律的），此外还有户令等法律形式。在当代各国，调整婚姻家庭关系的法律有称为亲属法的，如德国、日本等大陆法系国家民法典中的亲属编；有称为婚姻家庭法的，如原苏联各加盟共和国的婚姻和家庭法典。有仅称为家庭法的，如罗马尼亚和原德意志民主共和国的家庭法典。有仅称为婚姻法的，如中华人民共和国两部婚姻法（1950 年《婚姻法》和 1980 年《婚姻法》）和越南的 1959 年婚姻法（1986 年的新法已改称婚姻家庭法）等。英美法系各国调整婚姻家庭关系的法律是由各种单行法组成的，其总和也相当于我们所说的婚姻家庭法。对不同国家的调整婚姻家庭关系的法律，不仅要知其名，而且要究其实，要看它具有什么样的具体内容。

从历史上来看，亲属法的调整范围是广于婚姻家庭法的，除以婚姻家庭法规范为主要内容外，其中还有一些不属于婚姻家庭事项的规定。某些早期的亲属法学著作，曾将亲属法定义为规定亲属关系、家长家属关系的法律。有关亲属身份关系的规定，称为纯粹亲属法。有关亲属财产关系的规定，称为亲属财产法。当代社会中，婚姻家庭是唯一的实体性的亲属组织。许多学者认为，亲属法和婚姻家庭法的内容大致相当，两者基本上是可以作为同义语使用的。

婚姻是家庭的发生基础，婚姻关系是最初的家庭关系，通过生育行为又形成了父母子女、兄弟姐妹等家庭成员之间的关系。就名称而言，家庭法可以包容婚姻法，但婚姻法不能包容家庭法。考虑到法律的调整对象，定名为婚姻家庭法是名副其实的。

我国目前的法律体系中并无以婚姻家庭法命名的法律，以《婚姻法》为调整婚姻家庭关系的基本法，这是与立法传统以及婚姻家庭法制还不够完善有关的。从立法传统来看，新中国成立前革命根据地中调整婚姻家庭关系的法律均以婚姻法为名；中华人民共和国成立后，1950 年《婚姻法》和 1980 年《婚姻法》一仍其旧，婚姻法之名似已约定俗成。从婚姻家庭法制来看，目前的法律有关婚姻制度的规定比较具体详明，有关家庭制度的规定过于简略，还存在许多立法上的空白。基于这些原因，在起草 1980 年婚姻法和修改该法的过程中，有关将婚姻法更名为婚姻家庭法的两次立法建议，最后均未被采纳。严格地说来，以婚姻法之名概括调整婚姻家庭关系的法律是不够科学的，是名不副实的，也是不利于婚姻家庭法制的全面完善的。瞻望未来，我国法学界有许多学者认为，在法典化的民法中，应当增设家庭法规范；调整婚姻家庭关系的法律规范体系，在民法中应定名为婚姻家庭编或亲属编。

在法学著作中，婚姻家庭法一词往往具有各种不同的含义，如非纯粹的婚姻家庭法和纯粹的婚姻家庭法，形式意义上的婚姻家庭法和实质意义上的婚姻家庭法，作为民法组成部分的婚姻家庭法和作为独立法律部门的婚姻家庭法等。对此稍作诠解，有助于界定婚姻家庭法的概念。

1. 非纯粹的婚姻家庭法和纯粹的婚姻家庭法

非纯粹的婚姻家庭法多见于诸法合体的古代各国。例如：古巴比伦王国的汉穆拉比法典在调整婚姻家庭关系的规范中，规定了各种残酷的刑罚。中国历代的户婚律中对嫁娶违律、违反教令，祖父母、父母在子孙别籍异财等，均有科之以刑的规定。在法制史中，非纯粹的婚姻家庭法也被称为婚姻家庭法，因为当时并无严格的民刑分立的制度。近现代的婚姻家庭法是纯粹的婚姻家庭法，它是由调整婚姻家庭关系的民事法律规范构成的，不再包括刑事法律规范。有关妨害婚姻家庭的犯罪，属于刑法的调整范围。非纯粹的婚姻家庭法和纯粹的婚姻家庭法的区别，是古代婚姻家庭法和近现代婚姻家庭法的分野。

2. 形式意义上的婚姻家庭法和实质意义上的婚姻家庭法

形式意义上的婚姻家庭法，是以婚姻家庭法为名（各国有不同的名称，如亲属法、婚姻家庭法、家庭法、婚姻法等）的法律，是一国之内调整婚姻家庭关系的基本法，从总体上反映了一定国家的婚姻家庭法律制度的全貌；如德国的《民法典亲属编》，日本的《民法典亲族编》，原苏联各加盟共和国的《婚姻家庭法典》，我国的《婚姻法》等。

实质意义上的婚姻家庭法则是一定国家调整婚姻家庭关系的全部法律规范的总和，其内容不以形式意义上的婚姻家庭法中的规范为限。这些规范还散见于相关的法律、法规、规章等不同形式的规范性文件。

应当指出的是，在形式意义上的婚姻家庭法中，具有大量的、集中而系统的实质意义上的婚姻家庭法规范。出于立法技术和法律适用的需要，其中也有一些按其性质不属于实质意义上的婚姻家庭法的规定，如附以若干行政法规范、民事诉讼法规范等。形式意义上的婚姻家庭法是具有基本法性质的法律。某些散见于其他规范性文件的实质意义上的婚姻家庭法规范，虽然不具有基本法的性质，却是对婚姻家庭基本法的必要补充。

3. 作为民法组成部分的婚姻家庭法和作为独立法律部门的婚姻家庭法

自资本主义国家法律体系确立，法律部门有了严格的区分之后，不论是大陆法系各国还是英美法系各国，均将婚姻家庭法作为私法即民法的组成部分。十月社会主义革命后，苏联以婚姻家庭法作为与民法并列的一个独立法律部门，这对继起的社会主义国家的立法也有颇深的影响。

在中华人民共和国的法律体系中，以《婚姻法》为主体的婚姻家庭法是一个独立的法律部门，还是民法这一法律部门的组成部分？对于这个问题，过去在法学研究和立法工作中是有歧见的。早期曾以独立部门说为通说，这同新中国的立法传统和苏联法学的影响不无关系。随着我国法制建设的进展，这个问题已在立法体制上获得解决。《民法通则》第2条明确规定："中华人民共和国民法调整平等主体的公民之间、法人之间、公民和法人之间的财产关系和人身关系。"婚姻家庭领域的人身关系和财产关系，都是存在于作为平等主体的公民之间的，调整婚姻家庭关系的法律是民法的组成部分，而不是独立于民法之外的另一个法律部门。上述规定已在立法体制上实现了婚姻家庭法向民法的回归；在未来的法典化民法中列入婚姻家庭编（或亲属编），将进一步实现从法律编制方法上向民法的回归。

（二）婚姻家庭法概念的表述

我国婚姻家庭法的概念，可以大致表述如下：婚姻家庭法，是规定婚姻家庭关系发生和终止的法律事实，规定婚姻家庭主体间、其他近亲属间的权利和义务的法律规范的总和。

上述概念全面地反映了我国婚姻家庭法的内容；为了正确地理解这一概念，应当注意以下几个问题：

第一，这一概念是就实质意义上的婚姻家庭法而言的，而不是仅就形式意义上的婚姻家庭法而言的。因此，必须将婚姻家庭法的概念和作为婚姻家庭基本法的《中华人民共和国婚姻法》的概念加以区别。《婚姻法》第1条规定："本法是婚姻家庭关系的基本准则。"基本准则不同于全部准则。为了调整婚姻家庭关系，仅有《婚姻法》中的规定是不够的，还需要相关的法律规范加以补充。上述概念是对我国婚姻家庭法规范体系的法理上的概括，而不是对《婚姻法》这部特定的法律所作的解释。

第二，我国的婚姻家庭法中既包括调整婚姻家庭关系的法律规范，也包括调整其他近亲属关系的法律规范（即使这些近亲属并非同一家庭的成员）。在我国社会发展的现阶段，家庭结构具有不同的形式，如核心家庭、直系家庭、复合家庭、单亲家庭等。近亲属可能同居一家，也可以分属不同的家庭。我国婚姻家庭法中的某些规范是从亲属的角度，而不是仅从婚姻家庭主体的角度加以规定的。例如：《婚姻法》有关祖孙（祖父母与孙子女，外祖父母与外孙子女）间、兄弟姐妹间权利义务的规定，以及《收养法》中有关收养的效力的规定，在适用时均不以同一家庭的成员为限。

二、婚姻家庭法的调整对象

不同的法律各有其特定的调整对象。对婚姻家庭法的调整对象，可从调整对象的范围和调整对象的性质两个方面作必要的分析。

（一）调整对象的范围

婚姻家庭法的调整对象是公民（自然人）之间的婚姻家庭关系和其他近亲属关系。关于调整范围，可从主体、内容和调整方法等方面加以界定。

就主体而言，我国现行婚姻家庭法的调整范围包括夫妻关系、父母子女关系（自然血亲的父母子女和拟制血亲的父母子女）、祖孙关系（祖父母与孙子女，外祖父母与外孙子女）、兄弟姐妹关系。在某些特定事项上，调整范围有所扩大，如禁婚亲等。

就内容而言，婚姻家庭法所调整的，只是上述主体间具有法律意义，即具有一定法律后果的事项。婚姻家庭法是调整婚姻家庭关系的重要手段，但不是唯一的手段，婚姻家庭中的伦理关系，是由道德规范加以调整的。

就调整方法而言，婚姻家庭法主要是通过规定婚姻家庭关系借以发生和终止的法律事实，婚姻家庭主体间、近亲属间的权利义务，实现其调整作用的。其他法律领域也有涉及婚姻家庭和亲属事项的规定，如行政法中有关婚姻登记管理和收养登记管理的规定，刑法中有关妨害婚姻家庭罪的规定，民事诉讼法中有关审理婚姻家庭案件的程序制度的规定等。这些规定也通过各自的方法调整婚姻家庭关系，但其调整方法是不同于婚姻家庭法的。

婚姻家庭法调整的事项是相当广泛的。具体说来，婚姻关系因结婚而成立，配偶身份基于婚姻的法律效力而确定。婚姻因配偶死亡或离婚而终止。关于结婚的条件和程序，婚姻的无效和撤销，夫妻间的权利和义务，离婚的程序和法定理由，离婚时的财产清算和离婚后子女的抚育，都是由婚姻家庭法加以规定的。家庭关系和其他近亲属关系，因结婚、出生和法律拟制而发生，因离婚、死亡、拟制关系依法解除而终止。上述关系的发生和终止，以及父母子女间、祖孙间、兄弟姐妹间的权利和义务，也都是由婚姻家庭法加以规定的。

（二）调整对象的性质

婚姻家庭法的调整对象，按其性质可以分为人身关系和财产关系。这些关系是发生在婚姻家庭主体和其他近亲属之间的。在婚姻家庭法的调整对象中，人身关系是主要的、起决定作用的方面；财产关系虽然也很重要，但它是附随于人身关系的。

1. 婚姻家庭法调整的人身关系

作为婚姻家庭法调整对象的人身关系，是特定的亲属身份关系，如夫妻关系、父母子女关系、祖孙关系、兄弟姐妹关系等。这些身份关系本身并不具有经济内容，它们是基于一定的法律事实的发生而为法律所确认的。因出生这一事件而发生的父母子女关系、其他血亲关系自不必说，即使因结婚、收养等行为而发生的夫妻关系、养父母养子女关系等，也不应以追求经济利益为目的，否则便有悖于婚姻家庭制度的根本宗旨。

婚姻家庭法调整的人身关系不同于其他民事法律调整的人身关系。例如，人格权本于公民（自然人）的人格而普遍享有，知识产权中的身份权因权利人的创造性劳动而取得，基于上述权利而发生的人身关系是与亲属身份无关的。

2. 婚姻家庭法调整的财产关系

作为婚姻家庭法调整对象的财产关系，具有一定的经济内容，涉及有关主体的物质利益。但是，这种财产关系不能脱离人身关系而独立存在，它是从属于一定的人身关系即亲属身份关系的。这种从属性，具体表现在财产关系的发生和终止，财产关系的内容等诸多方面。例如：夫妻财产关系因男女双方结婚取得配偶身份而发生，因一方死亡或离婚消除配偶身份而终止；扶养、抚养、赡养、法定继承等均以特定的亲属身份为依据。这些财产关系都是同一定的人身关系即亲属身份关系密不可分的。婚姻家庭法调整的财产关系不同于其他民事法律调整的财产关系，两者具有明显的区别。对此，可从法理上略作分析，以见其一斑。

第一，两种财产关系反映了不同的社会经济要求。婚姻家庭法调整的财产关系，反映的主要是亲属共同生活和家庭的经济功能的要求。其他民事法律调整的财产关系，反映的主要是商品经济的要求。在我国社会发展的现阶段，反映的是社会主义市场经济的要求。

第二，两种财产关系有不同主体。婚姻家庭法调整的财产关系，主体须为彼此间具有特定身份的亲属，其他主体不得参与。其他民事法律所调整的财产关系，主体包括一切自然人和法人，参与这些财产关系是与亲属身份无关的。当然，彼此间具有特定亲属身份的主体也可参与一般的财产关系，如买卖、租赁、赠与等，但这些并不是婚姻家庭法调整的财产关系，而是其他民事法律所调整的财产关系。

第三，两种财产关系有不同的发生和终止的原因。婚姻家庭法调整的财产关系，随着特定的亲属身份关系的发生而发生，随着特定的亲属身份关系的终止而终止。其他民事法律调整的财产关系，其发生和终止的原因是更为多样和复杂的，并不以有无亲属身份为转移。

第四，两种财产关系的内容有不同的性质。其他民事法律所调整的财产关系，一般都具有等价、有偿的性质，这是商品经济条件下价值规律的客观要求。许多基于双方行为而形成的财产关系，就其内容而言无非是物质利益的交换（当然其他民事法律调整的财产关系也有一些并非是等价、有偿的，如赠与、继承、遗赠等，这种情形是为数不多的）。婚姻家庭法调整的财产关系，一般不具有等价、有偿的性质。例如扶养、抚养、赡养关系等同债权债务关系是有本质区别的；它们具有浓厚的伦理色彩，并非物质利益的交换。

正因为如此，婚姻家庭法中的财产法规范和其他民事法律中的财产法规范有不同的立法旨趣。婚姻家庭法领域中的财产关系，不适用民法中某些有关财产关系的规定，应适用婚姻家庭法中的专门规定。

三、婚姻家庭法的特性及其主要表现

（一）婚姻家庭法的特性

各种法律既具有共性，又具有自身的特性，婚姻家庭法也不例外。为了方便起见，我们将婚姻家庭法的特性及其主要表现附于本节一并阐述。这些特性及其主要表现都是为婚姻家庭法的调整对象和立法宗旨所决定的。婚姻家庭法具有如下特性：

1. 婚姻家庭法是适用范围极为广泛的法律

婚姻家庭关系是人类社会中最普遍、最广泛的社会关系，以婚姻为基础的家庭是社会的细胞。作为社会成员的人，都是婚姻家庭关系的参与者。人人都要结婚、生儿育女，例外的情况极为罕见。即使终身不婚，也与父母等近亲属间存在着权利和义务关系。个人既是婚姻家庭关系的产物，又是婚姻家庭关系的主体。在这个意义上说，任何人都是不能游离于婚姻家庭法的调整范围之外的。

> 毛泽东同志曾说：婚姻法是有关一切男女利害的、普遍性仅次于宪法的国家根本大法之一。[参见《关于中华人民共和国婚姻法起草经过和起草理由的报告》（1950年4月）] 以根本大法相称，显然是为了强调婚姻法的重要性和适用上的普遍性，在理解上不应将其与仅以宪法为根本法的专业用语相混淆。

在一国以内，婚姻法是适用于全体公民的普通法（就其字面意义理解即可，英国的普通法是有其特定的含义的），而不是仅适用于部分公民的特别法。但这并不排除婚姻家庭法中也有某些仅适用于部分公民的特别规定。如有关现役军人配偶要求离婚的规定，有关涉外，涉港、澳、台婚姻的规定，以及民族自治地方有关婚姻家庭法的变通规定等。这种情形同婚姻家庭法在适用上的广泛性并不矛盾。

2. 婚姻家庭法是具有强烈的伦理性的法律

婚姻家庭关系既是一种重要的法律关系，又是一种重要的伦理关系。不论在任何时代、任何国家，在当时占统治地位的婚姻家庭道德都是婚姻家庭立法的伦理基础。婚姻家庭法中的许多规定，堪称道德化的法律或法律化的道德。中国古代的婚礼、家礼和户婚律、户令中的诸多规范，具有强烈的宗法伦理的性质。欧洲中世纪许多国家的婚姻家庭法，都是以基督教的婚姻家庭道德为其精神支柱的。在我国，反映工人阶级和广大人民意志的法律，本来就是同社会主义道德一致的。在婚姻家庭法中，这种一致性表现得尤为强烈，尤为明显。我国婚姻家庭法中的许多规定，都是社会主义婚姻家庭道德的必然要求，或者说是社会主义婚姻家庭道德的最低要求。在处理婚姻家庭生活方面的具体问题时，既要坚持法律标准，又要坚持道德标准。法律中未规定的具体事项，应按社会主义婚姻家庭道德的要求妥善处理。我国《婚姻法》第4条有关婚姻双方和家庭成员共同责任的规定（参见本书第三章第一节），是婚姻家庭法的伦理性的集中表现和明显例证。

3. 婚姻家庭法中的规定多为强行性规范

强行性规范是任意性规范的对称。为了保护公民的婚姻家庭权益和社会公共利益，婚姻家庭法规范大多具有强行性规范的性质。在婚姻家庭法领域，关于法律事实和法律关系内容的规定，都是定型化的而不是选择性的。一定的法律事实出现后必然引起相应的法律后果，这是法律预先指明、严格规定的，而不是任由当事人意定的。当事人不能自行改变或通过约定加以改变。例如：是否结婚、何时结婚、与谁结婚完全取决于当事人的意愿，结婚后，夫妻间的权利和义务便基于婚姻的效力而发生；子女出生后，父母子女间的权利义务关系便随之发生。这些权利义务都是法定的，当事人是不能加以限制或抛弃的。

当然，婚姻家庭法中也有一些任意性规范。如法律允许夫妻双方就财产问题作不同于法定夫妻财产制的约定，离婚当事人可以通过协议处理子女的抚养教育、财产分割等问题。但是，处理这方面的问题也要符合婚姻家庭法的有关原则，当事人选择的余地是不大的。

在考察婚姻家庭法的特性时，应当注意以下两个问题：第一，上述种种只是对婚姻家庭法特性的一般概括，还可以从其他角度加以补充，如婚姻家庭法具有鲜明的民族传统，主要是本国的固有法而不是继受法等。第二，这些特性是相对的，而不是绝对的，并不具有排他性。例如，婚姻家庭法中的规定多为强行性规范，是相对于合同法等民事法律而言的，而不是相对于刑法而言的。

（二）婚姻家庭法律关系和法律行为的特点

婚姻家庭法的特性，在有关的制度和规定中都有明显的反映，此处无法一一列举，仅从婚姻家庭法法律关系和法律行为的角度略作说明。婚姻家庭法律关系是由婚姻家庭法加以规范的，由该法确认和保护的社会关系，它是民事法律关系的组成部分。这种法律关系的主体，是具有特定亲属身份的自然人。这种法律关系的内容，是特定亲属间的权利和义务。这种法律关系的客体，是上述权利义务所指向的身份利益和财产利益。基于婚姻家庭法的特性，婚姻家庭法律关系具有下列主要特点：

第一，婚姻家庭法律关系的稳定性。

与其他民事法律关系相比较，婚姻家庭法律关系是稳定的或比较稳定的；因为这是一种长期的、伦理的结合，而不是一种短暂的、基于利益的结合。自然血亲间的法律关系只能因出生、死亡的事件而发生、终止，其稳定性是不言而自明的。拟制血亲间的法律关系和婚姻法律关系虽然是基于当事人的行为而创设的，但是，收养制度和婚姻制度的宗旨，以及法律对此所作的规定（包括成立和解除的条件、程序等），都决定了这种法律关系也是稳定的或相对稳定的，不可能朝合暮离，不可能像财产法律关系那样频繁地变动。

第二，婚姻家庭关系的不可重复性。

同类法律关系的单一性和不可重复性，是婚姻家庭法律关系的特点之一。例如：婚姻关系具有专一性和排他性；有配偶者在婚姻终止前不得再行结婚，否则便构成重婚。又如：在收养关系终止前，被收养人不得同时为收养人以外的他人收养。凡此种种，都是维护婚姻家庭制度的必然要求。其他民事法律关系特别是财产法律关系则允许主体重复地参与同类的法律关系，如买卖、租赁、借贷等，都是为法律所不禁的。

第三，婚姻家庭法律关系中权利和义务和同一性。

权利和义务是一切法律关系的具体内容，两者是互相对应，互相依存的。无义务则权利无法实现，无权利则义务无从履行。在其他民事法律关系特别是财产法律关系中，权利就是权利，义务就是义务，两者的区别十分明显，许多法律关系的内容，实质上是主体之间的利益交换。婚姻家庭法律关系中的权利和义务有其自身的特点，在许多情形下，两者是紧密地结合在一起的，有时甚至是很难区分的，行使权利便是履行义务，义务的不履行便是权利的放弃，权利的行使和义务的履行是相互混同的。例如：在亲子关系中，父母对子女的抚养、教育和保护，既是父母的义务，也是父母的权利。在亲属监护中，监护权的正当行使便意味着监护职责的履行，履行监护职责和行使监护权是同一过程。这种权利和义务的同一性，是婚姻家庭法律关系的一大特点。

婚姻家庭法的调整作用，贯穿于婚姻家庭法律关系发生、变更和终止的全过程。法律事实则是法律和法律关系的中介或联系环节。与其他民事法律关系相同，婚姻家庭法律关系借以发生、变更和终止的法律事实分为事件和行为两种。能够引起婚姻家庭法律关系变动的事件，仅限于出生、死亡和期间的经过等，这方面的一些问题显而易见，无须赘述。值得注意的是，婚姻家庭法律行为有着种种不同于其他民事法律行为的特点：

第一，婚姻家庭法律行为在主体和内容上的限定性。

为了保护婚姻家庭和社会公共利益，法律对婚姻家庭法律行为的要求，比对其他民事法律行为的要求更为严格。就行为主体而言，在其他民事法律领域中，具有完全民事行为能力的自然人（在我国为年满 18 周岁的公民）即可通过自己的行为参与民事法律关系。婚姻家庭法领域则不然，例如：按照我国《婚姻法》的规定，男满 22 周岁，女满 20 周岁，方具有为结婚行为的能力。按照我国《收养法》的规定，年满 30 周岁方具有为收养行为的能力。又如：其他民事法律行为可适用代理制度，并可附以条件和期限。婚姻家庭方面的身份行为一般均须亲自为之，婚姻家庭方面的身份行为是不得附以条件和期限的。就行为内容而言，其他民事法律行为本着意思自治的原则，行为的内容，即该行为所追求的法律后果，可由行为人自行决定（单方行为），或由行为人约定（双方行为或共同行为），当然这是以不违背法律和社会公共利益为条件的。婚姻家庭方面的身份行为的内容则完全是法定的。当事人固然有权为某种行为或不为某种行为，但是，一旦为之，行为的后果都是法定的，当事人对此并无选择的余地。婚姻的法律效力和收养的法律效力等，便是这方面的明显例证。

第二，婚姻家庭法律行为的要式性。

其他民事法律领域中有许多不要式的法律行为；除法律规定必须采取某种形式外，法律行为的形式可由行为人自行选择。婚姻家庭法律行为则均为要式法律行为。例如：结婚、双方自愿离婚、收养的成立和协议解除，都必须依法办理登记，夫妻财产约定必须采用书面形式等。法律对婚姻家庭法律行为的形式有严格的要求，是出于保护婚姻家庭主体的权益和社会公共利益的需要。

第三，婚姻家庭法律行为须受公权力的必要干预。

公权力对婚姻家庭法律行为的一定程度的干预，是由维护婚姻家庭制度的必要性所决定的。

在许多情形下，仅有当事人的婚姻家庭法律行为，并不能发生当事人所追求的法律后果，还须由一定的公法上的行为加以确认。例如：婚姻的成立和协议解除，收养的成立和协议解除，均须依法办理登记。只有当事人的结婚、协议离婚、收养和协议解除收养的婚姻家庭行为和准予登记的行政行为相结合，才能发生当事人追求的法律后果。在一方要求离婚或要求解除收养，依诉讼程序处理的情形下，准予离婚、准予解除收养的司法行为是婚姻关系、收养关系终止的依据。在婚姻家庭关系的发生和终止问题上，婚姻家庭法律行为是和某些公法上的行为（行政行为或司法行为）结合在一起作为事实构成而起作用的。

第三节　婚姻家庭法在法律体系中的地位

一、婚姻家庭法在法律体系中的定位问题

我国的法律体系是由各种性质不同、功能有别的法律（此处对法律作广义上的解释）组成的。基于调整对象、调整方法、适用范围以及位阶、效力的区别，可对法律作不同的分类。婚姻家庭法是实体法、部门法、国内法，就其主要内容而言是身份法。在我国，形式意义上的婚姻家庭法即《婚姻法》，在法律体系中处于基本法的位阶。正确地为其归类，有助于认识婚姻家庭法在我国法律体系中的地位。

（一）婚姻家庭法是实体法

实体法是相对于程序法而言的。婚姻家庭法规范主要是实体性规范，是用以规定婚姻家庭主体在人身关系和财产关系方面的权利义务的，它是人们在婚姻家庭领域必须遵守的行为规则。因而，它在性质上不同于那些用以规定诉讼制度、从司法上保障法律实施的程序法。婚姻家庭法中也有若干程序性规范，如结婚登记、离婚登记、收养登记和解除收养登记等，这些规定是辅助性的，并不影响其实体法的性质。

（二）婚姻家庭法是部门法

部门法是相对于根本法而言的。我国法律体系中的诸多法律部门，均有其不同的调整对象。以特定的社会关系为调整对象是划分法律部门的基本依据；调整手段的不同对法律部门的划分也具有重要的意义。按照婚姻家庭法的调整对象和调整手段，应将其归类于部门法。但它并不是一个独立的法律部门，而是民法这个法律部门的组成部分。应当指出，基于婚姻家庭法的种种特点，它在民法中具有相对独立的性质。一些学者主张，可将婚姻家庭法作为民法这个法律部门的分支部门。

（三）婚姻家庭法是国内法

国内法是相对于国际法而言的。婚姻家庭法主要是调整本国公民婚姻家庭关系的法律；本于国家主权，其效力也及于本国境内的外国人（外国公民和无国籍人）。按照我国法律的规定，我国缔结或参加的有关婚姻家庭的国际条约、协定，以及为我国所认可的国际惯例，也是婚姻家庭法的渊源。这是出于调整涉外婚姻家庭关系的需要，并不影响婚姻家庭法的国内法性质。

（四）婚姻家庭法就其主要内容而言是身份法

身份法是相对于财产法而言的。将婚姻家庭法定位为身份法，是以该法的立法宗旨和主要内容为依据的。婚姻家庭法以身份法规范为核心，财产法规范是附随于身份法规范的。作为身份法的婚姻家庭法具有强烈的伦理性；其原理、原则和具体规定，有许多方面是与财产法大异

其趣的。

（五）形式意义上的婚姻家庭法是基本法

基本法是相对于基本法以外的法律而言的。在我国，《婚姻法》起着形式意义上的婚姻家庭法的作用，是民事基本法的重要组成部分。但是，就实质意义上的婚姻家庭法而言，许多婚姻家庭法规范并不具有基本法的性质，它们在法律体系中的位阶是低于基本法的，详见本节后文对婚姻家庭法渊源的介绍。

二、婚姻家庭法的渊源

“渊源”一词在我国文字中有不同的含义，如历史渊源、文化渊源、思想渊源等。在法学中，法律渊源专指法律规范借以表现的形式，包括我国法律体系中的各种规范性文件。现将我国婚姻家庭法的渊源具体列举如下：

（一）宪法

宪法是国家的根本大法，具有最高的法律效力，是其他法律的立法依据。我国现行宪法中有关婚姻家庭的条款虽然不多，但是，它们在婚姻家庭法的渊源中具有极为重要的意义。

现行《中华人民共和国宪法》（以下简称《宪法》）规定：中华人民共和国妇女在政治的、经济的、文化的、社会的和家庭的生活等各方面享有同男子平等的权利；国家保护妇女的权利和利益。（第48条）婚姻、家庭、母亲和儿童受国家的保护。夫妻双方有实行计划生育的义务。父母有抚养教育未成年子女的义务，成年子女有赡养扶助父母的义务。禁止破坏婚姻自由，禁止虐待老人、妇女和儿童。（第49条）这些宪法条款是婚姻家庭法的立法基础和立法原则。

（二）法律

这里所说的法律，是指宪法以外的其他法律。法律一词是在狭义的、严格的意义上使用的，专指由全国人民代表大会及其常务委员会制定的规范性文件，包括基本法和基本法以外的法律。

目前，《民法通则》是我国的民事基本法。其中的有关规定，包括有关公民的婚姻家庭权益和涉外婚姻家庭关系的法律适用等规定，都是婚姻家庭法的重要法源。《婚姻法》目前起着婚姻家庭基本法的作用，是我国婚姻家庭制度在法律上的集中表现。其他民事法律中，《收养法》本身就是婚姻家庭法的组成部分。《继承法》中有关法定继承的规定，在法理上可以视其为亲属财产法。此外，《妇女权益保障法》、《未成年人保护法》、《老年人权益保障法》、《人口与计划生育法》等也有若干涉及婚姻家庭的规定，这些规定也是我国婚姻家庭法的渊源。

（三）行政法规和国务院所属部门的行政规章

行政法规是国家最高行政机关——国务院依据法律制定的规范性文件。国务院所属部门可在各自的权限内依法制定行政规章等规范性文件。行政法规和行政规章中的有关规定，对贯彻执行调整婚姻家庭关系的法律起着十分重要的作用。它们的内容较法律更为具体，更具有可操作性。

这方面的规范性文件主要有：民政部经国务院批准颁行的《婚姻登记条例》，《中国公民收养子女登记办法》，《外国人在中华人民共和国收养子女登记办法》，以及国家人口和计划生育委员会颁行的有关的规范性文件等。

（四）地方性法规和民族自治地方的变通规定

涉及婚姻家庭事项的地方性法规很多，如各省、自治区、直辖市的计划生育条例，保护妇女、儿童和老人合法权益的决定、办法，关于婚姻登记管理的规定等。这些以法律为依据，结合本地实际情况制定的地方性法规，许多都具有补充的、实施细则的性质，是保证全国性的婚姻家庭立法贯彻执行的重要措施。各民族自治地方可以依法制定有关婚姻家庭法的变通规定，这是以《宪法》第116条、《婚姻法》第50条、《收养法》第32条的规定为依据的。按照“一国两制”方针，香港和澳门特别行政区各有其独立的法律制度包括婚姻家庭法律制度。特别行政区调整婚姻家庭关系的法律、条例等，也是我国婚姻家庭法规范体系的组成部分。

（五）最高人民法院的司法解释

最高人民法院所作的有关适用婚姻家庭法的司法解释，是人民法院审理婚姻家庭案件的经验总结。这些司法解释具有一般规范性，又具有很强的可操作性，是我国婚姻家庭法的重要渊源之一。这方面的司法解释主要有：历次全国民事审判工作会议文件中有关适用婚姻家庭法的解释，《关于人民法院审理未办理结婚登记而以夫妻名义同居生活案件的若干意见》，《关于人民法院审理离婚案件如何认定夫妻感情确已破裂的若干具体意见》，《关于人民法院审理离婚案件处理子女抚养问题的若干具体意见》，《关于人民法院审理离婚案件处理财产分割问题的若干具体意见》，《关于适用〈中华人民共和国婚姻法〉若干问题的解释（一）》，《关于适用〈中华人民共和国婚姻法〉若干问题的解释（二）》，《关于适用〈中华人民共和国婚姻法〉若干问题的解释（三）》等。

关于判例能否作为婚姻家庭法的渊源，过去在法学研究和法律实务中都是有歧见的。我们认为，由最高人民法院确立的，或由其认可、援用的婚姻家庭案件的判例，其效力应视同司法解释，这种判例在形式上虽然不具有一般规范性，在实际上却是通过个案所作的司法解释。除此之外，其他判例不具有法律渊源的意义。

（六）我国缔结或者参加的国际条约

按照《民法通则》的有关规定，处理涉外婚姻家庭关系可以适用我国缔结或者参加的国际条约。如果我国参加或者缔结的国际条约同我国的民事法律有不同的规定，适用国际条约的规定，但我国声明保留的条款除外。在法定的情形下，还可以适用国际惯例。在按照《民法通则》的规定适用外国法律和国际惯例时，不得违背我国的社会公共利益。

此外，某些为我国法律所认可，符合社会主义婚姻家庭道德的习惯，也可以作为婚姻家庭法的渊源。

需要说明的是，依据我国《宪法》第67条的规定，全国人民代表大会常务委员会的职权之一是解释法律。这种立法解释的效力是高于司法解释的，它当然是重要的法律渊源。考虑到迄今为止尚无有关婚姻家庭法的立法解释，同时也考虑到，对法律的立法解释可视为该法律的组成部分。因此，前文中未以其为婚姻家庭法渊源的类别之一。将来如有这方面的立法解释，可将其归入上述诸渊源中的法律类别。

由上可知，我国婚姻家庭法的法律渊源不是单一的，而是复合的。各种渊源在法律体系中处于不同的位阶，具有不同的法律效力。有的适用于全国，有的仅适用于一定地区。我国的婚姻家庭法，是一个以《宪法》和《民法通则》为依据，以起着婚姻家庭基本法的作用的《婚姻法》为核心，由各种法律、法规、规章、司法解释等组成的规范体系。

三、婚姻家庭法与相关法律的联系与区别

作为我国法律体系的组成部分，各种法律都是互相分工而又互相配合的，它们具有共同的

本质和价值目标，都是为保障公民的权益，巩固和发展社会主义制度，促进社会主义的物质文明和精神文明建设而服务的。婚姻家庭法和其他法律都是社会主义经济基础的上层建筑，都是工人阶级和广大人民的意志在法律上的表现，都是以马克思主义、毛泽东思想为指导的。维护婚姻家庭制度是相关法律的共同任务；婚姻家庭法与相关法律既有密切的联系，又有明显的区别。

（一）婚姻家庭法与宪法

宪法是国家的根本大法，具有最高的法律效力。一方面，我国的社会制度、国家制度、公民的基本权利和义务、国家机构的组织和活动原则等，都是由宪法规定的。我国《宪法》中有关婚姻家庭的条款，如男女平等，保护婚姻、家庭、母亲和儿童，实行计划生育，父母子女之间的抚养、赡养义务，禁止破坏婚姻自由，禁止虐待老人、妇女和儿童等①，都是我国婚姻家庭法的立法依据。另一方面，宪法在婚姻家庭方面的一些原则规定，又是通过婚姻家庭法的具体规定加以贯彻的。

（二）婚姻家庭法与其他民事法律

婚姻家庭法与其他民事法律的关系十分密切。《民法通则》指出："公民享有婚姻自主权，禁止买卖、包办婚姻和其他干涉婚姻自由的行为。""婚姻、家庭、老人、母亲和儿童受法律保护。""妇女享有同男子平等的民事权利。"②《民法通则》中的其他有关规定，同样适用于婚姻家庭关系，例如：关于公民的权利能力和行为能力，监护，宣告失踪和宣告死亡，法定代理，财产的所有权和继承权，父母对未成年子女致人以损害的民事责任，以及涉外婚姻家庭关系的法律适用等，均须按照我国《民法通则》的规定处理。婚姻家庭法和一些民事单行法在内容上也是互相联系的。例如：《婚姻法》对继承只是作了一般性的原则规定，指出特定亲属之间有相互继承遗产的权利；这方面的许多具体问题，包括法定继承人的范围和顺序、代位继承、遗产分配，以及法定继承和遗嘱继承、遗赠、遗赠扶养协议的关系等，均须按照《继承法》的规定处理。同时，我们也要注意婚姻法与其他民事法律的区别。例如：婚姻家庭法领域中的人身权是基于特定的亲属身份而发生的，在性质上不同于《民法通则》第 98 条至第 102 条规定的其他人身权，婚姻家庭法领域中的扶养、抚养和赡养，在性质上不同于一般的债权债务关系。

（三）婚姻家庭法与行政法

行政法调整的是国家行政机关在实现管理职能的过程中发生的社会关系。这些关系不仅发生在国家行政机关之间，国家行政机关和企业事业单位、社会团体之间，也发生在国家行政机关和公民之间。婚姻家庭领域中也有不少涉及行政法的问题。例如：结婚、双方自愿离婚、复婚、收养的成立和协议解除，均须按照行政程序依法办理登记；贯彻执行有关计划生育的规定，需要采取一定的行政措施；对违反婚姻家庭法但尚未构成犯罪的行为，视其情节予以行政处罚等。通过行政程序就婚姻家庭方面的一些具体事项依法进行必要的管理和监督，对贯彻执行婚姻家庭法，保护公民的婚姻家庭权益，都具有很重要的意义。

（四）婚姻家庭法与民事诉讼法

民事诉讼法是规定办理民事案件的程序制度的法律，它担负着保证包括婚姻家庭法在内的各种民事法律正确实施的重要任务。婚姻家庭法和民事诉讼法之间的关系，是实体法和程序法

---

① 参见《中华人民共和国宪法》第 48 条、第 49 条。

② 《中华人民共和国民法通则》第 103 条、第 104 条第 1 款、第 105 条。

的关系。在我国的司法实践中，婚姻家庭法在民事案件中占有相当大的比重。人民法院处理各类婚姻家庭纠纷，如有关婚姻效力的纠纷，夫妻、父母子女、其他家庭成员之间有关扶养、抚养、赡养的纠纷，收养纠纷，继承纠纷，离婚纠纷等，在程序制度上均适用《中华人民共和国民事诉讼法》（以下简称《民事诉讼法》）的规定。只有正确、合法、及时地处理婚姻家庭纠纷，才能有效地保护公民在婚姻家庭方面的合法权益和社会公共利益。

（五）婚姻家庭法与刑法

刑法是适用刑罚同犯罪行为作斗争的法律，它对违法者所采取的制裁手段，是各种法律手段中最严厉的。公民在婚姻家庭方面的合法权益，同样也受着我国刑法的严密保护。各种妨害婚姻家庭的犯罪行为，如以暴力干涉他人婚姻自由的，有配偶而重婚或者明知他人有配偶而与之结婚的，明知是现役军人的配偶而与之同居或者结婚的，虐待家庭成员情节恶劣的，拒绝履行扶养义务情节恶劣的，拐骗不满 14 岁的未成年人脱离家庭或者监护人的，均须按照《中华人民共和国刑法》（以下简称《刑法》）的有关规定，追究犯罪者的刑事责任。刑法通过惩罚犯罪的方法，维护和巩固我国的社会主义婚姻家庭制度；它在这方面所起的作用，是其他法律不能替代的。

此外，婚姻家庭法与劳动法、国籍法、国际私法，以及保护妇女、未成年人、老年人合法权益的法律等，也有一定的联系。

思考题

1. 如何评价中国半殖民地半封建社会的婚姻家庭立法？
2. 怎样理解我国 1950 年《婚姻法》的立法宗旨和立法原则？
3. 我国的 1980 年《婚姻法》对 1950 年《婚姻法》有哪些补充和修改？
4. 2001 年修正后的《婚姻法》增设了哪些重要规定？
5. 如何进一步完善我国的婚姻家庭法律制度？
6. 形式意义上的婚姻家庭法和实质意义上的婚姻家庭法有何区别？
7. 怎样理解我国婚姻家庭法的概念？
8. 怎样把握我国婚姻家庭法的调整对象？
9. 婚姻家庭法调整的财产关系与其他民事法律调整的财产关系有何区别？
10. 婚姻家庭法有哪些特性？
11. 我国婚姻家庭法有哪些法律渊源？

第三章
婚姻家庭法的原则

【重点问题】

我国婚姻家庭法基本原则的形成和发展
婚姻家庭法的五项基本原则
保障原则实施的禁止性规定
法律对婚姻双方和家庭成员的总体要求

第一节 婚姻家庭法中的原则规定

婚姻家庭法是一个由各种具体的法律制度、法律规范构成的法律体系，有关原则的规定在其中居于重要的地位。一般说来，婚姻家庭法的原则是一定国家的全部婚姻家庭立法的指导思想，是各该国家的婚姻家庭制度的基本特征在法律上的集中表现。综观世界各国的婚姻家庭立法，有关原则的表达采用的是两种不同的方式：一种是明示的方式，即法律中明确宣示该法所遵循的原则。另一种是默示的方式，法律中对原则未作规定；对该法所奉行的原则，仅可就其内容作法理上的概括。

按照我国婚姻家庭立法的传统，历来都是在法律中开宗明义地宣示其原则的。这些原则在我国婚姻家庭制度的改革中具有纲领的性质，是制定和适用法律的依据。从新中国成立前革命根据地的婚姻家庭立法到1950年和1980年的两部《中华人民共和国婚姻法》，在体系结构上都是将有关原则的规定置于首要地位的。

我国目前尚无以婚姻家庭法或者民法婚姻家庭编为名的法律。《婚姻法》起着婚姻家庭基本法的作用。现行《婚姻法》第2条规定："实行婚姻自由、一夫一妻、男女平等的婚姻制度。保护妇女、儿童和老人的合法权益。实行计划生育。"上述三款在规定上虽有层次之别，总的说来可以将其归纳为五项基本原则。此外，《婚姻法》第4条指出了婚姻双方和家庭成员的共同责任，全面体现了婚姻家庭立法的宗旨；该条按其性质亦属原则性规定，当在本节中一并阐述。

一、婚姻自由原则

（一）婚姻自由的由来和发展

在人类社会漫长的婚姻史中，婚姻自由的权利是从无到有，逐渐实现的。人们在缔结和解除婚姻关系的问题上有无自由，是形式上的自由还是实质上的自由，归根结底决定于一定的社会制度。

古代社会即奴隶制、封建制社会不知婚姻自由为何物。人们的婚事均由父母、尊长支配，当事人的意愿是被漠视的。中国古代实行以包办、强迫为主要特征的聘娶婚，以及以出妻为主要方式的男子专权离婚。在其他国家的古代法律中，亦有关于以父母、监护人为主婚权人等规定。这一切，都是古代社会中的人身依附关系在婚姻领域的具体表现。

恩格斯曾说："在整个古代，婚姻的缔结都是由父母包办，当事人则安心顺从。古代所仅有的那一点夫妇之爱，并不是主观的爱好，而是客观的义务；不是婚姻的基础，而是婚姻的附加物。"① 又说："对于骑士或男爵，以及对于王公本身，结婚是一种政治的行为，是一种借新的联姻来扩大自己势力的机会；起决定作用的是家世的利益，而绝不是个人的意愿。"② 某些学者曾将罗马万民法中的合意婚姻作为自由婚姻的古代例证，就当时的社会条件而言，这种估计是有所夸大、有失偏颇的。

从欧洲各国的婚姻史来看，追求婚姻自由的思潮萌发于文艺复兴运动。基督教的宗教改革运动，为摆脱婚姻问题上的封建束缚做了理论上的准备。"……自路德和加尔文的宗教改革以来，就牢固地确立了一个原则，即一个人只有在他握有意志的完全自由去行动时，他才能对他的这些行为负完全的责任"③。马丁·路德认为，只要男女双方当事人本人自愿并已同居，婚姻即为有效。随着资产阶级革命的兴起，争取婚姻自由的斗争从思想、文化领域发展到政治、法律领域。1791 年法国宪法指出："法律视婚姻仅为民事契约。"在平等主体之间形成的契约关系，当然是可以根据当事者本人的意愿自由地缔结或解除的。1804 年《法国民法典》规定："未经合意不得成立婚姻"④，以共诺婚姻的方式肯定了婚姻自由的原则。但也应看到，法国大革命中关于婚姻自由的激进主张，在立法中贯彻得并不彻底，在有关离婚的规定中表现得尤为明显。自此以后，婚姻自由原则相继为资产阶级国家的婚姻家庭法所确认，至少在理论上和法律上是以此相标榜的。

在资本主义制度下，婚姻一般不具有包办、强迫的性质。在阶级内部或社会地位相当的阶层中，当事人在婚姻问题上确有较大的选择的自由。父母、尊长对子女的婚事，一般不再享有传统上的人身特权。同古代的婚姻相比较，这无疑是一个重大的历史进步。但是，资产阶级式的婚姻自由有很大的局限性。有产者的婚姻往往是权衡利害的结合。原则和实践、法律规定和现实生活是不相一致的。恩格斯曾经指出："在婚姻关系上，即使是最进步的法律，只要当事人在形式上证明是自愿，也就十分满足了。至于法律幕后的现实生活是怎样的，这种自愿是怎样造成的，关于这些，法律和法学家都可以置之不问。"⑤ 这里所说的，当然是指资产阶级国家的法律和法学家。一些人出于遗产继承等方面的考虑，在婚姻问题上不得不屈从父母的意志。男女两性在社会经济地位上的重大差别，对婚姻自由的实现更是具有不可忽视的影响。特别需要指出的是，在资产阶级国家早期的婚姻家庭立法中，仅就法律规定而言，婚姻自由的权利也是不完整的。有的国家在法律中规定，即使当事人已达法定婚龄，父母等尊亲属对其婚事仍享有同意权。后来对婚姻自由的限制才逐渐取消。在法律上

---

① 《马克思恩格斯全集》，第 21 卷，90 页。

② 《马克思恩格斯全集》，第 21 卷，91～92 页。

③ 《马克思恩格斯全集》，第 21 卷，93 页。

④ 《法国民法典》第 146 条。

⑤ 《马克思恩格斯全集》，第 21 卷，86 页。

的限制取消后，社会条件对婚姻自由的限制暴露得更为明显，这些社会条件是深深地植根于资本主义制度的。

从我国的婚姻史来看，争取婚姻自由的斗争发端于19世纪与20世纪之交。享有婚姻自由的权利，是许多青年的理想，也是当时妇女运动的重要目标之一。争取婚姻自由的根本动力固然来自中国社会内部，但是，欧风东渐对此也有一定的影响。从民主革命时期到社会主义革命时期，随着社会条件的变化和婚姻家庭制度改革的进展，婚姻自由原则已经深入人心，成为我国新婚姻家庭制度的重要基石。

婚姻自由是社会主义民主在婚姻问题上的必然要求，婚姻自由受到法律的切实保障。我国社会已从各方面为婚姻自由的实现提供了有利的条件，今后不仅要依法保障婚姻自由，还要通过物质文明和精神文明建设，促进婚姻自由在更高的层次上普遍实现。

（二）婚姻自由原则的基本要求

我国《宪法》第49条规定："禁止破坏婚姻自由"。《民法通则》第103条规定："公民享有婚姻自主权"。《婚姻法》以婚姻自由为基本原则，公民有权按照法律的规定，自主自愿地决定本人的婚姻问题，不受任何人的强迫或干涉。为了正确地理解这一原则的基本要求，应当注意以下两个问题：

第一，婚姻自由的内容，包括结婚自由和离婚自由。实行结婚自由，是为了使未婚、丧偶、离婚的男女能够根据自己的意愿缔结婚姻关系。是否结婚，与谁结婚，其决定权完全属于当事者本人。这就为缔结以爱情为基础的婚姻关系提供了有效的法律保障。实行离婚自由，是为了使那些感情确已破裂、和好无望的夫妻，能够通过法定的途径，解除名存实亡的婚姻关系，并使当事人有可能重建幸福美满的家庭。

结婚是一种极为普遍的行为，离婚则是在不得已的情形下采取的消除夫妻冲突的最后手段。离婚，无非是对已死亡的婚姻从法律上确认其死亡。对全面实行婚姻自由来说，结婚自由和离婚自由都是不可或缺的。仅有结婚自由是不够的，还必须有离婚自由作为补充。列宁说："实际上离婚自由并不意味着家庭关系'瓦解'，反而会使这种关系在文明社会中唯一可能的和稳固的民主基础上巩固起来。"① 从微观上来看，离婚确实导致某些家庭解体。从宏观上来看，却会使全社会的婚姻家庭关系得到改善和巩固。当然，这种作用是以正确地实行离婚自由，防止轻率的、不必要的离婚为前提的。

第二，婚姻自由不是绝对的，而是相对的，行使这项权利须受法律和道德的约束。有权利就有义务，有自由就有限制。婚姻自由绝不意味着人们在结婚和离婚问题上可以为所欲为。以婚姻为基础的家庭是社会的细胞。婚姻的缔结和解除不仅与当事人一己有关，而且涉及对方、子女和社会的利益。"如果婚姻不是家庭的基础，那末它就会像友谊一样，也不是立法的对象了。"（马克思语）② 我国法律为结婚规定了必须具备的条件和必须履行的程序，规定了离婚的法定程序和法定理由，具体指明了婚姻自由的范围，划清了婚姻问题上合法与违法的界限。婚姻自由的权利，应当正当行使而不能滥用，行使该项权利不得侵害他人的权益和社会公共利益。

婚姻自由既是一项法律原则，也是一项道德原则。法律保障当事人在婚姻问题上基于自由意志而为的合法行为不受他人的非法干涉；至于当事人行使这一权利的思想基础，包括行为的动机和目的，只能依据一定的道德标准加以评断。在依法行使婚姻自由的权利时，

---

① 《列宁选集》，3版，第2卷，396页，北京，人民出版社，1995。

② 《马克思恩格斯全集》，第1卷，183页，北京，人民出版社，1956。

应当以社会主义婚姻道德自律。发扬社会主义婚姻道德，对贯彻婚姻自由原则具有很重要的意义。

二、一夫一妻原则

（一）一夫一妻制的概念及历史内容

一夫一妻制亦称单偶制，是一男一女互为配偶的婚姻形式。从历史上来看，在原始社会向阶级社会过渡时期出现的一夫一妻制，是以私有财产制为其经济基础的。与私有制、阶级剥削制度和男尊女卑制度相适应，一夫一妻制具有不同于其字面含义的特定的内容。私有制社会中的一夫一妻制是名不副实的，专对妇女而言的。妻只有一夫，但剥削阶级中的男性，可以凭借其权势和财富占有妻以外的女性，实际上，实行的是公开的或者隐蔽的多妻制。当然，实行多妻制是富人和显贵人物的特权，劳动人民历来都是一夫一妻的结合，有些男子甚至因缺乏娶妻的经济能力而被迫独身。将私有制社会的一夫一妻制称为一妻一夫制，倒是更为恰当的。正因为如此，一些有关著作中对一夫一妻制打上引号，用"一夫一妻制"的提法以显示其社会本质。在中国古代，名义上的一夫一妻制和事实上的、以纳妾为其主要形式的多妻制同时并存，礼与律禁止有妻更娶，纳妾却是除外的。

私有制社会中片面的一夫一妻制为社会主义社会中男女平等的、真正的一夫一妻制所取代，是人类婚姻史上的重大进步。社会主义制度的建立和妇女的解放，从根本上铲除了多妻制的社会根源。以爱情为基础的婚姻，必然要求一夫一妻的结合。任何一夫多妻、一妻多夫的结合，都是同爱情的专一性和排他性不相容的。

我国早在新中国成立初期便从法律上废除了一夫多妻制，实行一夫一妻原则，禁止重婚、纳妾，这是我国婚姻家庭制度改革的重要成果。目前，我国现实生活中尚有某些违反一夫一妻制的消极现象，需要在立法、执法等方面加强维护一夫一妻制的力度。

（二）一夫一妻原则的基本要求

按照我国婚姻家庭法中的一夫一妻原则，婚姻是一男一女的合法结合，任何人不得同时有两个或者两个以上的配偶；有配偶者只有在婚姻终止，即配偶死亡（包括宣告死亡）或者离婚后，始得再行结婚。违反一夫一妻制是结婚的法定障碍，是婚姻无效的原因，犯重婚罪的须依法追究刑事责任。禁止有配偶者与他人同居，抵制其他形式的婚外性关系，取缔卖淫嫖娼活动等，也是维护一夫一妻原则的必然要求。

三、男女平等原则

（一）男女两性的婚姻家庭地位和社会地位

男女两性在婚姻家庭关系中的地位，总是与其社会地位相一致的。男女两性之间的关系是平等的关系，还是尊卑、主从、依赖和被依赖的关系，这只能从一定的社会制度中去寻找答案。从历史上来看，私有制和阶级剥削制度是男女不平等、妇女受压迫的社会根源。列宁指出："……妇女作为人与社会成员的地位，是与生产资料私有制有着不可分割的联系的。"① 私有制

---

① 转引自蔡特金：《回忆列宁》，64页，北京，人民出版社，1960。

社会中，广大劳动妇女受着来自剥削阶级和男权制度的双重压迫，即使是剥削阶级的女性，也受着来自男权制度的束缚。不论是封建制代替了奴隶制，还是资本主义制度代替了封建制，男女两性在社会上和婚姻家庭中始终处于不平等的地位，只不过在程度上和表现形式上有所不同。古代的法律公然主张男尊女卑、夫权统治。近现代的资产阶级国家法律虽然声称奉行男女平等原则，但是原则和实践，法律规定和现实生活之间是有很大距离的。“实际上，任何一个资产阶级共和国，即使是最先进的资产阶级共和国，对于占人类半数的妇女，既没有给予在法律上同男子完全平等的地位，也没有给予不受男子监护和压迫的自由。”① 这是列宁在20世纪之初的评述。随着社会条件的变化和妇女运动的进展，以及许多资产阶级国家的法律改革，男女两性的社会地位和婚姻家庭地位渐趋平等。但是，这种法律上的平等并不意味着实际生活中的完全平等。其实，两性法律地位不平等并不是妇女受压迫的原因，而是它的结果。在资本主义制度下，男女两性法律上的平等大致实现后，妇女受压迫的社会根源便会更加清楚地显示出来。

社会主义制度的建立，为男女平等的真正实现提供了前所未有的社会条件。中华人民共和国成立以来的半个多世纪间，我国妇女的社会地位有了全面的提高，这是贯彻执行男女平等原则、促进婚姻家庭关系健康发展的强大动力。一般说来，男女两性法律地位的完全平等已经基本实现。但是也要看到，我国现正处于社会主义初级阶段，由于社会经济文化发展水平的制约和传统观念的影响，两性在法律地位上的平等和在实际生活中的完全平等之间还有一定的距离。从法律上的平等过渡到实际生活中的完全平等，是我国妇女运动的伟大目标，也是我国社会生活和婚姻家庭生活更加文明进步的必然要求。

（二）男女平等原则在我国婚姻家庭法中的具体表现

在我国，男女平等不仅是婚姻家庭法的原则，而且是宪法原则和相关法律的共同原则。现行《宪法》第48条规定：“中华人民共和国妇女在政治的、经济的、文化的、社会的和家庭的生活等各方面享有同男子平等的权利。”《妇女权益保障法》从政治、文化教育、劳动和社会保障、财产、人身以及婚姻家庭等方面，为妇女的权益提供了有效的法律保障。上述“五大平等”和“六项权益”，从总体上奠定了有关男女平等的法律框架。婚姻家庭法中的男女平等原则，专指夫妻和性别不同的家庭成员处于完全平等的法律地位。法律上规定的权利和义务，这些权利的享有和义务的履行，不因婚姻家庭主体的性别而异。男女平等是社会主义婚姻家庭制度的本质特征。这一原则彻底废除了男尊女卑、夫权统治的旧制度、旧传统，在婚姻家庭领域中禁止一切形式的性别歧视；对解放妇女，维护和发展平等、和睦、文明的婚姻家庭关系，促进社会的文明进步，具有很重要的意义。

我国婚姻家庭法从原则规定到具体规定，都鲜明地体现了男女平等的立法精神。

在结婚和离婚制度上，男女双方的权利和义务是完全平等的。结婚必须男女双方完全自愿。登记结婚后，根据双方的约定，女方可以成为男方家庭的成员，男方可以成为女方家庭的成员。男女双方自愿离婚的，准予离婚；男女一方要求离婚的，都有依法提出离婚的权利。在处理与离婚有关的财产清算和子女抚育等问题上，男女双方的权利和义务也都是平等的。

在家庭关系中，不同性别的家庭成员的权利义务是完全平等的。在夫妻人身关系方面，双方都有各用自己姓名的权利，都有参加生产、工作、学习和社会活动的自由，都有实行计划生育的义务；在夫妻财产关系方面，双方对共同财产有平等的所有权包括处分权，双方可以平等、自愿地订立夫妻财产约定，双方有相互继承遗产的权利。父和母都有抚养、教育和保护子女的义务，都有受子女赡养扶助的权利；子和女都有受父母抚养、教育和保护的权利，都有赡养扶

① 《列宁全集》，2版，第37卷，280～281页，北京，人民出版社，1986。

助父母的义务；在祖孙、兄弟姐妹关系中，权利和义务也不因性别不同而异。

以上只是择要列举，我国法律在收养、继承等问题上还有许多保障男女平等的具体规定。

四、保护妇女、儿童和老人合法权益原则

（一）保护妇女的合法权益

我国婚姻家庭法在坚持男女平等的同时，还特别强调保护妇女的合法权益。男女平等原则和保护妇女合法权益原则的立法精神是完全一致的，后者是前者的必然要求和必要补充。我国妇女在婚姻家庭领域已经获得了同男子平等的权利，但是，几千年来男尊女卑的制度和思想造成的种种社会后果，是不可能在短时期内完全消除的。鉴于男女两性在婚姻家庭中的地位尚有一定的实际差别，妇女在权利的行使上还存在某些来自旧传统、旧思想的阻力。应当在贯彻男女平等原则时，根据具体情况加强保护妇女权益的力度。同时还要看到，妇女肩负着物质资料生产和人类自身生产的两副重担。基于性别差异和生理特点等，她们还有其自身的、不同于男子的特殊权益，对此也应依法予以妥善保护。如果只讲男女平等，不强调对妇女权益的特殊保护，在现有的社会条件下，实际上是不利于男女平等的实现的。

保护妇女合法权益是我国婚姻家庭立法的长期传统和重要特点，新中国成立前革命根据地的《婚姻法》、《婚姻条例》就在结婚、离婚，离婚后的子女和财产问题、女方的生活问题等方面，对保护妇女权益作了许多具体规定，中华人民共和国的两部《婚姻法》和《妇女权益保障法》继承和发扬了这一传统，使这方面的具体规定更加完善。

> 1931 年 11 月 26 日，中华苏维埃共和国中央执行委员会在《关于中华苏维埃共和国婚姻条例的决议》中指出，女子刚从封建压迫之下解放出来，她们身体许多受了很大的损害（如缠足）尚未恢复，她们的经济尚未能完全独立，所以关于离婚问题，应偏于保护女子而把因离婚引起的义务和责任，多交给男子负担。这个中国婚姻家庭法史上的重要历史文献，是时任中华苏维埃共和国中央执行委员会主席的毛泽东同志签署的。

我国现行的《婚姻法》对保护妇女合法权益的问题，在许多条款中作了有针对性的具体规定，在有关离婚、离婚时的财产清算、离婚后子女的抚养等方面，表现得尤为明显。女方在怀孕期间和分娩后 1 年内或中止妊娠后 6 个月内，男方不得提出离婚，离婚时分割夫妻共同财产，应照顾女方权益。离婚的经济补偿、生活帮助和损害赔偿等问题，法律规定中虽然是男女双方并提，就实际而言，主要是以保护妇女权益为其立法宗旨的，此外在《妇女权益保障法》的婚姻家庭权益中，也有许多相关规定，它们是对《婚姻法》的重要补充，凡此种种都为妇女的权益提供了有效的法律保障。

（二）保护儿童和老人的合法权益

儿童是国家的未来、民族的希望，保护儿童的合法权益，使之健康成长，是社会可持续发展的需要，是培养和造就社会主义事业接班人的需要。老人为社会和家庭贡献了毕生的精力，保护老人的合法权益，使其在晚年能够分享社会发展的物质和精神的成果是社会主义的法律和道德的必然要求。尊老爱幼是我国人民的传统美德，应当在社会主义制度下发扬光大。

我国婚姻家庭法中有关保护儿童和老人合法权益的原则是以宪法为其立法依据的，现行《宪法》第 46 条规定，国家培养青年、少年、儿童在品德、智力、体质等方面全面发展。第 49 条规定，婚姻、家庭、母亲和儿童受国家的保护。父母有抚养教育未成年子女的义务，成年子女有赡养扶助父母的义务。禁止虐待老人、妇女和儿童。第 45 条规定，中华人民共和国公民在

年老、疾病或者丧失劳动能力的情况下，有从国家和社会获得物质帮助的权利。国家发展为公民享受这些权利所需要的社会保险、社会救济和医疗卫生事业。从婚姻家庭制度上对儿童和老人的合法权益提供有效的法律保障，是贯彻执行《宪法》中上述规定的重要方面。以婚姻为基础的家庭，是社会的细胞和人们的生活单位，婚姻家庭所担当的赡老育幼等功能，是其他社会组织无法替代的。

我国婚姻家庭法对儿童和老人合法权益的保护是很全面的，在父母抚养、教育和保护子女，子女赡养扶助父母，祖孙间的抚养、赡养以及收养和监护等问题上，均有各种具体详明的规定。此外，《未成年人保护法》、《老年人权益保障法》等法律中，均有从家庭制度方面保护儿童、老人合法权益的规定，它们和婚姻家庭法中的有关规定，共同构成了保护儿童和老人合法权益的规范体系。

五、计划生育原则

（一）实行计划生育的必要性

鉴于社会主义制度下的人口规律和我国的人口现状，我国将实行计划生育作为基本国策之一。《宪法》第 25 条规定，国家推行计划生育，使人口的增长同经济和社会发展计划相适应。从广义上来说，计划生育系指对社会人口再生产进行有计划的调节，其内容包括调节人口的出生率，调节人口的年龄构成、地域分布等各个方面。实行计划生育，使人口发展同经济和社会的发展相适应，同环境、资源的保护和改善相协调，对实现社会的可持续发展具有十分重要的意义。从我国人口发展的历史和现状来看，实行以控制人口数量、提高人口素质为主要目标的计划生育，是我国实现社会主义现代化建设的必要条件。婚姻家庭制度和生育制度有着密切的联系，实现人口的再生产是婚姻家庭的重要的社会功能。我国婚姻家庭法将计划生育作为基本原则之一，正是为了从婚姻家庭制度上保障计划生育的顺利推行。

（二）计划生育原则的基本要求

在婚姻家庭关系中，夫妻是生育行为的共同主体，我国婚姻家庭法规定夫妻双方都有实行计划生育的义务，绝不能将义务片面地推给女方。计划生育原则对生育主体的基本要求是：少生、优生、优育和适当地晚婚、晚育。国家提倡一对夫妻生育一个子女，依法安排第二胎生育，禁止三胎及三胎以上的多胎生育。对于人口稀少的少数民族，节制生育的政策可以适当放宽。

《人口与计划生育法》自 2002 年 9 月 1 日起施行，按照该法的规定，我国公民的生育权受法律的保障，实行计划生育既是公民的权利也是公民的义务，作为生育主体的夫妻对节育措施有知情、选择的权利，有要求有关部门提供技术服务的权利。从我国的具体情况出发，《人口与计划生育法》有不少授权性规范，其目的在于对计划生育进行分类指导。关于生育第二胎的条件，以及其他有关计划生育的具体问题，应按各省、自治区、直辖市制定的地方性法规的规定处理。

六、婚姻双方和家庭成员的共同责任

我国《婚姻法》第 4 条规定，夫妻应当互相忠实，互相尊重；家庭成员间应当敬老爱幼，互相帮助，维护平等、和睦、文明的婚姻家庭关系。这一规定指明了婚姻双方和家庭成员的共同责任，体现了我国婚姻家庭法的立法宗旨，这一规定并不是与上述五项原则并列的另一项原则，而是从总体上反映了上述五项原则追求的价值目标。

（一）夫妻应当互相忠实，互相尊重

夫妻是婚姻关系的双方主体，是以永久共同生活为目的而结合的亲密伴侣，双方互相忠实，包括在两性关系方面的忠实，是婚姻的专一性、排他性和稳定性的必然要求。社会主义制度下的婚姻是男女双方基于爱情的结合，夫妻互相忠实是婚姻的生命力之所在，一方对另一方不忠实，应视为违反婚姻义务。

在修改1980年《婚姻法》的过程中，关于是否应当增设夫妻忠实义务的规定，社会各界是有歧见的。有的意见认为，夫妻互相忠实是婚姻的固有内容，需在法律上作此规定。有的意见认为，夫妻互相忠实是社会主义婚姻道德的要求，实现这一要求要靠当事人的自律，以其为法律的义务是不相宜的。我们认为，在法律上指明夫妻应当互相忠实是有其必要性的，这对维护一夫一妻原则、保护婚姻家庭都具有很重要的意义。从法律上要求夫妻互相忠实，并不是意味着用法律手段强行维持夫妻感情确已破裂的婚姻关系。婚姻家庭法中的各项具体制度是相互联系的，感情确已破裂的夫妻可以依法离婚。因一方的不忠实行为（如重婚、与他人婚外同居等）导致离婚的，受害的另一方可以按照婚姻法的有关规定获得法律上的救济。作为共同生活伴侣的夫妻是婚姻关系的平等主体，双方处于平等法律地位，享有平等的权利，承担平等的义务，双方互相尊重是男女平等原则的必然要求，是夫妻互爱、互敬的必要前提。互相尊重应当贯穿于婚姻家庭生活的各个方面：在思想感情上应当互相体贴，互相谅解；在生活上应当互相照顾，互相扶助；在赡老、育幼等方面应当共同关心，彼此合作；在家庭理财、家务管理等方面要平等协商，不以一己之见强加于对方。夫妻之间的尊重是相互的，实现法律的要求需要双方的共同努力。从我国人民婚姻家庭生活的传统和现实来看，继续破除夫权、家长制的残余影响，对贯彻执行夫妻应当互相尊重的规定具有重要的意义。

（二）家庭成员间应当敬老爱幼，互相帮助，维护平等、和睦、文明的婚姻家庭关系

敬老爱幼，互相帮助，是社会主义制度下家庭关系的本质特征。晚辈家庭成员对长辈家庭成员的尊敬，长辈家庭成员对晚辈家庭成员的爱护，同保护儿童和老人合法权益的原则是完全一致的，但两者是从不同的角度加以规定的。保护儿童、老人的合法权益，侧重于对各种具体的人身权和财产权的保护；敬老爱幼，则在更高的层次上从建设家庭精神文明的高度，对正确处理家庭中的代际关系提出了应有的要求。家庭成员的互相帮助，是作为亲属团体的家庭的固有功能；家庭成员一般均为近亲属，同居一家，共同生活，家庭成员之间的互相帮助是来自其他方面的帮助不能替代的。维护和发展平等、和睦、文明的婚姻家庭关系，既是对婚姻家庭关系进行法律调整的出发点，也是这种法律调整的归宿。家庭成员是平等的主体，彼此应当和睦相处，这里所说的文明，不仅包括婚姻家庭领域的物质文明，更重要的是指婚姻家庭领域的精神文明，文明的婚姻家庭是文明社会的缩影，加强婚姻家庭的文明建设，有利于全社会的文明进步。

第二节　保障原则实施的禁止性规定

我国《婚姻法》第3条规定：禁止包办、买卖婚姻和其他干涉婚姻自由的行为。禁止借婚姻索取财物。禁止重婚。禁止有配偶者与他人同居。禁止家庭暴力。禁止家庭成员间的虐待和遗弃。这六个禁止具有强烈的针对性，是保障婚姻家庭法原则贯彻执行的必要的法律措施，从另一个角度对婚姻家庭法的原则规定作了重要的补充。其中，禁止干涉婚姻自由、禁止借婚姻索取财物主要是与婚姻自由原则相对应的；禁止重婚、禁止配偶与他人同居主要是与一夫一妻

原则相对应的；禁止家庭暴力、禁止家庭成员间的虐待和遗弃主要与保护妇女、儿童和老人的合法权益原则相对应的。但是对此也不能作绝对化的理解，应当从总体上去认识这些禁止性规定对维护我国婚姻家庭制度的重要作用。

一、禁止干涉婚姻自由

禁止包办、买卖婚姻和其他干涉婚姻自由的行为，是坚持婚姻自由原则、保障公民婚姻自由权利的必然要求。

干涉婚姻自由的违法行为有不同的表现，包办婚姻和买卖婚姻是其中两种比较常见的形式。从历史上来看，包办、买卖婚姻是封建主义婚姻家庭制度的产物，现实生活残存的包办、买卖婚姻仍然具有一定的封建性，是贯彻执行婚姻自由原则的障碍。按照最高人民法院的司法解释，包办婚姻，是指第三者违反婚姻自由原则，包办强迫他人婚姻的；买卖婚姻，是指第三者以索取大量财物为目的，包办强迫他人婚姻的。这里所说的第三者，包括婚姻当事人的父母；这里所说的他人，包括上述第三者的子女。包办婚姻和买卖婚姻是既有联系，又有区别的。包办婚姻的构成要件，是违背当事人的意愿对其婚事实行包办强迫；买卖婚姻的构成要件，除对当事人的婚事实行包办强迫外，还有借婚姻索取大量财物的事实。所以，包办婚姻不一定都是买卖婚姻，而买卖婚姻则必定也是包办婚姻。

至于其他干涉婚姻自由的行为，则是除包办、买卖婚姻外的各种干涉结婚自由、离婚自由的违法行为的总称，如非法阻挠当事人的婚事，干涉并非禁婚亲的同姓男女结婚，干涉男到女家落户的婚姻，妨碍或者胁迫他人离婚，子女干涉丧偶或离婚的父母再婚等；抱童养媳，违反当事人意愿的换亲、转亲等，也是对婚姻自由的非法干涉。

包办、买卖婚姻和其他干涉婚姻自由的行为，侵害了公民的人身权利，危害青年特别是妇女的切身权益，同时也容易引起各种纠纷，不利于社会的安定团结。对此应当根据具体情况采取不同的对策：要加强法制教育，继续在婚姻问题上破旧俗，立新风；要依法办事，对干涉婚姻自由的行为予以批评教育，责令其改正错误，必要时应予以相应的制裁，如行政处分、行政处罚等。在干涉婚姻自由时使用暴力，比一般的干涉婚姻自由行为具有更大的社会危害性，应按我国《刑法》第 257 条的规定追究犯罪者的刑事责任：以暴力干涉他人婚姻自由的，处 2 年以下有期徒刑或者拘役。犯前款罪，致使被害人死亡的，处 2 年以上 7 年以下有期徒刑；第 1 款罪，告诉的才处理。[①] 我国《婚姻法》经 2001 年修正后，增设了可撤销婚姻的规定和子女不得干涉父母再婚的规定，这些规定也是防治干涉婚姻自由行为的有效对策。

二、禁止借婚姻索取财物

借婚姻索取财物，是除买卖婚姻外的其他借婚姻索取财物的行为。借婚姻索取财物的具体表现形形色色，索取财物的数额也有很大的差别。现实生活中常见的情形是男女双方结婚基本上是自主自愿的，但一方却以索取财物作为与对方成婚的先决条件。主要是女方向男方索要，男方向女方索要是罕见的例外，有时女方父母也从中索要部分财物，作为同意婚事的条件。借婚姻索取财物主要发生在结婚问题上，也有一些当事人借离婚问题索取财物。

---

① 参见《中华人民共和国刑法》第 257 条各款。

借婚姻索取财物者不是正当地行使婚姻自由权利，而是滥用这种权利。就个案而言，借婚姻索取财物的后果不如包办、买卖婚姻等干涉婚姻自由行为的严重，但是在实际生活中此类行为比包办、买卖婚姻等干涉婚姻自由的行为更多，涉及面更广，其危害性同样也是不可低估的。择偶时适当考虑对方的经济条件无可非议，以索取财物作为成婚的代价则是为法律所禁止、为道德所不取的。对借婚姻索取财物的纠纷，在认定和处理具体问题时，应当注意以下几个区别：一是借婚姻索取财物和买卖婚姻的区别。买卖婚姻违背当事人的意愿，财物是包办婚事的第三者索要的；借婚姻索取财物时，婚姻本身并不违背当事人的意愿，财物主要是当事人一方向另一方索要的。二是借婚姻索取财物和自愿赠与的区别。当事人一方对另一方或其父母的自愿赠与是完全合法的，这种赠与并不是成婚的先决条件；即使数额较大，也是与借婚姻索取财物风马牛不相及的。三是借婚姻索取财物和借婚姻骗取财物的区别。前者以与对方结婚为目的，后者是借婚骗财，并无与对方结婚的真意，故应按诈骗行为处理。

三、禁止重婚

重婚，是有配偶者在婚姻终止前又与他人结婚的行为，由于重婚关系中一方或者双方的合法婚姻并未终止，故对发生于后的违法结合以重婚相称。重婚侵害配偶的婚姻权益，是对一夫一妻制的严重破坏。

按照我国法律的规定，重婚导致一系列的法律后果。在民事上，重婚是结婚的禁止条件（婚姻的法定障碍），是婚姻无效的原因，是重婚者的配偶诉请离婚的法定理由；因重婚而导致离婚的，是无过错方的损害赔偿请求权的发生根据。在刑事上，犯重婚罪须依法追究刑事责任，有配偶而重婚的，或者明知他人有配偶与之结婚的，处 2 年以下有期徒刑或者拘役。①

应当指出，婚姻家庭法上的重婚与刑法上的重婚罪既有联系又有区别。就婚姻家庭法而言，重婚行为的主体仅限于有配偶者，与其结合的无配偶者无婚姻关系，自无所谓重婚。就刑法而言，应按重婚罪追究刑事责任的，包括实施重婚行为的有配偶者和明知故犯与有配偶者结婚的无配偶者。重婚是双方行为，有配偶者重婚以另一方（包括无配偶者）的参与为必要要件，以明知故犯与有配偶者结婚的无配偶者为重婚罪的主体，正是因为上述无配偶者帮助有配偶者实施了重婚行为，这可以从共犯理论中得到合理解释。至于不知他人已有配偶而与之结婚的无配偶者，不是重婚罪犯罪主体，其往往是受有配偶者的欺骗而与之结婚的。对于没有重婚故意的无配偶者，仅发生婚姻无效的法律后果，并不发生犯重婚罪的法律后果。

> 在认定和处理重婚时应当注意以下几个问题：
>
> 第一，对重婚应作实质意义上的理解。有配偶者又与他人登记结婚的固然是重婚，虽未与他人登记结婚，但确与他人以夫妻关系同居生活的，也构成重婚，如果说前者是法律上的重婚，那么后者便是事实上的重婚。
>
> 第二，应当将重婚与有配偶者与他人不以夫妻关系的婚外同居行为加以区别。不能将无配偶者与他人的婚外同居当作婚姻关系从而将发生于后的合法婚姻当作重婚，否则便会在认定时发生这样或者那样的错误。
>
> 第三，应当将 1950 年《婚姻法》颁行前后的重婚加以区别。1950 年《婚姻法》颁行以前的重婚、纳妾，基本上属于旧社会遗留下来的问题，按照当时的政策，如果当事人相安

① 参见《中华人民共和国刑法》第 258 条。

无事，政府并不主动追究。如果当事人一方要求离异，应依法处理，并应注意保护女方和子女的权益。1950 年《婚姻法》颁行以后的重婚、纳妾，不具有婚姻的法律效力，并应追究重婚者包括以纳妾为名的重婚者的刑事责任。1950 年《婚姻法》颁行至今已有六十余年，上述区别在处理某些老年人的扶养、继承等纠纷时仍有一定的实际意义。例如，某一男子在 1950 年《婚姻法》颁行前纳妾，实际上是以纳妾的方式重婚，一直与其共同生活，在该男子死亡时妾与妻均有继承其遗产的权利。需要补充说明的是，1950 年《婚姻法》明令禁止重婚、纳妾，1980 年《婚姻法》删去了禁止纳妾的规定，仅保留禁止重婚的规定，这是因为，纳妾制度已废除多年，纳妾应按重婚论处，无须另作规定。

四、禁止有配偶者与他人同居

1980 年《婚姻法》原来仅有禁止重婚规定，禁止有配偶者与他人同居的规定是 2001 年修正后增设的。婚姻领域的情况和问题表明，为了坚持一夫一妻原则，保护公民的婚姻权益，法律上仅有禁止重婚的规定是不够的，还需要继之以禁止有配偶者与他人同居的规定。有配偶者与他人结婚，或者与他人以夫妻关系同居生活，自可按重婚论处，但是，某些有配偶者规避法律，他们在“包二奶”或者从事类似的违法行为时，并不是与对方以夫妻关系同居的。增设有关禁止有配偶者与他人同居的规定，有利于在法律上增强维护一夫一妻制、保护婚姻家庭的力度。

在我国《婚姻法》第 3 条第 2 款中，禁止重婚和禁止有配偶者与他人同居是分别规定的，有配偶者与他人同居，显然是指那些不属于重婚的婚外同居关系，按照最高人民法院的司法解释，《婚姻法》第 3 条、第 32 条、第 46 条规定的“有配偶者与他人同居”的情形，是指有配偶者与婚外异性，不以夫妻名义，持续、稳定地共同居住。[①] 同居的内容，显然是包括性生活的。对有配偶者与他人同居，不应任意地作扩大解释，在适用法律时应当注意有配偶者与他人同居与重婚的区别，以及与通奸等婚外性关系的区别。

> 在修改 1980 年《婚姻法》的过程中，关于有配偶者与他人婚外同居是社会各界关注的热点问题之一。有一种意见主张扩大对重婚的解释，主张有配偶者即使不以夫妻名义与异性婚外同居，但同居已达一定期间或者已生有子女的，也应按重婚论处，追究其刑事责任。我们认为，这种意见是不可取的。第一，有配偶者与他人同居和重婚不可混为一谈，重婚不仅是民事违法行为，也是刑事犯罪行为，有无必要扩大对重婚的解释姑且置而不论，即使有此必要，那也是刑事立法的任务，在修改《婚姻法》时采纳这种意见是不适宜的。第二，以同居期间的长短和有无子女作为认定是否重婚的依据的规定，在适用中是很难操作的，甚至可能事与愿违，适得其反。在期间届至以前更换同居对象，会成为一些有配偶者规避法律的手段。

我国《婚姻法》不仅在总则中明令禁止有配偶者与他人同居，而且在相关章中指明了这一违法行为的民事后果；有配偶者与他人同居，是其配偶诉请离婚的法定理由，调解无效时准予离婚；因有配偶者与他人同居而导致离婚的，是无过错方的损害赔偿请求权的发生根据。

五、禁止家庭暴力

家庭暴力是发生在家庭成员之间的暴力行为。1980 年《婚姻法》中原无关于禁止家庭暴力

① 参见最高人民法院《关于适用〈中华人民共和国婚姻法〉若干问题的解释（一）》第 2 条。

规定，仅有禁止虐待家庭成员的规定，对家庭暴力一般是以虐待相称的。随着我国民主与法制建设的进展和人们的主体意识、权利意识的增强，家庭暴力问题越来越受到社会各界的广泛关注。家庭暴力古已有之，也是一个当代各国都普遍存在的社会问题，近数十年来，有关防治家庭暴力的国际合作取得了许多重要的成果，在防治对妇女的家庭暴力方面表现得尤为突出。《消除对妇女一切形式歧视公约》、《消除对妇女的暴力行为宣言》以及第四次世界妇女大会通过的《北京宣言》、《行动纲领》等，都阐明了防治家庭暴力的必要性，指出了缔约国的责任。修正后的1980年《婚姻法》增设了禁止家庭暴力的规定，是保护家庭成员人身权利的重大立法措施，这也是履行我国承担的国际义务。

何谓家庭暴力？其内容如何界定？从主体上来说，广义上的家庭暴力泛指家庭成员之间（如夫妻间、亲子间、其他同居一家的近亲属间）的暴力，狭义上的家庭暴力专指对女性的家庭暴力，有的学者亦将其称为夫妻之间的暴力。但是，夫对妻实施家庭暴力的情形虽然比较多见，妻对夫实施的暴力的情形也不能完全排除。从内容上来说，一些国家的规定和学者们的见解也是不尽相同的。《消除对妇女的暴力行为宣言》（第48届联合国大会通过）中将对妇女的暴力界定为对身体的暴力、性暴力和心理上的暴力，内容是比较宽泛的。关于家庭暴力是否包括心理上的暴力（或精神暴力），在我国法学界中是有歧见的。

最高人民法院在有关司法解释中指出：《婚姻法》第3条、第32条、第43条、第45条、第46条所称的"家庭暴力"，是指行为人以殴打、捆绑、残害、强行限制人身自由或者其他手段，给其家庭成员的身体、精神等方面造成一定伤害后果的行为。持续性、经常性的家庭暴力，构成虐待。① 这一解释在主体上是广义的，在内容、表现形式上则是有所限定的。上述解释中列举、例示了一些具体情形，在现实生活中，以暴力干涉家庭成员的婚姻自由，对配偶实施暴力，溺婴、弃婴等残害婴儿等行为也是家庭暴力的不同的表现形式。我们认为：即使是上述解释中所说的"其他手段"，也都是能给家庭成员的身体、精神等方面造成一定伤害后果的作为。家庭暴力固然可以造成精神上或者心理上的伤害，但是，将某些不作为（冷漠、不予理睬等便是常被引用的例证）也列为家庭暴力，则是失之过宽的，在实际上也是很难认定的。

与社会其他领域中的暴力行为相比较，家庭暴力有其自身的特点。施暴者和受害人之间有特定的亲属关系和共同生活关系，施暴者一般是在家庭中处于强势地位的成员，受害人一般是在家庭中处于弱势地位的成员，这些成员往往缺乏独立生活能力或自卫能力，实际上以妇女、儿童、老人为多。家庭生活是人们的私生活，家庭成员是以婚姻、血缘和共同经济等为纽带联结在一起的，在防治家庭暴力的问题上，在社会知情权和隐私权的关系、公权力介入的程度和方式等问题上，在适用法律时应当把握适度、妥善处理。一般说来，对于轻微的家庭暴力，处理应以受害人的请求为必要前提；情节恶劣，造成严重后果的，应依法追究施暴者的法律责任。

我国《婚姻法》以实施家庭暴力为施暴者的配偶诉请离婚的法定理由，调解无效时应准予离婚。因实施家庭暴力而导致离婚的，是无过错方的损害赔偿请求权的发生根据。这些都是对受害人的民事救济方法，在刑事上，实施家庭暴力，情节恶劣，构成犯罪的，可以根据具体情况适用我国刑法中的相关规定（如虐待罪、伤害罪、过失致人重伤罪、杀人罪、过失致人死亡罪等）。

六、禁止家庭成员间的虐待和遗弃

家庭成员是互享法定权利、互负法定义务的平等主体，禁止家庭成员间的虐待、遗弃，是

① 参见最高人民法院《关于适用〈中华人民共和国婚姻法〉若干问题的解释（一）》第1条。

保障公民的婚姻家庭权益，特别是保护妇女、儿童和老人权益的必然要求。1980 年《婚姻法》对此已作规定，修正后的《婚姻法》重申了这一规定，并且增设了与此相适应的法律对策。

这里所说的虐待，是指对家庭成员歧视、折磨、摧残，使其在身体上、精神上蒙受损害的违法行为。虐待是对家庭成员人身权利的侵害，虐待可表现为作为的形式，如打骂、恐吓、限制人身自由等；也可表现为不作为的形式，如不予适当的衣食、患病不予治疗等。虐待行为与家庭暴力是既有联系，又有区别的。在 1980 年《婚姻法》的修改过程中，修正案草案曾一度采用“禁止家庭暴力和其他虐待家庭成员的行为”的表述，经过反复讨论，多数意见认为，两者不是部分和整体的关系。一方面，某些偶发性的轻微的家庭暴力，尚不足以构成虐待；另一方面，某些情节严重、后果严重的家庭暴力（如致受害人重伤、死亡等），又超越了虐待的范围。正因为如此，修正后的《婚姻法》对两者是分别加以规定的。

这里所说的遗弃，是指家庭成员中负有扶养、抚养、赡养义务的一方，对需要受扶养、抚养、赡养的另一方，不履行其法定义务的行为，如夫或妻不履行扶养对方的义务，父母不履行抚养未成子女的义务，成年子女不履行赡养父母的义务等。与虐待不同，遗弃是以不作为的形式出现的，依法应为而不为，致使被遗弃的家庭成员的权益蒙受损害。

虐待、遗弃是婚姻家庭生活中的消极的、具有破坏性的因素，这些行为都是违反法律和社会主义道德的。但是，虐待、遗弃的情节各不相同，后果也轻重有别，对此必须在处理时根据具体情况，采取相应的多层次的对策，如批评教育，责令改正，予以一定行政处罚（适用于虐待），依法追索扶养费、抚养费和赡养费（适用于遗弃）等；情节恶劣，构成犯罪的，应按我国刑法的有关规定追究犯罪者的刑事责任（详见本书第十二章：救助措施与法律责任）。我国《婚姻法》还规定，一方的虐待、遗弃行为是另一方诉请离婚的法定理由，调解无效的，应准予离婚；因虐待、遗弃而导致离婚的，是无过错方损害赔偿请求权的发生根据。

思考题

1. 如何理解婚姻家庭法的原则在婚姻家庭法规范体系中的地位和作用？
2. 如何理解结婚自由和离婚自由的关系？
3. 一夫一妻原则有哪些基本要求？
4. 为什么说保护妇女合法权益原则是男女平等原则的必要补充？
5. 怎样从婚姻家庭制度上保障计划生育的推行？
6. 如何理解《婚姻法》第 4 条的立法精神？
7. 干涉婚姻自由行为主要有哪些表现形式？应如何处理？
8. 借婚姻索取财物与买卖婚姻、赠与、借婚骗财有何区别？
9. 如何认定和处理重婚问题？重婚和有配偶者与他人同居有何区别？
10. 如何界定家庭暴力？
11. 关于虐待、遗弃，应当采取哪些法律对策？

| 第四章 |
亲属关系原理

【重点问题】

亲属的概念
亲属关系与亲属法律关系
亲属与家庭成员
亲属与家属
亲属制度的沿革
亲属在法律上的分类：配偶、血亲和姻亲
亲属关系的法律拟制
亲系和亲等
罗马法的亲等计算法和寺院法的亲等计算法
我国婚姻法中的世代计算法
亲属关系的发生和终止
亲属关系在婚姻家庭法和其他法律上的效力

第一节　亲属的概念和亲属制度的沿革

一、亲属的概念

在当代法学中，亲属的概念可以大致表述如下：亲属，是基于婚姻、血缘和法律拟制而形成的社会关系。这种社会关系一经法律调整便在具有特定亲属身份的主体之间设定了法定的权利和义务。

与其他社会关系不同，婚姻和血缘关系是亲属关系借以发生的基本途径。但亲属关系也可依法拟制，收养便是拟制血亲借以发生的法律事实。从总体上说，婚姻是亲属之源，血亲是亲属之流。亲属网络是以婚姻为基础，以血缘联系为纽带编织而成的。

亲属一词，由来已久，稽之我国古籍，《礼记・大传》中有“亲者，属也”之说，汉刘熙在《释名・释亲属》中称：“亲，衬也，言相隐衬也”，“属，续也，恩相连续也”。这些解释均意在说明亲属之间具有不同于常人的相衬相续的密切联系。亲属关系堪称古代社会中最重要的社会关系。恩格斯曾说，“亲属关系在一切蒙昧民族和野蛮民族的社会制度中起着决定作用”。又说：

"父亲、子女、兄弟、姊妹等称谓，并不是简单的荣誉称号，而是一种负有完全确定的、异常郑重的相互义务的称呼。这些义务的总和便构成了这些民族的社会制度的实质部分。"① 进入阶级社会以后，奴隶制和封建时代的宗法制度都是借助于亲属制度而确立的，亲属关系、亲属组织在社会生活中起着极为强大的作用。近现代以来，亲属关系在社会生活中的作用较古代有所淡化，但仍具有重要的作用。婚姻家庭关系中的权利和义务的确定，都是以一定的亲属关系为依据的。

为了正确地把握亲属的概念，应当注意以下几个概念的区别：

（一）亲属关系与亲属法律关系

亲属关系通过婚姻、血缘联系和婚姻的中介作用而发生，它是一个极为广泛的社会网络。现实存在的纵向亲属关系固然因受自然规律的限制不可能超越若干代，横向的亲属关系则几乎是漫无边际的。将所有的亲属关系都纳入法律的调整范围，既无必要，也无可能。只有为法律所调整的那一部分亲属关系，才是亲属法律关系，有关亲属才被权利义务联结起来，从而使这种亲属关系具有一定的法律效力。因此，一定要区别一般意义上的亲属和法律意义上的亲属。未为法律调整的亲属关系，仅有伦理上、传统习俗上的意义。关于法律调整的亲属关系的范围，本章在第二节中还将另作说明。

（二）亲属与家庭成员

与古代不同，在近代社会中，家庭是唯一的实体性的亲属组织。有的国家过去在法律上曾有关于亲属会议的规定，这是古代聚族议事的孑遗，如今已为绝大多数国家的法律所不取。家庭是由同居一家、共同生活的亲属组成的。家庭成员一般均为近亲属，例外的情形极为罕见。但是，有亲属关系者不可能都是同一家庭的成员，而是分属于不同的家庭的。家庭成员之间不仅具有婚姻、血缘和法律拟制而形成的亲属关系，而且还有以家庭为单位的共同经济和共同生活关系。

（三）亲属与家属

在设有家制的法律中，家属是家长的对称。古代的家庭是家长制家庭，家长对家属握有强大的权力。家事是统于一尊的。我国历代法律中所称的家属除家长的配偶和其他同居一家的亲属外，还包括妾和奴婢等。也就是说，在当时的情形下，家内的亲属，除家长外，固然均为家属，但家属则是不以亲属为限的。1930 年的国民党政府民法亲属编规定："家置家长"，"同家之人，除家长外，均为家属"，"虽非亲属而以永久共同生活为目的同居一家者，视为家属"。当代绝大多数国家在亲属法中已不设家制。我国婚姻家庭法中并无有关家制的规定。现实生活中虽有家长、家属的称谓，但并不具有法律上的意义，人们只是在习惯上将父母称为子女的家长，或从个人本位出发，将配偶、子女等称为家属。户籍管理上虽有户主之说，但是，家庭成员之间的权利和义务都是以亲属关系为依据而确定的，而不是以家长家属关系为依据而确定的。

二、亲属制度的沿革

首先需要说明的是，亲属制度本有广狭二义。婚姻家庭主体间均具有一定的亲属身份，广

① 《马克思恩格斯全集》，第 21 卷，40 页。

义上的亲属制度可以涵盖婚姻家庭领域的各种具体法律制度。狭义上的亲属制度仅指有关亲属关系的通则性规定，包括亲属的范围、亲属的种类、亲系和亲等、亲属关系的发生和消灭等。本章以亲属关系原理为题，仅以狭义上的亲属制度为内容。本题对亲属制度的沿革，也仅作大致的介绍。

私有制的确立、父系氏族制和一夫一妻制个体家庭的形成，从根本上改变了人们的亲属关系、亲属观念和亲属领域的各种行为规则。阶级社会产生之初便出现了以男性为中心、以父系为基干的具有强烈的宗法性的古代型的亲属制度，它历经奴隶制时代、封建制时代的发展变化，直到资本主义时代才为近现代型的亲属制度所替代。社会主义社会中的亲属制度，是新的现代型的亲属制度。

从古代型的亲属制度向近现代型亲属制度的转变，是沿着从男尊女卑到男女平等，从婚姻不自由到婚姻自由，从重父系亲轻母系亲到双系并重，从家族本位到个人本位的方向发展的。中国古代的亲属制度以宗法为本，重男轻女，扬父系亲抑母系亲。最初将亲属分为宗族和外姻两类。古籍《尔雅·释亲》载："父之党为宗族"，母党、妻党均为外姻，这就是所谓的三党或三族。宗族亦称宗亲、本亲或内亲，它以本宗男子为主体，也包括来归之妇（指嫁入本族的女子）和在室女（指本族中尚未外嫁的女子）。外姻亦称外亲，包括己身之母、祖母等的本生亲属，己身之女、孙女、姊妹、姑等出嫁后形成的亲属关系。妻族原被列入外亲，这种传统一直延续到唐宋时代。明、清律中始另列妻族一类。至此，礼与律中确立了宗亲、外亲和妻亲三分法的亲属体制。

古代罗马的亲属制度具有强烈的宗法性质。父系亲是亲系的主要的类别。其中，又有直系宗亲、旁系宗亲和同宗统人等区别。这种亲属制度下的家庭完全是父系、父权、父治的。欧洲中世纪的亲属制度发展缓慢，变化不大。1804 年《法国民法典》以法律的形式构筑了近代型的亲属制度，这种亲属制度在 1900 年《德国民法典》中又有所发展。第二次世界大战以后，许多国家对原有的亲属制度进行了不同程度的改革，亲属制度中残余的封建传统被进一步破除。

中国的亲属制度近现代化始于清朝末年。以夫妻在亲属类别中的归属为例，从清末到北洋军阀统治时期，在大清民律草案和中华民国民律草案中一方面均将夫妻单独列为亲属类别之一，这可能同借鉴日本的亲属法制不无关系；但另一方面又墨守古制，以宗亲为亲属类别之一。按照宗亲的本义，其中包括来归之妇。将夫妻与宗亲并列显然是有矛盾的，在法理上和称谓上都是不妥的。后来，随着国民党政府民法亲属编的问世，才按照近现代多数国家的立法通例，将原称的宗亲改为不包括配偶在内的血亲。目前，我国婚姻家庭法中尚无有关亲属的通则性规定，应当通过新的立法措施填补这一空白。

第二节　亲属的种类和范围

一、亲属在法律上的分类

亲属关系纵横交错，相当复杂，有必要从法理上加以必要的分类。当代法学对亲属的分类，是从不同的角度出发，以不同的客观事实为依据的。

以亲属之间的联络系统（亲系）为依据，可将亲属分为男系亲和女系亲，父系亲和母系亲，直系亲和旁系亲。以亲属关系的亲疏远近为依据，可将亲属分为近亲属和近亲属以外的其他亲属。以亲属的行辈为依据，可将亲属分为长辈亲、同辈亲和晚辈亲。以亲属关系的发生原因为依据，可将亲属分为配偶、血亲和姻亲。我们认为这是亲属的基本分类，在立法上和法律的适用上都具有很重要的意义。

（一）配偶

配偶即夫妻，是男女双方因结婚而形成的亲属关系。在婚姻关系存续期间，夫妻互为配偶，这种亲属身份，是基于婚姻的法律效力而发生的。

配偶在亲属类别中具有重要的地位。就其作用而言，第一，配偶的结合是亲属关系的起点，是血亲关系赖以发生的基础。如果没有这种结合以及由此而发生的生育行为，血亲关系是无从形成的。第二，配偶的结合也是姻亲关系赖以发生的基础。如果不以婚姻为中介，便不可能发生配偶一方与另一方的血亲之间的姻亲关系。所以，配偶既是亲属关系的源泉，又是亲属关系的桥梁。

应当指出，关于是否将配偶作为亲属类别之一的问题，世界各国是有不同的立法例的。亲属法学中也有不同的见解，可以概括为否定说和肯定说两种主张，至今仍众说纷纭，仁智互见。

近现代许多国家的亲属法（婚姻家庭法）中，对亲属的类别并没有作概括性的规定，更没有以配偶为亲属类别之一的明确规定。血亲就是血亲，姻亲就是姻亲，配偶则是既不同于血亲，又不同于姻亲的另一种身份关系。按照这些国家的立法例，亲属是就血亲和姻亲而言的。在德国法中，狭义上的亲属仅指血亲，广义上的亲属兼指姻亲。瑞士法中也是不以配偶为亲属的。但是也有与此相反的立法例。例如，日本、韩国等在民法中都是明定配偶为亲属类别之一的。否定说所持的主要理由是，配偶仅为亲属之源泉，而非亲属之本体，配偶之间既无亲系可循，又无亲等可定，所以配偶自为配偶，将其作为亲属类别之一是不必要的。20世纪30年代，我国某些亲属法学家也持此说，并援引国民党政府民法亲属编的有关规定为依据。该编虽分别为血亲和姻亲定义，但未及配偶。他们认为，法条中既无以配偶为亲属的规定，配偶自不属于亲属的范围。法条中有时将配偶与亲属并提，亲属会议的成员中不包括配偶，也是被当时持否定说者引以为据的。但是，即使在当时，这种否定说也没有成为通说。诟病该亲属编的规定，力主肯定说的学者是大有人在的。

我们是赞同肯定说的。从亲属关系的起源和本质、我国亲属制度的历史和现状等方面加以考察，以配偶作为亲属类别之一是毫无疑义的，是十分必要和不可或缺的。就法理而言，配偶既是亲属的源泉，又是亲属本体的重要组成部分，两者之间并无矛盾。在历史上，中国古代的礼与律均以配偶为亲属，服制图中有妻为夫服、夫为妻服的规定。彼此间的服制很重，妻对夫为“斩衰”，夫对妻为“齐衰”，而且在解释中有“夫至尊也”，“妻至亲也”等说。有关“亲属相殴”、“亲属相盗”、“亲属相奸”等的律条中的亲属在解释上也是包括夫妻的。

我国的现行法中目前尚无亲属类别的概括性规定。从《民法通则》、《刑法》、《民事诉讼法》、《刑事诉讼法》等法律的有关规定不难看出，配偶不仅是亲属，而且是在亲属关系中处于核心地位的近亲属。

（二）血亲

血亲指相互之间具有血缘联系的亲属，即在血缘上出于同源的自然人。

本来意义上的血亲仅指自然血亲，即生物学意义上的血亲。扩大意义上的血亲兼指拟制血亲，它是因法律拟制而创设的，故亦称准血亲或法亲。现分述如下。

1. 自然血亲

自然血亲在血缘上具有同源关系，是同一祖先的后裔。他（她）们是通过一次或者多次出生的事实，被血缘纽带联结在一起的。应当指出，这里所说的同源关系、同一祖先，都是包括父系和母系两个方面的。子女是父母结合的产物，男女双方都是生育主体。来自父系或者来自母系的血缘联系，都是确定血缘关系的事实根据。在这个问题上，一定要摒弃父系本位的旧传统，树立男女平等、父母双系并重的亲属观。例如：父母子女，兄弟姐妹，祖父母与孙子女，外祖父母与外孙子女，伯、叔、姑与侄、侄女，舅、姨与甥、甥女，堂兄弟姐妹，表兄弟姐妹……均为自然血亲。父系的和母系的自然血亲，仅有亲系之分，而无亲疏之别。

> 将父之父母称为祖父母，将母之父母称为外祖父母，将子之子女称为孙子女，将女之子女称为外孙子女……是中国古代亲属制度中男女不平等，重父系亲、轻母系亲，本宗与他宗内外有别等特征在现实生活中的残迹。我们认为，废除上述冠以“外”字的旧称，统称为祖父母、孙子女，是更为恰当的。其他类似的称谓亦同。改革亲属称谓，也是完善亲属法制的必要内容。

关于自然血亲，还应当注意以下两个问题：一是自然血亲不受非婚生的影响。父母与婚生子女是自然血亲，父母与非婚生子女同样也是自然血亲，两者之间的血缘联系都是客观存在的事实，这同父母的婚姻是无关的。二是自然血亲既包括全血缘的自然血亲，也包括半血缘的自然血亲。前者如同父同母的兄弟姐妹，后者如同父异母或同母异父的兄弟姐妹。仅同源于父方或仅同源于母方的，也不失为具有同源关系。

2. 拟制血亲

拟制血亲，指相互之间本无该种血亲应当具有的血缘联系，但法律确认其与该种血亲具有相同的权利和义务的亲属。这种血亲关系并不是自然形成的，而是依法创设的。收养，便是拟制血亲关系借以发生的最常见的法律事实。

> 某些亲属法学著作中，将拟制血亲解释为本无血缘联系，因法律拟制而视同具有血缘联系的亲属。对此，我们不敢苟同。这种简单化的表述是有缺陷的，与法律规定和现实生活均有不合之处。按照当代各国的亲属立法，拟制血亲并不以原无血缘联系者为限。双方之间本有某种血亲关系的，也可通过法律拟制创设另一种血亲关系，从而发生了亲属关系重复的情形。但这并不是成立拟制血亲关系的法定障碍。在上述情形下，相互之间的权利义务不是按照原有的血亲关系，而是按照依法拟制的血亲关系确定的。如伯、叔、姑收养侄、侄女，收养人与被收养人之间原为自然血亲，依法创设的则是拟制血亲的父母子女关系。收养同辈旁系血亲的子女，在我国现实生活中是很常见的。

关于拟制血亲，各国有不同的立法例。按照我国现行的《婚姻法》和《收养法》的规定，养父母与养子女，继父、继母与受其抚养教育的继子女，均为拟制血亲的父母子女。这种拟制效力，还及于养父母和上述继父、继母的近亲属。基于收养法律行为创设的拟制血亲，是完全意义上的拟制血亲；继父、继母与受其抚养教育的继子女，是不完全意义上的拟制血亲。关于这方面的问题，本书在有关章节中还要加以说明。

（三）姻亲

姻亲，是以婚姻为中介而形成的亲属关系，但配偶本身是除外的。姻亲既因婚姻而生，就法理而言，原则上应以配偶的血亲和血亲的配偶为限。其实，这两种姻亲有客观上的同一性，将其一分为二，是从不同主体的视角所作的表述。例如：婿与岳父母，媳与公、婆为姻亲，在岳父母和公、婆的视角中，婿、媳是己身血亲的配偶，在婿、媳的视角中，岳父母和公、婆是己身配偶的血亲。一些国家的亲属法中，姻亲还包括配偶的血亲的配偶，这无非是配偶的血亲的延伸和扩张。韩国民法中姻亲的范围更为广泛，将血亲的配偶的血亲也列为姻亲。

现将亲属法学中影响较大的姻亲三分法，简介并例示如下：

1. 血亲的配偶

己身的血亲的配偶，为己身的姻亲（长辈直系血亲的配偶除外）；如子之妻（儿媳），女之夫（女婿），兄弟之妻（嫂、弟妇），姐妹之夫（姐夫、妹夫），伯、叔、舅之妻（伯母、婶母、舅母），姑、姨之夫（姑父、姨父），孙之妻（孙媳），孙女之夫（孙婿）等等。但是，长辈直系血亲的配偶，仍为己身的血亲，而非姻亲。以血亲的配偶为姻亲，仅适用于晚辈直系血亲和旁系血亲。

2. 配偶的血亲

己身的配偶的血亲，为己身的姻亲（配偶的晚辈直系血亲除外）；如妻之父母（岳父母），夫之父母（公、婆），妻之兄弟姐妹，夫之兄弟姐妹，妻之伯、叔、姑、舅、姨及其子女，夫之伯、叔、姑、舅、姨及其子女等。但是，配偶的晚辈直系血亲，仍为己身的血亲，而非姻亲。以配偶的血亲为姻亲，仅适用于配偶的长辈直系血亲和旁系血亲。

3. 配偶的血亲的配偶

这种姻亲关系不是仅以一次婚姻为中介，而是以两次婚姻为中介而形成的。如夫与妻之姐妹之夫（连襟），妻与夫之兄弟之妻（妯娌）等。我国有承认这种姻亲关系的历史传统，但这种姻亲仅具有习俗上的意义，不具有法律上的意义。至于血亲的配偶的血亲，除个别的例外情形，各国立法都是不将其列为姻亲的。

二、法律调整的亲属关系的范围

婚姻家庭法学对亲属关系的研究，是以法律所调整的亲属关系为对象的。一般说来，近现代的法律所调整的亲属关系的范围即亲属法律关系的范围，是小于古代法的。在我国历代封建法律中，列入服制图的亲属关系均有一定的法律效力。罗马法、日耳曼法本于血统主义的观念，法律调整的亲属关系的范围也是相当大的。近现代各国法律对法律所调整的亲属关系的范围有不同的立法例，在立法技术上采取不同的方式，所定范围也有广狭之别。

一种是非概括主义的规定。法律对其所调整的亲属关系的范围不在总体上作概括的规定，只是在具体事项上规定亲属关系的法律效力。这些事项包括禁婚亲、扶养、监护、亲属继承等。例如：法国法规定旁系血亲的继承以六亲等为限（此处指罗马法亲等，计算方法见本章第三节），兄弟姐妹的后裔除外；各国均以一定范围的血亲（有的还包括一定范围的姻亲）为禁婚亲等。

另一种是概括主义的规定。法律对其所调整的亲属关系的范围，是在总体上作概括规定的。例如，日本民法规定："下列人为亲属：六亲等以内的血亲；配偶；三亲等以内的姻亲"（指罗马法亲等）；韩国民法所定的亲属范围，包括八亲等以内的父系血亲，四亲等以内的母系血亲，夫的八亲等以内的父系血亲，夫的四亲等以内的母系血亲，妻的父母，配偶。

概括主义的规定在形式上有集中、统一、一目了然的优点。但是，各种法律关系有其不同的具体情形，采取非概括主义分别加以规定似更为相宜。如果仅作概括主义的规定，又要能够全部包容亲属关系的涉法事项，所定范围必然会失之过宽。如果范围失之过窄，又不符合全面调整亲属关系的需要。我们主张，即使对亲属范围作概括主义的规定，也要在此范围之外针对具体事项作某些补充性的特别规定，将两者有效地结合起来。

我国婚姻家庭法对法律调整的亲属关系的范围尚无总体性的概括规定。从我国亲属关系的现状来看，关于法律调整的亲属关系的范围，基本上应与近亲属的范围相一致。最高人民法院在有关司法解释中指出："民法通则中规定的近亲属包括配偶、父母、子女、兄弟姐妹、祖父母、外祖父母、孙子女、外孙子女。"[①] 一些学者主张，所有的直系血亲，以及同居一家共同生活的直系姻亲（岳父母与女婿、公婆与儿媳），均可列入近亲属的范围。在特定的事项上，法律调整的亲属关系可以超出近亲属的范围，如以三代以内的旁系血亲为禁婚亲等。

第三节　亲系和亲等

一、亲系

亲系指亲属之间的联络系统。在亲属法和亲属法学中，狭义的亲系仅指血亲的联络系统。人与人之间客观存在的血缘联系便是区分亲系的生物学上的依据。据此，可将血亲分为父系亲与母系亲，男系亲与女系亲，直系亲与旁系亲。广义的亲系除血亲外还包括姻亲的联络系统。姻亲以婚姻为中介，配偶双方与各自的血亲之间也是有亲系之分的。将配偶双方的位置互换，便可比照血亲确定姻亲的亲系。配偶本身则不适用亲系之分。需要指出的是，某些禁婚亲以外的血亲结婚，双方作为血亲也是有亲系可循的。但作为配偶则是毋须定其亲系的。为了方便起见，与亲属身份关系有关的行辈问题，也在本题中一并说明。

（一）父系亲与母系亲

父系亲指通过父方的血缘关系而联络的亲属，如祖父母与孙子女，伯、叔、姑与侄、侄女，堂兄弟姐妹，姑表兄弟姐妹等。母系亲指通过母方的血缘关系而联络的亲属，如外祖父母与外孙子女，舅、姨与甥、甥女，姨表兄弟姐妹等。

中国古代的宗法制度是父系氏族制在阶级社会中的转化形态，实行以宗法为本的亲属制度，父党、母党的区别十分严格，礼与律均以父系亲为亲属关系的基干。按照我国现行法的规定，父系亲与母系亲并无亲疏远近之别。例如，在祖孙间的抚养、赡养问题上，祖父母和外祖父母、孙子女和外孙子女的权利和义务是完全相同的。

（二）男系亲与女系亲

男系亲指通过男子的血缘关系而联络的亲属，女系亲指通过女子的血缘关系而联络的亲属。例如，孙子女与祖父母，侄、侄女与伯、叔、姑以及堂兄弟姐妹的亲属关系，都是以男子（父）为中介的。外孙子女与外祖父母，甥、甥女与舅、姨，以及姨表兄弟姐妹的亲属关系，都是以女子（母）为中介的。男系亲、女系亲之分，与父系亲、母系亲之分具有不同的意义。两者既有联系又有区别。有时互相重合，有时不尽相同。如已身与父之兄弟（伯、叔）之子女（堂兄弟姐妹），既是父系亲，又是男系亲。已身与父之姐妹（姑）之子女（姑表兄弟姐妹），虽为父系亲，但不可称为男系亲，因为其间已有女子介入，是通过姑的血缘关系而联络的。

中国古代的宗法伦理观念重男轻女，在男尊女卑的亲属制度中是重男系亲、轻女系亲的。所谓宗亲，兼具父系亲和男系亲的性质。外亲、妻亲，在亲属关系中的地位是逊于宗亲的。我国现行的亲属制度以男女平等为原则，男系亲和女系亲一律平等，在法律上的权利和义务并无

---

① 最高人民法院《关于贯彻执行〈中华人民共和国民法通则〉若干问题的意见（试行）》第12条。

区别。

（三）直系亲与旁系亲

直系亲与旁系亲的区分，是以血亲间不同的血缘关系为依据的，这种区分也可以婚姻为中介，类推适用于姻亲。

1. 直系血亲和旁系血亲

直系血亲指相互之间具有直接的血缘联系的血亲，即己身所从出和从己身所出的血亲。生育自己的和自己生育的上下各代血亲，都属于直系血亲的范围，如父母与子女，祖父母与孙子女，外祖父母与外孙子女等。上至曾祖、高祖等，下至曾孙、玄孙等，概莫能外（这里所说的祖孙，长辈兼指父母双系，晚辈兼指男女两性）。

旁系血亲指相互之间具有间接的血缘联系的血亲，在血缘上同出一源的，除直系血亲外均为旁系血亲。如兄弟姐妹同源于父母；伯、叔、姑与侄、侄女，堂兄弟姐妹，姑表兄弟姐妹，均同源于祖父母；舅、姨与甥、甥女，姨表兄弟姐妹，均同源于外祖父母；等等。上述血亲均属于旁系血亲的范围。

2. 直系姻亲和旁系姻亲

姻亲的直系、旁系之分，准用配偶与其血亲的亲系。配偶的长辈直系血亲，为己身的直系姻亲。配偶的旁系血亲为己身的旁系姻亲。但是，配偶的晚辈直系血亲也是己身的晚辈直系血亲，而非姻亲。

例如：儿媳与公婆为直系姻亲，因为媳之配偶（夫）与其父母为直系血亲。女婿与岳父母为直系姻亲，因为婿之配偶（妻）与其父母为直系血亲。己身兄弟之妻（嫂、弟妇）、姐妹之夫（姐夫、妹夫）为旁系姻亲，因为己身与兄弟姐妹为旁系血亲。己身与妻之兄弟姐妹为旁系姻亲，因为妻与其兄弟姐妹为旁系血亲。

（四）行辈

行辈亦称辈行或辈分，它是按照亲属的世代而区分的。行辈之分适用于血亲和姻亲，但不适用于配偶。

以行辈为依据，可将亲属分为长辈亲属、同辈亲属和晚辈亲属，这当然是以己身为本位的。父母辈及高于父母辈的亲属是长辈亲属（旧称尊亲属）。与己身一辈的亲属是同辈亲属。子女辈及低于子女辈的亲属是晚辈亲属（旧称卑亲属）。应当指出的是，直系血亲不可能行辈相同，因为晚辈直系血亲是出自长辈直系血亲的。配偶之间并无行辈之分，因为双方既为配偶，便必定同辈。

在亲属制度中，将行辈与亲系、亲属的种类相组合，便可分解出一系列概括性的亲属称谓，如长辈直系血亲，晚辈直系血亲，长辈旁系血亲，同辈旁系血亲，晚辈旁系血亲等。如果再以此与亲等（详见下文）相结合，便可将亲属关系进一步特定化，如三亲等的直系长辈血亲或晚辈血亲，四亲等的同辈旁系血亲等。这种组合和分解，在立法上和法律适用上具有一定的应用价值。例如，我国收养法中便有收养三代以内同辈旁系血亲的子女的规定。

二、亲等及其计算方法

（一）亲等的概念和沿革

亲等指亲属的等级，是计算亲属关系亲疏远近的基本单位，在亲属制度中起着度量衡的作用。亲等数小者，其亲近；亲等数大者，其亲远。计算亲等的客观依据是血缘关系的远近程度，可以直接计算的是血亲的亲等，姻亲的亲等则是以配偶为中介，比照血亲换算的。配偶则自为配偶，不适用有关亲等的规则。

就法理而言，世数是血亲关系远近的外在标志（直系血亲可以直接计算，旁系血亲可以通过同源关系间接换算）。按照上述原理构建的亲等制，被称为世数亲等制。但是，在重视身份关系，具有强烈的宗法性的古代亲属制度下，血亲间的亲疏远近并不是单纯地取决于世数间隔的多少，除此以外，各种不同的身份，如男女、尊卑、长幼、内外之别等因素，也起着重要的作用。中国古代的丧服制度以不同的服制表示亲属关系的亲疏远近，但服制的轻重和血缘关系的远近并不完全一致，有许多基于身份关系而加服、减服的规定。在日本，明治初年颁行的法律中，不同的身份对亲等仍有相当的影响。以中国古代的丧服制度为代表的“亲等”制，在传统的亲属法学中被称为“阶级亲等制”。为了避免与社会各阶级相混淆，称其为身份亲等制是更为恰当的。

中国在亲属立法上不采以丧服等级为形式的身份亲等制，改采世数亲等制，始于清朝末年。清末和北洋军阀统治时期制订的民律草案，均用寺院法的亲等计算法代替往昔的服制。但这些草案并未施行。国民党政府的民法亲属编则改采罗马法的亲等计算法。

当代各国亲属法中用以计算亲等的方法，主要可分为罗马法的亲等计算法和寺院法的亲等计算法。我国现行法中尚无关于亲等及其计算方法的规定，血亲关系的亲疏远近，是用在多少代以内来表示的，对此可称为我国婚姻法中的代数计算法。现将这些计算法分述于后，并附以中国古代丧服制度的简介。

（二）罗马法的亲等计算法

这种亲等计算法源于古代罗马，随着罗马法的传播和各国法律文化的交流，不仅为欧洲大陆国家的亲属法所采用，而且在世界上为多数国家的亲属法所采用。

1. 直系血亲的亲等计算

计算直系血亲的亲等，从己身上数或下数（己身不计），以世数定其亲等。从己身往上数，至父母为一世，至祖父母、外祖父母为二世，至曾祖父母、外曾祖父母为三世，至高祖父母、外高祖父母为四世。从己身往下数，至子女为一世，至孙子女、外孙子女为二世，至曾孙子女、外曾孙子女为三世，至玄孙子女、外玄孙子女为四世。按此规则，父母与子女为一亲等直系血亲，祖父母与孙子女、外祖父母与外孙子女为二亲等直系血亲，曾祖父母与曾孙子女、外曾祖父母与外曾孙子女为三亲等直系血亲，高祖父母与玄孙子女、外高祖父母与外玄孙子女为四亲等直系血亲，依此类推。

2. 旁系血亲的亲等计算

计算旁系血亲的亲等，先从己身上数至己身与对方（即与其计算亲等者）同源的直系血亲（即双方最近的共同的长辈直系血亲），再从同源直系血亲下数至对方，两边各得一个世数，将其相加即为旁系血亲的亲等数。按此规则，兄弟姐妹为二亲等旁系血亲；堂兄弟姐妹、表兄弟姐妹为四亲等旁系血亲；伯、叔、姑与侄、侄女，舅、姨与甥、甥女，为三亲等旁系血亲，依此类推。

（三）寺院法的亲等计算法

这种亲等计算法源于天主教的寺院法（或称教会法），由于宗教影响和立法传统方面的原因，其至今仍为一些国家所采用。

1. 直系血亲的亲等计算

计算直系血亲的亲等，与罗马法适用同一规则，即以一世为一亲等。

2. 旁系血亲的亲等计算

计算旁系血亲的亲等，其规则不同于罗马法。先从己身上数至己身与对方同源的直系血亲（其概念前文中已作说明），得一个世数；再从对方上数至同源的直系血亲，又得一个世数。如果两边的世数相同，即依此数定其亲等；如果两边的世数不同，则按世数多的一边定其亲等。按此规则，兄弟姐妹为一亲等旁系血亲，伯、叔、姑与侄、侄女，舅、姨与甥、甥女，为二亲等旁系血亲，堂兄弟姐妹、表兄弟姐妹亦为二亲等旁系血亲；依此类推。

由于计算亲等的双方的行辈可能相同，也可能不同，依世数多的一边定其亲等不能准确地反映血缘关系的远近。例如，依寺院法的亲等计算法，伯、叔、姑与侄、侄女，舅、姨与甥、甥女，堂兄弟姐妹、表兄弟姐妹，同为二亲等的旁系血亲；依罗马法的亲等计算法则分别作为三亲等、四亲等的旁系血亲。两相比较，在计算旁系血亲的亲等时，罗马法是优于寺院法的，这也是罗马法亲等计算法被广泛采用的重要原因。

罗马法和寺院法的亲等计算法，亦可用于计算姻亲的亲等，其规则是以配偶为中介换算的（参见图 4—1）。血亲的配偶从其配偶的亲等，配偶的血亲、配偶的血亲的配偶从其与配偶的亲等。例如：儿媳是公、婆的血亲的配偶，媳之夫与其父母为一亲等直系血亲，故儿媳与公、婆为一亲等直系姻亲。岳父、岳母是女婿的配偶的血亲，婿之妻与其父母为一亲等直系血亲，女婿与岳父、岳母为一亲等直系姻亲。妻之兄弟之妻是夫之配偶的血亲的配偶，妻与其兄弟之妻是二亲等旁系姻亲，故夫与妻之兄弟之妻亦为二亲等旁系姻亲；夫之姐妹之夫是妻的配偶的血亲的配偶，按同理换算亦为二亲等旁系姻亲；依此类推。（以上诸例的亲等均按罗马法计算）

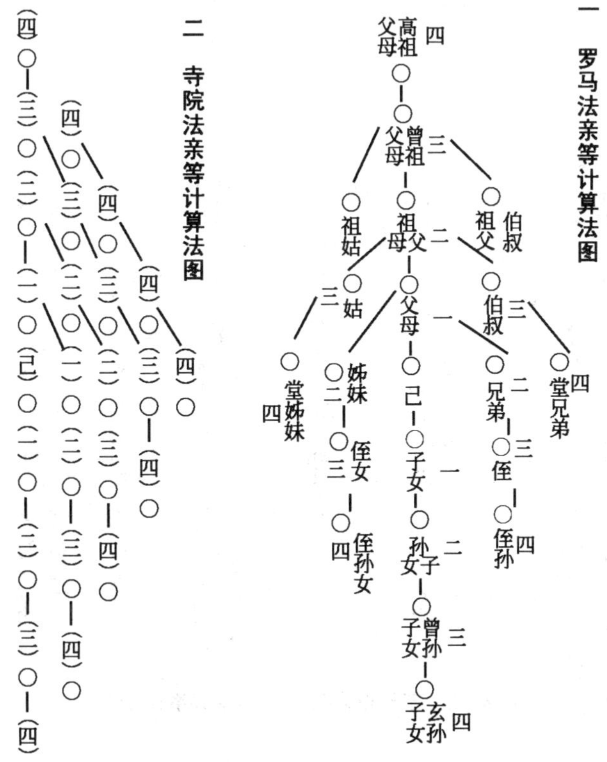

图 4—1　亲等计算法示意图

（四）我国婚姻法中的代数计算法

我国 1950 年《婚姻法》和 1980 年《婚姻法》，均以代数来表示旁系血亲的范围。例如：1950 年《婚姻法》规定，除兄弟姐妹以外的其他五代以内旁系血亲禁止结婚的问题，从习惯。1980 年《婚姻法》规定，直系血亲、三代以内的旁系血亲禁止结婚。在法律实务中，这种代数计算法也可用于直系血亲，如五代以内直系血亲等。需要指出的是，这里所说的“代”，不同于罗马法和寺院法亲等计算法中的“世”，己身也是作为一代计入代数的（参见图 4—2）。

1. 直系血亲的计算规则

从己身往上或往下数，以一辈为一代。例如：上数至父母为两代，至祖父母、外祖父母为三代，至曾祖父母、外曾祖父母为四代，高祖父母、外高祖父母等可依此类推。下数至子女为两代，至孙子女为三代，至曾孙子女、外曾孙子女为四代，玄孙子女、外玄孙子女等可依此类推。

2. 旁系血亲的计算规则

旁系血亲在几代以内，是依其同源关系确定的。同源于父母的，为两代以内旁系血亲；同源于祖父母、外祖父母的，为三代以内旁系血亲；同源于曾祖父母、外曾祖父母的，为四代以内旁系血亲，同源于高祖父母、外高祖父母等可依此类推。

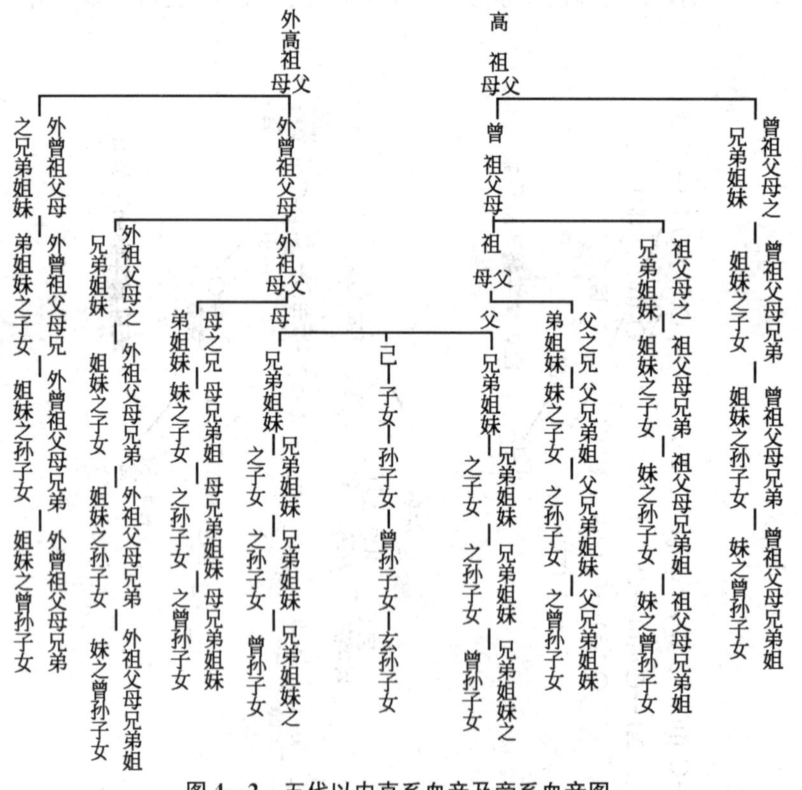

图 4—2　五代以内直系血亲及旁系血亲图

我国婚姻法中的代数计算法，在表示亲属范围时可以同罗马法、寺院法的亲等计算法换算。例如：三代以内旁系血亲是罗马法中的四亲等内的旁系血亲，五代以内的旁系血亲是罗马法中的八亲等内的旁系血亲。由于几代以内的旁系血亲只能表示一个范围，没有将包容在其中的不同亲属的亲等特定化，在应用上有其不足之处。我国婚姻家庭法学界的一些学者建议，可改采为多数国家通用的罗马法亲等计算法。

附：中国古代的丧服制度

我国古代以丧服的差等，来表示亲属关系的亲疏远近，它起着类似亲等计算法的作用。亲者、近者其服重，疏者、远者其服轻。

丧服制度源于周礼。晚近的服制图本自明、清律。丧服分为五等，重轻有差。

第一等：斩衰，为三年之服。第二等：齐衰，细分之，齐衰又有杖期、不杖期、五月、三月之别。第三等：大功，为九月之服。第四等：小功，为五月之服。第五等：缌麻，为三月之服。缌麻以外则为袒免亲，即无服亲。

实行丧服制度是为了“慎终追远”，维护宗法家族制度和社会中的宗法秩序，现已成为历史的陈迹。现附录丧服总图和本宗九族五服正服图以供参考（参见图4—3、图4—4），其他服制图从略。

<table>
<tr><td></td><td colspan="2">斩衰
三年</td><td></td></tr>
<tr><td colspan="4">用至粗麻布为之，不缝下边</td></tr>
<tr><td></td><td colspan="2">齐衰</td><td></td></tr>
<tr><td>三月</td><td>不杖期</td><td>杖期</td><td>五月</td></tr>
<tr><td colspan="4">用稍粗麻布为之，缝下边</td></tr>
<tr><td></td><td colspan="2">大功
九月</td><td></td></tr>
<tr><td colspan="4">用粗熟布为之</td></tr>
<tr><td></td><td colspan="2">小功
五月</td><td></td></tr>
<tr><td colspan="4">用稍粗熟布为之</td></tr>
<tr><td></td><td colspan="2">缌麻
三月</td><td></td></tr>
<tr><td colspan="4">用稍细熟布为之</td></tr>
</table>

图4—3 丧服总图

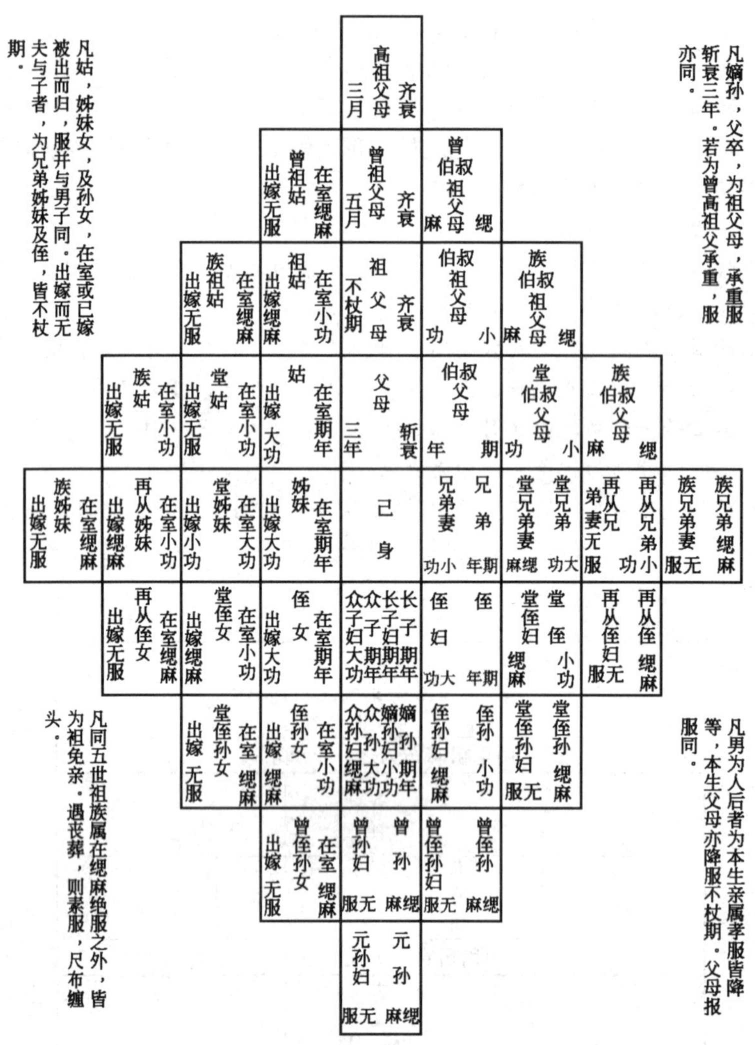

图 4—4　本宗九族五服正服图

第四节　亲属关系的发生、终止及效力

一、亲属关系的发生和终止

亲属关系不是静止不变的，而是处于发展变化之中的。有生有死是不可抗拒的自然规律，结婚、离婚、收养的成立和解除等都会引起亲属关系的变动。亲属关系既可基于一定的原因而发生，亦可基于一定的原因而终止。对于法律调整的亲属关系来说，这些原因起着法律事实的作用，对确定亲属关系的法律效力具有很重要的意义。因此，对于亲属关系不仅要作静态的研究，而且要作动态的研究。

（一）亲属关系的发生

1. 配偶关系的发生

配偶关系以婚姻的成立（结婚）为发生原因，这是各国亲属立法的通例。

在古代法中，婚约（订婚）的效力大于近现代，婚姻的成立是合订婚与成婚为一体的，未婚“夫妻”被视为准配偶关系，发生婚姻的部分效力。近现代法中订婚并非结婚的必经程序，结婚是配偶关系借以发生的法律事实。我国《婚姻法》规定，当事人进行结婚登记，取得结婚证，即确立夫妻关系。此外，为法律所认可的事实婚姻成立，也是配偶关系借以发生的法律事实。

2. 血亲关系的发生

自然血亲关系以出生为发生原因。亲子关系和其他自然血亲关系，均基于出生事实而发生。所谓血缘联系，正是通过一系列出生的事实而形成的。这里所说的出生，与是婚生还是非婚生无关。

在某些早期的亲属法学著作中曾有这样的主张，认为非婚生子女与生父的关系，应以生父的认领为发生原因，这是欠妥的。生父与非婚生子女的自然血亲关系是客观存在的生物学上的事实，认领只是通过一定方式对这一事实予以承认。认领的效力是溯及既往的，亲子关系的发生不是始于认领，而是始于出生。

拟制血亲关系以所拟制的身份关系依法成立为发生原因。与自然血亲不同，拟制血亲的发生不是自然的，而是人为的。

在我国，拟制血亲关系发生的法律事实有二：一是收养关系的成立。我国《收养法》规定：自收养成立之日起，养父母与养子女间的权利义务关系，适用法律关于父母子女关系的规定。二是继父或继母对继子女的抚养教育。《婚姻法》规定：继父或继母和受其抚养教育的继子女间的权利和义务，适用本法对父母子女关系的有关规定。

3. 姻亲关系的发生

姻亲关系以作为姻亲中介的婚姻的成立为发生原因。婚姻成立后，有关主体之间才发生血亲的配偶、配偶的血亲、配偶的血亲的配偶等姻亲关系（参见本书第二节中关于姻亲类别的说明）。

需要补充说明的是：上述解释适用于作为姻亲中介的婚姻成立时已经存在的主体。对婚姻成立后新发生的姻亲关系来说，还需要有其他的发生原因，例如：作为姻亲中介的婚姻成立后，配偶一方与另一方的新出生的弟、妹之间的姻亲关系，是以该婚姻成立和该弟、妹出生共同作为发生原因的。

（二）亲属关系的终止

1. 配偶关系的终止

配偶关系以婚姻的终止为终止原因。婚姻借以终止的法律事实有二：一是配偶的死亡，二是依法离婚。前者是婚姻终止的自然原因，后者是婚姻终止的人为原因。

2. 血亲关系的终止

自然血亲以死亡（自然死亡和宣告死亡）为终止原因。基于血缘联系而形成的自然血亲关系，除因死亡而终止外，是不能人为地解除的。例如：父母与子女的关系不因父母离婚而消除；离婚后，子女仍是父母双方的子女。子女为他人收养后，与生父母和其他近亲属的权利义务关系虽已消除，但是，养子女与生父母和其他亲属的自然血亲关系仍然存在，法律中有关自然血亲的规定（如禁婚亲）对其仍然适用。

需要指出的是，死亡只是终止了以死者为一方的自然血亲关系，以死者为中介的自然血亲关系并不因此而终止。例如：父或母虽已死亡，但死者的子女和死者的尚生存的父母（即死者子女的祖父母或外祖父母）的自然血亲关系仍然存在。

拟制血亲关系以死亡或所拟制的身份关系依法解除而终止。以收养为例，养父母、养子女关系既可因收养人或被收养人一方死亡而自然终止，亦可经有关当事人协议或当事人一方要求，依法解除。

3. 姻亲关系的终止

姻亲关系的终止问题比较复杂，学者们的见解也不尽相同。

关于姻亲关系是否因作为中介的婚姻当事人离婚而终止的问题，有不消灭主义和消灭主义两种立法例。例如，1896 年《德国民法典》规定：“由婚姻而生的姻亲关系，不因该婚姻解除而消灭”（第 1590 条）。《瑞士民法典》的规定亦同（第 21 条）。相反，《日本民法典》则是以离婚为姻亲关系终止原因的。该法第 728 条规定：“姻亲关系因离婚而终止。”韩国民法的规定亦同（第 275 条）。需要指出的是，即使是不消灭主义的立法例，不消灭的也仅限于作为中介的婚姻解除前既存的姻亲关系，已解除的婚姻不可能作为新的姻亲关系的中介。

关于姻亲关系是否因作为中介的婚姻当事人一方死亡而终止的问题，各国法律中的规定也不一致。有规定不终止的；有规定在生存配偶一方再婚前不终止，再婚后终止的；也有规定是否终止依生存配偶一方的意愿而定的。按照《日本民法典》第 728 条的规定，夫妻一方死亡，姻亲关系得基于生存配偶的意思表示而终止。

对互为姻亲的双方来说，一方当事人死亡也是姻亲关系终止的原因。即使作为中介的婚姻并未终止，但一方死亡导致主体缺位，该姻亲关系当然不复存在。

我国现行法对作为姻亲中介的婚姻的当事人离婚或一方死亡是否终止姻亲关系的问题尚无规定，一般是由有关当事人按照习惯自行处理的。我们认为，在作为姻亲中介的婚姻终止时，离婚应当作为姻亲关系终止的原因。配偶一方死亡后姻亲关系是否终止，可由有关当事人按其意愿自行决定。

（三）亲属关系的重复

亲属关系的重复，指双方之间具有不止一种的亲属关系。这是现实生活中常见的现象，究其原因，主要是基于婚姻和拟制血亲关系而发生的（在中国古代，立嗣、兼祧也是亲属关系重复的重要原因）。

例如：在法律上并不禁止中表婚的国家中，表兄表妹或表姐表弟在结婚后兼有两种亲属身份，一为配偶，一为表兄弟姐妹（四亲等的旁系血亲）。又如：收养兄弟姐妹之子女，收养人和被收养人兼有两种亲属身份，一为养父母养子女（一亲等的直系血亲），一为伯、叔、姑与侄、侄女（三亲等的旁系血亲）。以上亲等均按罗马法计算。

按照亲属法学中公认的见解，在亲属关系重复时，不同的亲属关系均独立存在，一关系不为他关系吸收或排斥。一关系终止时，他关系不受其影响。例如：表兄与表妹离婚后仍为表兄表妹，叔侄解除收养关系后仍为叔侄。

在亲属关系重复时，权利义务的确定应当按照从近、从重的原则，肯定一关系的效力，停止他关系的效力。例如：配偶关系与其他亲属关系重复，适用有关配偶的权利义务的规定；收养关系与其他亲属关系重复，适用有关养父母、养子女的权利义务的规定。

二、亲属关系的法律效力

为法律所调整的亲属关系具有一定的法律效力，这是亲属关系在婚姻家庭生活、社会生活中的地位和作用在法律上的表现。

从历史上看，古代法中亲属关系的法律效力是大于或强于近现代法的。以中国古代封建法律为例，亲属关系的法律效力广泛地存在于刑事、民事、行政、诉讼等诸多法律领域（当时并无法律部门的划分，但上述现象是客观存在的）。例如：有关荫庇、缘坐、留养、亲属相犯、亲属相奸、主婚权、教令权、立嗣、继承、祖父母和父母在禁止子孙别籍异财、服内亲属的先买权、侍亲、假宁、容隐、回避等规定，都是与亲属关系的法律效力有关的。此处仅作例示，无法全部列举。由于社会条件的变化，当代社会中亲属关系的法律效力不宜过大，但是，赋予亲属关系一定的法律效力仍是很有必要的。这对保护婚姻家庭、保护公民的合法权益和社会公共利益、正确处理有关亲属的各种法律实务，都具有很重要的意义。

亲属关系究竟有哪些法律效力？这取决于不同国家在法律上的具体规定，因此不可一概而论。各国法律的规定既有相同或相似之处，又反映了各自不同的特色。本题仅以我国现行法为依据，对亲属关系的法律效力，作一些例示性的说明。

（一）亲属关系在婚姻家庭法上的效力

婚姻家庭是当代仅存的实体性的亲属组织，亲属关系在婚姻家庭法上的效力，是其法律效力最为直接的表现。婚姻家庭主体之间的权利和义务，都是基于亲属关系的法律效力而发生的。

例如：一定范围内亲属（直系血亲和三代以内的旁系血亲）为禁婚亲；配偶有法定的共有财产（双方另有约定的除外）；特定的亲属（夫妻、父母子女、祖孙、兄弟姐妹）间有法定的扶养关系（此处在广义上使用扶养一词，包括婚姻法中所说的抚养、扶养和赡养）；父母对未成年子女有保护和教育的权利义务；收养三代以内同辈旁系血亲的子女可以适当放宽收养条件等。这方面的许多问题，在本书的有关章节中还要详加论述，此处从略。

（二）亲属关系在其他民事法律上的效力

例如：一定的亲属关系是法定监护的基础法律关系，从而也是法定代理的基础法律关系；作为利害关系人的一定亲属得依法提出宣告失踪和宣告死亡的申请，以及撤销上述宣告的申请；失踪人的财产可由其一定的亲属代为管理；按照亲属关系确定法定继承人的范围和顺序；法定继承人范围内的亲属可以作为遗嘱继承人；被继承人的子女先于被继承人死亡的，该子女的晚辈直系血亲有代位继承权等。

（三）亲属关系在刑法上的效力

例如：某些犯罪的主体与受害人之间须有特定的亲属身份（如虐待罪、遗弃罪等）；某些犯罪的主体须为已有配偶或明知他人已有配偶的人（如重婚罪、破坏军婚罪）；某些告诉才处理的犯罪，可由受害人的近亲属告诉等。

（四）亲属关系在诉讼法上的效力

例如：在民事诉讼和刑事诉讼中，一定的亲属关系均为回避的原因，适用民事诉讼程序的行政诉讼亦同。在民事诉讼中，没有诉讼行为能力的当事人，可由其作为法定代理人的亲属代为诉讼；强制执行时，应保留被执行人所供养的家属（多为近亲属）的生活必需费用和必需品等。在刑事诉讼中，被告人的亲属可以作为辩护人；被告人的近亲属经被告人的同意，可以提出上诉；第二审人民法院审判被告人近亲属上诉的案件，不得加重被告人的刑罚等。

除上述种种外，亲属关系在劳动法、国籍法、行政法等法律上也有相应的效力，如劳动保险、职工福利，国籍的取得、丧失和恢复，优抚，职务上的回避等。亲属关系的法律效力是不以婚姻家庭法为限的。在这个问题上，学习时应当注意不同的部门法中的相关规定。

思考题

1. 怎样看待亲属关系在社会生活中的作用？
2. 如何理解亲属的概念？
3. 古代型的亲属制度和近现代型的亲属制度主要有哪些区别？
4. 亲属有哪些种类？
5. 什么是亲属关系的重复?试举例说明之。
6. 我国现行法所调整的是哪些亲属关系？
7. 如何确定亲系和亲等？
8. 各类亲属关系是基于什么原因发生和终止的？
9. 亲属关系有哪些法律效力?(结合我国现行法作例示性的说明)
10. 我国婚姻家庭法应从哪些方面增设有关亲属的通则性规定？

第二编

分论

| 第五章 |

结婚制度

【重点问题】

婚姻的概念和特征
婚姻成立的条件
婚姻成立的程序
婚姻无效和可撤销的法定原因
婚姻无效和被撤销的法律后果

第一节　概说

一、结婚的概念及特征

结婚，亦称婚姻的成立，是指男女双方按照法律规定的条件和程序，确立夫妻关系的法律行为。结婚有广义和狭义之分，狭义的结婚，仅指夫妻关系的确立；广义的结婚，包括婚姻的成立和订立婚约两个方面。近现代各国的亲属立法，大多都将婚姻的成立作狭义上的规定，订婚已不再是结婚的必经程序。

结婚具有以下三个特征：

第一，结婚行为的主体是男女两性。婚姻关系的产生，是以男女两性的生理差别为前提的，人类性的本能和自身的繁衍为婚姻的自然属性，这是婚姻区别于其他社会关系最重要的特征。如果没有两性间的这种自然差异，婚姻则无从产生，也没有其存在的意义。

第二，结婚行为是法律行为。当事人必须遵守法律的规定，包括法律规定的结婚条件和结婚程序两个方面。与一般的民事法律行为不同，法律对结婚行为的条件和程序作了特别的规定，婚姻必须依法成立，否则不具有婚姻的法律效力。

第三，结婚行为的后果是确立夫妻关系。男女双方因结婚形成了互为配偶的夫妻身份，相互享有和承担法律规定的权利和义务。夫妻身份关系确立后，未经法定程序，双方不得任意解除。

婚姻成立后，将产生一系列的法律效力。这种法律效力可以分为及于婚姻当事人的直接效力和及于第三人的间接效力，包括形成夫妻间的权利和义务关系，以及基于婚姻而引起的其他亲属间的权利和义务关系。婚姻成立后导致的法律效力，不仅反映在婚姻家庭的法律规范上，而且还会反映在其他的法律规范上。国家之所以运用法律的手段对婚姻这种特殊的社会关系加以审查和监督，正是因为婚姻的成立将会引起夫妻间权利和义务关系的产生、亲属关系的变化以及人口再生产等一系列重要的法律后果。

二、结婚的要件

结婚行为是一种法律行为，必须符合法律规定的结婚要件，包括结婚的实质要件和形式要件，凡欠缺结婚要件的男女结合，都不具有婚姻的法律效力。在我国，结婚要件可用图 5—1 表示。

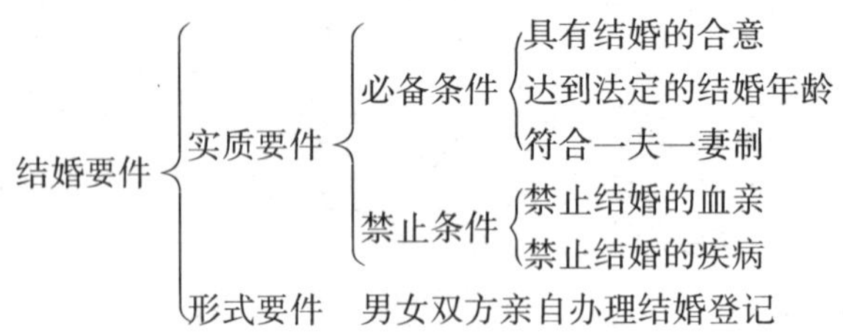

图 5—1　结婚要件

（一）结婚的实质要件

结婚的实质要件，是指婚姻当事人以及双方之间的关系，必须符合法律规定的结婚条件，包括结婚必须具备的条件和结婚禁止的条件。在传统的亲属法上，结婚的要件划分为公益要件和私益要件。所谓公益要件，是指涉及社会公共利益的要件，即与社会公共利益有关的要件，如结婚双方必须达到法定婚龄、不得重婚等；所谓私益要件，是指涉及个人利益的要件，即与当事人及其亲属有关而不涉及社会公共利益的要件，如结婚双方当事人的合意等，体现的是个人的意思自治不受公权力的干涉。两者的结合是法律对个人利益和社会利益的平衡和协调。我国现行《婚姻法》对结婚要件的规定，是将国家、社会和个人三者的利益统一起来，形成了一个完整的体系，不仅保护了国家、社会和民族的整体利益，也切实地保护了婚姻当事人的个人利益。

（二）结婚的形式要件

结婚的形式要件，是指婚姻成立的方式或程序必须符合法律规定的条件。对于婚姻成立的方式，有事实婚（或称不要式婚）和形式婚（或称要式婚）两种。所谓事实婚，是指当事人双方只要具有共同生活的意愿和以夫妻名义共同生活的事实，婚姻即为成立，法律承认其婚姻的效力。所谓形式婚，是指结婚必须履行一定的程序，符合一定的方式，履行法定的结婚程序是婚姻成立的必要条件。形式婚又可分为宗教婚、法律婚等。中国古代的聘娶婚也属于形式婚的类别。由于各国的立法不同，确认婚姻成立的形式要件也有所不同，基于婚姻本身具有的公示意义，现代国家大多采用法律婚，以利于社会对婚姻关系的确认和保护。在我国，办理结婚登记是婚姻成立的形式条件，1994 年 2 月 1 日之后同居的男女，凡未补办结婚登记的，均属同居关系，不具有婚姻的法律效力。

三、结婚制度的历史沿革

（一）个体婚制形成初期的结婚方式

1. 掠夺婚

掠夺婚亦称抢婚，是指男子以暴力掠夺女子为妻的结婚形式。掠夺婚最早形成于原始社会，恩格斯在《家庭、私有制和国家的起源》一书中曾提到，当一个青年男子，在朋友的帮助下劫得或拐得一个姑娘的时候，他们便轮流同她发生性关系；但是在此以后，这个姑娘便被认为是那个发动抢劫的青年男子的妻子。恩格斯说："抢劫妇女的现象，已经表现出向个体婚制过渡的迹象，至少是以对偶婚的形式表现出这种迹象"①。进入个体婚时代后，掠夺婚作为一种求婚的方式在一些地区和民族中被沿袭下来，后来演变为一种徒具形式的礼仪性婚俗。

在个体婚制形成初期，除掠夺婚外还存在多种结婚方式，可将其概括为有偿婚和无偿婚两大类别。

2. 有偿婚

有偿婚是指男方以向女方家庭支付一定的代价为条件而缔结的婚姻。包括：(1) 买卖婚。买卖婚是指男方以向女方家庭支付一定数量的财产或物品作为结婚条件而缔结的婚姻。(2) 互易婚。互易婚是指双方父母以女儿或男子以姊妹交换作为结婚条件而缔结的婚姻。(3) 劳役婚。劳役婚是指男方以为女方家庭服一定的劳役作为结婚条件而缔结的婚姻。

3. 无偿婚

无偿婚是指男方不需要向女方家庭支付任何代价而缔结的婚姻。包括：(1) 赠与婚。赠与婚是指权力者或父母将其可以支配的女子赠与他人为妻而缔结的婚姻。(2) 收继婚。收继婚是指女子在其丈夫死后有义务在家族内部转房而缔结的婚姻。如兄死后弟收继其嫂为逆缘婚；姐死后妹继嫁姐夫为顺缘婚。前文中所说的掠夺婚，就其性质而言也是无偿的。

(二) 中国古代的聘娶婚

聘娶婚，是指男方以向女方家庭交付聘金或财礼作为结婚条件的婚姻形式。据史书记载，聘娶婚始于伏羲，而大备于周。西周创始的"六礼"，为聘娶婚规定了完备的结婚程序，这种礼仪程序不仅用礼来规范，还以法律的形式加以确认。所谓"六礼备，谓之聘；六礼不备，谓之奔"。"六礼"具体为：(1) 纳采，即男方求亲须先委托媒人通言，女方家同意后，男方才能备礼贽见。(2) 问名，即男方遣媒问明女子的生辰及其生母的身份。(3) 纳吉，即卜其凶吉，若卜得吉兆，通知女家。(4) 纳征，即纳聘财。"征"者成也，交纳聘财后，婚约即告成立。纳征是"六礼"中的主要程序，至此婚约对双方均已具有约束力。(5) 请期，即男方择定婚期并商请女方家同意。(6) 亲迎，即男方到女方家迎娶成婚。聘娶婚是在我国通行了几千年的主要婚姻形式，尽管历经各个朝代，程序会有繁简的变通，但聘娶婚的基本内容和程序始终不变，其在本质上仍是一种变相的买卖婚姻。

(三) 欧洲中世纪的宗教婚

欧洲中世纪，婚姻关系主要是由教会法来调整的，婚姻的缔结被视为是"神的旨意"，教会法规定的结婚宣誓是一种圣典仪式，具有严格的条件和程序。准备结婚的当事人须事先按教规将有关事项在教会布告栏中公告，结婚应举行宗教仪式，婚礼由神职人员主持并得到其祝福，婚姻始为成立和有效。

(四) 近现代的共诺婚

共诺婚，是指依男女双方的合意而成立的婚姻。基于婚姻契约的理论，共诺婚强调的是双方的合意，法律以当事人双方共同的意思表示为婚姻成立的要件。经过欧洲的宗教改革和婚姻还俗运动，以及受资产阶级"自由、平等、博爱"等观念的影响，近现代的世界各国都已逐步

---

① 《马克思恩格斯选集》，2版，第4卷，42页，北京，人民出版社，1995。

推行了共诺婚。共诺婚制的确立是人类婚姻制度的一大进步，使婚姻当事人享有了自主支配自己人身的权利，摆脱了父母包办子女婚姻的传统观念。结婚须经双方当事人同意，其他任何人均不得干涉。在一些法定婚龄低于成年年龄的国家，法律上尚有未成年人结婚须得其法定代理人（父母或监护人）同意的规定。

四、婚约

（一）婚约的概念

婚约，是男女双方以结婚为目的而作的事先约定。成立婚约的行为称为订婚。订婚后的男女双方具有未婚夫妻的身份。

在结婚前，男女双方为保证婚姻的缔结，可以事先达成一个协议。协议的目的是明确的，即双方承诺建立未来的婚姻。婚约成立后，双方当事人负有按约定缔结婚姻的义务，但是，这并不意味着当事人将来必须结婚。婚约虽然是缔结婚姻的预约，但由于婚约具有身份上的意义，以及人类赋予婚姻的基本精神是婚姻自由，因而婚约与民法中严格意义上的预约不同，法律不要求婚约必须履行，当事人任何一方在不履行婚约时，另一方不得请求法院强制其履行，附加在婚约上的任何违约条款，也都不具有法律上的效力。与古代的婚约不同，近现代的婚约一般具有以下特征：

第一，婚约必须由将来结婚的当事人双方亲自订立且意思表示真实。婚约是将来双方接受婚姻的承诺，因此，必须以双方合意为条件，任何由包括父母在内的第三人代为订立的婚约都是无效的；因欺诈、胁迫而订立的意思表示不真实的婚约，也是无效的。订立婚约时，双方应具有完全的民事行为能力，无民事行为能力人、限制民事行为能力人订立的婚约无效。

第二，婚约当事人双方不得有法定的婚姻障碍。订立婚约是以结婚为目的的，因而，订立婚约不得违反法律对婚姻的禁止性规定，法律规定的禁婚亲属之间不得订立婚约；一方或双方已有配偶的人不得订立婚约。但由于婚约本身并不是婚姻，因而订婚后又与他人结婚或重复订婚的均不构成法律上的重婚。

第三，婚约不是结婚的必经程序。法律不要求必须缔结婚约，当事人在结婚前可以先行订立婚约，也可以直接结婚。婚约不是结婚的法定要件，是否订婚由当事人自行决定，法律不予干预。

第四，订立婚约为非要式行为。法律没有规定婚约的形式，当事人可以采取各种方式订婚，如口头、书面、举行仪式、交换信物等，形式或方式的不同并不影响婚约的成立。

（二）婚约的历史沿革

1. 早期型的婚约

在个体婚形成的初期，人类实行掠夺婚，男子是以暴力掠夺女子为妻的，因而没有婚约。有偿婚出现后，男子需向女方的家庭支付一定的代价才能缔结婚姻，婚约由此开始。当女方的监护人接受了男子的财物后，就负有将女子交付给该男子的义务，双方就此达成婚约。继后，婚约多为男女双方的监护人合意订立。婚约是结婚的必经程序，没有婚约的婚姻视为无效。罗马法规定，无婚约的结合只能视为姘居，不能成其为婚姻。订立婚约需要一定的形式，如我国古代以“婚书”或“聘礼”为婚约成立的法定要件。婚约订立后，订婚的男女产生准夫妻的效力，互负贞操义务，未婚妻如不忠实被视为通奸。按照罗马亲属法的规定，一方若再订婚约或另行结婚的，应被宣布为不名誉，要受“破廉耻”的宣告。法律强调对婚约的忠诚，订婚人如无正当理由解除婚约，要承担一定的法律责任。一些国家的法律规定，如果男方悔约，其给付对方的聘金不得请求返还；如果女方悔约，则须支付相当于聘金价值一倍到四倍的罚金。在欧洲中世纪的寺院法中，还有关于请求结婚诉权的规定，虽然对其要求结婚的判决不能强制执行，但可依此对违约人给予宗教上的处罚。

2. 晚期型的婚约

进入近现代后，婚约较前期有了很大的改变，婚约的法律效力有所减弱，婚约的缔结及解除也变得简单容易。第一，婚约不再是结婚的必经程序，有些国家在法律上还取消了有关婚约的相关条文。规定有婚约的国家，也不要求当事人在结婚前必须先行订婚，婚约已成为可由当事人自己选择的一个程序。第二，订立婚约的当事人由原来的监护人改为男女双方自行订立，未经当事人双方合意订立的婚约无效。第三，婚约不再具有人身约束力，双方因合意或法定理由可随时解除婚约。法律明确规定，婚约不能强制执行，不得基于婚约诉请结婚，也不得对婚约当事人不遵守约定的行为进行处罚。婚约解除后，双方不再受婚约的约束，但是，无正当理由解除婚约的，仍应依法承担由于解约而产生的财产上和精神上的损害赔偿及赠与物的返还责任。

（三）婚约的解除

在我国，法律上没有婚约的规定，对婚约采取既不提倡，也不禁止的态度。婚约不是法律所调整的对象，当事人自愿订立的婚约没有法律上的约束力。婚约有解除的自由，可以双方合意解除，也可单方解除而不论其有无重大事由或有无重大过错。当一方要求解除婚约时，应通知对方，但无须征得对方的同意，也无须经过法定的诉讼或调解程序。婚约解除后，因婚约而产生的未婚夫妻的身份关系也随之解除，任何一方不得请求法院强制履行婚约。婚约期间双方同居生活的，不产生夫妻间的权利和义务关系，如生有子女的，该子女视为非婚生子女。因婚约而产生的财产关系，由于不同于婚姻中的夫妻财产关系，也不同于其他民事上的一般财产关系，具有其特殊性，因而在处理时，应分别情况妥善处理：

（1）婚约期间，当事人双方由于资金的共用、财物的合并以及共同投资等产生的共同财产，因不具有夫妻身份关系，所以不应视为共同共有，各自财产的所有权归各人所有，具有独立性。婚约解除后，双方对共有财产有约定的，按约定处理；没有约定或约定的份额不明确的，也仍应属于按份共有，按比例分割。

（2）婚约期间，当事人基于结婚的目的，一方或双方将自己的财产无偿给予对方而产生的单方赠与或双方赠与，与一般的赠与不同，完全是为了促使婚约的履行、保证结婚目的的实现。对于这种附条件的赠与，在目的不能实现时，赠与不发生法律效力，财产的所有权仍属于赠与方所有。这时的赠与人虽不能要求受赠人必须结婚，但赠与人有权以不当得利请求受赠人返还财产。这种返还，不以有无过错为条件，而是基于赠与的目的不能实现而请求返还。需要指出的是，须返还的赠与物，应以价值较大且尚有价值存在为前提，已消耗掉的财物，不得请求返还。最高人民法院《关于适用〈中华人民共和国婚姻法〉若干问题的解释（二）》第10条规定："当事人请求返还按照习俗给付的彩礼的，如果查明属于以下情形，人民法院应当予以支持：（一）双方未办理结婚登记手续的；（二）双方办理结婚登记手续但确未共同生活的；（三）婚前给付并导致给付人生活困难的。适用前款第（二）、（三）项的规定，应当以双方离婚为条件。"

（3）婚约期间，一方或双方支出的费用及负担的债务，以及在财产上、精神上受到的损害等，在婚约解除后，能否要求对方给予赔偿，各国法律基于婚约为契约的理论，一般都要求过错方负一定的损害赔偿责任。我国法律对此没有规定。

第二节 结婚条件

结婚的条件，即结婚的实质要件，包括结婚的必备条件和结婚的禁止条件。

一、结婚的必备条件

结婚的必备条件，又称结婚的积极要件，是当事人结婚时必须具备的法定条件，根据我国现行《婚姻法》的规定，结婚必须具备以下三个条件：

（一）必须具有结婚的合意

结婚合意，是指当事人双方确立夫妻关系的意思表示真实一致。基于人格独立和意思自治原则，各国法律大多都把双方合意作为结婚的必备条件。我国《婚姻法》第5条规定："结婚必须男女双方完全自愿，不许任何一方对他方加以强迫或任何第三者加以干涉。"结婚合意是结婚的首要条件，是保障结婚自由的前提，是婚姻自由原则在结婚制度中的具体体现。法律要求的"男女双方完全自愿"具有三个含义：一是要求双方自愿而不是一方愿意。二是要求男女双方本人自愿而不是父母或第三者的愿意。三是要求男女双方完全自愿而不是被迫同意。

结婚是婚姻当事人双方的法律行为，双方自愿是婚姻结合的基础，法律排斥当事人一方对他方的强迫，排斥当事人父母或第三人的包办或干涉，排斥当事人非自愿的被迫同意。尽管法律并不排除当事人的父母或第三人给予当事人意见和建议，但是，是否缔结婚姻应由当事人自行决定。

（二）必须达到法定的结婚年龄

法定婚龄，是指法律规定的准予结婚的最低年龄。我国《婚姻法》第6条规定："结婚年龄，男不得早于二十二周岁，女不得早于二十周岁。晚婚晚育应予鼓励。"凡当事人双方或一方未达到法定婚龄的，婚姻登记机关不予登记。

由于婚姻关系是自然属性和社会属性的结合，因而，法定婚龄的确定必须取决于其自然因素和社会因素。自然因素是指人的生理和心理的发育规律，人类只有达到一定的年龄，才能具备适合结婚的生理条件和心理条件，才具有婚姻行为能力，才能履行夫妻义务，承担对家庭和社会的责任。社会因素是指一定的生产方式以及与之相适应的政治、经济、文化、人口状况、道德、宗教、民族习惯等社会条件。由于不同地区、不同民族受地理、气候的影响，在身体的发育和成熟上具有一定的差异，加上风俗习惯、传统文化、社会条件的不同，各国对法定婚龄的规定也不尽相同。我国现行法定婚龄的确定是以婚姻自然属性为基础，以我国的社会经济发展状况和人口增长速度为依据，在充分考虑了人的身心发育状况、经济与人口状况、城乡差别及国际影响等多种因素的情况下制定的，具有科学性，对适应经济的发展、控制人口的增长、提高人口素质具有重要的意义。法定婚龄是男女双方结婚必须达到的年龄，具有强制性，但基于民族、宗教、风俗习惯的原因，根据我国《婚姻法》第50条的精神，民族自治地区可以根据本民族的实际情况，对法定婚龄作变通的规定。

结婚年龄的高低直接影响到人口的增长数量，因此，我国《婚姻法》在规定法定婚龄的同时，还规定了晚婚晚育应予以鼓励，这对降低人口增长速度是非常必要的。但是，两者性质不同，国家积极鼓励和倡导晚婚晚育，并不是指可以以晚婚年龄替代法定婚龄，晚婚晚育是鼓励性质的规定，而非强制性的规定，凡要求结婚的当事人达到法定婚龄的，均可以申请结婚，任何单位和个人都不得干涉。

有些国家，在法定婚龄的规定外，还专门设有“特许制度”，即法律允许某些不到法定婚龄的男女，基于特殊的原因，向特定的机关申请批准其结婚的制度。在设有特许制度的国家，对特许的原因和年龄的下限，以及申请和批准的程序，均有具体的规定。一般是在女方怀孕或分娩后，为了保护胎儿、母亲和非婚生子女的利益，由法定机关批准其可以结婚。

（三）必须符合一夫一妻制

一夫一妻制是婚姻制度的基本原则，是结婚的必备条件，法律禁止重婚。《婚姻法》第 3 条规定：禁止重婚。第 10 条规定：重婚的，婚姻无效。《婚姻登记条例》第 6 条规定：申请结婚登记的当事人已有配偶的，婚姻登记机关不予登记。对于构成重婚罪的，应依照刑法，追究其刑事责任。

二、结婚的禁止条件

结婚的禁止条件，又称结婚的消极要件或婚姻障碍，是指当事人结婚时不得具有法律规定的禁止结婚的婚姻障碍。根据我国现行《婚姻法》的规定，结婚的禁止条件有以下两个方面：

（一）禁止结婚的血亲

禁婚亲，是指法律规定的禁止结婚的亲属。我国《婚姻法》第 7 条规定：直系血亲和三代以内的旁系血亲，禁止结婚。从各国亲属立法上看，广义上的禁婚亲，不仅包括一定范围的自然血亲，还包括了一定范围的拟制血亲和姻亲。

禁止一定范围的亲属结婚，源于原始社会的婚姻禁忌。人类在漫长的进化过程中和在自然规律的作用下，逐步排除了纵向的直系血亲间的两性行为，以及横向的旁系血亲兄弟姐妹间的通婚。进入个体婚制后，人类有意识地通过立法限制近亲结婚，一是基于优生学的原因，受遗传基因的影响，夫妻如果血缘关系太近，容易将生理上和精神上的疾病或缺陷遗传给下一代，这将给民族的健康、人口的素质以及人类的发展带来危害；二是基于伦理上的要求，由于近亲结婚有碍教化，有悖于人类长期形成的婚姻道德，容易造成亲属身份上和继承上的紊乱，因而，各国法律均根据本国的民族习惯，禁止一定范围的亲属结婚。在我国古籍中，也早有“男女同姓，其生不蕃”以及“取于异姓，所以附远厚别也”的记载。

法律禁止直系血亲结婚，是各国立法的通例。对旁系血亲的禁婚范围，由于文化传统和风俗习惯的不同，各国限制的范围也有所不同。目前，世界各国的亲属立法对旁系血亲的禁婚范围，大体有三种规定：一是禁止二亲等旁系血亲通婚；二是禁止三亲等以内的旁系血亲通婚；三是禁止四亲等以内的旁系血亲通婚。此外，还有禁婚范围更大的立法例。从采取的立法形式上看，分为两种：一种是概括主义，即按罗马法亲等计算方法直接规定禁止结婚的亲等；另一种是列举主义，即法律逐一列举出禁止结婚的亲属。我国《婚姻法》按照世代计算方法，规定凡出自同一祖父母、外祖父母的血亲，除直系血亲外，都是三代以内的旁系血亲，禁止通婚，三代以内旁系血亲包括有：（1）兄弟姐妹，含同父同母的全血缘的兄弟姐妹、同父异母或同母异父的半血缘的兄弟姐妹。（2）伯、叔、姑与侄、侄女，舅、姨与甥、甥女。（3）堂兄弟姐妹、表兄弟姐妹。

据统计，一些隐性遗传病如先天性聋哑的发病率，表兄弟姐妹间婚配是随机婚配的 7.8 倍；先天性鱼鳞病的发病率，表兄弟姐妹间婚配是随机婚配的 63.5 倍。其他如高血压、精神分裂症、先天性心脏病、无脑儿、脊柱裂、癫痫等多种基因遗传病或先天畸形，近亲婚配所生子女的发病率也明显高于非近亲婚配的。①

对于拟制血亲能否结婚，我国《婚姻法》没有明确规定。国外许多国家对法律拟制的直系血亲，都明文规定加以禁止。有些国家还将拟制血亲的禁婚范围扩大到养子女的卑血亲，如《德国民法典》规定，收养他人为养子女者，于因收养而产生的法律关系存续期间，不得与养子女或其卑血亲结婚。甚至有的国家将禁婚范围扩至因收养而发生的其他特定种类的亲属，如《法国民法典》规定，收养人与被收养人及其直系卑血亲间，同一人的养子女间，收养人所生的子女与被收养人间，被收养人与收养人的配偶间，收养人与被收养人的配偶间，禁止结婚。需要指出的是，尽管有些国家在法律上对收养人与被收养人是否禁止结婚没有作明文规定，但一般在解释上都适用直系血亲禁婚的规定。我国《婚姻法》亦同，限制拟制直系血亲通婚，是符合伦理要求的。我国《婚姻法》规定，养父母与养子女、继父母与受其抚养教育的继子女之间的权利和义务，适用婚姻法对父母子女关系的有关规定。因此，《婚姻法》对直系血亲缔结婚姻的禁止，也应适用于养父母子女和已形成抚养、教育关系的继父母子女。至于拟制旁系血亲间的通婚，只要没有血缘上的禁忌，在解除拟制关系后，法律应予准许。

此外，由于受伦理观念的影响，许多国家还禁止一定范围的姻亲结婚。特别是直系姻亲一般都在禁婚的范围，在夫妻离异或一方死亡，他方表示终止姻亲关系时，仍不得结婚。有少数国家将一定亲等的旁系姻亲也列入禁婚的范围，如《法国民法典》规定：禁止离婚后妻与夫之兄弟，夫与妻之姊妹结婚。此项禁止，必要时得经法定程序取消。其婚姻因死亡而解消者，不在禁止之列。我国《婚姻法》没有禁止姻亲结婚的规定，直系姻亲虽无直系血亲的血缘关系，但由于直系姻亲通婚有悖伦理，所以一直是人类的一个婚姻禁忌。

（二）禁止结婚的疾病

法律禁止患有特定疾病的人结婚，取决于婚姻关系的自然属性和特征，其目的是为了保障婚姻自由、防止和避免疾病的传染和遗传，保护婚姻当事人的利益和社会的利益。我国《婚姻法》第 7 条规定：患有医学上认为不应当结婚的疾病的人禁止结婚。《婚姻登记条例》第 6 条规定：患有医学上认为不应当结婚的疾病的，婚姻登记机关不予登记。

当代各国亲属立法上规定的禁止结婚的疾病，一般可分为两类：第一类是精神方面的疾病，包括特定的精神病、痴呆症等。患有这一类疾病的人通常是无民事行为能力人或限制民事行为能力人，不具有表达真实意愿和承担夫妻间权利和义务的能力，并且有将精神上的疾病遗传给后代的可能。第二类是身体方面的疾病，主要是指足以危害对方和后代健康的重大不治的传染性疾病或遗传性疾病。我国《婚姻法》对禁止结婚的疾病，没有作具体的列举，而是以“患有医学上认为不应当结婚的疾病”作概括性的规定，至于哪些属于应当禁止结婚的疾病，应以医学上的鉴定为依据。《中华人民共和国母婴保健法》第 9、10 条规定：“经婚前医学检查，对患指定传染病在传染期内或者有关精神病在发病期内的，医师应当提出医学意见；准备结婚的男女双方应当暂缓结婚。”“经婚前医学检查，对诊断患医学上认为不宜生育的严重遗传性疾病的，医师应当向男女双方说明情况，提出医学意见；经男女双方同意，采取长效避孕措施或者施行结扎手术后不生育的，可以结婚。但《中华人民共和国婚姻法》规定禁止结婚的除外。”该法在第 38 条规定：“严重遗传性疾病，是指由于遗传因素先天形成，患者全部或者部分丧失自主生活能力，后代再现风险高，医学上认为不宜生育的遗传性疾病。”“指定传染病，是指《中华人民共和国传染病防治法》中规定的艾滋病、淋病、梅毒、麻风病以及医学上认为影响结婚和生

① 参见杨大文主编：《新婚姻法释义》，42～43 页，北京，中国人民大学出版社，2001。

育的其他传染病。”“有关精神病，是指精神分裂症、躁狂忧郁型精神病及其他重型精神病。”

什么是医学上认为不应当结婚的疾病，法律没有明确规定，卫生行政管理部门也没有权威的解释。一种意见认为，遗传病种类很多，遗传基因不同，遗传的情况不同，患严重遗传疾病者婚后生育的孩子不一定患遗传疾病。如果结婚和生育分开，特别是随着科学技术的发展，有些遗传病是可以治愈的，婚姻法应当允许患遗传疾病的人结婚，但不宜生育。关于性病、艾滋病病毒感染者生育遗传比例是20%～30%，如用药可控制在4%以内。截至2011年年底，我国艾滋病病毒感染者和艾滋病病人约有78万人，禁止他们结婚，是对艾滋病病毒感染者的歧视，与国家对艾滋病病毒感染者保密和保护的政策不符，不利于对艾滋病感染源的控制，实践中也难以操作。除古巴外，绝大多数国家不禁止艾滋病病毒感染者结婚。另一种意见认为，艾滋病传染性大，致死率高，对社会、家庭影响很大，不宜结婚。卫生部门和医学专家倾向性的意见是，法律明确规定禁止结婚的疾病很困难，对于患有某种传染病、遗传病的人，医生可以建议他们暂缓结婚，但对于可否结婚无决定权。如果一定要明确禁婚疾病，那么最好由行政卫生部门规定以下两种人不宜结婚：一是处于发病期的躁狂、抑郁型精神分裂症者；一是重度智力低下，生活不能自理者。这两种人无行为能力，不可能履行婚姻的权利义务，而且所患疾病极有可能遗传给后代，影响子女的身体健康。①

对于因生理缺陷不能发生性行为的人是否准许结婚，在传统的亲属法上是以“不能人道”而加以禁止的，1896年《德国民法典》中所说的违反婚姻义务，包括拒绝性交和性交不能。当代许多国家，也将其作为婚姻无效的原因，如《美国统一结婚离婚法》规定，一方无性交能力而不能完婚，而另一方在举行结婚仪式时不了解该生理缺陷，婚姻无效。性交不能的原因有很多，除了机能上的缺陷，先天不能外，有些是由于后天的原因而导致的一时不能或永久不能，有的是婚前不能，有的是婚后不能，等等。也有一些国家规定，如果结婚时对方不知即可宣告婚姻无效，但更多的国家在处理时，是以“不能人道”而不能治愈作为婚姻无效或可撤销要件的。为慎重起见，有的国家还规定了一定的时间限制，如《奥地利民法》规定，履行婚姻义务之不能，应为既存又永久时；如不能确定为永久或仅为一时，夫妻尚应同居一年，如其不能继续存在时，婚姻应宣告为无效。在我国现行《婚姻法》中，没有关于有生理缺陷不能发生性行为者禁止结婚的规定，但由于两性关系是婚姻关系中的自然属性，性生活是夫妻生活的重要组成部分，也是夫妻亲密关系的基础，性行为不能破坏了婚姻关系中的这一核心内容，因而我国虽不将其作为无效婚姻处理，但在司法实践中也可将其作为离婚的理由。当然，法律并不排除基于一些特殊原因，当事人的婚姻依赖于感情的存续而自愿结合，但应以婚前明知或婚后愿意维持婚姻关系为前提，如一方婚前故意隐瞒其生理缺陷，婚后对方因此要求离婚的，或婚后因生理等原因不能发生性行为，且难以治愈而要求离婚的，则应予以准许。

除上述我国规定的两种禁止结婚的婚姻障碍外，国外亲属立法上还有几种婚姻禁例：（1）禁止相奸者结婚。传统的民法中一般都有禁止奸夫与奸妇结婚的规定，但各国的规定也有差异，有的限于因奸受刑之宣告者，有的限于因奸判决之离婚者。进入近现代后，除少数国家仍对相奸者结婚有所限制外，大多数国家的民法已将其废除。（2）禁止女性在待婚期内结婚。基于继承的原因，为防止血缘上的混乱，许多国家对女子再婚都有待婚期的规定，女子在离婚或丈夫死亡后，必须经过法律规定的待婚期才能再婚，待婚期的期限各国规定不一，从6个月到1年不等。（3）禁止监护人与被监护人结婚。为了维护被监护人的利益，很多国家的法律都

① 参见顾昂然：《新婚姻法读本》，44～45页，北京，中国民主法制出版社，2001。

禁止监护人与被监护人结婚，有的禁止双方在监护期间结婚，有的禁止监护人与未成年的被监护人结婚。

第三节　结婚程序

一、结婚程序的概念及意义

结婚的程序，即结婚的形式要件，是指法律规定的缔结婚姻所必须履行的法定手续。婚姻的成立，除要求当事人必须符合结婚的实质要件外，还必须符合一定的形式要件。只有在履行了法律规定的结婚程序后，婚姻才具有法律上的效力，才能得到国家和社会的承认。

根据各国的规定，目前结婚的程序大体有三种主要形式：（1）仪式制。结婚必须举行一定的仪式，结婚仪式是婚姻成立的法定要件。结婚仪式又可分为三种：一是宗教仪式，指由神职人员主持，在教堂中进行的结婚仪式；二是世俗仪式，指在民间由家长主持，有证人参加的结婚仪式；三是法律仪式，指由政府身份官员主持的结婚仪式。有的国家还规定，宗教仪式和法律仪式具有同等的效力，可由当事人自己选择，法律均予承认。（2）登记制。结婚必须到法定的登记机关进行登记，结婚登记是婚姻成立的法定要件。（3）登记与仪式结合制。结婚既要进行登记又要举行仪式，结婚登记和结婚仪式均是婚姻成立的法定要件，缺一不可。

我国结婚实行登记制，即结婚必须履行的程序是结婚登记，《婚姻法》第 8 条规定：“要求结婚的男女双方必须亲自到婚姻登记机关进行结婚登记。符合本法规定的，予以登记，发给结婚证。取得结婚证，即确立夫妻关系。未办理结婚登记的，应当补办登记。”由此可以看出，结婚登记是我国婚姻成立的法定程序，是合法婚姻成立唯一的形式要件。男女在登记结婚并取得结婚证后，无论是否同居生活，无论是否举行结婚仪式，都具有法律上的夫妻身份关系，其婚姻受到国家的承认和法律的保护。如一方或双方反悔，须按离婚程序办理离婚手续，才能解除婚姻关系。反之，如果男女双方仅举行结婚仪式或同居生活，但没有办理结婚登记的，则其婚姻不具有法律上的效力。

结婚登记作为我国公民结婚的法定程序，其意义在于如《婚姻登记条例》第 1 条所指出的，是为了保障婚姻自由、一夫一妻、男女平等的婚姻制度的实施，保护婚姻当事人的合法权益。婚姻登记制度是我国婚姻制度的重要组成部分，国家通过婚姻登记对婚姻的成立进行监督和管理，不仅可以使当事人的婚姻权益得到有效的保障，而且可预防和制止违法婚姻的发生，同时还可提高当事人的法制观念，进行法制宣传教育，减少婚姻纠纷。实行结婚登记制度，是有利于婚姻家庭和全社会的文明进步的。

二、结婚登记的机关和程序

（一）结婚登记的机关

《婚姻登记条例》第 2 条第 1 款规定：“内地居民办理婚姻登记的机关是县级人民政府民政部门或者乡（镇）人民政府，省、自治区、直辖市人民政府可以按照便民原则确定农村居民办理婚姻登记的具体机关。”

婚姻登记机关的管辖范围，原则上以当事人的户籍为依据。《婚姻登记条例》第 4 条第 1 款规定：“内地居民结婚，男女双方应当共同到一方当事人常住户口所在地的婚姻登记机关办理结婚登记。”

（二）结婚登记的程序

结婚登记的程序分为申请、审查和登记三个环节。

1. 申请

要求结婚的当事人，应当向婚姻登记机关提出结婚申请。为了保障婚姻自由，便于婚姻登记机关进行审查，法律要求，当事人必须双方亲自到一方户口所在地的婚姻登记机关申请结婚登记，不得由他人代理。《婚姻登记条例》第 5 条第 1 款规定：“办理结婚登记的内地居民应当出具下列证件和证明材料：（一）本人的户口簿、身份证；（二）本人无配偶以及与对方当事人没有直系血亲和三代以内旁系血亲关系的签字声明。”

2. 审查

婚姻登记机关应当依法对当事人的结婚申请进行审核和查证。除查验当事人提交的证件和证明是否齐全、是否符合规定外，还应对当事人是否符合法律规定的结婚条件进行审核。审查是结婚登记程序的中心环节，审查应依法办事，不得草率或拖延。

3. 登记

婚姻登记机关对当事人的结婚申请进行审查，符合结婚条件的，应当即时予以登记，发给结婚证。

《婚姻登记条例》第 6 条规定：“办理结婚登记的当事人有下列情形之一的，婚姻登记机关不予登记：（一）未到法定结婚年龄的；（二）非双方自愿的；（三）一方或者双方已有配偶的；（四）属于直系血亲或者三代以内旁系血亲的；（五）患有医学上认为不应当结婚的疾病的。”

《婚姻登记条例》第 7 条规定：“婚姻登记机关应当对结婚登记当事人出具的证件、证明材料进行审查并询问相关情况。对当事人符合结婚条件的，应当当场予以登记，发给结婚证；对当事人不符合结婚条件不予登记的，应当向当事人说明理由。”

结婚证是婚姻登记机关签发的证明婚姻关系成立的法律文书。当事人遗失或者损毁结婚证的，可以持户口簿、身份证向原办理婚姻登记的机关或者一方当事人常住户口所在地的婚姻登记机关申请补领。婚姻登记机关对当事人的婚姻登记档案进行查证，确认属实的，应当为当事人补发结婚证。

三、未办理结婚登记的“事实婚姻”

婚姻的成立是要式的法律行为。当事人不仅要符合结婚的条件，而且要履行结婚的程序。我国以办理结婚登记为婚姻成立的法定方式，这是不能以包括举行仪式在内的其他方式代替的。从理论上讲，当事人双方均符合结婚的实质要件，只说明其具有作为婚姻法律关系主体的可能性，只有办理了结婚登记，符合了结婚的形式要件，双方的婚姻关系才为法律所承认，才会受到国家的保护。只有通过结婚登记才使婚姻从可能变为现实，未办理结婚登记的“婚姻”不能在法律上确立夫妻关系。

长期以来，在我国的现实生活中，一直将未履行结婚登记程序，即以夫妻名义公开同居生活的两性结合称为事实婚姻。所谓事实婚姻，从广义上讲，是指男女双方在主观上具有永久共同生活的目的，在客观上具有未经结婚登记即以夫妻名义同居生活的事实，群众也认为其是夫妻关系的结合。从狭义上讲，事实婚姻专指没有配偶的男女双方，未经结婚登记，即以夫妻名义同居生活，群众也认为是夫妻关系的结合。司法实践中对事实婚姻的认定，历来采用狭义的解释，即事实婚姻必须是完全符合结婚法定的实质要件，仅不符合结婚的形式要件。凡不符合结婚实质要件中任何一项的男女结合，同样不构成事实婚姻关系。

在任何国家和地区，无论广义或狭义上的事实婚姻关系都是存在的。各国法律依据本国的文化传统和具体国情，对此采取的处理原则大致可分为三类：第一类是承认主义，即法律对符合结婚实质要件的事实婚姻予以承认。法律要求构成事实婚姻的条件是，当事人的结婚能力、结婚目的、同居事实以及夫妻身份的公示性。英美的普通法婚姻即是如此，其与具备了形式要件的法律婚有同等的效力。第二类是不承认主义，即法律不承认任何形式的事实婚姻。法律对结婚形式要件的规定十分严格，不具备形式要件的事实婚姻不具有婚姻的法律效力。现行的日本法律即是如此，结婚如不申报登记，男女双方当事人不产生夫妻的权利和义务。第三类是相对承认主义，即法律为事实婚姻设定了有效条件，条件具备的事实婚姻法律予以承认。条件包括法定的同居年限、法院的确认以及补办法定手续等。大陆法系国家法律大多如此规定，具备了条件的事实婚姻与合法婚姻有同等的效力。

根据最高人民法院历次所作的司法解释，我国处理事实婚姻问题经历了三个不同的发展阶段：

第一个阶段：新中国成立初期至1989年11月21日。在此期间，司法实践是有条件地承认事实婚姻的。1979年2月2日最高人民法院在《关于贯彻执行民事政策法律的意见》中指出，事实婚姻是指没有配偶的男女，未进行结婚登记，以夫妻关系同居生活，群众也认为是夫妻关系的。人民法院审理这类案件，要坚持结婚必须进行登记的规定，不登记是不合法的，要进行批评教育；处理具体案件要根据党的政策和婚姻法的有关规定，从实际情况出发，实事求是地解决。双方或一方不满婚姻法结婚年龄的婚姻纠纷，如未生育子女，在做好工作的基础上，应解除其非法的婚姻关系，如已生有子女等特殊情况，应根据婚姻法的有关规定，对于女方及子女利益给予照顾。双方已满婚姻法结婚年龄的事实婚姻纠纷，应按一般离婚的案件处理。1984年8月30日最高人民法院在《关于贯彻执行民事政策法律若干问题的意见》中又指出，没有配偶的男女，未按婚姻法规定办理结婚登记手续，即以夫妻名义同居生活，是违法的。处理这类纠纷，应对双方当事人进行严肃的批评教育，指出其行为的违法性和危害性，促使当事人增强法制观念，对起诉时双方都已达到婚姻法规定的婚龄和符合结婚的其他条件的，可按《婚姻法》第25条（即现行《婚姻法》第32条的第1款、第2款）规定的精神处理，如经调解和好或者撤诉的，应让其到有关部门补办结婚登记手续；起诉时双方或一方仍未达到法定婚龄或不符合结婚的其他条件的，应解除其同居关系。所生子女的抚养和财产的分割问题，按婚姻法的有关规定处理。

第二个阶段：1989年11月21日最高人民法院在《关于人民法院审理未办结婚登记而以夫妻名义同居生活案件的若干意见》中提出：（1）1986年3月15日《婚姻登记办法》施行之前，没有配偶的男女，未办结婚登记手续即以夫妻名义同居生活，群众也认为是夫妻关系的，一方向人民法院起诉“离婚”，如起诉时双方均符合结婚的法定条件，可认定为事实婚姻关系；如起诉时一方或双方不符合结婚的法定条件，应认定为非法同居关系。（2）1986年3月15日《婚姻登记办法》施行之后，没有配偶的男女，未办结婚登记手续即以夫妻名义同居生活，群众也认为是夫妻关系的，一方向人民法院起诉“离婚”，如同居时双方均符合结婚的法定条件，可认定为事实婚姻关系；如同居时一方或双方不符合结婚的法定条件，应认定为非法同居关系。（3）自民政部新的婚姻登记管理条例施行之日起，没有配偶的男女，未办结婚登记即以夫妻名义同居生活，按非法同居关系对待。

由此可见，在1989年11月21日至1994年2月1日期间，司法实践仍然有条件地承认事实婚姻，但条件已较过去严格。1994年2月1日民政部颁布的《婚姻登记管理条例》施行后，凡未办理结婚登记即以夫妻名义同居生活的，均按非法同居关系处理。

第三个阶段：2001年修正后的《婚姻法》在第8条中规定："要求结婚的男女双方必须亲自到婚姻登记机关进行结婚登记。符合本法规定的，予以登记，发给结婚证。取得结婚证，即确立夫妻关系。未办理结婚登记的，应当补办登记。"随后，最高人民法院又在《关于适用〈中华人民共和国婚姻法〉若干问题的解释（一）》中的第4、5条进一步作出规定：（1）男女双方根据《婚姻法》第8条规定补办结婚登记的，婚姻关系的效力从双方均符合婚姻法所规定的结婚的实质要件时起算。（2）未按《婚姻法》第8条规定办理结婚登记而以夫妻名义同居生活的男女，起诉到人民法院要求离婚的，应当区别对待：1）1994年2月1日民政部《婚姻登记管理条例》公布实施以前，男女双方已经符合结婚实质要件的，按事实婚姻处理；2）1994年2月1日民政部《婚姻登记管理条例》公布实施以后，男女双方符合结婚实质要件的，人民法院应当告知其在案件受理前补办结婚登记；未补办结婚登记的，按解除同居关系处理。

由于历史原因，登记制度不健全，以及法制宣传的不到位，事实婚姻在我国农村特别是偏远地区还是为数不少的。修正后的《婚姻法》从积极的角度重申了办理结婚登记的必要性，应当通过加强法制宣传和完善登记制度等工作，解决事实婚姻的问题。

事实婚姻是人民法院在处理婚姻案件时，时常会遇到的非常棘手的问题。对于事实婚姻，很多人都给予了极大的宽容和理解。人们的看法是，无论如何，婚姻都有一个风俗的问题，延续了上千年的婚礼，在百姓心中最为正式，也最具有公示意义和影响力，相比之下，结婚登记对个人就显得没有那么的重要。如果事实婚姻中的当事人自认为已存在于婚姻关系中，那么国家、社会和他人也应当尊重他们的私人生活，特别是事实婚姻一般都存在于农村或偏远地区，文化水平不高、法制观念淡薄，加之存在登记工作不便利、登记收费名目繁多等问题，如果简单地把未办理结婚登记就一律视为无效婚姻，是不符合中国国情和社会现实的，特别是对农村妇女的合法权益保护十分不利。法律应当承认文化的多样性，只要不违背公序良俗，事实婚姻的问题，根据不同情况分别处理，才能更好地保护当事人的权益。社会的发展和进步，需要循序渐进，尊重客观现实才是解决问题的方法。然而现实是，事实婚姻的弊病是客观存在的：（1）直接影响着登记制的执行；（2）容易造成早婚、近亲婚、疾病婚的不良后果；（3）为重婚提供了条件。修正后的《婚姻法》第8条的规定，是从积极的角度重申了办理结婚登记的必要性，督促那些符合婚姻法规定的结婚条件，举行了结婚仪式或已经以夫妻名义共同生活，但未办理结婚登记的男女，尽早补办登记，以使自己的婚姻合法化。但需要说明的是，补办登记的规定，并不表明中国承认事实婚。不论何种情况，只要当事人未办理结婚登记，法律就不能为他们提供与合法婚姻关系同等的保护。

第四节 无效婚姻和可撤销婚姻

一、无效婚姻和可撤销婚姻的概念

无效婚姻，是指男女两性的结合因违反了法律规定的结婚要件而不具有法律效力的违法结合。可撤销婚姻，是指已成立的婚姻关系，因欠缺婚姻合意，受胁迫的一方当事人可向婚姻登记机关或人民法院申请撤销的违法结合。婚姻是男女两性以永久共同生活为目的的结合，但作为一种社会形式，只有在符合婚姻成立的实质要件和形式要件时，才能得到社会的承认，才是合法的婚姻，才具有婚姻的法律效力，受到法律的承认和保护。反之，则是违法婚姻，为法律所禁止和取缔。

婚姻的合法性是婚姻的本质属性，自婚姻法律制度出现后，无论任何时代、任何国家都要通过法律手段为婚姻的成立规定必须符合的要件，包括实质要件和形式要件，凡符合结婚要件的结合始被赋予婚姻的法律效力。合法的结婚行为是婚姻关系借以成立，夫妻间的身份和权利义务赖以产生的基础。各个时代、各个国家的婚姻制度不同，婚姻立法不同，但是，要求结婚必须合法则是无一例外的。无效婚姻因欠缺了婚姻成立的法定要件而成为违法婚姻，不具有婚姻的法律效力。需要指出的是，与《民法通则》中规定的无效民事行为一样，无效婚姻并不是婚姻的一个种类，它只是一种不具有法律效力的民事行为，只是在婚姻立法和婚姻法学中用来说明借婚姻之名而违法结合的一个特定概念。无效婚姻是在传统的、约定俗成的意义上使用的。法律中有关无效婚姻的规定，包括婚姻无效的原因，确认婚姻无效的程序和婚姻无效的法律后果等，是保证结婚条件和结婚程序实施的必要手段，就其在婚姻法律制度中的地位和作用而言，无效婚姻是结婚制度中重要的、不可缺少的组成部分。

可撤销婚姻，是指因欠缺结婚合意，法律赋予当事人申请撤销的权利。婚姻自由是我国宪法赋予公民的基本的人身权利，婚姻当事人有权按照法律的规定，自主地决定自己的婚姻问题，不受任何人的强迫和干涉。因受胁迫而结合的婚姻，受胁迫方同意结婚的意思表示是不真实的，因而法律赋予其撤销该婚姻关系的权利。但意思表示属主观认识的范畴，因此，不同于无效的婚姻，如仅有可撤销的事由而无撤销行为的，其婚姻关系的效力并不消灭。

二、设立无效婚姻和可撤销婚姻制度的必要性

在现实生活中，违法婚姻屡禁不止，婚姻法有关无效婚姻的规定是全面防治违法婚姻的客观要求。以婚姻为基础的家庭，是社会肌体上的细胞组织，担当着多方面的社会职能。婚姻状况如何，不仅关系到当事人的利益，而且也关系到子女、家庭和社会的利益。因此，必须用法定的条件和程序来规范人们的结婚行为，以便保证婚姻关系走上健康发展的轨道。为了全面建立防治违法婚姻的法律机制，设立无效婚姻和可撤销婚姻制度是十分必要的，其必要性表现在以下几个方面：

1. 无效婚姻和可撤销婚姻的规定，有利于坚持结婚条件和结婚程序，保障婚姻的合法成立

在婚姻管理和司法实践中，只有坚持结婚的条件和程序，对合法成立的婚姻予以承认和保护，对欠缺法定结婚要件的结合按无效婚姻或可撤销婚姻处理，才能维护婚姻法的严肃性和权威性，才能真正做到有法必依、执法必严、违法必究。可预测性是法律的固有属性之一，在立法上设立无效婚姻和可撤销婚姻的规定，对试图缔结违法婚姻的人是一种严厉的警告，对因违法婚姻而受害的人是一种有力的支持。无效婚姻和可撤销婚姻制度可以消除违法婚姻造成的种种消极影响，对保障婚姻的合法成立、全面防治违法婚姻具有十分重要的意义。反之，如果立法上没有关于无效婚姻和可撤销婚姻的规定来指明违法结合的后果，对本应依法确认无效或可撤销的婚姻不闻不问，在发生纠纷时按离婚程序处理，就会使有关结婚条件和结婚程序的规定在一定意义上形同虚设，婚姻成立的合法性是无法保障的。

离婚是配偶生存期间解除婚姻关系的法律手段。婚姻的解除应以婚姻的合法存在为必要前

提。欠缺结婚条件和结婚程序的结合，是借婚姻之名而出现的违法结合，不是法律承认和保护的婚姻关系，因此，基于此类结合而产生的纠纷同离婚在性质上有着严格的区别。在立法上绝不能用有关离婚的规定代替确认婚姻无效和可撤销的规定，在实践中也绝不能将无效婚姻和可撤销婚姻按离婚程序处理，否则，是对违法婚姻也具有法律效力的默认。《婚姻法》修正前，我国在无效婚姻和可撤销婚姻问题上只有一些分散的、仅在行政法规和司法解释的层次上的规定，这种状况同健全婚姻法制、防治违法婚姻的需求是不相适应的。修正后的《婚姻法》把有关无效婚姻和可撤销婚姻的规定规范化、制度化，在立法层次上统一构筑相应的规范体系，使人们在加强法制观念的基础上了解违法婚姻的法律后果，使民政、司法等有关部门在执法的工作中有所遵循。

2. 无效婚姻和可撤销婚姻的规定，有利于预防和减少婚姻纠纷，保障公民的合法权益

实践中，因违法婚姻引起的婚姻纠纷在整个婚姻纠纷中占有一定的比例，为了维护和强化婚姻法制，对违法婚姻不能听之任之。只有严格依法办事，确认其婚姻无效或可撤销，才能防之于未然，预防和减少这种纠纷的发生，这同样也是对公民婚姻权益的保障。基于婚姻家庭生活和社会生活的内在联系，依法维护婚姻秩序也是实现安定团结的一个重要内容。应当看到，法律对婚姻成立的要求是符合社会利益的，同当事人的根本利益是完全一致的，违法婚姻对当事人造成的损害不容低估。在很多的违法婚姻中，男女双方都会身受其害，通过无效婚姻和可撤销婚姻的规定否定违法婚姻的效力，使双方间的关系得到纠正后恢复原状，对保护当事人特别是女方的权益，是十分必要的。

3. 无效婚姻和可撤销婚姻的规定，有利于加强执法力度，制裁结婚问题上的违法行为

确认婚姻无效或可撤销是要还事实的本来面目，在法律上判定违法结合不具有婚姻的效力。这种确认的本身并不是一种制裁手段，但它却是对违法婚姻责任主体适用相应制裁手段的前提和根据。对于违法婚姻中的当事人或第三人，应当根据其违法行为的性质、情节和后果，依法予以行政处分、行政处罚、民事制裁和刑事制裁，使他们承担相应的法律责任。

从奴隶制社会到封建时代，古代中国有关婚姻的规范详于礼而略于法。就礼制而言，对婚姻成立的要求也是相当严格的。婚礼中既有若干实体法的规范，又有一整套的程序法规范。如果有违反，则视为非礼。奴隶制时代的结婚是由礼和国家认可的习惯法调整的。封建社会对结婚的调整则是礼法并用，就法制来说，在封建王朝的立法中，嫁娶违律的条款各代都有明文，为了维护封建的婚姻制度，不仅否认违律嫁娶具有婚姻的效力，对责任者还要依律科刑。以具有代表意义的《唐律·户婚》为证，其规定："诸为婚而女家妄冒者徒一年；男家妄冒者加一等；未成者依本约，已成者离之。""诸有妻更妻者徒一年，女家减一等；若欺妄而娶者徒一年半，女家不坐；各离之。""诸同姓为婚者，各徒两年；缌麻以上以奸论。"除了以上规定的违反婚姻成立的实质要件外，还规定了成立嫁书或收受聘财等婚姻成立的形式要件。《唐律·户婚》在有关律条中特别指出："诸违律为嫁，当条称离之正之者，虽会赦，犹离之正之。"并对违律嫁娶的主婚人、当事人和媒人的责任问题，分别作了具体规定。《唐律·户婚》和其他朝代中所说的"离之"、"正之"、"离异"、"追归前夫"等，都是纠正违法婚姻，使之回复原状的法律手段。由此可见，尽管古时的户婚立法中，对于解除婚姻关系有时称"出之"、"绝之"，有时也称"离之"，不同于近现代亲属法中对无效婚姻和离婚在用语上有严格的区分，但中国历代封建法律对违法婚姻的处理，不论在方法上还是在后果上，都和"七出"、"义绝"、"和离"、"呈诉离婚"迥然不同。因此，婚姻无效制度在我国古已有之，并且源远流长。

在《民法通则》对民事法律行为的规定中，既有关于民事法律行为有效条件的条款，又有

关于无效民事行为和可撤销、可变更的民事行为的条款，婚姻法属于民法的范畴，无效婚姻和可撤销婚姻是否可以完全地适用这项规定，是否不需再在婚姻法中特别规定？我们认为，从法理上讲，无效、可撤销的民事行为和无效、可撤销的婚姻确有一致或相通之处，但是，民法上的无效、可撤销的民事行为的规定不能完全替代无效、可撤销婚姻的规定。即使在亲属法编入民法典的国家里，对亲属、婚姻、家庭关系能否全部适用民法总则中的一般规定，大多都持否定的态度，法律行为方面的规定更是如此。基于历史传统和维护商品经济关系中法律秩序的需要，民法总则中有关法律行为的一般规定，主要是针对财产关系方面的法律行为。有些规定可以适用于婚姻法领域，有些规定按其性质来说在婚姻法领域是不能适用或无法适用的。民法学中有关无效、可撤销的民事行为的理论，对建立有关无效婚姻、可撤销婚姻的制度具有重要的借鉴作用，但是，不能用无效、可撤销的民事行为的规定来处理无效婚姻和可撤销婚姻。首先，从行为人的主体资格来看，《民法通则》要求为民事法律行为的人具有相应的民事行为能力，并以欠缺相应的民事行为能力作为民事行为无效的原因。按该法有关公民（自然人）民事行为能力的规定，18 周岁以上的公民是成年人，具有完全民事行为能力。然而，婚姻行为能力不同于一般的民事行为能力，它是一种特殊的主体资格，能够为合法结婚行为的公民（自然人）以达到法定婚龄并具有婚姻的意思能力为必要条件。其次，从行为的内容来看，《民法通则》要求意思表示必须真实，须不违反法律和公共利益，并在有关条款中规定了相应的无效或可撤销的原因，其中许多规定显然对婚姻行为是不适用的。另外，结婚行为不能适用民法中的代理制度，婚姻行为不能由代理人代理和代为意思表示。再次，从行为的形式来看，《民法通则》规定可以采用书面形式、口头形式或者其他形式，法律规定用特定形式的，应当依照法律规定。婚姻行为则是完全排除约定形式的适用的，结婚必须办理结婚登记，这是不能用其他任何形式替代的。此外，《民法通则》还规定，行为人在依法律规定或者取得对方同意的情况下，可以变更或者解除民事法律行为。然而，配偶在生存期间解除婚姻关系必须依法定的离婚程序办理，即使是男女双方自愿离婚，在依法办理离婚登记以前，取得对方的同意并不发生解除的法律效力。需要指出的是，婚姻法对婚姻成立各项要件的规定，是和一般民事法律行为的有效条件的规定大不相同的。由此可见，无效、可撤销民事行为的规定不能替代无效、可撤销婚姻的规定。

三、有关婚姻无效和撤销的外国立法例

各国法律一般对欠缺婚姻成立要件的结合，均有婚姻无效和得撤销的规定，以便自始否认或者自撤销之时起废止其婚姻关系。关于无效婚和得撤销婚的概念，两者之间的区别，以及无效和撤销的原因、认定的程序和法律后果等，各国法律的规定是不尽相同的。

无效婚姻制度起源于古代法，罗马亲属法中对此已有相当完备的规定，及至中世纪，无效婚问题更加受到重视。确认婚姻无效不仅是违法的法律对策，在一定意义上，还是禁止离婚的一种救济手段。因为当时天主教的寺院法是奉行禁止离婚主义的，依寺院法的规定，如果当事人之间存在婚姻障碍，或者欠缺结婚的合意和婚姻成立要件，双方的结合均不具有婚姻的效力。1804 年的《法国民法典》继受了罗马法的规定，其中也设有无效婚姻制度。法国的无效婚姻分为绝对无效婚和相对无效婚，前者多为违反公益要件，当事人、利害关系人和检察官均得请求确认婚姻无效；后者多为违反私益要件，只有当事人和依法具有请求权的特定人始得请求确认婚姻无效。1900 年的《德国民法典》在亲属编中，兼采无效婚和撤销婚两种制度，无效和撤销各以不同的法定原因为依据。近现代有一些国家在法律上仅采用无效婚制，而不适用撤销婚制，

如美国的《统一结婚离婚法》就采用了单一的无效婚制。在兼采婚姻无效和婚姻撤销的国家中，无效婚姻和得撤销婚姻的区别表现在以下几个方面：

1. 从违反婚姻成立要件的程度来看，无效婚姻和得撤销婚姻往往是有轻重之别的。某些要件的欠缺导致婚姻当然无效，这些欠缺被称为无效原因。另一些要件的欠缺并不导致婚姻当然无效，但可依有请求权人的请求，依法予以撤销，这些欠缺被称为得撤销的原因。一般说来，无效原因的违法性，是比得撤销的原因的违法性更为严重，但是，何者为无效原因，何者为得撤销的原因，主要依各国的法律规定，某一要件的欠缺，可能是这一国家婚姻无效的原因，却也可能是另一国家婚姻得撤销的原因，这在客观上目前并没有统一的标准。

2. 从认定的程序和方式来看，有些国家法律规定，无效婚姻当然无效，只要具有无效的法定原因，无须提出诉讼或经法院的宣告，当事人自行主张即可使婚姻归于无效；得撤销的婚姻则须经当事人或其他有撤销权人的请求，依照诉讼程序，由法院以判决确定其撤销，撤销权因法定期间的经过而消灭，采用这种制度的有日本等国。但是，也有一些国家法律规定，无效婚姻亦须经裁判的宣告，否则不发生无效的效力，采用这种制度的有德国等，美国的《统一结婚离婚法》也是不采用当然无效制，而是用宣告无效制。当然无效制和得撤销制在认定程序上的区别十分明显，宣告无效制和撤销制在认定程序上则是很难区别的。最高人民法院《关于适用〈中华人民共和国婚姻法〉若干问题的解释（一）》第13条规定："婚姻法第十二条所规定的自始无效，是指无效或者可撤销婚姻在依法被宣告无效或被撤销时，才确定该婚姻自始不受法律保护。"

3. 从无效和撤销的时间来看，在一般情况下婚姻的无效都是应当溯及既往的，无效婚姻自始无效，从当事人结合时起即不具有婚姻的效力；婚姻的撤销则不溯及既往，只是从撤销之时起废止该婚姻的效力。但是，也有一些国家规定，无效婚姻只有部分的溯及力或者并无溯及力，前者以无效婚姻当事人的善意或恶意作为确定有无追溯力的标准，后者自法院宣告时起始发生无效的效力。

4. 从无效和撤销的法律后果来看，有些国家规定，于无效婚中受胎而出生的子女为非婚生子女；于婚姻被撤销前受胎，即使于被撤销后出生的子女亦为非婚生子女。也有一些国家为了保护子女的权益，规定婚姻无效并不影响该婚姻中所生子女的权利。另外，无效婚的当事人不适用有关夫妻财产制的规定，被撤销婚姻的当事人（以及并无追溯力的无效婚姻的当事人）有关财产的处理实际上适用离婚的规定。

除了无效婚和撤销婚外，一些国家法律还有婚姻不成立的规定，将无效婚姻与婚姻不成立加以区别，遵循"无规定，无无效"的立法传统，对于那些法律中未作无效规定的结合，将其归入婚姻不成立的类别。

需要说明的是，所有以上的这些区别并不是很严格，由于各国法律的规定不同，常有各种的例外。综观无效婚和撤销婚的外国立法例，我们可以看到两者有一种正在相互联系、相互渗透的发展趋势。

四、无效婚姻

（一）婚姻无效的原因

《婚姻法》第10条规定："有下列情形之一的，婚姻无效：（一）重婚的；（二）有禁止结婚的亲属关系的；（三）婚前患有医学上认为不应当结婚的疾病，婚后尚未治愈的；（四）未到法定婚龄的。”

依此，具有以下情形的，均属于无效婚姻：

1. 重婚的无效婚姻

法律规定任何人不得同时拥有两个或两个以上的配偶，有配偶者违反一夫一妻原则而再行结婚的，构成重婚，重婚属于无效婚姻。

重婚包括双方均有配偶的重婚，和一方无配偶与已有配偶者的重婚。无配偶一方的重婚，在主观上有善意和恶意的区分，按照刑法的规定，有配偶而重婚，或者明知他人有配偶而与之结婚的，应追究其刑事责任，不知对方已有配偶而与之结婚的，不是重婚的犯罪主体。但是，从婚姻法上讲，无论无配偶的一方是善意或者恶意，都破坏了一夫一妻的婚姻制度，对其婚姻无效的认定没有任何影响。

依据《民法通则》的规定，如果婚姻关系中的一方当事人被宣告死亡，另一方可以另行结婚。即使被宣告死亡的人再出现，死亡宣告被撤销，另一方当事人的婚姻仍然受法律的保护，不能按重婚处理。前婚姻一方当事人撤销死亡的宣告，不是另一方当事人后婚姻无效的原因。

2. 当事人为禁婚亲的无效婚姻

基于自然选择规律的要求，以及长期形成的伦理观念，禁止一定范围的亲属结婚，是各国亲属立法的通例。由于民族文化和传统习惯的不同，禁止结婚的亲属在范围上有广狭、宽严之别。从我国《婚姻法》的规定范围上看，凡直系血亲和三代以内的旁系血亲结婚的，都是无效婚姻。

3. 患有禁止结婚疾病的无效婚姻

禁止特定的疾病患者结婚，是保护当事人权益、防止疾病传播、提高人口素质、维护民族健康的需要。对于患有医学上认为不应当结婚疾病的人，其结婚行为是十分有害的，属于无效婚姻。但哪些是医学上认为不应当结婚的疾病，必须由医学鉴定，任何部门不能任意解释。

哈尔滨市南岗区的李先生与韩女士在2001年登记结婚。同年妻子临产，婴儿出生不久就夭折了，经医院检查，韩女士患有严重的乙型肝炎并处于活动期。李先生依据《婚姻法》的规定，以妻子婚前隐瞒患有“乙肝”的病情为由，将妻子告上法庭。在法庭上，韩女士对婚前隐瞒病情没有否认，但请求法官按离婚处理，不同意按婚姻无效处理。法院日后判决该婚姻无效。（资料来源：《北京青年报》，2002-07-04）

本案中的韩女士，之所以请求离婚，不同意按无效婚姻处理，主要是因为两者的法律后果不同。离婚对夫妻共同财产的处理，是适用照顾子女和女方权益的原则，而无效婚姻在分割共同财产时，则要适用照顾无过错方的原则。法院宣告该婚姻无效，即会在双方同居期间共同财产的处理上，依法照顾无过错方。

目前，法院对此类案件的审理有一定的难度。《婚姻法》规定，婚前患有医学上认为不应当结婚的疾病，婚后尚未治愈的，应为无效婚姻。但此规定并未列举哪些是不应当结婚的疾病，也没有确定应由哪一部门鉴定当事人是否患有“医学上认为不应当结婚的疾病”。

4. 未达法定婚龄的无效婚姻

法律规定男女双方必须均已达到法定婚龄始得结婚，一方或双方未达法定婚龄即行结婚的，是无效婚姻，法律不予承认。

根据《婚姻法》第50条的规定，我国的民族自治地方，包括自治区、自治州、自治县的法定婚龄，一般都作了男20周岁、女18周岁的变通规定。在变通的规定中，有的仅适用于本地区的少数民族，不适用于汉族，或不适用于少数民族中的干部和职工；有的既适用于本地区的少数民族，也适用于与少数民族结婚的汉族。这些法定婚龄变通的规定，在其各自的空间效力和对人效力的范围内，是确定当事人是否达到法定婚龄的依据。

应当指出，一方或双方当事人在结婚时未达到法定婚龄，但在发生婚姻效力的争议时，当事人双方均已达到了法定婚龄并已办理了结婚登记的，则不应对现存的婚姻作无效的认定。这并不是对当事人过去行为的肯定，而是由于随着时间的推移和当事人年龄的增长，婚姻无效的原因已经不复存在，为了稳定婚姻关系，没有必要再去确认其婚姻无效。

在我国，婚姻无效的原因是由法律严格地加以限定的。最高人民法院《关于适用〈中华人民共和国婚姻法〉若干问题的解释（三）》指出：当事人以《婚姻法》第 10 条规定以外的情形申请宣告婚姻无效的，人民法院应当判决驳回当事人的申请。

> 杭州市桐庐县人民法院在审理一起离婚案时，发现这对结婚已 15 年、有两个儿子的老夫妻，当年竟是虚报年龄才骗取婚姻登记的。法院当庭宣判婚姻无效。1985 年，本案桐庐人王某、徐某确立恋爱关系，并于次年 10 月自愿到乡政府登记办理结婚手续。当时王某只有 21 岁，不到法定结婚的年龄。共同生活 15 年后，这对夫妻因感情不和要离婚时，一直被蒙在鼓里的徐某才发觉，与自己相伴多年的丈夫，结婚时就在作假骗她。据称，该案是新《婚姻法》实施以来，杭州市审结的首例婚姻无效案。（资料来源：《北京青年报》，2001-07-26）
>
> 该案判决是在《婚姻法》修正后不久作出的，从案件的具体情形看，无疑已构成无效婚姻的法定情形，但婚姻有事实先行的特点，从本案的具体情形看，以通过记录婚姻真实状况的离婚来结束此婚姻关系，应当比宣告该婚姻无效更合乎逻辑。尤其本案如以离婚判决，无疑对无过错方，特别是对子女的身份利益的保护更加有利。在本案中，法定的婚姻无效的原因已经消失，再以婚姻无效处理并不妥当。

（二）确认婚姻无效的程序

修正后的《婚姻法》第 10 条规定了婚姻无效的原因，但对于婚姻无效的程序和请求权等问题，未作明确的规定，最高人民法院《关于适用〈中华人民共和国婚姻法〉若干问题的解释（一）》对此作出了较为详细的解释。

无效婚姻，是指法律所不承认的婚姻关系不具有法律效力。但是，如果当事人之间、第三人与当事人之间就婚姻有无法律效力的问题发生争议，或者司法机关发现婚姻违法需否认其效力时，仍应按照法定程序予以认定和处理。因此，这方面的程序性规范，在无效婚姻规范体系中具有重要的地位和作用。

依据我国现行法律规定，对婚姻无效的确认应当按照诉讼程序进行。由主张婚姻无效的婚姻当事人及其利害关系人向人民法院提出确认婚姻无效之诉。该婚姻是否具有法律效力，由法院依法判决。这里，必须将确认婚姻无效之诉和离婚之诉加以区别，两者的性质是完全不同的：（1）就诉讼请求的种类而言，确认婚姻无效之诉是否定的确认之诉，原告要求法院确认当事人之间不存在合法的婚姻关系。离婚之诉则是形成变更之诉，原告要求法院变更当事人之间现存的法律关系即解除婚姻关系，而对该婚姻的合法性并没有异议。（2）就诉讼请求的根据而言，婚姻无效的原因在当事人违法结合时已经存在。离婚的原因则一般发生于当事人合法结合之后。（3）就请求权人的范围而言，离婚之诉仅限于当事人提出，当事人以外的任何人、任何单位均无此权利。婚姻无效之诉则不受此限制，请求权人可以是婚姻当事人，也可以是利害关系人。（4）就处理结果的效力而言，确认婚姻无效是溯及既往的，法院确认婚姻无效，该婚姻则自始无效，从当事人结合之日起即不具有婚姻的法律效力。离婚的效力则是指向未来的，即自离婚判决生效之日起解除当事人间的婚姻关系。

在依诉讼程序确认婚姻无效时，应当注意以下几个问题：（1）请求确认婚姻无效的诉讼，应当以判决的方式结案，不应以调解的方式结案。无论是支持原告的诉讼请求宣告婚姻无效，还是驳回原告的诉讼请求确认婚姻合法有效，都应用判决而不能适用调解。因为，法律规定的有关婚姻成立的要件是强行性规范，而不是任意性规范。当事人之间的结合是否具有婚姻的效力，只能根据客观事实依法认定，这是不能依诉讼双方当事人的意愿而改变的。（2）在处理有关婚姻效力的纠纷时，不能因双方当事人对本属无效的婚姻并无争议就不加追究。在利害关系人提起请求确认婚姻无效之诉时，当事人双方应均处于被告的诉讼地位。（3）人民法院在宣告婚姻无效时，应同时对子女和财产等问题一并处理。与婚姻效力的问题不同，子女和财产等问题的处理既可以采用判决的方式，也可以采用调解的方式。（4）人民法院在审理有关案件的过程中，发现无效婚姻时应当依职权确认其无效，并在有关判决中予以宣告。即使有请求权人并未提出确认婚姻无效之诉，人民法院也可以根据客观事实主动地否认违法婚姻的效力。在审判实践中，有关扶养、继承等案件常常会涉及婚姻无效的问题，婚姻是否有效，是能否以配偶身份行使权利的依据，对此，正确认定婚姻是否有效是处理相关案件的必要前提。

最高人民法院《关于适用〈中华人民共和国婚姻法〉若干问题的解释（一）》第 9 条规定："人民法院审理宣告婚姻无效案件，对婚姻效力的审理不适用调解，应当依法作出判决；有关婚姻效力的判决一经作出，即发生法律效力。涉及财产分割和子女抚养的，可以调解。调解达成协议的，另行制作调解书。对财产分割和子女抚养问题的判决不服的，当事人可以上诉。"最高人民法院《关于适用〈中华人民共和国婚姻法〉若干问题的解释（二）》第 2 条规定："人民法院受理申请宣告婚姻无效案件后，经审查确属无效婚姻的，应当依法作出宣告婚姻无效的判决。原告申请撤诉的，不予准许。"

需要指出的是，在 2003 年 8 月 8 日国务院颁布《婚姻登记条例》之前，我国曾实行过依行政程序确认婚姻无效的制度。符合法定条件的当事人在具有结婚合意时需依法办理结婚登记，这是国家依照行政程序对婚姻的成立进行管理和监督的必要手段。从新中国成立初期至 20 世纪 80 年代中期，原内务部和民政部颁行的《婚姻登记办法》中仅指出，婚姻登记机关发现当事人有违反婚姻法的行为而故意隐瞒的，应当予以批评教育，情节严重的，应当报请人民法院依法处理。20 世纪 80 年代中期以后，为了加强婚姻管理，才开始增加了婚姻登记机关得依行政程序确认婚姻无效的规定。1986 年 3 月 15 日颁行的《婚姻登记办法》规定：婚姻登记机关发现当事人有违反婚姻法的行为，或在登记时弄虚作假，骗取婚姻登记的，应宣布婚姻无效，收回已骗取的《结婚证》。1994 年 2 月 1 日颁行的《婚姻登记管理条例》进一步规定：申请婚姻登记的当事人弄虚作假，骗取结婚登记的，婚姻登记机关应当撤销婚姻登记，对结婚、复婚的当事人宣告其婚姻无效并收回结婚证。现行的《婚姻登记条例》取消了依行政程序确认婚姻无效的制度，在我国，确认婚姻无效是依诉讼程序处理的。

（三）主张婚姻无效的请求权

1. 请求权人的范围。按照世界上许多国家的立法例，可以依法主张婚姻无效的请求权人包括当事人、利害关系人以及检察官等。有权主张婚姻无效的主体范围，是婚姻无效制度的重要组成部分，应根据婚姻无效的原因，确定请求权人的范围，最高人民法院《关于适用〈中华人民共和国婚姻法〉若干问题的解释（一）》第 7 条规定：有权依据《婚姻法》第 10 条规定向人民法院就已办理结婚登记的婚姻申请宣告婚姻无效的主体，包括婚姻当事人及利害关系人。利害关系人包括：

（1）以重婚为由申请宣告婚姻无效的，为当事人的近亲属及基层组织。

（2）以未达到法定婚龄为由申请宣告婚姻无效的，为未达到法定婚龄者的近亲属。

（3）以有禁止结婚的亲属关系为由申请宣告婚姻无效的，为当事人的近亲属。

（4）以婚前患有医学上认为不应当结婚的疾病，婚后尚未治愈为由申请宣告婚姻无效的，为与患病者共同生活的近亲属。

依据婚姻无效的原因确定请求权人的范围，无疑是必要的：（1）以重婚为婚姻无效原因的，请求权人为重婚关系的当事人、当事人的近亲属及基层组织。应当指出，重婚罪既可由当事人的合法配偶自诉，亦可由检察机关公诉，追究重婚罪是以否认重婚的婚姻效力为前提的，因此，检察机关实际上也在行使主张婚姻无效的请求权。（2）在法定婚龄低于成年年龄的国家，当事人是未成年人时，其法定代理人有主张婚姻无效的请求权。大陆法系国家在法律上设有亲权制度，父母以亲权人的身份作为未成年子女的法定代理人。对不在亲权之下的未成年人则设置监护，以监护人为未成年人的法定代理人。我国《民法通则》中未设亲权制度，亲权和监护不分，未成年人以其父母为监护人，如果父母已经死亡或者没有监护能力，以其他法定监护人或者指定监护人为法定代理人，他们可以作为主张婚姻无效的请求权人。最高人民法院《关于适用〈中华人民共和国婚姻法〉若干问题的解释（二）》第5条规定："夫妻一方或者双方死亡后一年内，生存一方或者利害关系人依据婚姻法第十条的规定申请宣告婚姻无效的，人民法院应当受理。"

2. 请求权的行使期限。为了防治违法婚姻，保障主张婚姻无效请求权的正常行使，维护婚姻关系的稳定，保护有关各方的权益和社会利益，法律需对此项请求权的行使期限作出明确规定，以促使权利尽快地行使，以免婚姻关系长期处于不确定的状态。关于请求权的期限，应当以不同的婚姻无效的原因为根据分别规定，不应采取一刀切的方法处理。（1）未达法定婚龄的，主张婚姻无效的请求权应于到达法定婚龄前行使；重婚的，主张婚姻无效的请求权应于重婚者的合法配偶死亡或双方离婚以前行使；当事人为禁止结婚的拟制血亲的，主张婚姻无效的请求权应于依法解除拟制关系以前行使。因为，在当事人达到法定婚龄、重婚者的配偶已经死亡或已与重婚者离婚、拟制血亲关系解除以后，婚姻无效的原因已不复存在，行使请求权已经失去了事实根据。（2）当事人为禁止结婚的自然血亲的，请求权的行使应不受时间限制。（3）患有禁止结婚的疾病的，请求权人应当在该疾病治愈以前行使。对此，最高人民法院《关于适用〈中华人民共和国婚姻法〉若干问题的解释（一）》第8条的规定是："当事人依据婚姻法第十条规定向人民法院申请宣告婚姻无效的，申请时，法定的无效婚姻情形已经消失的，人民法院不予支持。"

五、可撤销婚姻

（一）婚姻撤销的原因

《婚姻法》第11条规定："因胁迫结婚的，受胁迫的一方可以向婚姻登记机关或人民法院请求撤销该婚姻。受胁迫的一方撤销婚姻的请求，应当自结婚登记之日起一年内提出。被非法限制人身自由的当事人请求撤销婚姻的，应当自恢复人身自由之日起一年内提出。"

婚姻自由是我国宪法赋予公民的基本的人身权利，也是婚姻法的首要原则。结婚自由是婚姻自由的一个重要方面，结婚自由要求婚姻当事人双方应当具有结婚的合意，意思表示真实一致。如果当事人因本人或其亲友受到胁迫而产生恐惧，不得不违心地同意结婚，鉴于其本人并不具有结婚的真实意愿，法律赋予其请求撤销该婚姻的权利。

最高人民法院《关于适用〈中华人民共和国婚姻法〉若干问题的解释（一）》第10条第1

款规定："婚姻法第十一条所称的'胁迫'，是指行为人以给另一方当事人或者其近亲属的生命、身体健康、名誉、财产等方面造成损害为要挟，迫使另一方当事人违背真实意愿结婚的情况。"依此规定，仅意思表示不自由可作为婚姻撤销的法定事由，而意思表示虚假和意思表示错误均不能作为婚姻撤销的原因。《民法通则》规定，有重大误解的和显失公平的民事行为是可撤销的民事行为，但婚姻法并未采纳这一规定，也未将欺诈作为婚姻撤销的理由。

构成胁迫必须具备下列要件：第一，须有胁迫的故意。即胁迫人有通过胁迫行为使被胁迫人产生恐惧心理，并基于恐惧心理而为意思表示的故意。第二，须有胁迫的行为。即胁迫人须有加害、威胁被胁迫人的意思表示，并已威胁到被胁迫人及其亲友的生命、健康、自由、名誉、财产等。第三，胁迫须具有违法性。所谓违法包括了非法的目的和非法的手段。第四，须被胁迫人因恐惧心理而为的意思表示与胁迫行为间具有因果关系。当胁迫行为与结婚没有必然的因果关系时，被胁迫一方不得请求撤销该婚姻。

（二）婚姻撤销的程序

撤销婚姻必须有撤销行为，仅有撤销的事由而无撤销行为的，其婚姻的效力并不消灭。撤销权人行使撤销权的意思表示，须向婚姻登记机关或人民法院作出，而非向相对人作出。在我国，婚姻既可依行政程序由婚姻登记机关予以撤销，也可依诉讼程序由人民法院撤销。依据最高人民法院《关于适用〈中华人民共和国婚姻法〉若干问题的解释（一）》第11条的规定，"人民法院审理婚姻当事人因受胁迫而请求撤销婚姻的案件，应当适用简易程序或者普通程序"。

（三）主张婚姻撤销的请求权

最高人民法院《关于适用〈中华人民共和国婚姻法〉若干问题的解释（一）》第10条第2款规定："因受胁迫而请求撤销婚姻的，只能是受胁迫一方的婚姻关系当事人本人。"尽管胁迫行为本身具有违法性，但考虑到社会生活的复杂性和多样性，以及当事人的内心意思和心理活动，是否提出撤销婚姻的请求，应由当事人自己作出判断，尤其是如果结婚时欠缺结婚的合意，但结合后随着时间的推移本人感情已发生变化，双方结合后均有继续保持婚姻关系的意思，那么，婚姻撤销的原因已经消除，此类婚姻没有必要由有关部门主动地予以撤销。请求权人只限于受胁迫的当事人，当事人以外的任何人都不能越俎代庖地主张撤销该婚姻。撤销权是当事人依法享有的权利，法律在赋予当事人这项权利的同时，也允许当事人放弃该权利。是否行使撤销权，由受胁迫的当事人自行决定，法律不应干预。可撤销婚姻制度的设立，体现了意思自治原则的基本精神。

为了促使请求权人尽快地行使权利，避免婚姻关系长期处于不稳定状态，我国婚姻法还对当事人行使这项权利规定了除斥期间，即行使请求权的法定期间。根据《婚姻法》第11条规定，撤销请求权应自结婚登记之日起1年内行使。被非法限制人身自由的当事人请求撤销婚姻的，应当自恢复人身自由之日起1年内提出。该项请求权可因法定期间的经过而归于消灭，逾期不行使，可视为默示的放弃。最高人民法院《关于适用〈中华人民共和国婚姻法〉若干问题的解释（一）》第12条规定："婚姻法第十一条规定的'一年'，不适用诉讼时效中止、中断或者延长的规定。"

《婚姻登记条例》第9条规定："因胁迫结婚的，受胁迫的当事人依据婚姻法第十一条的规定向婚姻登记机关请求撤销其婚姻的，应当出具下列证明材料：（一）本人的身份证、结婚证；（二）能够证明受胁迫结婚的证明材料。婚姻登记机关经审查认为受胁迫结婚的情况属实且不涉及子女抚养、财产及债务问题的，应当撤销该婚姻，宣告结婚证作废。"

六、婚姻无效或被撤销的法律后果

《婚姻法》第12条规定:“无效或被撤销的婚姻,自始无效。当事人不具有夫妻的权利和义务。同居期间所得的财产,由当事人协议处理;协议不成时,由人民法院根据照顾无过错方的原则判决。对重婚导致的婚姻无效的财产处理,不得侵害合法婚姻当事人的财产权益。当事人所生的子女,适用本法有关父母子女的规定。”

确认婚姻无效和撤销婚姻,是法律对当事人配偶身份的否定,它使以婚姻为名的违法结合不具有合法婚姻的法律效力,使从事违法婚姻的当事人无法达到其预期的目的。此外,对违法婚姻的责任主体来说,除婚姻无效或被撤销外,还会因其违法行为导致其他后果依法承担法律责任。从广义上讲,违法者应承担的法律责任也是无效婚姻和被撤销婚姻导致的法律后果。

(一)对当事人的法律后果

由于当事人的配偶身份为法律所否定,无效或被撤销婚姻的当事人双方之间不具有基于婚姻的效力而发生的夫妻权利和义务。因此,当事人间的人身关系和财产关系与合法婚姻中的相应关系是根本不同的。这主要表现在以下方面:

1. 人身关系方面

(1)在姓名权与从事生产、工作、学习和社会活动的自由权等问题上,不适用《婚姻法》第14、15条关于夫妻姓名权和人身自由权的规定,应按其他法律的有关规定处理。(2)在生育问题上,不适用《婚姻法》第16条的规定。双方如果生有子女,在性质上属于非婚生育,应按有关规定予以处理。(3)由于无效婚姻或被撤销婚姻中的男女不是合法配偶,一方与另一方的血亲及其配偶之间,不发生姻亲关系。(4)在监护、代理、收养以及告诉才处理的犯罪等问题上,不适用以夫妻身份为基础法律关系的各项规定。

2. 财产关系方面

(1)对无效或被撤销婚姻中的当事人,不适用《婚姻法》有关夫妻财产制的规定。最高人民法院《关于适用〈中华人民共和国婚姻法〉若干问题的解释(一)》第15条规定:“被宣告无效或被撤销的婚姻,当事人同居期间所得的财产,按共同共有处理。但有证据证明为当事人一方所有的除外。”夫妻财产制所调整的财产关系,是以特定的身份关系为前提的,无效或被撤销婚姻当事人同居期间并非婚姻关系存续期间,在此期间所得的财产,不能按照夫妻财产制的规定处理。同居生活期间,一方的劳动收入以及因继承、遗赠、赠与等途径所得的合法收入,均应归其本人所有。如果双方在此期间有共同经营所得的收入,或者有共同购置的财产,应当按照《民法通则》中有关共有的规定处理。如果无效或被撤销婚姻中的当事人对财产作了约定,只要这种约定符合民事法律行为的有效要件,就应当承认其具有法律效力。这并不是对无效或被撤销婚姻的肯定或承认,而是对公民民事权利的尊重和对民事法律行为的保护。在无效或被撤销婚姻当事人终止同居关系时,如果双方有约定为共有的财产,或虽无约定但在实际生活中形成了某种财产的共有关系,应按民法中有关共有关系终止的规定处理。(2)无效或被撤销婚姻的当事人,相互之间没有法定的扶养义务。因而,也不适用《婚姻法》有关一方不履行扶养义务时,需要扶养的一方有要求对方给付扶养费的权利的规定。一方出于自愿扶养另一方,与履行法定的扶养义务在性质上是有着严格区别的。在无效或被撤销婚姻的当事人终止同居关系时,如因同居期间的生活费负担问题发生争议,应根据具体情况妥善处理。一方在同居期间已花去的费用,在终止同居关系时要求另一方返回的,一般应不予支持。(3)无效或被撤销婚姻的当事人不能以配偶的身份互为第一顺序的法定继承人。在一方死亡后，另一方对其父或母尽了主要赡养义务的，不适用《继承法》中关于丧偶儿媳对公、婆，丧偶女婿对岳父、岳母尽了主要赡养义务的，作为第一顺序法定继承人的规定。无效或被撤销婚姻中的一方在遗嘱中以另一方为受遗赠人的，是遗嘱人依法对其财产的处分，应予以准许。在一定情况下，一方死亡时，另一方可以根据《继承法》第14条的规定，作为继承人以外的依靠被继承人扶养的缺乏劳动能力又无生活来源的人，或者以对被继承人扶养较多的人为由，分得适当的遗产。但是，这同法定的配偶继承权有着严格的区别。

这里，需要注意的是，因重婚而导致婚姻无效的法律后果，在处理上与其他婚姻无效或婚姻被撤销的法律后果有所不同，最高人民法院《关于适用〈中华人民共和国婚姻法〉若干问题的解释（一）》第16条特别指出："人民法院审理重婚导致的无效婚姻案件时，涉及财产处理的，应当准许合法婚姻当事人作为有独立请求权的第三人参加诉讼。"

2001年10月15日，广西北海市人民法院公开审理了中国首例夫妻联手告"二奶"案。1998年，有妇之夫的老板甘某，认识了年轻漂亮的卢某，两人一见钟情，很快就在一起同居生活，为了维系两人间的感情，甘某分别于1999年9月、2000年8月分两次出资，并以卢的名义，为卢某购买了一套商品房，共计花费5万元。该房的产权证权利人为卢某。2001年，甘某与卢某反目，甘以购房款为其所出，要求卢退出该房，遭到卢的拒绝。2001年8月，甘某与其妻子罗某以购房款为夫妻共同财产，所购房屋是其夫妻共同财产为由，向北海市人民法院提出诉讼，请求法院确认讼争房屋产权，归还房屋或返回购房款5万元。北海市法院认为，本案讼争房屋的经济来源虽是甘与罗的夫妻共同财产，但该房已公示登记为卢的户名，已物权化，原告主张该房是其夫妻共同财产，理由不充分，应予驳回。甘与卢之间是不正当的两性关系，为社会道德所不容、为法律所禁止，法院依法判决对讼争房屋予以收缴，上交国库。同时驳回甘、罗的诉讼请求。

一审判决后，原、被告均不服，甘、罗夫妻上诉到玉林市中级人民法院。

玉林市中级人民法院认为，上诉人甘某出资为卢购买的房子，从其行为的内容和形式上看，均符合赠与关系的法律特征。讼争房屋的购房款来源于甘，但该房初始登记为卢所有，因此，应认定甘赠与卢5万元，而非房屋。甘擅自将夫妻共同财产赠与他人，侵犯了财产共有人罗的合法权益，应认定该赠与行为无效。但甘的赠与行为损害了个人的利益，尚不足以损害国家利益和社会公共利益，因此不应当追缴收归国库。法院判决，卢某返还甘、罗5万元。（资料来源：《中国新闻网》，2002-05-10）

此案曾被媒体广泛报道，引起社会各界的热烈讨论，其中也不乏著名的学者和专家对此公开发表意见。有学者认为，本案应驳回原告的诉讼请求，房子仍归"二奶"所有。也有学者认为，房子应一半归"二奶"，一半归妻子所有。有专家则认为，法院就不应当受理此案。（引自《北京晚报》，2002-03-06）

《婚姻法》第3条明确规定，禁止有配偶者与他人同居。这里所称"有配偶者与他人同居"，是指有配偶者与婚外异性，不以夫妻名义，持续、稳定地共同居住。这是专门针对遏制"包二奶"问题提出的。本案中的甘某，已构成"有配偶者与他人同居"的情形，在处理其与卢某非法同居期间的财产时，能否比照适用《婚姻法》第12条中因重婚导致的婚姻无效的财产处理的规定，对此，人们可能是会有歧见的。本案的判决并非没有瑕疵，婚姻法保护合法配偶的财产权益，其真正的寓意是要保护合法婚姻中无过错的一方，并非是在强调保护合法婚姻当事人双方的财产权益。该案法院认定甘某的赠与行为已经成立，但因侵犯了其合法配偶的财产权益，判决该赠与行为无效，赠与财产全部返还。如此判决，法院最终真正保护的是有配偶又与他人同居者的财产权益，这与立法本意大相径庭。如何既充分保护合法配偶的财产权益，又能对有配偶又与他人同居者予以相应的民事制裁，是应当予以考虑的问题。

（二）对子女的法律后果

对婚姻无效或被撤销的宣告具有溯及既往的效力，无效婚姻或被撤销的婚姻是自始无效的。因此，在无效婚姻或被撤销的婚姻中受胎而出生的子女，应为非婚生子女。我国《婚姻法》规定，非婚生子女享有同婚生子女同等的权利，任何人不得加以危害和歧视。非婚生子女的生父，应负担子女必要的生活费和教育费的一部或全部，直到子女成年或能独立生活为止。这里需要注意两个问题：(1) 子女于无效婚姻或被撤销婚姻中受胎，但在出生时其父母已具有合法的配偶身份时，该子女则应视同婚生子女。(2) 无效婚姻或被撤销婚姻中受胎、出生的子女与父母间的权利和义务，不受其父母婚姻无效或被撤销的影响。父母与亲生子女之间存在天然的血缘联系，《婚姻法》中有关父母子女关系的规定，同样适用于无效婚姻和被撤销婚姻中受胎、出生的子女。具体而言：第一，父母对子女有抚养教育的义务，对未成年子女有保护和教育的权利义务。第二，子女对父母负有赡养扶助的义务。第三，父母与子女之间有相互继承遗产的权利。

此外，在监护、代理、收养等涉及父母子女关系的事项中，父母子女间的权利和义务也不受父母婚姻无效和被撤销的影响。在无效婚姻或被撤销婚姻当事人终止同居关系时，有关子女的抚养归属、抚养费的负担等问题，应与婚生子女同等对待，按《婚姻法》的有关规定处理，这对保护违法婚姻中的子女权益是十分必要的。

思考题

1. 试述婚姻的概念及特征。
2. 试述结婚的法定条件。
3. 试述结婚的法定程序。
4. 试述我国有关事实婚姻的法律对策。
5. 试述无效婚姻的概念及婚姻无效的原因。
6. 试述可撤销婚姻的概念及婚姻撤销的原因。
7. 试述婚姻无效和被撤销的法律后果。

第六章
夫妻关系

【重点问题】

配偶的概念以及夫妻在家庭中的法律地位
夫妻人身关系
夫妻财产关系

第一节　概说

一、夫妻关系的性质和内容

夫妻，又称配偶，是指婚姻关系中的男女双方。本章所述的夫妻关系，是指夫妻在法律上的权利和义务关系，包括夫妻间的人身关系和财产关系两个方面。夫妻关系是家庭关系的基础和核心，与一般的两性关系不同，夫妻是以永久共同生活为目的的结合，就其特定的身份，承担着法律所规定的权利和义务，具有相互扶助和养老育幼的法律责任。法律加强对夫妻关系的调整，不仅有利于婚姻家庭关系的稳定，而且有利于更好地发挥婚姻家庭在社会生活中的职能。

夫妻关系以及夫妻在家庭中所处的地位如何，取决于当时的社会制度，不同的历史时期，夫妻在家庭中的地位不同，法律上权利义务的内容也不同。

二、夫妻关系的历史沿革

西方的一些学者，往往是从立法主义的角度去考察夫妻关系的历史沿革的，认为夫妻关系经历了从夫妻一体主义到夫妻别体主义的发展过程。

1. 夫妻一体主义

夫妻一体，亦称夫妻同体，是指婚姻成立后夫妻在法律上合为一体，人格相互吸收。在夫权制度下，夫妻一体的实质是妻子的人格被丈夫所吸收，女性在婚后人格减等，妻子的姓名权、财产权和行为能力均要受到丈夫的支配和限制。在早期的罗马法和中世纪欧洲教会法中，夫妻一体主义的思想被广泛采用，如《圣经》所说："开辟之初，神造男女，是故人离父母而合于妻，凡此二人，应为一体。"中国古代社会也是如此，如《白虎通·嫁娶》中有"妻者齐也，与夫齐体"的记载。夫妻一体主义，是以家族为本位的立法思想在夫妻关系中的反映，从立法上看，夫妻一体具体体现在：（1）男以本姓，妻为夫姓；（2）妻子的社会活动服从丈夫；（3）妻子在家庭中处于从属的地位；（4）妻子的婚前财产由丈夫处理，妻子保留离婚时对婚前财产的请求权。

2. 夫妻别体主义

夫妻别体，亦称夫妻异体，是指男女在婚后各自保留独立人格，各自具有独立的行为能力，夫妻在家庭地位中平等。夫妻别体是近现代婚姻立法的产物，随着社会的发展，以家族为本位的立法思想，逐渐为以个人为本位的思想所取代，法律在条文中对夫妻各自享有的权利和承担的义务已有了明确的规定。

我们认为，夫妻在婚姻家庭中的地位，与男女两性的社会地位在总体上是相一致的，结合时代条件和社会制度的变化，可将夫妻关系的历史沿革分为以下三个发展阶段：一是男尊女卑、夫权统治的时代，二是夫妻在法律上渐趋平等的时代，三是从形式上的平等向实际生活中的平等过渡的时代。

我国《婚姻法》第 13 条规定："夫妻在家庭中地位平等。"这是夫妻关系原则性的规定，也是男女平等原则在夫妻关系中的具体体现。夫妻的家庭地位平等，既包括夫妻人身关系的权利义务平等，也包括夫妻财产关系的权利义务平等，这是处理夫妻间权利义务纠纷的基本依据。婚姻法所强调的夫妻间权利义务关系的平等，具体是指夫妻在共同生活中应平等地行使权利、履行义务，共同承担对家庭和社会的责任。在现代，从各国的立法修正看，夫妻在家庭中的法律地位正逐渐趋于平等，但是，从法律地位的平等过渡到社会实际生活中的平等，从形式上的平等过渡到实质上的平等，仍需要一个逐步的发展过程。

第二节　夫妻人身关系

夫妻人身关系，是指与夫妻身份相联系的不具有经济内容的权利义务关系。夫妻人身关系决定着夫妻财产关系，夫妻财产关系须从属于夫妻人身关系。男女因结婚而享有夫妻人身权，所谓夫妻人身权，亦称配偶身份权，是指夫妻基于身份而享有的身份利益，表现为夫妻共同生活、相互扶助。建立配偶身份权的意义，在于确认和保护婚姻关系独有的身份利益。

> 配偶身份权，是指夫妻之间相互享有和承担的权利义务的统称。就其法律属性分析，配偶身份权一般包括三个层面：一是基于对历史上家长权、夫权的否定，在夫妻之间进一步强化的配偶人格权，如姓名权、人身自由权、生育权等；二是严格意义上的配偶身份权，即夫妻间互动对等的人身上的权利义务关系，一般被称为夫妻人身关系，如夫妻同居的权利和义务，夫妻互负忠实义务等；三是以配偶身份为前提而派生的财产性权利，如扶养权、继承权、共同财产权等，一般被称为夫妻财产关系。我国法律没有全面确立"配偶身份权"的概念，但却有配偶身份权的一些主要内容，如夫妻的姓名权、人身自由权、计划生育的义务、扶养权、继承权和共同财产权等。①

一、姓名权

姓名权，是指公民有决定、使用和依照法律规定改变自己姓名的权利。姓名权是基于人身

① 参见杨大文主编：《新婚姻法释义》，89～90 页，北京，中国人民大学出版社，2001。

关系而产生的一项重要的民事权利，是人格权的重要组成部分。所谓姓名，是指一个人的个体符号，其中的姓氏标志着家族血缘团体的称号，名则代表着一个人特定的符号，姓名结合，意味着个人与群体之间的内在联系，具有重要的社会功能和丰富的内涵。夫妻姓名权，是夫妻基于人身关系而产生的一项重要的民事权利。在夫妻关系中，当事人在婚后是否变更姓名，从传统的意义上讲，意味着是否发生新的亲属从属关系，婚姻姓氏在今天仍作为婚姻的效力之一，是基于其在传统习惯上的特殊意义。

中国历史上的婚姻姓氏为妻冠夫姓，由于婚姻多为男娶女嫁，因而女子在婚后即加入夫家，冠以夫姓，但赘夫到女家则从妻姓。新中国成立后，国家为充分体现和保障男女平等，提高妇女的法律地位，从1950年的《婚姻法》开始，法律一直明确规定："夫妻双方都有各用自己姓名的权利。"这意味着，男女的姓名在婚后仍保持各自的独立性，不必因结婚而改变。这一立法的目的，是要彻底废除妻随夫姓的封建传统，赋予妻子享有同丈夫平等的姓名权，并借此昭示我国夫妻双方在家庭中的法律地位平等。

当代世界许多国家在亲属立法中，仍保有婚姻姓氏的规定，只是在有关夫妻和子女姓氏的规定上，对早期的以男子为中心的旧传统作了很大的调整，如《德国民法典》第1355条规定："婚姻双方应当确定一个共同的婚姻姓氏。婚姻双方使用由他们确定的婚姻姓氏。如果婚姻双方未确定婚姻姓氏，则他们在结合之后仍然使用其至结婚之时所使用的姓氏。"综观世界各国的立法例，夫妻间婚姻姓名使用的法律规定，主要有以下五种：（1）妻从夫姓；（2）妻姓冠以夫姓；（3）从一约定，无约定的从夫姓；（4）夫妻双方用本姓；（5）从一约定和各用本姓均可。各国之所以在夫妻姓氏上仍一直沿用婚姻姓氏的传统，主要是因为姓氏往往与人的身份及其财产紧密相连。

夫妻享有平等的姓名权，对子女姓氏的确定具有重要的意义。我国《婚姻法》第22条规定："子女可以随父姓，可以随母姓。"依此规定，子女的姓氏应由父母双方协商确定，这是对旧中国宗法制度要求子女只能随父姓的一种否定，也是我国婚姻家庭中夫妻法律地位平等的一种具体体现。

二、人身自由权

夫妻人身自由权，是指夫妻从事社会职业、参加社会活动、进行社会交往的权利。《婚姻法》第15条规定："夫妻双方都有参加生产、工作、学习和社会活动的自由，一方不得对他方加以限制或干涉。"夫妻各自享有人身自由权，是夫妻家庭地位平等的表现，这是夫妻人身关系中的重要内容。

人身自由权是人的一项基本权利，在夫权制度下，已婚妇女处于丈夫意志的支配之下，受"男主外，女主内"封建礼教的束缚，没有参与社会活动的权利。新中国成立后，从1950年的《婚姻法》就明确规定：夫妻双方均有选择职业、参加工作和参加社会活动的自由。这一规定，是我国妇女在政治的、经济的、文化的、社会的和家庭生活等方面与男性权利平等的具体体现，婚姻法在此主要是为了保障已婚妇女参加职业的选择权和社会活动权，禁止丈夫限制和干涉妻子的人身自由。正是由于法律对妇女人身自由权的切实保障，才使得我国妇女的社会地位和家庭地位有了很大的提高。

三、计划生育的义务

实行计划生育既是我国公民的权利，又是我国公民的义务。《人口与计划生育法》对保护公民的生育权作了明确的规定，《婚姻法》则是从义务的角度加以规定的。

我国《婚姻法》第 16 条规定：“夫妻双方都有实行计划生育的义务。”我国作为世界第一人口大国，国家需要有计划地调节人口发展，使人口的增长同经济和社会发展计划相适应。计划生育对社会发展、国家建设和提高人民物质生活水平，都具有十分重要的意义。计划生育不仅是我国的一项基本国策，同时也是我国婚姻家庭职能的一项重要内容，婚姻法将计划生育作为夫妻的法定义务，是为了控制人口增长，提高人口素质；要求公民从民族和国家的长远利益出发，在行使生育权时，履行相应的法律义务。

需要强调的两个问题是：第一，实行计划生育是夫妻的法定义务，具有一定的强制性，违反有关计划生育规定的，应当承担一定的法律责任。第二，计划生育是夫妻双方的义务，而不只是女方的义务，夫妻双方应当共同协商，采取有效措施，共同地履行这一法定的义务。

四、有关配偶权的其他立法例

（一）忠实义务

忠实义务，即贞操义务，要求夫妻在性行为方面是专一的和排他的。在父权家长制下，为了维护家族血统的纯正，法律对妻子贞操的要求极为严格，对失贞妇女的处罚十分严厉，但对夫通奸行为的处罚相对宽容，且男子纳妾具有合法性。近代各国法律开始将夫妻置于平等的地位，规定双方互负贞操义务，并视之为维护夫妻关系稳定性的重要因素。当代各国立法已普遍将妻子单方负有的贞操义务，修改为夫妻互负贞操义务，如《法国民法典》第 212 条规定：“夫妻双方应相互忠诚、相互帮助与救助。”违反此规定的，无过错方可依此向对方提出离婚诉讼，并可在离婚时请求对方给予精神损害赔偿。《法国民法典》第 266 条规定：“在因一方配偶单方过错而宣告离婚的情况下，该一方对另一方配偶因婚姻解除而受到的物质上与精神上的损失，得受判决负损害赔偿责任。”

我国《婚姻法》对夫妻忠实义务没有作明确的规定，但《婚姻法》在第 4 条中规定：“夫妻应当互相忠实，互相尊重”。第 32 条以重婚或有配偶者与他人同居的，作为离婚的法定理由，在第 46 条中还规定因重婚或有配偶者与他人同居而导致离婚的，无过错方有权请求损害赔偿。由此可以看出，我国婚姻法的立法精神，对夫妻的忠实义务持肯定的态度。

（二）同居的权利和义务

同居义务，是指夫妻共同生活的义务。传统的亲属法学认为，同居是夫妻间本质性的义务，是维系夫妻关系最基本的要件，是婚姻关系成立的法律后果，夫或妻无正当理由拒绝同居的，应为离婚的法定理由。早期的亲属立法强调的是妻子负有与丈夫同居的义务，近现代各国亲属法大多都已将其修改为夫妻互负同居的义务，对同居义务多作对等性的规定。如《德国民法典》1353 条规定：“婚姻终生有效。婚姻双方相互之间有义务过共同的婚姻生活。婚姻双方互相向对方负责。”《法国民法典》第 215 条规定：“夫妻双方相互负有在一起共同生活的义务。”但在一方滥用此权利，使另一方的健康、名誉或经济状况受到严重威胁时，配偶一方或双方有停止共同生活的权利。关于无故不履行夫妻同居义务的法律后果，按照各国法律的规定，大致可分为两类：一类是申请法院裁决，由不履行义务的一方承担财产损害和精神损害赔偿责任，如法国；另一类是视不履行同居义务为遗弃行为，成为“司法别居”的一个法定理由，如英国。而这种义务不得采用直接强制手段迫使当事人履行则是一种通例。①

① 参见杨大文主编：《亲属法》，136～137 页，北京，法律出版社，1997。

我国《婚姻法》对夫妻同居的权利和义务没有作明确的规定，但是，已将因感情不和分居满 2 年的作为离婚的法定理由。

（三）婚姻住所决定权

婚姻住所，是指夫妻婚后共同居住和生活的场所。婚姻住所决定权，是指夫妻享有对婚后共同住所选择和决定的权利。在古代社会，妻子的婚姻住所及婚姻住所的决定权均从属于丈夫，一直实行“妻从夫居”的婚居方式。在近代早期的立法中，各国多将婚姻住所的决定权赋予丈夫，如 1804 年《法国民法典》第 214 条规定：“妻负与夫同居的义务，并应相随至夫认为适宜居住的地点。”但在 1975 年该条已被修改为：“家庭的住所应设在夫妻一致选定的处所。”随着社会的发展，现代各国法律一般都将婚姻住所的决定权规定为由夫妻共同决定。但也有一些国家至今仍保留夫的决定权，如《瑞士民法典》第 160 条规定：“丈夫决定婚姻住所并应以适当方式扶养妻子和儿女。”我国《婚姻法》对婚姻住所和婚姻住所决定权没有作明确的规定。

（四）家事代理权

家事代理权，是指夫妻因日常家庭事务与第三人为一定法律行为时，有相互代理的权利。夫妻因家庭日常生活的需要，配偶一方与第三人为一定的法律行为时，有当然的代理权，被代理的一方对由此产生的债务承担连带的责任。在夫权制度下，妻子有处理日常事务的权限，由此产生的债务，由丈夫负责，后随着社会的发展逐渐转为夫妻有相互代理的权利。设立家事代理权的意义，除为方便日常生活外，主要是为了保护第三人的利益，维护交易安全。如《法国民法典》第 220 条规定：“夫妻各方均有权单独订立以维持家庭日常生活与教育子女为目的的合同。夫妻一方依此缔结的债务对另一方具有连带约束力。但是，依据家庭生活状况，所进行的活动是否有益以及缔结合同的第三人是善意还是恶意，对明显过分的开支，不发生此种连带责任。以分期付款方式进行的购买以及借贷，如未经夫妻双方同意，亦不发生连带责任；但如此种购买与借贷数量较少，属于家庭日常生活之必要，不在此限。”

我国《婚姻法》对家事代理权没有作明确的规定，但是，最高人民法院《关于适用〈中华人民共和国婚姻法〉若干问题的解释（一）》第 17 条在对“夫或妻对夫妻共同所有的财产，有平等的处理权”作出解释时，实际上已明确了我国夫妻相互享有家事代理的权利，这一规定是，夫或妻在处理夫妻共同财产上的权利是平等的。因日常生活需要而处理夫妻共同财产的，任何一方均有权决定。夫或妻非因日常生活需要对夫妻共同财产作重要处理决定，夫妻双方应当平等协商，取得一致意见。他人有理由相信其为夫妻双方共同意思表示的，另一方不得以不同意或不知道为由对抗善意第三人。

第三节　夫妻财产关系

一、夫妻财产制

（一）夫妻财产制的类别和形式

夫妻财产关系，是指由夫妻身份引起的直接体现一定经济内容的财产方面的权利和义务关系。夫妻财产关系是夫妻关系中的重要内容，虽从属于夫妻人身关系，但对夫妻人身关系也有着重大的影响。

夫妻财产制，是指有关夫妻婚前财产和婚后所得财产的归属、管理、使用、收益和处分，债务的清偿以及婚姻终止时财产的分割等内容的法律制度。我国《婚姻法》所确立的夫妻财产制有两种不同的类别，即法定夫妻财产制和约定夫妻财产制。法定夫妻财产制，是指法律明文规定的财产制，即在夫妻对婚前或婚后财产未作约定、约定不明确或约定无效的情况下，依据我国《婚姻法》的规定应当适用的财产制。约定夫妻财产制，是指夫妻双方以协议确定的财产制。夫妻财产制的规定，对正确处理夫妻财产关系，稳定婚姻家庭，预防和减少家庭财产纠纷具有十分重要的意义。目前，我国家庭以适用法定夫妻财产制为主，但是，约定夫妻财产制的法律效力可以排除法定夫妻财产制的适用。《婚姻法》第 17、18、19 条的规定，共同构建了我国夫妻财产制的形式和内容。

- 夫妻财产制
  - 法定夫妻财产制
    - 夫妻共有财产
    - 夫妻特有财产
  - 约定夫妻财产制

夫妻财产制的内容和立法体例，与国家的社会制度、经济发展水平和传统文化紧密相连。近现代各国亲属立法中，夫妻财产制主要有以下几种形式；这些财产制可以作为法定夫妻财产制，也可以作为约定夫妻财产制。

1. 统一财产制。统一财产制，是指除特有财产外，将妻子的婚前财产估价后转归其丈夫所有，妻子保留对估价财产返还的请求权。这种夫妻财产制将妻子财产的所有权转为债权，无疑对妻子财产的保护是不利的，由于其带有明显的夫权主义色彩，因而已在晚近时为各国所抛弃。

2. 联合财产制。联合财产制，是指除特有财产外，夫妻各自保留个人财产的所有权，但夫妻财产统一由一方或双方联合管理、使用。在婚姻关系终止时，个人的财产各自收回或由其继承人继承。

3. 共同财产制。共同财产制，是指除特有财产外，夫妻财产归夫妻双方共同所有。以共同财产的范围，又可分为：(1) 一般共同制。即夫妻的婚前财产和婚后所得财产均归夫妻双方共同所有。(2) 婚后所得共同制。即夫妻婚后所得的财产归夫妻双方共同所有。(3) 动产及婚后所得共同制。即夫妻的婚前动产和婚后所得归夫妻双方共同所有。(4) 婚后劳动所得共同制。即夫妻婚后劳动和经营所得的财产归夫妻双方共同所有。

4. 分别财产制。分别财产制，是指夫妻双方的婚前和婚后财产均归个人所有，夫妻各自独立保有财产的所有权，并分别管理、收益和处分。

（二）我国的法定夫妻财产制

我国《婚姻法》所确立的法定夫妻财产制，是以夫妻生活共同体为伦理基础的，着重考虑的是要符合婚姻永久共同生活的目的，特别是要有助于夫妻同甘共苦、相互扶助，有助于增强家庭的和睦及凝聚力，以及有助于实现家庭的各项经济职能。一般而言，共同财产制比其他形式的财产制更能体现婚姻关系的本质和特征，因此，我国婚姻法在确立法定夫妻财产制时，其所遵循的原则是：(1) 符合中国的国情和传统习惯；(2) 保障夫妻家庭地位的平等；(3) 保障弱势群体的合法权益；(4) 保障第三人的合法权益和维护交易安全。由此，保护婚姻家庭、保护公民在婚姻家庭中的财产权益、充分肯定家务劳动的社会价值、增进夫妻和谐生活和家庭的稳定、维护正常的经济秩序、促进社会进步是我国法定夫妻财产制的立法宗旨。

1. 法定财产制下的夫妻共有财产

我国法定的夫妻财产制，是婚后所得共同制，即在婚姻关系存续期间，除特有财产外，夫妻一方或双方的所得财产，为夫妻双方共同所有的财产制度。《婚姻法》第 17 条规定：夫妻在婚姻关系存续期间所得的下列财产，归夫妻共同所有：

（1）工资、奖金；

（2）生产、经营的收益；

（3）知识产权的收益；

（4）继承或赠与所得的财产，但本法第18条第3项规定的除外；

（5）其他应当归共同所有的财产。

关于法定的夫妻共有财产范围，需要说明的是：

第一，工资、奖金。工资是指作为劳动报酬按期付给劳动者的货币或实物；奖金是指为了奖励而给予的财物。这里所谓的工资、奖金，是指夫妻双方在婚姻关系存续期间劳动所得的各项报酬。在现实生活中，随着各种经济成分的出现，人们获得的各种名义收入已越来越多，数量也越来越大，因此，这里所称的工资、奖金，不能作狭义上理解，工资、奖金应包括工资、奖金性质的劳动收入。

第二，生产、经营的收益。生产、经营主要是指农村中的农业生产和城市里的工业生产以及第三产业等各行各业的生产经营。生产、经营的收入既包括劳动收入，也包括资本收益。

第三，知识产权的收益。知识产权是指与特定人身密不可分的人身权和财产权。知识产权中的人身权具有人身专属性，属权利人个人所有，不为夫妻共有。这里所称知识产权的收益，是指因知识产权而取得的经济利益，属于知识产权中的财产权，应为夫妻共同共有。最高人民法院《关于适用〈中华人民共和国婚姻法〉若干问题的解释（二）》第12条规定："婚姻法第十七条第三项规定的'知识产权的收益'，是指婚姻关系存续期间，实际取得或者已经明确可以取得的财产性收益。"

第四，因继承或赠与所得的财产。因继承所得的财产，是指依据《继承法》的规定，夫妻一方或双方继承的积极财产，即以遗产清偿被继承人所欠的税款和债务后所剩余的财产。根据《继承法》的规定，遗产包括公民个人的财产所有权、与所有权有关的财产权、债权、知识产权中的财产权等，因此，因继承取得的财产不以所有权为限。因赠与所得的财产，是指基于赠与合同而取得的财产。但是，因遗嘱或赠与合同指定只归夫妻一方所有的财产除外。

第五，其他应当归夫妻共同所有的财产。如夫妻双方在婚姻关系存续期间对一方婚前个人所有的房屋进行修缮、装修、重建的，该房屋的所有权人不变，但因修缮、装修、重建而使该房屋增值的，增值部分应属于夫妻共同共有财产。最高人民法院《关于适用〈中华人民共和国婚姻法〉若干问题的解释（二）》第11条规定："婚姻关系存续期间，下列财产属于婚姻法第十七条规定的'其他应当归共同所有的财产'：（一）一方以个人财产投资取得的收益；（二）男女双方实际取得或者应当取得的住房补贴、住房公积金；（三）男女双方实际取得或者应当取得的养老保险金、破产安置补偿费。"第19条规定："由一方婚前承租、婚后用共同财产购买的房屋，房屋权属证书登记在一方名下的，应当认定为夫妻共同财产。"

在认定夫妻共有财产的范围时，应当注意以下三个问题：第一，夫妻共同财产的主体，必须是具有合法婚姻关系的夫妻双方，不具有合法婚姻关系的男女双方，不能成为夫妻共同财产的所有权人。第二，夫妻共同财产取得的时间，必须是夫妻婚姻关系的存续期间，即从婚姻关系成立之日起至配偶一方死亡或夫妻离婚时所得的财产，具体是指：（1）一方的婚前财产，除双方约定为夫妻共同财产外，不得认定为夫妻的共同财产；（2）双方依法办理了结婚登记手续，但尚未同居生活的夫妻，在此期间一方或双方取得的礼物、礼金及所得的其他财产，均为夫妻共同财产；（3）夫妻分居期间和离婚判决生效前所得的财产，均为夫妻关系存续期间所得财产，除约定或属于个人特有财产外，均为夫妻共同财产。第三，夫妻共同财产的来源，应当是夫妻一方或双方的合法所得，除双方约定或法律规定属个人特有财产外，任何一方的合法所得，均为夫妻共同财产。这里所称的“所得”，是指对权利的取得，包括依法取得的财产所有权、债权、知识产权中的财产收益、继承权或其他财产权利，在分割夫妻共同财产时已取得财产权利，但尚未实际占有或控制的财产，也为“所得”财产，即在财产权利取得的时间和财产实际取得的时间不一致时，以财产权利取得的时间为准。

《婚姻法》第 17 条规定：“夫妻对共同所有的财产，有平等的处理权。”夫妻应平等协商，共同管理、使用，任何一方不得剥夺他方对夫妻共有财产行使所有权。夫妻对共有财产的财产权利，应理解为不确定份额的整体，原则上各占有一半的权利。任何一方在行使权利、处分财产时，应得到对方的同意，否则无效。对此，法律的要求是：（1）夫或妻在处理夫妻共同财产上的权利是平等的，因日常生活需要而处理夫妻共同财产的，任何一方均有权决定。（2）夫或妻非因日常生活需要对夫妻共同财产作重要处理决定，夫妻双方应当平等协商，取得一致意见。他人有理由相信其为夫妻双方共同意思表示的，另一方不得以不同意或不知道为由对抗善意第三人。最高人民法院《关于贯彻执行〈中华人民共和国民法通则〉若干问题的意见（试行）》第 89 条规定：“在共同共有关系存续期间，部分共有人擅自处分共有财产的，一般认定无效。但对第三人善意、有偿取得该财产的，应当维护第三人的合法权益；对其他共有人的损失，由擅自处分共有财产的人赔偿。”依此规定，如夫妻一方未经对方同意擅自处理共有财产，他方有权否认该处分的法律效力，但不得对抗善意第三人，由此给配偶一方造成的财产损失，应当由擅自处分财产的一方赔偿。（3）夫或妻在处理夫妻共同财产上的义务是平等的，因共同生活、履行法定的抚养、赡养义务，从事生产经营等所负的债务，应当由夫妻共同财产清偿，夫妻双方承担连带的责任。

另外，还需要注意的是：第一，在现实生活中，由于劳动分工和自身条件的不同，夫妻双方的收入也会有所不同，法律将婚后所得财产规定为共同共有，并不强调财产的来源和贡献的大小，凡夫妻一方或双方在婚姻关系存续期间所得的一切收入，除特有财产外，均依法归夫妻共同共有，对共同共有的财产夫妻享有平等的财产权。第二，在大家庭里，其他家庭成员的财产，如父母、兄弟姐妹的财产不属于夫妻共同财产。第三，婚姻当事人就财产是共同的还是个人的有争议，但无法查证的，按夫妻共同财产处理。

关于夫妻一方未得另一方同意擅自处分夫妻共同财产的问题，最高人民法院《关于适用〈中华人民共和国婚姻法〉若干问题的解释（三）》第 11 条规定：“一方未经另一方同意出售夫妻共同共有的房屋，第三人善意购买、支付合理对价并办理产权登记手续，另一方主张追回该房屋的，人民法院不予支持，夫妻一方擅自处分共同共有的房屋造成另一方损失，离婚时另一方请求赔偿损失的，人民法院应予支持。”

夫妻的财产共有关系是基于婚姻的法律效力而发生的，始于结婚，终于配偶死亡或离婚。夫妻双方可以通过财产约定变共有为分别所有，在常态下，仅凭一方的主张是不能对共同财产加以分割的。对此，上述司法解释特别指出：婚姻关系存续期间，夫妻一方请求分割共同财产的，人民法院不予支持，但有下列重大理由且不损害债权人利益的除外：（1）一方有隐藏、转移、变卖、毁损、挥霍夫妻共同财产或者伪造夫妻共同债务等严重损害夫妻共同财产利益行为的；（2）一方负有法定扶养义务的人患重大疾病需要医治，另一方不同意支付相关医疗费用的。

2. 法定财产制下的夫妻特有财产

夫妻特有财产，是指夫妻在婚前或婚姻关系存续期间所得的，依法专属于夫或妻个人所有的财产。夫妻特有财产是对共有财产的限制和补充，与夫妻共有财产共同构成了我国法定的夫妻财产制。随着社会经济的发展，个人财产数量在不断增加，法律规定夫妻各自保留一定范围的个人财产，是为了保护夫妻个人财产的所有权，用以满足夫妻在婚姻生活中的个人需要，并借此弥补夫妻一方无权独立支配共同财产的不足。夫妻特有财产的范围，主要包括夫妻一方婚前个人享有所有权的财产和婚姻关系存续期间取得的依法属于夫妻一方所有的财产。夫妻特有财产，属个人所有并受法律保护。

《婚姻法》第 18 条规定，有下列情形之一的，为夫妻一方的财产：

（1）一方的婚前财产；

（2）一方因身体受到伤害获得的医疗费、残疾人生活补助费等费用；

（3）遗嘱或赠与合同中确定只归夫或妻一方的财产；

（4）一方专用的生活用品；

（5）其他应当归一方的财产。

关于法定夫妻特有财产范围，需要说明的是：

第一，一方的婚前财产。一方的婚前财产，是指一方在婚前已享有所有权的财产和财产权利，既包括夫妻单独享有所有权的财产，也包括夫妻一方与他人共同享有所有权的财产；既包括婚前个人劳动所得的财产，也包括通过继承、受赠和其他合法途径所获得的财产。但是，夫妻一方的婚前财产在婚后用于共同生活，并已被消耗、毁损或灭失的，不得主张以夫妻共同财产补偿或折抵。

第二，一方因身体受到伤害获得的医疗费、残疾人生活补助费等费用。公民的身体健康权与公民个人的人身密不可分，依照《民法通则》的规定，公民的身体健康受到侵害时，受害人有权要求侵权行为人承担民事赔偿责任，受害人有权获得相应的医疗费、残疾人补助费等费用。在婚姻关系存续期间，夫妻一方因身体受到伤害而获得的医疗费、残疾人补助费等费用，是以个人身体的伤害为代价的，因此，这些费用只能归身体受到伤害的一方所有。

第三，遗嘱或赠与合同中确定只归夫或妻一方的财产。在婚姻关系存续期间，夫妻一方因遗嘱指定而取得的遗产，属其个人所有；所谓赠与合同，是指赠与人将自己的财产无偿给予受赠人，受赠人表示接受赠与的合同。赠与合同是赠与人与特定的受赠人之间达成的协议，赠与财产的所有权只能转移给特定的受赠人，如在婚姻关系存续期间，夫妻一方为赠与合同所指定的受赠人，受赠财产归其个人所有。

第四，一方专用的生活用品。一方专用的生活用品，是指夫妻在婚姻关系存续期间购置的用于个人生活需要的生活用品，因其具有明显的个人专属性，应归夫或妻个人所有。

第五，其他应当归一方的财产。如夫妻一方因参与各种活动而获得的奖杯、奖牌等，应属个人所有。最高人民法院《关于适用〈中华人民共和国婚姻法〉若干问题的解释（二）》第 13 条规定："军人的伤亡保险金、伤残补助金、医药生活补助费属于个人财产。"

应当注意的是，最高人民法院《关于适用〈中华人民共和国婚姻法〉若干问题的解释（一）》第 19 条明确规定："婚姻法第十八条规定为夫妻一方所有的财产，不因婚姻关系的延续而转化为夫妻共同财产。但当事人另有约定的除外。"

此外，最高人民法院《关于适用〈中华人民共和国婚姻法〉若干问题的解释（三）》还就与婚姻相关的财产归属问题作了以下几项具体规定：

（1）夫妻一方个人财产在婚后产生的收益，除孳息和自然增值外，应认定为夫妻共同财产。

（2）婚前或者婚姻关系存续期间，当事人约定将一方所有的房产赠与另一方，赠与方在赠与房产变更登记之前撤销赠与，另一方请求判令继续履行的，人民法院可以按照《合同法》第186条的规定处理。

(3) 婚后由一方父母出资为子女购买的不动产，产权登记在出资人子女名下的，可按照《婚姻法》第18条第3项的规定，视为只对自己子女一方的赠与，该不动产应认定为夫妻一方的个人财产。

由双方父母出资购买的不动产，产权登记在一方子女名下的，该不动产可认定为双方按照各自父母的出资份额按份共有，但当事人另有约定的除外。

（三）我国的约定夫妻财产制

约定夫妻财产制，是指婚姻当事人通过协议的方式，对婚前或婚后财产的归属、占有、使用、管理、收益和处分等权利义务加以约定的一种财产制度。约定夫妻财产制，其法律效力高于法定的夫妻财产制，在分割夫妻财产时，夫妻有约定的，按约定处理，没有约定或约定无效的，适用法定夫妻财产制。

法律允许夫妻对财产自行约定，是为了充分尊重当事人的意思自治。随着市场经济的发展，夫妻间的财产关系日趋复杂化，家庭财产的结构也呈现多元化趋势，夫妻财产已不再局限于生活范围，除生活消费外，有的家庭还用于生产经营，出现了股票、债券、文物、字画、古玩、知识产权的收益和经营性的资产，等等。财富的增加，促进了个人财产权利意识的增强，新的价值观替代了原有的传统观念，人们越来越多地关注个人的财产权益，夫妻双方有关财产的自我意识不断加强，处理财产的方式也呈多样化并具有灵活性，为了尊重个人的意愿，保护个人的财产权利和处理财产的自主权，减少夫妻离婚时的财产纠纷，法律特别规定了约定夫妻财产制。

《婚姻法》第19条规定："夫妻可以约定婚姻关系存续期间所得的财产以及婚前财产归各自所有、共同所有或部分各自所有、部分共同所有。约定应当采用书面形式。没有约定或约定不明确的，适用本法第十七条、第十八条的规定。夫妻对婚姻关系存续期间所得的财产以及婚前财产的约定，对双方具有约束力。夫妻对婚姻关系存续期间所得的财产约定归各自所有的，夫或妻一方对外所负的债务，第三人知道该约定的，以夫或妻一方所有的财产清偿。"依此规定，订立夫妻财产约定应当注意以下几个问题：

第一，约定的条件。夫妻进行财产约定是双方的法律行为，因此，应当符合民事法律行为的要件：(1) 约定的主体必须是完全民事行为能力人，如一方或双方为无民事行为能力人或限制民事行为能力人所作的约定，该约定无效。(2) 约定是夫妻双方具有身份性质的财产契约，因此，必须由夫妻双方亲自订立，不得由他人代理。(3) 约定必须双方自愿且意思表示真实，任何一方不得以欺诈、胁迫或乘人之危等手段，迫使对方违背真实意愿签订协议，否则该约定无效。(4) 约定的内容必须合法，不得规避法律或损害国家、集体和他人的利益，不得规避养老育幼、清偿债务等法律义务，夫妻双方恶意串通所作的损害他人利益的约定无效。

第二，约定的时间。法律对夫妻财产约定没有规定时间的限制，夫妻可以在婚前约定，也可以在婚后约定。

第三，约定的方式。法律要求约定应当采用书面形式。由于夫妻财产制不仅涉及夫妻双方的财产利益，而且还会直接影响到第三人的财产权益，以书面形式约定财产，不仅有利于准确地表达夫妻双方约定财产的意思表示，防止财产纠纷的发生，而且还能有效地保护第三人的合法利益和交易安全。夫妻财产约定为要式行为，凡夫妻双方对口头约定或默示约定有争议的，该约定无效。

第四，约定的范围。夫妻约定财产，是为了保障当事人根据自己的意愿对婚前或婚后财产进行处分，从而实现其财产利益，因此，约定财产应限于夫妻双方的财产，既包括夫妻一方或双方的婚前财产，也包括夫妻一方或双方婚后所得财产；既可以对全部夫妻财产进行约定，也可以就夫妻部分财产进行约定；既可以就财产的管理、使用、收益和处分进行约定，也可以就家庭生活费用的负担、债务的清偿或婚姻关系终止时的财产分割进行约定。

第五，约定的效力。约定的财产协议，可对双方当事人和第三人发生法律上的效力，约定的效力包括：（1）对内效力。夫妻约定财产对双方均具有约束力，具体包括：依法达成的财产协议，非经双方同意，任何一方不得擅自修改，如要变更或撤销该协议，必须经过双方的同意；夫妻离婚时，对共同财产的认定和分割有争议的，应按协议的内容处理。（2）对外效力。夫妻财产约定是特定主体间的法律行为，因此，约定的效力并不当然及于第三人，《婚姻法》第 19 条规定：夫妻对婚姻关系存续期所得的财产约定归各自所有的，夫或妻一方对外所负的债务，第三人知道该约定的，以夫或妻一方所有的财产清偿。为防止婚姻当事人利用财产约定规避法律和损害第三人的利益，避免发生夫妻合意利用财产约定逃避共同债务，保障交易安全和维护经济秩序，最高人民法院《关于适用〈中华人民共和国婚姻法〉若干问题的解释（一）》第 18 条规定：“婚姻法第十九条所称‘第三人知道该约定的’，夫妻一方对此负有举证责任。”

二、夫妻间的扶养义务

我国《婚姻法》第 20 条第 1 款规定：“夫妻有互相扶养的义务。”同条第 2 款指出：“一方不履行扶养义务时，需要扶养的一方，有要求对方付给扶养费的权利。”夫妻双方的扶养义务和受扶养的权利是完全平等的。正常情况下，夫妻之间的扶养体现在夫妻共同生活之中，一般不发生问题。如果夫妻一方没有固定收入和缺乏生活来源，或者由于年老、患病等原因而需要扶养时，另一方应当自觉承担扶养之责。如果夫妻一方有扶养能力而拒不履行扶养义务，需要扶养的另一方可以行使追索扶养费的请求权。因索要扶养费发生的纠纷，可由有关单位进行调解，或直接向人民法院提起给付扶养费之诉。人民法院对此类纠纷要做好调解工作，调解不成的，可根据夫妻双方的具体情况，判决义务人履行扶养义务。必要时，亦可裁定先行给付。义务人拒不履行扶养义务，情节恶劣构成遗弃罪的，应按我国《刑法》第 261 条的规定追究犯罪人的刑事责任。

目前，我国不少家庭中，夫妻的经济收入存在一定差距，在扶养问题上应特别注意保护女方的合法权益。无论夫妻就财产问题作出何种约定，都不能免除法定的扶养义务。

三、夫妻间的财产继承权

我国《婚姻法》第 24 条第 1 款规定：“夫妻有相互继承遗产的权利。”我国《继承法》不仅规定夫妻双方有平等的继承权，而且规定配偶和子女、父母同为第一顺序继承人。在法定继承中，如果被继承人死亡时无其他第一顺序继承人，全部遗产由配偶继承。

配偶间的继承权，是基于婚姻的法律效力而发生的，是以夫妻的人身关系为前提的。如果双方为无效婚姻或者为非法同居关系，或者在继承开始以前已经离婚，一方死亡后他方无权继承其遗产。

我国历代封建法律，都否认妻子的财产继承权。如明、清律均规定 ：“妇人夫亡无子守志者，合承夫份。须凭族长择昭穆相当之人继嗣。”所谓“合承夫份”的实质，只不过是对夫的遗产暂时保管而已。“其改嫁者，夫家财产及原有妆奁，并听前夫之家为主。”反之，妻亡故后遗留财物当然归夫所有。

根据我国《婚姻法》和《继承法》的规定，对夫妻之间相互继承遗产的权利，应注意以下几个问题：

1. 夫妻互为第一顺序法定继承人；也可按先亡一方生前所立合法有效的遗嘱的指定，成为遗嘱继承人。

2. 夫妻之间的遗产继承权，因结婚而发生，因离婚而消灭。一方在离婚诉讼过程中死亡，他方仍享有继承权。

3. 男女没有进行结婚登记即以夫妻名义同居生活，群众也认为是夫妻关系的，如果一方死亡，另一方要求继承死者遗产，根据1989年11月21日最高人民法院《关于人民法院审理未办结婚登记而以夫妻名义同居生活案件的若干意见》的规定，如认定为事实婚姻关系的，可以配偶身份按《继承法》的规定继承遗产；如认定为非法同居关系而又符合《继承法》第14条规定的，可以根据相互扶助的具体情况分给生存一方适当的遗产。

思考题

1. 试述夫妻在家庭中的法律地位。
2. 试述夫妻人身关系的内容和我国婚姻法的有关规定。
3. 试述夫妻财产制的概念、种类及其内容。
4. 试述我国的法定夫妻财产制。
5. 夫妻财产约定的内容、形式和效力。

第七章 离婚制度

【重点问题】

离婚制度概述——婚姻终止的概念及原因，离婚的概念及离婚制度的历史沿革

登记离婚制度——办理登记离婚的程序及效力

诉讼离婚制度——诉讼离婚的程序及条件

离婚对夫妻身份的效力——再婚的自由、扶养义务终止、法定继承人资格丧失、代理权消灭、姻亲关系消灭

离婚对夫妻财产的效力——夫妻共同财产的分割、离婚时的经济补偿、对生活困难一方的经济帮助、离婚时的损害赔偿、债务的清偿

离婚后父母对子女的抚养教育——离婚后的父母子女关系、离婚后子女直接抚养方的确定和变更、离婚后子女抚养费的负担和变更、离婚后父母对子女的探望权

第一节 概说

一、婚姻终止与离婚制度

婚姻终止即婚姻关系的消灭，是指合法有效的婚姻关系因发生一定的法律事实而消灭。终止的原因有二：一是配偶一方自然死亡，或被宣告死亡；二是婚姻当事人双方离婚。

（一）婚姻终止

配偶一方死亡是终止婚姻关系的自然原因，对死亡所引起的婚姻关系的终止是否需要经过法定程序，各国规定有所不同。一些国家明文规定，婚姻因夫妻一方死亡而终止，如《法国民法典》第 227 条。一些国家在法律上未作出明文规定，婚姻关系自配偶一方死亡之日起自然终止，无须经过法定程序，是婚姻关系的绝对解除。

宣告死亡是在法律上推定失踪人已经死亡，它与自然死亡产生同样的法律效力。在我国，宣告死亡须经利害关系人向人民法院提出申请，法院经过 1 年公告期满作出宣告死亡的判决之日起即发生婚姻关系终止的效力。

对于被宣告死亡人重新出现后，其原配偶已再婚的处理，各国的规定有所不同。主要有保护原有婚姻关系和保护再婚关系两种立法例。

第一种立法例重在保护原有婚姻关系，允许生还的一方对配偶的再婚提出异议。如《意大

利民法典》第 68 条规定：如果被宣告死亡之人重新出现或有被宣告死亡之人尚生存的证明，则再婚无效。

第二种立法例重在保护再婚关系，即使被宣告死亡或失踪的人出现，其原配偶的再婚关系依然有效。如《法国民法典》第 134 条规定：即使宣告失踪的判决已被撤销，失踪者婚姻仍然解除（法国只有宣告失踪制度）。

我国《民法通则》第 24 条第 2 款规定：有民事行为能力人在被宣告死亡期间实施的民事法律行为有效。最高人民法院《关于贯彻执行〈中华人民共和国民法通则〉若干问题的意见（试行）》第 37 条规定：被宣告死亡的人与配偶的婚姻关系，自死亡宣告之日起消灭。死亡宣告被人民法院撤销，如果其配偶尚未再婚的，夫妻关系从撤销死亡宣告之日起自行恢复；如果其配偶再婚后又离婚或者再婚后配偶又死亡的，则不得认定夫妻关系自行恢复。与当事人一方的自然死亡不同，被宣告死亡为婚姻关系的相对解除。据此，我国法律规定的原则是保护后一种婚姻关系。因而，被宣告死亡人出现的，法院得撤销死亡宣告，撤销后如原配偶未再婚，其婚姻关系自行恢复。如原配偶已再婚，其婚姻关系能否恢复，应视具体情况而定。如原配偶不愿意恢复前婚的，后婚有效，不再重新处理。如原配偶愿意恢复前婚，要求与后婚的配偶离婚的，人民法院应在做好三方工作的基础上，先离婚后复婚，并对后婚配偶的生活和子女，作出妥善安排和照顾。

（二）离婚

离婚是终止婚姻关系的重要原因，是人为地解除婚姻关系的法律行为，婚姻关系自离婚发生法律效力之日起终止。

1. 离婚的概念及特征

离婚是配偶在生存期间依法解除婚姻关系的行为。它具有以下特征：

（1）离婚双方的法律地位平等。无论是双方协议离婚或一方要求离婚，无论是离婚的原告一方或被告一方，法律地位都是平等的，任何一方都不得把自己的意志强加给另一方。

（2）离婚的主体必须是夫妻双方。离婚是解除身份关系的法律行为，其意思表示必须由当事人本人表达。离婚中的委托代理是一种特殊代理，当事人一般必须到场。

（3）离婚是解除婚姻关系的行为。离婚的前提是双方当事人必须存在婚姻关系，对于未办结婚登记即以夫妻名义共同生活的当事人，必须依法补办结婚登记之后，才能办理离婚程序。离婚后，夫妻间的一切权利、义务关系终止。

（4）离婚必须经过法定的程序。离婚作为一种法律行为。必须由当事人申请，经法律确认和准许后才发生法律效力，当事人之间未经法定程序的任何协议均无法律效力。

2. 离婚与法定别居的区别

离婚与法定别居不同，法定别居是外国立法中的一项法律制度，它是由当事人申请，经法院裁决，从而解除夫妻同居的义务，但保留其婚姻关系的法律行为。离婚与法定别居的区别主要如下：

（1）法定别居只解除夫妻同居义务，婚姻关系依然存在，别居期间双方均不能再婚，否则视为重婚。而离婚则为解除婚姻关系的行为，离婚后，双方均获得再婚的权利，享有结婚自由。

（2）法定别居后夫妻互负贞操义务，一方与他人的性行为，构成通奸。离婚后，双方不再互负贞操义务。

（3）法定别居后夫妻间仍有相互继承遗产的权利，且必须尽相互扶养的义务。离婚后，夫妻间的权利义务关系完全解除。

法定别居制度是禁止离婚主义的产物，现已演变为离婚制度的一种过渡和补充形式，如别居后双方关系仍未改善，再考虑是否允许离婚的问题。

3. 离婚与无效婚姻的区别

离婚与无效婚姻不同。无效婚姻是指男女双方的结合因违反婚姻成立的要件而不具有法律效力（详见第五章第四节）。离婚与无效婚姻的主要区别如下：

（1）离婚解除的是合法婚姻，婚姻无效则是违反婚姻成立要件的法律后果。

（2）离婚的原因一般发生在婚姻成立之后，无效婚姻的原因则是发生在结婚之前或结婚之时。

（3）离婚自登记离婚或调解、判决离婚生效之日解除婚姻关系，无溯及既往的效力。无效婚姻为自始无效，具有溯及既往的效力，自双方结合之日起即不产生法律效力。

（4）离婚的请求权仅限于当事人本人，其他人无权代理。无效婚姻之诉则除当事人之外，利害关系人也可提出请求。

二、离婚制度的沿革

（一）离婚制度的立法主义

离婚制度是婚姻家庭制度的重要组成部分，在历史上几经演变。纵观人类历史的离婚制度，主要可分为两大立法主义：一是禁止离婚主义，二是许可离婚主义。

禁止离婚主义是禁止一切离婚的主张，它产生于基督教的寺院法，盛行于欧洲中世纪。教会视婚姻为“神作之合，人不可离异之”。夫妻在生存期间不论出于何种原因均不得离婚，夫妻关系恶化至不能共同生活的，以别居或婚姻无效作为救济。直至16世纪婚姻还俗运动之后，婚姻才由“神事”回归“民事”，1791年《法国宪法》第一次明确规定，婚姻关系是民事契约，并在《法国民法典》中确定了近代离婚制度。之后，禁止离婚主义在各国的婚姻法中逐渐被淘汰，为许可离婚主义所替代。目前只有极少数国家仍采禁止离婚主义。

许可离婚主义是允许解除婚姻关系的主张，作为人类进入文明时代以来始终存在的有关离婚的理念与立法例，大致经历了专权离婚主义、限制离婚主义、自由离婚主义三个阶段。

专权离婚主义是丈夫享有离婚特权的制度，丈夫可以单方面决定解除婚姻关系，只要符合法定的条件和程序即可，妻子则无此单意离婚权。故古代法称离婚为“离异”、“离弃”、“休妻”。专权离婚制度是奴隶社会、封建社会普遍通行的离婚制度，它是与当时的社会制度相适应的。如汉穆拉比法典、古罗马法、古兰经、中国古代的休妻制度对此均有明确的规定。《汉穆拉比法典》规定，丈夫可以以妻子与人通奸、不生育、浪费家财等为由将其离弃。《古兰经》明确赋予丈夫休妻的特权，只要丈夫对妻子三次表示“我不要你了”，婚姻关系即视为解除。

限制离婚主义是指离婚必须符合法定的理由始许离婚的制度。凡夫妻一方具有法定的理由时，他方有权提出离婚，故又称之为有因离婚或过错原则，因此类离婚必须经过诉讼程序，亦称诉讼离婚或裁判离婚。早期的离婚立法将离婚的理由限制为可归责于当事人的原因，如重婚、通奸、遗弃、虐待、企图杀害对方或一方受刑之宣告等。有责离婚主义视离婚为惩罚有过错一方的手段，故有过错一方无权提出离婚，只有无过错的一方才有权通过离婚对自己所受损害寻求救济。随着离婚的法定理由逐渐扩大，有责离婚主义进一步发展为无责离婚主义。出于不可归责于当事人的理由，亦可请求离婚，如生理缺陷、重大不治之症、生死不明、分居达一定期限等。无责离婚也称为目的主义，即因上述的客观原因而非当事人的主观原因致使婚姻的目的无法达到，法院亦应准予离婚。

自由离婚主义是指可以根据当事人一方或双方的意志而离婚的制度。法律不列举具体的离婚理由，也不以过错作为离婚的必要条件，无论当事人是否有过错，均有提出离婚的权利。苏联早在十月革命胜利以后，即实行自由离婚主义。20世纪60年代末以来，许多国家对其离婚立法进行修改，以破裂主义作为离婚的法定条件，凡婚姻关系破裂，夫妻无法共同生活的，夫妻一方或双方均有权提出离婚。如1969年英国离婚改革法规定：本法生效之后，婚姻任何一方均可以向法庭请求离婚的唯一理由是婚姻关系已无可挽回地破裂。

在以破裂主义作为离婚法定条件的同时，仍然有相当多的国家实行自由离婚主义与限制离婚主义相结合的制度：或在规定婚姻破裂准予离婚的同时，列举一些条件作为确认婚姻破裂的标准；或在规定婚姻破裂准予离婚的同时，辅之以分居一段时间或其他条件。如《德国民法典》规定：婚姻如果破裂，可以离婚。如果婚姻双方分居1年并且双方均申请离婚或者申请相对人同意离婚，则推定婚姻破裂；如果婚姻双方自3年以来一直分居生活，则推定婚姻破裂，上述推定均为不可驳回之推定。

（二）我国的离婚制度

1. 我国古代的离婚制度

我国古代的离婚制度是与宗法家族制度相适应的。封建礼教提倡女子“从一而终”，封建法律实行专权离婚制度，男尊女卑，夫权统治是其基本特征，主要有以下四种方式：

第一，“七出”。即男子出妻，男家出妇的理由，又称出妻、休妻，是中国古代最主要的离婚方式。“七出”最早见于礼，班昭的《女诫》作过如下解释：“妇人七出，不顺父母，为其逆德也，无子，为其绝世也，淫，为其乱族也，妒，为其乱家也，有恶疾，为其不可与共粢盛也，口多言，为其离亲也，窃盗，为其反义也。”自汉律以后，“七出”被封建统治者以法律形式固定下来，成为出妻的法定理由。凡妇女触犯“七出”之一，丈夫可写休书离弃之。

作为例外情况，封建礼法以“三不去”对“七出”进行限制。“尝更三年丧不去，贱娶贵不去，有所受而无所归不去”（《大戴礼记·本命》）。唐律规定：“虽犯七出，有三不去而出之者，杖一百，追还合。”

第二，和离。即通过协议方式离异。唐律规定：“若夫妇不相安谐而和离者，不坐”。自唐律之后，各朝代律例皆沿此制。但在男尊女卑的宗法社会，和离只能是一种虚设，难以实现。

第三，义绝。即强制离婚制度。如果夫妻之间，夫妻一方与他方的一定亲属之间，双方的一定亲属之间，出现了法律指明的亲属相犯的事由，经官司处断，便认为夫妻之义当绝（详见唐律疏义中的说明），双方必须离异。唐律规定：“诸犯义绝者离之，违者徒一年。”

第四，呈诉离婚。即夫妻双方中的一方向官府提起离婚诉讼，由官府依法判决。呈诉离婚的法定理由属于男方提出的有：妻背夫在逃、男妇虚执翁奸、妻杀妾子、妻魇魅其夫等。女方据以呈诉的理由有：夫抑勒或纵容妻妾与人通奸、夫典雇妻妾、翁欺奸男妇等。

2. 国民党政府民法亲属编中的离婚制度

根据1930年12月26日颁布的国民党政府民法亲属编的规定，离婚制度分为两愿离婚和判决离婚两种。

第一，两愿离婚。婚姻可因双方当事人的合意而解除，但未成年人须得法定代理人同意。两愿离婚为要式契约，应以书面形式订立，并有两个以上证人的签名。

第二，判决离婚。法院根据当事人的起诉，依法判决解除其婚姻关系，又称裁判离婚。其法定理由为：重婚、通奸、虐待、恶意遗弃、杀害他方、不治之恶疾、重大不治之精神病、生死不明逾三年、被判处徒刑等。

3. 新中国的离婚制度

新中国的离婚制度始创于1950年《婚姻法》，它渊源于新中国成立前革命根据地的离婚立法，对双方自愿离婚和一方要求离婚均作了明确的规定，设置了行政程序和诉讼程序。1950年颁布的《婚姻法》彻底废除了封建主义的离婚制度，第17条规定：男女双方自愿离婚的，准予离婚。男女一方坚决要求离婚的，经区人民政府和司法机关调解无效时，亦准予离婚。1980年颁布的《婚姻法》在此基础上，进一步规定了准予离婚的法定条件并完善了离婚的程序。该法第24条规定：男女双方自愿离婚的，准予离婚。双方须到婚姻登记机关申请离婚。婚姻登记机关查明双方确实是自愿并对子女和财产问题已有适当处理时，应即发给离婚证。第25条规定：男女一方要求离婚的可由有关部门进行调解或直接向人民法院提起离婚诉讼。人民法院审理离婚案件，应当进行调解；如感情确已破裂，调解无效，应准予离婚。2001年修正的《婚姻法》在坚持原有离婚制度的同时，为便于操作，对诉讼离婚的破裂主义法定条件补充了列举性、例示性的规定（详见后文）。

三、离婚立法的指导思想

离婚立法的指导思想是制订、解释、执行与研究有关离婚法律规定的出发点和重要依据。保障离婚自由、反对轻率离婚是我国1950年《婚姻法》和1980年《婚姻法》两部婚姻法处理离婚问题的指导思想，也是新中国离婚制度的重要特征。2001年修正的《婚姻法》在此基础上作出重大发展与突破，即在保障离婚自由、反对轻率离婚的同时，强化离婚救济，实现保护弱者利益的社会正义与法律公平。保障离婚自由是婚姻自由原则的具体体现，是婚姻关系的本质要求，但保障离婚自由并不等于任意离婚，离婚必须符合法定条件，履行法定程序。法律上有关离婚的各项规定既是对离婚自由的保障，也是对轻率离婚的限制。同时，为离婚时的弱势一方提供救济手段，使其获得法律上的公平正义，也是离婚立法的重要内容。

保障离婚自由，主要是指保障当事人离婚的合法权利。婚姻自由是受国家法律保护的公民权利，离婚自由是婚姻自由的一个重要内容，如果只有结婚自由权，而无离婚自由权，公民的婚姻自由权利就会受到侵害。列宁指出："实际上离婚自由并不意味着家庭关系'瓦解'，反而会使这种关系在文明社会中唯一可能的和稳固的民主基础上巩固起来。"① 在我国社会主义制度下，通过离婚解除的只是那些名存实亡的婚姻关系，从宏观上讲，婚姻关系只会因此而得到巩固，而不会促成婚姻关系的解体。因此，婚姻法在离婚制度中明确规定保障公民的离婚自由，对符合离婚法定条件的，准予离婚。

反对轻率离婚，就是要反对对离婚的不严肃态度，即违背法律规定精神和社会主义道德规范任意离弃对方的行为。列宁指出："承认有离开丈夫的自由，并不等于号召所有的妻子都离开丈夫！"② 马克思认为："婚姻不能听从已婚者的任性，相反地，已婚者的任性应该服从婚姻的本质。"③ 马克思主义承认并保护离婚自由，但反对轻率离婚。反对轻率离婚和保障离婚自由目的是一致的，因为离婚关系到家庭、子女和社会的利益，任何轻率离婚都会给家庭、子女和社会带来不利的后果。我国保障离婚自由的根本目的，是要建立民主和睦的家庭生活，保护公民的合法权利，反对包办买卖和其他干涉婚姻自由的行为。我国的离婚自由以社会主义法律和道

① 《列宁全集》，2版，第25卷，251页，北京，人民出版社，1988。

② 《列宁全集》，2版，第28卷，166页，北京，人民出版社，1990。

③ 《马克思恩格斯全集》，第1卷，183页。

德为准则，那些喜新厌旧、见异思迁，为追求个人生活享受，破坏他人家庭关系，不顾他人的家庭、子女利益的行为都是不道德的行为，是与社会主义的离婚自由原则格格不入的。

离婚救济制度是对那些因离婚而遭受损害者所提供的方式。离婚救济制度彰显了夫妻双方人格独立与平等的理念，致力于损害与救济之间的衡平，而其更重要的社会意义则体现在为离婚自由与社会正义之间架起了法律的桥梁。保障离婚自由，是我国婚姻自由的重要理念，是现代离婚制度的灵魂。而以“破裂主义”作为判定婚姻死亡的法定标准正是对这一理念的诠释。但是如果不能给予在婚姻中由于另一方的过错而受到重大伤害或因离婚而遭受损失或离婚后将面临巨大生活压力的弱势一方以相应的救济，则无法体现社会正义与法律公平。离婚救济制度正是通过离婚损害赔偿制度，以法律之力强制过错方补偿无过错方的损害，抚慰受害者的精神，达到明辨是非、分清责任的目的，实现法律正义。同时，通过家务劳动补偿和经济帮助在一定程度上消除离婚时弱势一方在经济上的后顾之忧，保障离婚自由的真正实现。

> 美国著名学者理查德·A·波斯纳在其《法律的经济分析》一书中对离婚救济制度进行了深刻的分析。他认为（离婚）扶养费（alimony）有三项独特的经济功能：
>
> 1. 它是对违反婚姻契约的一种损害赔偿。但是，如果损害赔偿只限于扶养费，那么人们就希望它像其他损害赔偿那样一次付清，以使司法监督的成本最小化；而且永远不应该将它付给有过错的配偶一方，就像损害赔偿的惯常情况一样。
>
> 2. 扶养费是一种向妻子（在传统婚姻中）偿付其婚姻合伙财产份额的方式。通常而言，妻子通过其家务劳动或市场劳动——如我们例子中丈夫读研究生时妻子对他的资助——对主要财产作出的贡献就是丈夫收入能力的形成。
>
> 3. 扶养费的最后并且也许是最重要的经济功能是向妻子提供一种离职金（severance pay）或失业补偿（unemployment benefits）。在传统的家庭中，妻子只从事家务生产，而她可能具备的市场生产技能却因此而下降了，以至原来的就业可能性——万一现在解除婚姻——萎缩到了只有希望再婚和形成新的家庭后才可能在那里努力从事她的家务劳动。①

第二节 登记离婚

一、登记离婚的概念

登记离婚是通过行政程序解除婚姻关系，男女双方自愿离婚的，须到婚姻登记机关进行离婚登记，经婚姻登记机关确认批准，发给离婚证，婚姻关系即为合法有效地解除。《婚姻法》第31条沿用了修正前的第24条的规定。

登记离婚也称协议离婚或两愿离婚，在我国离婚制度中占有重要的一席，具有重要意义，登记离婚有利于当事人正确行使婚姻自由的权利，凡符合自愿离婚法定条件者，均可通过行政程序解除婚姻关系，不仅减少诉讼纠纷，而且有利于社会的安定团结。由于登记离婚的前提是双方自愿，因而争议少，不伤害对方，且协议由双方自愿达成，离婚后遗留问题少，有利于协议的执行。据有关部门统计，近年来，办理离婚登记的数量逐年上升。这反映了婚姻当事人离婚观念的变化，从以往那种争吵殴打、反目为仇转化为心平气和、理智分手。目前，更多的离异男女趋于选择更为文明的登记离婚方式，这一状况在一定程度上体现了我国离婚发展的新

---

① 参见［美］理查德·A·波斯纳著，蒋兆康译：《法律的经济分析》上，192页，北京，中国大百科全书出版社，1998。

趋势。

二、登记离婚的条件

依据《婚姻法》和《婚姻登记条例》的规定，婚姻登记机关准予离婚登记，当事人须具备以下条件：

1. 双方自愿离婚。双方当事人对离婚的意愿必须是真实的、一致的，一方欺骗他方或胁迫他方所达成的协议，不予办理离婚登记。

2. 双方须办理过结婚登记，持有结婚登记证明。离婚的主体是夫妻，未办理结婚登记的非法同居者，不予办理离婚登记。

3. 双方当事人须具有民事行为能力，无民事行为能力或限制民事行为能力者不适用离婚的行政程序。

4. 双方对子女抚养和财产问题已达成协议。协议内容包括离婚后子女由何方抚养，子女抚养费的负担及其数额、期限和给付方法，不直接抚养子女的父母一方如何行使探望权。夫妻共同财产的分割，债务的清偿以及对生活困难一方的经济帮助、家务劳动补偿、离婚损害赔偿等。其协议应当符合男女平等、保护妇女和子女合法权益的原则，不违背婚姻法的有关规定。

三、登记离婚的程序

根据《婚姻法》和《婚姻登记条例》的规定，办理登记离婚的机关是县级人民政府民政部门或者乡（镇）人民政府，省、自治区、直辖市人民政府可以按照便民原则确定农村居民办理婚姻登记的具体机关。办理离婚登记的程序分为：申请、审查、批准。

1. 申请

凡男女双方自愿离婚的，应当双方亲自共同到一方当事人常住户口所在地的婚姻登记机关申请登记离婚。申请时，应当持本人的户口证明、居民身份证；本人的结婚证；双方当事人共同签署的离婚协议书。离婚协议书应当载明双方当事人自愿离婚的意思表示以及对子女抚养、财产及债务处理等事项协商一致的意见。

2. 审查

婚姻登记机关对当事人的离婚申请，必须进行严格审查。首先，应查明当事人提供的各项离婚证件与当事人是否符合；其次，查明当事人的申请是否符合登记离婚的法定条件，申请人对登记机关要求了解的情况应如实提供，不得弄虚作假。申请离婚的当事人有下列情形之一的，婚姻登记机关不予受理：第一，未达成离婚协议的；第二，属于无民事行为能力人或者限制民事行为能力人的；第三，其结婚登记不是在中国内地办理的。

3. 批准

婚姻登记机关对于当事人确属自愿离婚，并已对子女抚养、财产、债务等问题达成一致协议的，应当当场予以登记，发给离婚证，注销结婚证。

当事人自取得离婚证起，解除婚姻关系。离婚证和人民法院的离婚判决书、离婚调解书具有同等法律效力。离婚的当事人一方不按照离婚协议履行应尽义务的，另一方可以向人民法院提起民事诉讼。对不符合离婚登记法定条件的，婚姻登记机关不予登记，并应向当事人讲清理由。

第三节 诉讼离婚

一、诉讼离婚的程序

诉讼离婚是指经过人民法院审理判决的离婚制度。凡一方要求的离婚，或双方对子女抚养、财产分割及离婚救济有争议的离婚，均须经过人民法院审判裁决。《婚姻法》第32条第1、2款规定：“男女一方要求离婚的，可由有关部门进行调解或直接向人民法院提出离婚诉讼。人民法院审理离婚案件，应当进行调解；如感情确已破裂，调解无效，应准予离婚。”据此，一方要求离婚的程序分为两部分：一是诉讼前有关部门的调解，二是离婚诉讼的具体程序。

（一）诉讼外调解程序

诉讼外调解程序也称行政调解程序，是指男女一方要求离婚的，可以先经有关部门进行调解的程序。所谓有关部门，包括当事人所在单位、群众团体、基层调解组织和行政主管部门等。调解时，既可由一个部门进行调解，也可由几个部门联合进行调解。调解必须遵循自愿、合法的原则，不得强迫调解。

诉讼外的调解不具有法律的强制性，不是离婚的必经程序。当事人一方要求离婚，可以先经过诉讼外的调解程序，也可以不经过诉讼外的调解程序，直接向人民法院提起离婚诉讼。

在法律上规定诉讼外的调解程序，具有重要的意义和作用：

1. 诉讼外的调解程序有利于及时解决当事人间的婚姻家庭纠纷，减少诉讼，并可以防止矛盾激化。

2. 诉讼外调解有利于改善夫妻关系，消除对立情绪，具有不伤和气，气氛融洽，易于为当事人所接受的优点。

3. 诉讼外的调解有利于发挥各级组织和群众团体的积极作用，上述单位接近群众，了解情况，在弄清纠纷的原因和事实真相，进行调解和说服教育方面，都具有有利的条件。

诉讼外的调解不具有强制性的效力，调解后一般有三种结果：一是经过调解，双方和好消除纠纷；二是经过调解，双方同意离婚，达成离婚协议，当事人到婚姻登记机关办理离婚登记手续；三是调解无效，双方未达成协议，要求离婚的一方可向人民法院提起离婚诉讼。

关于无民事行为能力人提出离婚诉讼的问题，最高人民法院在《关于适用〈中华人民共和国婚姻法〉若干问题的解释（三）》中指出：无民事行为能力人的配偶有虐待、遗弃等严重损害无民事行为能力一方的人身权利或者财产权益行为，其他有监护资格的人可以依照特别程序要求变更监护关系；变更后的监护人代理无民事行为能力一方提起离婚诉讼的，人民法院应予受理。

（二）提起离婚诉讼后的程序

提起离婚诉讼后的程序即诉讼离婚的程序，是人民法院对当事人的离婚请求进行审理的法定程序。根据《婚姻法》规定，包括调解和判决两个阶段。

1. 调解

我国《婚姻法》第32条第2款规定：“人民法院审理离婚案件，应当进行调解……”调解，是人民法院处理离婚案件的必经程序，是我国人民司法工作的优良传统和宝贵经验，具有十分重要的意义。

在诉讼活动中适用调解，有利于对当事人进行法制宣传教育和思想疏导工作，并使案件及时妥善地得到处理；调解所达成的协议，当事人一般能够自觉执行。这不仅减少了缠讼，也减少了法院的执行工作。

人民法院在调解时必须坚持自愿、合法的原则，在查清事实的基础上进行，调解时必须掌握当事人真实的思想动态，做深入细致的思想工作，分清双方的是非责任，并与当地基层组织、有关单位密切合作，共同进行说服教育，以促使当事人互谅互让，促成和好或达成某项协议。

诉讼内的调解工作也有三种结果：调解后双方当事人达成和好协议，原告撤诉的，人民法院将调解笔录存卷，诉讼活动结束。双方当事人达成离婚协议的，人民法院按协议制作调解书，调解书送达后发生法律效力，婚姻关系宣告解除。对调解无效，当事人达不成协议的，人民法院不能久调不决，应立即进入判决阶段。

2. 判决

判决，是指人民法院在调解无效的基础上，对有争议的诉讼标的所作的强制性决定。人民法院的离婚判决，包括判决准离和不准离两种情况，无论何种判决，其标准都是夫妻感情是否确已破裂，破裂者，准予离婚，未破裂或未完全破裂者，不准离婚。判决一经生效，就发生强制性效力，当事人必须执行。当事人对一审法院判决不服的，可在一审判决后 15 日内向上一级人民法院提起上诉，第二审人民法院作出的判决，为终审判决。对于判决不准离婚或调解和好的离婚案件，没有新情况、新理由，原告在 6 个月内又起诉的，人民法院不予受理。

二、判决离婚的法定条件

（一）夫妻感情破裂是准予离婚的法定条件

《婚姻法》第 32 条第 2、3 款规定："人民法院审理离婚案件，应当进行调解；如感情确已破裂，调解无效，应准予离婚。有下列情形之一，调解无效的，应准予离婚：（一）重婚或有配偶者与他人同居的；（二）实施家庭暴力或虐待、遗弃家庭成员的；（三）有赌博、吸毒等恶习屡教不改的；（四）因感情不和分居满二年的；（五）其他导致夫妻感情破裂的情形。"这一规定，包含三层含义：一是如果夫妻感情确已破裂，调解无效应准予离婚；二是如果夫妻感情没有破裂或没有完全破裂，即使调解无效，也不应准予离婚；三是在立法技术上采概括性规定与例示性规定相结合。夫妻感情确已破裂是判决准予离婚的法定概括性条件，上述五种情形则是认定感情破裂的具体的列举性规定。列举性规定是概括性规定的例示或典型表现，而概括性规定又是对列举性规定的补充和扩展。

此外，《婚姻法》第 32 条还规定：一方被宣告失踪，另一方提出离婚诉讼的，应准予离婚。主体缺位，无从调解，准予离婚的理由是不言而自明的。

我国婚姻法将夫妻感情确已破裂作为判决准予离婚的法定条件，主要有以下三点依据：

1. 它反映了社会主义婚姻的本质

在社会主义社会里，爱情是婚姻的本质，也是两性结合的基础，有无爱情是婚姻关系存废的前提。恩格斯指出："如果说只有以爱情为基础的婚姻才是合乎道德的，那么也只有继续保持爱情的婚姻才合乎道德。"①离婚纠纷的产生，无不与夫妻的感情状况有关。如果夫妻感情确已破裂，婚姻已经"死亡"，就应当依法予以解除。如果夫妻感情尚未破裂，婚姻关系仍可以继续存在下去，就应当依法予以维持，准予离婚或不准离婚，只能以夫妻的感情状况为客观依据。

---

① 《马克思恩格斯选集》，2 版，第 4 卷，81 页。

正如马克思所说："离婚仅仅是对下面这一事实的确定：某一婚姻已经死亡，它的存在仅仅是一种外表和骗局……死亡这一事实的确定取决于事物的本质，而不取决于当事人的愿望。"① "立法者对于婚姻所能规定的，只是这样一些条件：在什么条件下婚姻是允许离异的，也就是说，在什么条件下婚姻按其实质来说是已经离异了。法院判决的离婚只能是婚姻内部崩溃的记录。"② 夫妻感情破裂正是婚姻内部崩溃的标志，因此，我国婚姻法把夫妻感情是否确已破裂作为准离或不准离的法定界限，是婚姻的本质所决定的，符合马克思主义关于离婚问题的观点。

2. 它符合我国离婚立法的历史发展

以感情确已破裂作为离婚的原则界限，是我国离婚制度发展的结果。从 1931 年《中华苏维埃共和国婚姻条例》确立离婚自由原则以后，抗日战争时期，1942 年《晋冀鲁豫边区暂行婚姻条例》第 16 条明确规定，"夫妻感情恶劣"作为离婚的根据。1943 年 2 月 4 日公布的《晋察冀边区婚姻条例》第 14 条规定："夫妻感情意志根本不合致不堪同居者，任何一方得向司法机关请求离婚。"新中国成立后的第一部婚姻法——1950 年《婚姻法》第 17 条中规定："男女一方坚决要求离婚的，经区人民政府和司法机关调解无效时，亦准予离婚。"由于历史的原因，当时对离婚的标准未作具体规定。1953 年 3 月 19 日中央人民政府法制委员会在《有关婚姻问题的若干解答》中对此作了进一步的解答："人民法院对于一方坚决要求离婚，如经调解无效而又确实不能继续维持夫妻关系的，应准予离婚。如经调解虽然无效，但事实证明他们双方并非到确实不能继续同居的程度，也可以不批准离婚"。这一解答将"不能继续维持夫妻关系"作为准予离婚的标准。1963 年最高人民法院《关于贯彻执行民事政策几个问题的意见》中，明确提出了"感情是否完全破裂"作为离婚的标准：对于那些感情已完全破裂，确实不可能和好的，法院应积极做好坚持不离一方的思想工作，判决离婚。1979 年，最高人民法院《关于贯彻执行民事政策法律的意见》中指出，"人民法院审理离婚案件准离与不准离的基本界限，要以夫妻关系事实上是否确已破裂，能否恢复和好为原则"。在这里，夫妻关系是否确已破裂，实际上仍然是感情是否破裂问题，因为感情是夫妻关系赖以维持的基础。1980 年《婚姻法》第一次在法律上明文规定："如感情确已破裂，调解无效，应准予离婚。"这一规定符合我国社会主义离婚立法历史发展，是我国离婚制度的重要发展。2001 年修订的《婚姻法》坚持了感情破裂原则。

3. 它是我国司法实践经验的总结

在我国司法实践中，20 世纪 50 年代就发生过"理由论"与"感情论"之争。理由论认为离婚必须有正当理由，理由正当，准予离婚，理由不正当，则不准离婚。如反对包办婚姻者提出离婚，一般均予支持，喜新厌旧者提出离婚，则一概驳回。

持感情论者则认为离婚应以夫妻感情是否破裂为标准，如夫妻感情确已破裂，婚姻关系无法维持的，应准予离婚，反之，不准离婚。感情论是从婚姻的本质出发立论的。离婚必须以感情破裂为依据，如果离开婚姻的本质，只看离婚的理由是否正当，可能会出现应当离婚的不准离婚，不应当离婚的却准予离婚的情形。

从"反右"斗争直到"文化大革命"结束这段时间内，片面强调"以阶级斗争为纲"，在司法实践中处理离婚案件强调离婚理由是否正当，而把感情是否破裂放到次要的位置，甚至用正当理由代替夫妻感情，用政治标准否定婚姻关系的特殊属性。由于离婚的标准离开了婚姻的本质，出现了两种倾向：一是对有第三者，或有喜新厌旧倾向的案件，一律视为理由不正当而不准离婚，从而以法律手段强行维持一些根本没有夫妻感情或夫妻感情确已破裂的死亡婚姻，使

---

① 《马克思恩格斯全集》，第 1 卷，184 页。

② 《马克思恩格斯全集》，第 1 卷，185 页。

当事人深受其苦。二是对一些有感情甚至感情很深的夫妻，因一方有政治、历史问题，理由正当，完全不考虑当事人的感情，均准予离婚，同样使当事人苦不堪言。1980 年《婚姻法》总结了我国司法实践的经验教训，将感情是否确已破裂作为准离或不准离的法定条件，这对正确处理离婚案件，保护当事人的合法利益，是十分重要的。

有关诉讼离婚的法定标准，2001 年修订婚姻法时学术界及实务界均认为应坚持 1980 年《婚姻法》确定的破裂主义原则，但在法条文字表述及其所体现的理念上一直有不同的观点。20 世纪 90 年代以来，对破裂主义的离婚标准的讨论更为深入。许多学者认为，就离婚的立法原则而言，应当坚持破裂主义，但“感情破裂”作为离婚的法定理由不尽科学，应以“婚姻关系”破裂作为离婚的法定条件。因为，离婚立法的对象是夫妻之间的婚姻关系，而不只是感情关系，婚姻关系的多元性决定了诉讼离婚的法定标准不能过分强调婚姻关系的内涵，否则，不仅不符合我国婚姻关系的现状，不能包括所有的离婚理由，也降低了法条在司法实践中的可操作性。同时，也有学者仍坚持以“感情确已破裂”作为离婚的法定条件。他们认为，提倡以感情为婚姻的基础和婚姻破裂的标志具有先进性。法律要发挥引导作用；任何离婚的原因归根结底最终将导致夫妻感情的破裂，也最终体现为感情的破裂。感情破裂并非不能认识，现有的司法解释中的综合分析法与列举性的 14 条理由均说明感情可以认识。①

有关离婚理由的规范方式，普遍认为 1980 年《婚姻法》的概括主义离婚理由对法官的素质要求过高，过于抽象，难以操作，应采取列示主义的混合型立法方式，既有概括性的抽象规定，又明文列举重大离婚理由，解决离婚标准难以掌握，司法实践中判案结果宽严不一的问题。至于哪些离婚理由可以列举，学者们意见有所不同，有学者认为应尽可能详尽，以切实解决实践中难以操作的问题，也有学者提出离婚理由应从婚姻本质、便于操作及适当限制法官自由裁量权来考虑设定，不必事无巨细，无论如何法律也不可能穷尽所有的离婚理由。

（二）认定夫妻感情确已破裂的方法

正确判断夫妻感情是否确已破裂，是处理好每一件离婚纠纷的关键。夫妻感情属于社会意识的范畴，归根结蒂是由社会物质生活条件决定的。认定夫妻感情是否破裂，的确是一件既重要又很复杂细致的工作。因为夫妻感情包含多方面的内容，如情感上的投合和爱慕，理想、道德、情操、精神生活的相近和一致，对物质利益的向往和满足等。感情又是发展变化的，具有可变性和复杂性的特点，但感情的有无和存废是客观的现实，是可以掌握和认定的。夫妻的感情破裂从时间上看，是已经破裂，而不是可能破裂或将要破裂；从程度上看，是完全、彻底的破裂，而不是某一方面破裂；从现实状态上看，是真正破裂，而不是仅有破裂的表象或当事人主观上自认为破裂。

认定夫妻感情是否确已破裂，要运用马克思主义的唯物辩证法，要有发展的观点，不能固定地、静止不变地看问题。夫妻感情是一个能动的要素，它可以向积极方向发展，促进夫妻关系的稳定和睦，它也可以向消极方向转化，造成夫妻关系的不和和破裂。影响夫妻感情变化的因素是多样而又复杂的，我们在认定时，要发展地看问题，要看到过去，更要看到现在、将来，全面地进行分析。在认定夫妻感情变化时，不能只看一时一事，也不能轻信当事人的陈述，要

---

① 参见薛宁兰：《中国法学会婚姻法学研究会 2000 年年会综述》，载《法学动态》，2001（3）。文中所说的 14 条理由，见最高人民法院《关于人民法院审理离婚案件如何认定夫妻感情确已破裂的若干具体意见》（1989 年 11 月 21 日）。

进行去伪存真、由表及里的客观分析，深入了解夫妻关系的真实情况。总之，判断夫妻感情是否破裂，不能凭执法者的主观臆断，也不能偏听偏信，而应该根据客观实际，在调查研究的基础上，对夫妻感情进行全面分析，并对双方有无和好前途作出正确的估量。

最高人民法院根据司法实践的多年经验，在 1989 年颁布了《关于人民法院审理离婚案件如何认定夫妻感情确已破裂的若干具体意见》，明确指出：人民法院审理离婚案件，准予或不准予离婚，应以夫妻感情是否破裂作为区分的界限。判断夫妻感情是否确已破裂，应当从婚姻基础、婚后感情、离婚的原因、夫妻关系的现状及有无和好可能等方面综合分析。综合分析法是人民法院审理离婚案件的重要经验。根据婚姻法的有关规定和审判实践经验，确认感情是否确已破裂应该采取综合分析与具体理由相结合的方式。

1. 综合分析法

所谓综合分析法，是指在调查研究的基础上，进行分析判断，从婚姻关系的四个方面进行综合评判考察。《婚姻法》修改后，综合分析法在司法实践中仍具有指导意义。

第一，看婚姻基础。看婚姻基础，就是看结婚的形式及婚姻关系建立时男女双方的感情状况。结婚的形式包括包办婚姻、自主婚姻和自由婚姻。包办婚姻是父母或他人违背男女双方或一方意愿，强迫包办而结成的婚姻。其感情基础差，易于造成婚后夫妻不和，是离婚纠纷的重要原因。自主婚姻在形式上男女双方是自愿的，但有些自主婚姻实际上是以男方或男方家庭给付使女方及女方家庭满意的彩礼为条件的，这类婚姻感情基础较差或一般，双方在结婚时就已经埋下了婚后不和的种子和因素。自由婚姻是双方自由恋爱而缔结的婚姻，总体上说感情基础较好，但双方未经充分了解的草率型婚姻，或双方的感情是建立在追求容貌、钱财、权势的基础之上的婚姻，其婚姻关系稳定性也较差。

一般来说，婚前基础好的，婚后不易发生纠纷，即使发生纠纷，和好的可能性也大。婚前基础不好的，婚后容易发生纠纷和矛盾，且不易和好，有的甚至成为导致离婚的直接原因。如包办买卖婚姻、草率结婚等都可成为离婚的直接原因。但婚姻基础只能说明过去，婚姻关系是在不断发展变化的，自由结合的夫妻也会因其他原因造成夫妻感情破裂，婚姻基础不好的婚姻在婚后共同生活中也可能建立起真挚的感情。对此，我们应有辩证的观点，不可一概而论。

第二，看婚后感情。看婚后感情是看夫妻婚后共同生活期间的感情状况。婚姻关系具有多方面的社会内容，双方的思想品德、工作状况、志趣爱好、生活习惯、脾气秉性以及与其他家庭成员的关系等都会影响夫妻感情。因此，在分析婚后感情时，首先要联系婚姻基础，分析婚后感情的发展变化。如果感情是向好的方向发展变化，那么引起离婚的冲突，可能是偶然因素，容易调解和好。如果感情是向坏的方向发展，而且每况愈下，那么引起离婚冲突的，就可能不是偶然性因素了。其次，要看婚后感情变化的特点，是先好后坏，还是先坏后好又坏，还是时好时坏，或者一直很好，突然变坏。最后，要看婚后感情变化的原因，是由于自身的原因，还是外界因素的作用，如婆媳关系不和；是政治上的原因、经济上的原因，还是思想作风上的原因，或者是性格爱好、生理上的原因。

总之，要从婚后感情变化的总体上，确定其现时的感情状况，是属于比较好的、一般的、差的，还是比较差的。要从变化的趋势中，得出正确结论，不能只看一时一事，要看夫妻感情变化的全过程。同时，要透过现象看本质，由于人们的性格特点、教育程度、思想修养、心理素质、生活、工作环境的不同，表达感情的方式和特点也各不相同，因而不能从表面现象看问题，要透过各种现象看夫妻感情的实质，不要被假象所迷惑。要具体分析每对夫妻的具体情况，实事求是地确定其感情状况。

第三，看离婚原因。离婚原因也就是离婚的理由，是原告要求离婚的主要根据，也是原、被告在诉讼过程中争执的焦点和核心。如果原告要求离婚的理由不足或被否定，可能处于败诉的地位。为了胜诉，原告往往会扩大事实，制造假象，或捏造事实，掩盖其离婚的真实动机，以便强调自己起诉的理由。而被告为了使自己处于主动地位以便取得胜诉，往往利用自己抗辩的地位用一切办法否定原告的离婚理由，甚至隐瞒事实真相，扩大对方的缺点和错误。

因此，分析离婚原因必须注意以下两点：其一，要查清离婚的真实原因，弄清事实的真相，只有这样，才能了解判断夫妻感情破裂的程度，确定婚姻纠纷的性质，正确估量夫妻感情状况。其二，要注意弄清离婚的主要原因。在司法实践中，原告往往罗列离婚的许多材料和事实，必须从中提炼概括出起决定性作用的、主要的离婚原因，并对这些争议的事实和现象的性质加以区分确定，如属于经济问题，还是第三者介入问题，是性格不合，还是婆媳关系不好，不同性质的离婚纠纷，对夫妻感情的破裂所起的作用和特点，并不完全相同。所以，弄清离婚的主要原因，判明离婚纠纷的性质，对确认夫妻感情破裂的程度，有重要意义。

第四，看夫妻关系的现状及有无和好可能。这是在以上三看的基础上，对婚姻现状和今后发展的前途所作的估计和预测。它决定调解工作的方向，也为最后作出判决提供了根据。从夫妻关系看，主要有三种情况：一是夫妻感情尚未破裂，有和好的希望，如果夫妻间的矛盾不是根本性的和长期的矛盾，双方还共同生活，并履行夫妻间的权利义务关系，这就具有和好因素，应加强调解和好工作，调解无效，可判决不准离婚。二是夫妻感情尚未完全破裂，有和好希望，坚决不离的一方有和好的愿望和实际行动，此时更要加强调解和好工作，调解无效的，也可判决不离。三是夫妻感情确已完全破裂，和好无望，调解和好或调解离婚均无法达成协议，对此，应做好不离一方的工作，判决准予离婚。

以上“四看”是一个比较完整的认识结构，对认定夫妻感情是否确已破裂，掌握准予或不准离婚的原则界限，具有重要的方法论上的意义。

2. 认定夫妻感情确已破裂的具体情形

本题在前文中已经引述过《婚姻法》第 32 条第 3 款的规定，此处再对该款列举的五种具体情形图作说明。

（1）重婚或有配偶者与他人同居的。重婚是严重违反一夫一妻制的行为，首先应当依法追究重婚者的刑事责任，有配偶者与他人同居也是对夫妻关系的严重破坏。因重婚、有配偶者与他人同居致使夫妻感情确已破裂，一方要求离婚的，经调解无效，应准予离婚。

（2）实施家庭暴力或虐待、遗弃家庭成员的。一方对另一方或家庭中其他成员有施暴、虐待、遗弃等情事，致使夫妻感情确已破裂，一方要求离婚的，经调解无效，应准予离婚。

（3）有赌博、吸毒等恶习屡教不改的。有上述恶习，且屡教不改，致使夫妻难以共同生活，感情确已破裂，一方要求离婚的，经调解无效，应准予离婚。

（4）因感情不和分居满 2 年的。感情不和，长期分居，没有共同生活，互不履行婚姻义务。此类夫妻关系名虽存而实已亡，长期分居可以视为感情确已破裂的客观外在的标志。

（5）其他导致夫妻感情破裂的情形。本项规定具有一定的弹性或灵活性，是对前四项的必要补充。导致夫妻感情确已破裂的原因是很复杂的，除上述四种具体情形外，其他原因导致夫妻感情确已破裂，均可适用本项规定。例如：一方患严重的精神病，经治不愈的；一方被判处长期徒刑，或其犯罪行为严重伤害夫妻感情的；双方性格不合，难以继续共同生活的；一方丧失性行为能力，或双方的性生活严重地不协调的等。

外出一方已连续两年以上与家庭断绝通讯联系，经多方查找，确无下落，另一方坚决要求离婚的，可以公告送达诉讼文书，在公告期满后可依法判决准予离婚。判决书公告送达后，待上诉期满后即发生法律效力，当事人之间的婚姻关系即告解除。

已届不惑之年的某女甲，与丈夫乙是大学同学，当时是才子佳人，自由恋爱，很轰动一时。

结婚后，乙对甲百般呵护，双方在生活上互爱互敬，事业上也比翼齐飞，各自均取得了不俗的成绩。但未承想，就在双方生活日益富裕之后，乙却另结新欢，令甲痛心不已。虽经多方劝和，乙仍然与其情人难断情缘，甚至不再回家，与情人同居生活。1999 年，乙提出离婚，甲不同意，表示愿意等待乙回心转意。乙遂以双方分居，感情确已破裂为由，诉至法院，但被法院驳回。2002 年，乙再次向法院提出离婚请求，一审法院经审理后判决准予甲、乙离婚。甲以乙有过错，不应准予其离婚请求为由，提起上诉。对于离婚案件中的有过错一方，法律并不剥夺其离婚的自由权。法院判决离婚的唯一标准是感情是否破裂。最高人民法院《关于适用〈中华人民共和国婚姻法〉若干问题的解释（一）》第 22 条规定："人民法院审理离婚案件，符合第三十二条第二款规定'应准予离婚'情形的，不应当因当事人有过错而判决不准离婚。"本案中，甲乙已分居多年，夫妻感情确已破裂，尽管乙有配偶与他人同居，是有过错的行为，但不能就此剥夺其离婚权，对于无过错的甲可以采取损害赔偿等救济方法以达法律之公平。

（三）感情确已破裂和调解无效的关系

《婚姻法》第 32 条第 2 款规定："人民法院审理离婚案件，应当进行调解；如感情确已破裂，调解无效，应准予离婚。"根据这一规定，我们可以看到，感情确已破裂是判决准予离婚的实质要件，调解无效是判决准予离婚的程序性要件，二者均为准予离婚的法定条件，前者是主要依据，是主条件，后者则是从条件，是程序性要求，二者有着密切的联系。

(1) 感情破裂是准予离婚的主要依据。感情是夫妻关系存在的基础，感情的有无，是婚姻关系存废的前提，感情破裂是夫妻关系破裂，难以继续维持的重要标志。夫妻感情破裂，可分为一定程度的破裂、严重破裂、完全破裂三种情况。《婚姻法》所谓"感情确已破裂"是指夫妻感情完全破裂而言，只有夫妻感情完全破裂才符合离婚的法定条件。

(2) 调解是诉讼离婚的必经程序，未经调解，不得判决。只有在调解无效的情况下，才依法判决。因而，尽管夫妻感情已完全破裂，但尚未进行调解和调解程序还未结束的案件，是不应判决离婚的。

(3) 调解与感情是否完全破裂有着密切的内在联系。调解是确认感情是否破裂的重要方面，一般来说，调解和好，说明夫妻感情并未完全破裂，调解离婚，证明夫妻感情已经完全破裂。而调解无效，仍然存在两种可能，或是感情破裂、一方坚持不离，以及子女抚养、财产问题达不成协议；或是感情尚未完全破裂，一方坚持要求离婚。审判人员应当在调解无效的前提下，再根据夫妻感情是否确已破裂，来决定是否判决离婚。需要注意的是，不要把调解无效作为"感情确已破裂"唯一的标志。

三、关于诉讼离婚的两项特别规定

（一）关于现役军人离婚的特别规定

我国《婚姻法》第 33 条规定："现役军人的配偶要求离婚，须得军人同意，但军人一方有重大过错的除外。"人民解放军担负着保卫祖国，保卫社会主义建设的神圣职责，他们远离自己的家乡和亲人，为祖国贡献出宝贵的青春年华甚至是生命，因此，对现役军人的婚姻，在法律上给予有限度的特殊保护，符合国家和人民的利益，是完全应当和必要的。

2001 年《婚姻法》在修订时，注意到保护军婚与贯彻实施婚姻自由原则的关系，在 1980 年《婚姻法》对军人婚姻特殊保护的基础上，增加了但书条款。对于军人一方有重婚、有配偶者与他人同居、实施家庭暴力、虐待、遗弃家庭成员等重大过错，非军人一方要求离婚的，不适用这一特殊保护规定，虽然军人不同意离婚，也应当准予离婚。这一规定，不仅有利于保护婚姻自由，维护公民的离婚自由权，也有利于维护军人的形象。

在适用对现役军人离婚的特别规定时，应注意以下几点：

(1) 现役军人是指具有中国人民解放军军籍的干部和战士，人民武装警察部队的干部和战士。退役、复员和转业军人以及在军事单位中工作，未取得军籍的职工或其他人员不包括在内。

(2) 这里所说的现役军人的配偶，是指婚姻中并非现役军人的一方，如双方均为现役军人，或现役军人向不是现役军人的配偶提出离婚，则不适用该条特别规定，按一般离婚规定处理。

(3) 所谓“须得军人同意”，是指军人的配偶提出离婚，非经军人本人同意，不得准予离婚。因此，在一般情况下，军人配偶要求离婚，军人不同意时，法院应配合有关部门，对军人配偶进行说服教育工作，调解或判决不准离婚。对感情已完全破裂，确实不能继续维持夫妻关系的，经调解无效，人民法院应通过军人所在部队团以上的政治机关，在向军人做好思想工作的基础上，也可准予离婚，但处理时必须慎重对待，严格掌握。

(4) 军人一方有重大过错的，非军人一方要求离婚，无须经过军人同意。所谓军人一方有重大过错，应当解释为军人有以下三种情况：一是重婚或有配偶与他人同居的；二是实施家庭暴力或虐待、遗弃家庭成员的；三是有赌博、吸毒等恶习，屡教不改的。

(5) 现役军人的配偶提出离婚，如系第三者插足破坏军人婚姻家庭所造成且构成犯罪的，依照刑法有关规定，追究犯罪者的刑事责任。我国《刑法》第 259 条规定：明知是现役军人的配偶而与之同居或者结婚的，处 3 年以下有期徒刑或者拘役。利用职权、从属关系，以胁迫手段奸淫现役军人的妻子的，依照《刑法》第 236 条的规定定罪处罚。

（二）关于女方在特殊情况下离婚的特别规定

我国《婚姻法》第 34 条规定：“女方在怀孕期间、分娩后一年内或中止妊娠六个月内，男方不得提出离婚。女方提出离婚的，或人民法院认为确有必要受理男方离婚请求的，不在此限。”这是保护妇女、儿童的身心健康的特别规定。妇女在怀孕期间、分娩后 1 年内或中止妊娠 6 个月内，身体上和精神上都需要特别照顾。其精神状态、情绪，也直接影响胎儿和婴儿的发育成长。因此，为了维护妇女、胎儿、婴儿的身心健康，在此期间内，禁止男方提出离婚，是非常必要的。对上述特别规定，应作如下理解：

(1) 这是一种特定限制。第一，限制的主体只能是男方，而不能是女方；第二，它是限制男方的起诉权，而不是剥夺其起诉权；第三，这一限制是有期限性的，即怀孕期加上分娩后的 1 年内，或中止妊娠后的 6 个月内，超过此期限则不再发生效力。

(2) 在此期间，女方提出离婚的，不受限制。这是因为，女方此时提出离婚，往往是由于某些紧迫的原因，如不及时受理，可能更加不利于保护妇女、胎儿、婴儿的利益，故不应受此限制。

(3) 人民法院认为确有必要受理男方离婚请求时，也不在此限。在男方有正当理由，女方有重大过错的情况下，如女方与他人通奸怀孕，男方坚持要求离婚，如不及时受理，可能使矛盾激化，危及妇女和胎儿、婴儿的生命安全。在这种情况下，人民法院可以受理男方的离婚请求，但是，是否准予离婚，仍应根据具体情况和依照法律规定处理。

第四节 离婚的效力

离婚的效力是指离婚在法律上所发生的作用和产生的相应效力。离婚，作为一种法律行为，使夫妻间的人身关系和财产关系归于消灭，使子女抚养等问题发生一定的变化，对此，法学理论上称为离婚的效力或离婚的法律后果。夫妻离婚时，除夫妻间的身份关系消灭外，还要对夫妻共同财产分割、债务清偿、离婚救济以及子女抚养等作出处理。正确处理这些问题，对保护妇女、儿童和当事人的合法权益，具有重要的意义。

离婚的效力，始于登记离婚或诉讼离婚生效之后，它只对将来发生效力，不具有溯及既往的效力。离婚的效力在登记离婚制度中，自当事人取得离婚证之日起，在诉讼离婚制度中，自准予离婚的调解书或判决书生效之日起发生。

一、离婚对夫妻身份关系的效力

夫妻身份关系因结婚而发生，因离婚而消灭。离婚后，夫妻间身份法上的权利义务关系均随之解除，以婚姻为中介而发生的亲属关系原则上也予以解除。根据我国婚姻法的规定，下列身份关系消灭：

（一）共同生活及扶养义务终止

离婚后，随着夫妻身份关系的消灭，夫妻间解除了共同生活的权利义务，相互之间的扶养义务也同时解除，任何一方都没有再给付对方扶养费的义务，任何一方也没有再向对方索取扶养费的权利。我国婚姻法规定了离婚时对生活困难的一方给予经济帮助，但经济帮助并非扶养义务，它有一定的条件性和时间性。

（二）再婚自由恢复

婚姻关系解除后，夫妻的称谓消除，彼此不以夫妻相待，各自重新成为单身者，双方均恢复了结婚的资格，取得了再婚的自由权利，一方对他方不得加以干涉。依登记程序离婚的，其再婚自由权自领取离婚登记证之日起恢复，依诉讼程序离婚的，其再婚自由权自人民法院离婚调解书或判决书生效之日起恢复。必须说明，经一审法院判决的离婚，一方不服向上级法院提起上诉的，原审法院所作的离婚判决并未生效，双方在此期间都不能再婚，否则构成重婚。经二审法院判决维持原判准予离婚的，当事人在终审判决后才取得再婚的自由权利。如果二审法院改判不准离婚，当事人之间的婚姻关系依然存在，双方均不得再行结婚。

（三）法定继承人资格丧失

我国继承法规定，配偶是第一顺序法定继承人。夫妻离婚后，配偶身份关系解除，同时丧失了法定继承人资格，一方无权再按法定继承方式继承对方遗产。

（四）姻亲关系消灭

因婚姻关系而产生的姻亲关系，当婚姻关系终止时即随之消灭。这与配偶一方死亡时，姻亲关系并不必然消灭有所不同，我国《继承法》第 12 条规定：丧偶儿媳对公、婆，丧偶女婿对岳父、岳母，尽了主要赡养义务的，作为第一顺序继承人。显然，该法鼓励在配偶一方死亡后，生存方与直系姻亲间不解除姻亲关系。

二、离婚时的财产清算

（一）夫妻共同财产的分割

离婚时的夫妻共同财产分割是与夫妻身份关系的解除相伴产生的。换言之，离婚解除了夫妻间的人身关系，夫妻的财产关系无所附丽，夫妻的共同财产也必然解体。随着我国人民物质生活条件的提高，夫妻共同财产无论在量和质上都发生了重大变化，离婚时的财产分割更为复杂，所占地位也更为重要。

1. 离婚时财产分割的范围

《婚姻法》第 39 条规定："离婚时，夫妻的共同财产由双方协议处理；协议不成时，由人民法院根据财产的具体情况，照顾子女和女方权益的原则判决。夫或妻在家庭土地承包经营中享有的权益等，应当依法予以保护。"据此，离婚对财产分割的范围仅指夫妻共同财产，夫妻的个人财产、子女的财产、其他家庭成员的财产以及不属于夫妻共同财产范围的其他财产，均不在分割之列。夫妻双方对财产的所有权问题以书面形式约定的，或以口头形式约定双方无争议的，离婚时应按约定处理。但规避法律的约定无效，如约定的内容规避法定义务，侵害国家、集体和他人的利益，均属规避法律的约定。人民法院认定夫妻财产约定无效的，按法定的共同财产制分割财产。

根据《婚姻法》和最高人民法院审理离婚案件处理财产分割的有关司法解释，离婚时认定夫妻共同财产的范围应注意以下几个问题：

（1）可供分割的以《婚姻法》第 17 条所列举的为限，该条对法定夫妻财产制下的夫妻共同财产作了明确的规定（详见第六章第三节）。

（2）夫妻一方个人所有的财产离婚时仍归个人所有。所谓个人财产是独立于夫妻共同财产之外的，属于夫妻个人所有的财产，许多国家实行对夫妻个人财产的夫妻特有财产制度。《婚姻法》第 18 条对法定夫妻财产制下的夫妻个人财产也作了明确规定（详见第六章第三节）。离婚分割财产时，应首先确定哪些财产属于夫妻的个人财产，按照个人财产归个人所有的原则处理，不得侵害公民的个人财产的所有权。

（3）一方个人财产已在共同生活中自然毁损、消耗、灭失，不得以共同财产抵偿，应视为财产所有人自愿以个人财产与对方分享，以保持或维护夫妻的共同生活。

（4）对是个人财产还是夫妻共同财产难以确定的，主张权利的一方有举证责任，当事人举不出有力证据，人民法院又无法查实的，按夫妻共同财产处理。

离婚时如何认定哪些是夫妻共同财产，哪些是一方个人财产，是司法实践中较为复杂的问题，下述案例即反映了这一问题的复杂性。

> 赵刚，男，26 岁；郑咏，女，25 岁。赵刚与女友郑咏商定 1993 年春节结婚；并共同积攒了一万余元作为准备结婚的费用。1992 年夏，赵刚所在城市的三家企业向社会公开发行股票。赵刚听说购买原始股无风险，绝对发财，就拿出准备结婚的积蓄购买了12 000元面值的股票。但半年后，仍不见股票上市，因原定的婚期将至，他不得不找两个哥哥各借了5 000元钱，筹办婚事。结婚时，购买了家具及一台 18 寸彩电。双方还用余款请客及外出旅行。婚后不久，三家股票相继上市，且行情日涨，赵刚抓住机遇，以平均1：1.5的比例抛售了全部股票。此举不仅偿还了借款，还购置了高档电视、组合音响、电冰箱各一台。之后又将余款投入股市，继续炒股。但此次出乎赵刚预料，股市直线下跌，且跌势惊人。赵购进的股票全面大亏，且较长时间不见回升。赵后悔莫及，并导致精神失常。经精神病

医生鉴定为精神分裂症。新婚不久的妻子郑咏因而向法院提出离婚。赵刚及法定代理人对离婚无异议。但在分割财产时，对共同财产的范围双方意见不一。

问题一：

双方在婚前购买的家具彩电是否属于共同财产，郑咏可否要求赵刚对因请客及外出旅游所花费用要求赔偿？

问题二：

赵刚因第一次购买股票所得盈余是否属于夫妻共同财产？郑能否要求分割用此款购买的财产？

问题三：

如果赵刚第一次购买的股票即亏本，郑咏是否应当与赵共同承担损失？

问题四：

对第二次炒股的损失，应由何方承担？

2. 分割夫妻共同财产的原则

分割夫妻共同财产，应遵循下列各项原则：

(1) 男女平等原则。夫妻对共同财产有平等的所有权，因此，离婚时，无论双方对共同财产的贡献大小，任何一方对双方共同共有的财产都享有要求分割的平等权利。

(2) 照顾子女和女方利益的原则。夫妻享有对共同财产平等的分割权，只是指财产权利的平等，而不是对财产份额的平均分配。分割夫妻共同财产时照顾女方及子女权益的原则，是保护妇女、儿童合法权益原则的具体体现，也是根据我国的国情所制定的。由于目前我国妇女的经济条件和男子比仍有一定的差距，应在分割财产时照顾女方及子女的利益，以保证妇女不因经济问题响其行使离婚的权利，不致使妇女和子女在离婚后因等分财产造成生活水准严重下降或生活困难。因此，这种不均等的分割正是为了达到事实上的男女平等，体现我国法律的人文关怀及对弱势群体的保护。

(3) 坚持有利于生产和生活需要的原则。分割夫妻共同财产时，应当注意有利于生产和生活需要，不损害财产的效用和经济价值。对生产资料或一方从事职业所必需的工具、图书资料等，应当分给需要的一方；对特定物包括有经济价值的纪念物，不宜分割的，可根据财产的来源，分给获得者一方；对当年无收益的种植业、养殖业，应分给继续经营的一方；对未分得上述财产的另一方，可分给其他财产或作价补偿。对生活必需品，要考虑双方和子女的生活需要，实事求是地合理分割。

(4) 坚持照顾无过错一方的原则。对因一方有过错而引起的离婚案件，财产分割时，对于无过错一方，应适当多分。所谓过错主要是指一方有与他人婚外同居或重婚的行为；一方对配偶或其他家庭成员实施家庭暴力、有虐待或遗弃的行为；一方有赌博、吸毒等恶习等。

对于服刑人员离婚时的财产分割，既要保护其配偶和子女的权益，也要依法保护服刑人员的权益。属于他们婚前个人所有的财物，仍应归其个人所有，对夫妻和家庭共同财产的分割，应当公正合理。

(5) 不损害国家、集体和他人利益的原则。处理离婚财产时，不能把属于国家、集体和他人所有的财产当做夫妻共同财产分割。贪污、受贿、盗窃等非法所得，必须依法追缴。对与他人合伙的财产，应先析出夫妻共有份额，再进行分割，不得借分割夫妻财产损害他人利益。

3. 分割夫妻共同财产的方法

夫妻共同财产，原则上应均等分割。具体的分割方法包括：

(1) 实物分割。即在不影响其财产的作用、价值和特定用途下，对财产进行实际分配。双方各自根据其分割的份额取得应归其所有的财产。

(2) 价金分割。即将共有物变卖，双方对变卖所得价金进行分配。价金分割是在共有物不能分割或分割后有损其财产的作用、价值和特定用途时使用的分割方法。

(3) 价格补偿。即夫妻一方取得共有物，另一方获得相当于一半价格的补偿。

在我国，相当多的家庭，除夫妻共同财产和个人财产外，还有家庭共有财产和其他家庭成员财产。属于家庭共有财产的，应当先分家析产，作为家庭共有财产共有人的夫妻，分得其应享有的份额后，再对该份额予以分割。对其他家庭成员的财产，如父母、兄弟姐妹的财产，不能作为夫妻共同财产加以分割。未成年子女通过继承、受赠及其他合法途径获得的财产，属于本人所有，由离婚后与子女共同生活的父或母一方代为管理。

在分割夫妻共同财产时，人民法院首先应当进行调解，由双方协商解决，但调解必须坚持合法、自愿的原则。调解无效时，由法院根据共同财产的状况、当事人结婚时间的长短，生产、生活的实际需要和财产的来源等情况，运用上述方法进行判决。

4. 关于离婚时共同财产分割的若干司法解释

为了将《婚姻法》中有关离婚时夫妻共同财产分割的原则性、概括性的规定具体地适用于类型各不相同的案件，最高人民法院历年来对离婚时共同财产的认定、分割及其相关问题作了多次和大量的司法解释。鉴于教材和资料汇编性质有别，此处无法全部列举，仅择其要者给介于下：

(1) 一方以夫妻共同财产与他人合伙经营的，入伙的财产可分给一方所有，分得入伙财产的一方对另一方应给予相当于入伙财产一半价值的补偿。

(2) 属于夫妻共同财产的生产资料，可分给有经营条件和能力的一方。分得该生产资料的一方对另一方应给予相当于该财产一半价值的补偿。

(3) 对夫妻共同经营的当年无收益的养殖、种植业等，应从有利于发展生产、有利于经营管理考虑，予以合理分割，可采用价金分割或价格补偿的形式。

(4) 婚后对婚前一方所有的房屋进行过修缮、装修、原拆原建，离婚时未变更产权的，房屋归产权人所有，增值部分中属于另一方应得的份额，由房屋所有权人折价补偿另一方，进行过扩建的，扩建部分的房屋应按夫妻共同财产处理。

(5) 夫妻分居两地分别管理、使用的婚后所得财产，具体分割时，可采取各自所有、差额补偿的形式。

(6)《婚姻法》第 17 条第 1 款第 3 项规定的“知识产权的收益”，是指婚姻关系存续期间，实际取得或者已经明确可以取得的财产性收益。

(7) 夫妻双方分割共同财产中的股票、债券、投资基金份额等有价证券以及未上市股份有限公司股份时，协商不成或者按市价分配有困难的，人民法院可以根据数量按比例分配。

(8) 夫妻共同财产中以一方名义在有限责任公司的出资额，另一方不是该公司股东的，按以下情形分别处理：夫妻双方协商一致将出资额部分或者全部转让给该股东的配偶，过半数股东同意、其他股东明确表示放弃优先购买权的，该股东的配偶可以成为该公司股东；夫妻双方就出资额转让份额和转让价格等事项协商一致后，过半数股东不同意转让，但愿意以同等价格购买该出资额的，人民法院可以对转让出资所得财产进行分割。过半数股东不同意转让，也不愿意以同等价格购买该出资额的，视为其同意转让，该股东的配偶可以成为该公司股东。证明过半数股东同意的证据，可以是股东会决议，也可以是当事人通过其他合法途径取得的股东的书面声明材料。

(9) 夫妻共同财产中以一方名义在合伙企业中的出资，另一方不是该企业合伙人的，当夫妻双方协商一致，将其合伙企业中的财产份额全部或者部分转让给对方时，按以下情形分别处理：其他合伙人一致同意的，该配偶依法取得合伙人地位；其他合伙人不同意转让，在同等条件下行使优先受让权的，可以对转让所得的财产进行分割；其他合伙人不同意转让，也不行使优先受让权，但同意该合伙人退伙或者退还部分财产份额的，可以对退还的财产进行分割；其他合伙人既不同意转让，也不行使优先受让权，又不同意该合伙人退伙或者退还部分财产份额的，视为全体合伙人同意转让，该配偶依法取得合伙人地位。

(10) 夫妻以一方名义投资设立独资企业的，夫妻在该独资企业中的共同财产的分割，应当按照以下情形分别处理：一方主张经营该企业的，对企业资产进行评估后，由取得企业一方给予另一方相应的补偿；双方均主张经营该企业的，在双方竞价基础上，由取得企业的一方给予另一方相应的补偿；双方均不愿意经营该企业的，按照《中华人民共和国个人独资企业法》等有关规定办理。

(11) 夫妻一方婚前签订不动产买卖合同，以个人财产支付首付款并在银行贷款，婚后用夫妻共同财产还贷，不动产登记在首付款支付方名下的，离婚时该不动产由双方协议处理。不能达成协议的，人民法院可以判决该不动产归产权登记一方，尚未归还的贷款为产权登记一方的个人债务。双方婚后共同还贷支付的款项及其相对应财产增值部分，离婚时应根据《婚姻法》第 39 条第 1 款规定的原则，由产权登记一方对另一方进行补偿。

(12) 婚姻关系存续期间，双方用夫妻共同财产出资购买以一方父母名义参加房改的房屋，产权登记在一方父母名下的，离婚时另一方主张按照夫妻共同财产对该房屋进行分割的，人民法院不予支持。购买该房屋时的出资，可以作为债权处理。

(13) 离婚时夫妻一方尚未退休，不符合领取养老保险金条件，另一方请求按照夫妻共同财产分割养老保险金的，人民法院不予支持；婚后以夫妻共同财产缴付养老保险费，离婚时一方主张将养老金账户中婚姻关系存续期间个人实际缴付部分作为夫妻共同财产分割的，人民法院应予以支持。

(14) 当事人达成的以登记离婚或者到人民法院协议离婚为条件的财产分割协议，如果双方协议离婚未成，一方在离婚诉讼中反悔的，人民法院应当认定该财产分割协议没有生效，并根据实际情况对夫妻共同财产进行分割。

(15) 婚姻关系存续期间，夫妻一方作为继承人依法可以继承的遗产，在继承人之间尚未实际分割，起诉离婚时另一方请求分割的，人民法院应当告知当事人在继承人之间实际分割遗产后另行起诉。

应当指出，有关离婚时共同财产分割的司法解释问世于不同的时期，各有其当时的社会背景和实际针对性，对个别问题的解释可能出现前后不尽一致的情形，在适用上自应舍前取后，以新代旧。2011 年 8 月 13 日施行的《关于适用〈中华人民共和国婚姻法〉若干问题的解释（三）》指出：本解释施行后，最高人民法院此前作出的相关司法解释与本解释相抵触的，以本解释为准。

下面对离婚时夫妻共同财产的分割略举一例。

叶某诉王某离婚案。被告王某 1962 年 7 月因“思想”问题受到留党察看和行政降级处分。1965 年 2 月，王同本单位职工叶某结婚。婚后感情一般，有一子一女。“文化大革命”时，王再次受到开除出党的处分，每月仅发给生活费 15 元。1972 年 3 月，王、叶因夫妻关系恶化正式分居，子女均随叶生活并约定今后在财产上各人独自分管，互不相干。1980 年

8月王经落实政策恢复原级别，并补发工资及有关费用12 000余元。王未通知叶自行将款存入银行。叶得知后，大为恼火，双方同意离婚，离婚后子女由叶抚养，财产按原约定各归各。但在12 000元存款的分割问题上两人争执不下。叶称：这些钱是夫妻关系存续期间的共同财产，按照婚姻法的有关规定，应有她一半。王则称：双方已分居多年，财产有约定在先，而且是叶先提出财产上分开的，认为这些钱应完全归其个人所有。双方互不相让，叶向法院起诉，双方各自请律师代理。

对叶某与王某的财产应作如下分析：第一，应确定12 000元存款的性质。从时间上看，这笔款是从1962年7月到1980年4月近18年中王的工资及其有关费用。但在这段时间里，因王、叶之间的关系不同又可分为几个不同的阶段：(1) 1962年7月至1965年2月，王尚未与叶结婚，补发工资中的这部分，应全部作为王的婚前个人财产处理。(2) 1965年3月至1972年3月，王、叶结婚后共同生活，双方的劳动所得及其他收入均作为夫妻共同财产。根据《婚姻法》第13条第2款（此处系指修正前的1980年《婚姻法》，下文中所引的第15条亦同）的规定，“夫妻对共同所有的财产，有平等的处理权”。这一期间补发的工资应作为共同财产处理。叶某依法应享有一半。(3) 1972年4月至1980年4月，双方分居并对以后的财产处理作了约定，其约定内容合法，双方承认，根据婚姻法的规定应受到法律保护。这一期间补发的工资应作为王的个人财产。第二，王应对叶独自抚养子女作一定的补偿。《婚姻法》第15条规定：“父母对子女有抚养教育的义务”。由于历史条件所限，王在“文化大革命”中每月仅有够本人糊口的15元生活费，叶独自挑起了抚育子女的生活重担，因此，在分割这笔存款时，应看到这一事实，从王未尽义务期间所得款中分出一部分给叶作为补偿。第三，离婚后，王仍负有抚养子女的义务。王不得以约定为由，逃避对子女的抚养义务。根据婚姻法的规定，王离婚后应将个人所得的一部分拿出来作为抚养子女的费用。

本案经法院主持调解，原、被告达成协议如下：(1) 从1962年7月到1965年2月期间，按每月应补发的款累计，共有3 460元，全部归王某所有。(2) 从1965年3月到1972年3月，共补发款6 300元，王、叶各分一半。(3) 其余款原则上归王所有，但王同意拿出1/3作为对叶的补偿。(4) 离婚后，子女归叶抚养，但王负责女儿的全部生活费用，直到其能独立生活为止。

5. 离婚时住房问题的处理

离婚后的住房问题是司法实践中较难处理的问题之一。根据婚姻法及相关司法解释，对离婚时住房可作如下处理：

（1）夫妻共同所有的住房。

由一方婚前承租、婚后用共同财产购买的房屋，无论房屋权属证书登记在一方名下还是双方名下的，均应当认定为夫妻共同财产。

当事人结婚后，父母为双方购置房屋出资的，该出资应当认定为对夫妻双方的赠与，但父母明确表示赠与一方的除外。

离婚时住房为共同财产，按照一般共同财产分割。对不宜分割使用，以及双方对夫妻共同财产中的房屋价值及归属无法达成协议的，人民法院按以下情形分别处理：双方均主张房屋所有权并且同意竞价取得的，应当准许；一方主张房屋所有权的，由评估机构按市场价格对房屋作出评估，取得房屋所有权的一方应当给予另一方相应的补偿；双方均不主张房屋所有权的，根据当事人的申请拍卖房屋，就所得价款进行分割。

（2）一方个人所有的住房。

婚后双方对婚前一方所有的房屋进行过修缮、装修、原拆原建，离婚时未变更产权的，房屋仍归产权人所有，增值部分中属于另一方应得的份额，由房屋所有权人折价补偿另一方；进行过扩建的，扩建部分的房屋应按夫妻共同财产处理。

婚姻关系存续期间的住房为一方所有的，离婚时住房一般仍归该所有人。如另一方离婚后确实无房，法院可根据具体情况判决允许其暂住，但一般不超过 2 年；法院也可判决无房一方租房居住，若经济上确有困难时，享有房屋产权的一方可给予一次性经济帮助。

当事人结婚前，父母为双方购置房屋出资的，该出资应当认定为对自己子女的个人赠与，但父母明确表示赠与双方的除外。

（3）双方均可承租的公房。

对什么是离婚时双方均可承租的公房，最高人民法院在 1996 年 2 月 5 日公布的《关于审理离婚案件中公房使用、承租若干问题的解答》中解释为："婚前由一方承租的公房，婚姻关系存续 5 年以上的"；"婚前一方承租的本单位的房屋，离婚时，双方均为本单位职工的"；"一方婚前借款投资建房取得的公房承租权，婚后夫妻共同偿还借款的"；"婚后一方或双方申请取得公房承租权的"；"婚前一方承租的公房，婚后因该承租房屋拆迁而取得房屋承租权的"；"夫妻双方单位投资联建或联合购置的共有房屋的"；"一方将其承租的本单位的房屋，交回本单位或交给另一方单位后，另一方单位另给调换房屋的"；"婚前双方均租有公房，婚后合并调换房屋的"；"其他应当认定为夫妻双方均可承租的情形"。

对上述住房承租权的分配，该司法解释规定：应当依照照顾抚养子女方，同等条件下照顾女方，照顾残疾或生活困难的一方，照顾无过错一方的原则处理。如房屋面积较大能够隔开分室居住使用的，可由双方分别租住；对可以另调房屋分别租住或承租方给另一方解决住房的，可予准许。

（4）"部分产权"房与尚未取得产权的住房。

对夫妻双方共同出资而取得"部分产权"的房屋，分得房屋购买权的一方，一般可以按照所得房屋产权的比例，依照离婚时当地政府有关部门公布的同类住房的标准价，给予对方至少一半价值的补偿。

离婚时双方对尚未取得所有权或者尚未取得完全所有权的房屋有争议且协商不成的，人民法院不宜判决房屋所有权的归属，应当根据实际情况判决由当事人使用。当事人取得该房屋完全所有权后，有争议的，可以另行向人民法院提起诉讼。

（二）债务的清偿

《婚姻法》第 41 条规定："离婚时，原为夫妻共同生活所负的债务，应当共同偿还。共同财产不足清偿的，或财产归各自所有的，由双方协议清偿；协议不成时，由人民法院判决。"

作为夫妻共同财产的共同共有人，夫妻双方对该项财产享有平等的权利，同时亦要承担平等的义务。共同财产上的收益由双方共同享有，对共同财产的添置、维修以及共同生活的消费也要由双方共同承担义务。同时，夫妻双方对与第三人发生的外部民事法律关系也享有平等的民事权利，承担平等的民事义务，而且对外负连带责任。当夫妻财产共有关系因离婚而终止时，对因共同生活所负之债，双方均负有清偿责任。对夫妻一方为个人需要单独所负之债，他方无代为清偿的义务，由其本人偿还。

1. 共同债务的清偿

夫妻共同债务是指双方或一方为共同生活需要所负的债务。其清偿原则是：以共同财产偿还，共同财产不足以清偿时，双方协商清偿，达不成协议的，由人民法院判决。

夫妻共同债务主要包括以下几类：

（1）为履行抚养、扶养、赡养义务所负债务。如抚养教育子女、赡养老人所负债务。

（2）购置家庭生活用品，修缮房屋以及支付家庭生活开支所负的债务。

（3）夫妻一方或双方为治疗疾病所负的债务。

（4）夫妻一方或双方从事生产、经营活动所负的债务。

（5）因双方共同生活所负的其他债务。

债权人就婚姻关系存续期间夫妻一方以个人名义所负债务主张权利的，应当按夫妻共同债务处理。但夫妻一方能够证明债权人与债务人明确约定为个人债务，或者能够证明属于《婚姻法》第19条第3款规定的情形除外。

对于双方就共同债务的清偿问题达不成协议的，人民法院在判决时，应从双方的实际情况出发，注意保护女方的合法权益。可以由双方合理分担清偿，也可以由经济条件好的一方清偿。

人民法院在处理离婚案件分割财产时，有共同债务的，应先清偿债务，再分割财产，以免造成不必要的纠纷。

2. 个人债务的清偿

夫妻个人债务是指夫妻一方与共同生活无关或者依法约定为个人所负担的债务，包括：

（1）男女各自婚前所负的债务。

（2）双方约定由个人负担的债务。

（3）一方未经对方同意擅自资助与其没有抚养义务的亲朋所负的债务。

（4）一方未经对方同意，独自筹资从事经营活动，其收入确未用于共同生活所负的债务。

夫妻个人债务由本人偿还，如负债一方确实无力偿还的，也可说服他方代为清偿，但应以自愿为原则，不得强迫。

对于个体经营户所欠债务是夫妻共同债务还是经营一方个人债务，依照《民法通则》及最高人民法院的有关规定，夫妻共同经营、用夫妻共有财产投资或者收益的主要部分供家庭成员享用的，以夫妻共有财产清偿。一方从事经营其收入为夫妻共有财产的，债务亦应以夫妻共有财产清偿。

一方未经对方同意，擅自动用共同财产并以个人名义从事某项经营，其经营所得确未用于共同生活，由此经营而形成的债务，由个人承担，另一方不负清偿责任。《关于贯彻执行〈中华人民共和国民法通则〉若干问题的意见（修改稿）》（1990年12月）第95条规定："共同共有人对共有财产享有共同的权利，承担共同的义务。在共同共有关系存续期间，部分共有人擅自处分共有财产的，一般认定无效。其他共有人明知而未提出异议的，可以认定有效。"第96条规定："部分共有人擅自处分共有财产或者非所有权人擅自处分所占有的财产，如果第三人是善意、有偿、依法定手续取得该财产所有权的，第三人不负返还义务，由擅自处分财产的人对所有权人予以赔偿。法律另有规定的除外。"

3. 关于夫妻一方借用共同财产的问题

最高人民法院《关于适用〈中华人民共和国婚姻法〉若干问题的解释（三）》指出：夫妻之间订立借款协议，以夫妻共同财产出借给一方从事个体经营活动或用于其他个人事务的，应视为双方约定处分夫妻共同财产的行为，离婚时可按照借款协议的约定处理。有的学者对此持不同的主张，认为夫妻之间的借贷应以一方个人财产为标的，既然可将这种借款协议"视为双方约定处分夫妻共同财产的行为"，倒不如通过双方的约定改采分别财产制，变共同财产的一部或全部为双方分别所有的个人财产，然后再设定借贷关系。这样做，权利义务是更为明确的。

李明，男，王娃，女，双方于1982年结婚。结婚时双方未对夫妻财产进行约定。李明为一公司高级职员，于1990年间经营期货买卖，获利甚多，故李明出资以王娃之名购买一高级公寓套房，出租给赵云，每月租金5 000元。王娃为职业篮球选手，于1992年间参加职业篮球比赛获胜后而得一辆丰田轿车。后来，李明以期货所得投资实业，结果经营失利，债主要求李明以其住房及汽车偿还。

问题一：

李明以王娃之名购买的房屋可否作为王娃的个人财产？出租时是否应征得王娃的同意？其获利是否为王的个人财产？

问题二：

王娃因比赛获胜所得之汽车能否作为夫妻共同财产？

问题三：

李明因经营失利所欠债务是否为夫妻共同债务？应否共同偿还？

（三）家务劳动的补偿

《婚姻法》第40条规定："夫妻书面约定婚姻关系存续期间所得的财产归各自所有，一方因抚育子女、照料老人、协助另一方工作等付出较多义务的，离婚时有权向另一方请求补偿，另一方应当予以补偿。"

离婚家务劳动补偿是法律赋予离婚主体的一项权利，是维护离婚自由，实现法律公平正义的重要保障。这一规定在主体上没有性别的限制，任何一方，无论男女，只要符合法定要件，均可享有离婚时的家务劳动补偿请求权。在我国，男女平等作为重要的法律原则已得到了较好的贯彻实施，但男主外，女主内的家庭模式仍然在家庭关系中占主导地位，主内的女性或在工余时间主理家务，或回家专门从事家务劳动。实行离婚家务劳动补偿制度，是对家务劳动价值的认同，使从事家务劳动的一方在离婚时能得到公平的回报。这一规定使在经济上处于弱势一方在离婚自由的权利得到保障的同时，财产权利也相应地得到补偿，从而有助于消除因离婚所产生的顾虑。设立离婚家务劳动补偿制度，可以使在婚姻关系中付出较多义务的一方，在离婚时得到精神上的抚慰与财产上的救济，体现了法律的公正和平衡当事人利益的功能。这对完善我国的离婚制度，保障离婚自由有重要的意义。

适用离婚时家务劳动补偿制度，应符合以下条件：

（1）双方对婚姻关系存续期间财产的归属作出归各自所有的约定，即婚后财产采取分别财产制。如果双方对此期间的财产未作出约定，适用法定的共同财产制，或虽有约定，但非约定归各自所有的，不适用此制度。

（2）请求补偿的一方应是付出义务较多的一方。所谓付出义务较多是指在家务劳动中付出了较多的时间和精力，如在抚养、教育子女方面，照料老人方面及协助另一方的工作方面付出了较多义务。付出较多义务的一方有权要求对其所付出的义务予以补偿，是补偿请求权人。补偿的数额应与一方所付出劳务的价值相当。补偿的具体数额及方式应由双方当事人协商，协商不成的，由人民法院根据具体情况，如双方结婚时间的长短，子女的大小，婚姻关系存续期间各自在子女抚养教育方面、对老人的赡养方面的投入情况，一方对另一方的协助情况，以及双方的经济收入等情况判决。

（3）补偿请求权不考虑双方的过错情况。无论对方是否有过错，付出较多义务的一方均可要求补偿，其补偿请求权不以对方的过错为要件。付出较多义务的一方有过错的，也不因其过错剥夺补偿请求权，仍有权要求对所付出义务予以补偿。

(4) 离婚时家务劳动补偿请求权以当事人双方离婚为要件。如果双方不离婚，一方不得以从事家务劳动较多而诉至法院要求对方补偿。当事人自行达成协议，一方自愿补偿他方的不在此限。

补偿请求权在性质上既不同于损害赔偿，也不同于经济帮助，它既不以一方经济上有困难为前提，也不以一方有过错为要件，它是对在家庭共同生活中付出义务较多，在分别财产制下未获得任何补偿的一方所从事的家务劳动价值的肯定，是一种弥补对方损失的辅助性的财产手段。

但值得注意的是，实践中对家务劳动补偿制度的直接适用非常鲜见。探究其原因，乃是因为法律规定离婚家务劳动补偿应以"夫妻书面约定婚姻关系存续期间所得的财产归各自所有"为前提，换言之，夫妻双方不适用分别财产制度就不适用家务劳动补偿制度。目前，我国现实生活中，夫妻约定实行分别财产制的并不多见，其直接后果就是极大地限制了这一救济制度的适用。婚姻法对这一制度的规定在适用中有一定的局限性，实践中难以对家务劳动的价值作出合情合理、具有说服力的估价，给法官在具体操作时带来了困难。

（四）对生活困难一方的经济帮助

《婚姻法》第 42 条规定："离婚时，如一方生活困难，另一方应从其住房等个人财产中给予适当的帮助。具体办法由双方协议；协议不成时，由人民法院判决。"最高人民法院《关于适用〈中华人民共和国婚姻法〉若干问题的解释（一）》第 27 条规定：《婚姻法》第 42 条所称"一方生活困难"，是指依靠个人财产和离婚时分得的财产无法维持当地基本生活水平。一方离婚后没有住处的，属于生活困难。离婚时，一方以个人财产中的住房对生活困难者进行帮助的形式，可以是房屋的居住权或者房屋的所有权。

1. 经济帮助的性质和条件

离婚时，对困难一方予以适当的经济帮助，并非夫妻扶养义务的延长，夫妻间的扶养义务随婚姻关系的终止而终止。对困难一方的经济帮助，是基于婚姻关系解除所派生的社会道义上的责任，这种责任是由法律确认和保护的。

经济帮助不以给付方有过错为必要，而是基于公平原则对离婚后处于弱势地位的一方予以一定的保护。这一规定既适用于女方也适用于男方，但基于社会现实，立法的目的是贯彻保护妇女利益的原则，照顾经济能力逊于男子的妇女。目前，我国男女两性的经济能力仍存在一定差距，离婚时，生活困难的一方以女方居多，在离婚时对困难的一方给予适当的经济帮助，有助于消除妇女在离婚问题上的经济顾虑，有利于保障离婚自由，也有利于消除因离婚造成的不利的社会后果。

根据婚姻法和相关的司法解释，对一方生活困难的经济帮助是有条件的，其条件是：

(1) 一方必须是有生活困难的。所谓生活困难是指依靠个人财产和离婚时分得的财产无法维持当地基本生活水平。一方离婚后没有住房的，属于生活困难。

(2) 经济帮助仅限于离婚时。对离婚时不困难，离婚以后发生困难的，不予帮助；在帮助期间，受帮助方再婚的，帮助终止；原定经济帮助执行完毕后，一方又要求对方再给予经济帮助的，一般不予支持。

(3) 帮助方须有负担能力。经济帮助以帮助方有负担能力为前提，即承担经济帮助的一方的个人财产在维持其自身正常的衣、食、住、行等需求外，还有能力以其个人财产对前配偶进行住房、金钱或其他经济上的帮助。无负担能力的，可以不予帮助。

对于何为生活困难，主要有两种不同的意见。一是目前最高人民法院司法解释所采纳的，认为所谓生活困难，是指需要帮助的一方有绝对的困难。如果依靠个人财产或离婚分得的财产无法维持基本生活，即无法维持当地的基本生活水平，就是有绝对困难。其理由为帮助方是从自己的合法财产中支出一部分帮助因解除婚姻关系有困难的对方，因此，对帮助方不能要求过高，不能将离婚后生活水平严重下降视为生活困难。另一种意见认为，所谓生活困难是相对困难，只要一方离婚后生活水平下降就应当认为是困难，否则，难以保证公平。因为在婚姻关系存续期间，双方有相互扶养的义务，共同生活使双方基于信任而共同创建家庭，或为未来收入的提高作出努力，但离婚时，一方生活富裕，一方相当困难，显然不符合法律的公平正义的理念。如果将生活困难视为相对困难，就可取代离婚损害赔偿制度，通过救济困难一方，达到实质公平的结果。① 如美国法上并没有特别的设立家务劳动补偿或者离婚后的经济帮助，它以笼统的离因补偿制度达到两者共同的目标：保障离婚当事人的生活，减少离婚给当事人以及社会造成的负面影响。离因补偿制度的另一方面的好处是请求权人无须负担对他们来说几乎是难以取得的他方有过错的证据责任，只要负责举证离婚使自己的生活水平下降或遭受了某种损害即可，是否应当给予补偿，则由法官根据具体情节裁判。

2. 经济帮助的内容

有帮助能力的一方在给予对方经济帮助时，提供经济帮助的来源应当是自己的个人财产，包括法定个人财产、约定个人财产、从共同财产中分得的个人财产。帮助的内容包括物质、金钱和房屋等。

在我国司法实践中，多年来许多妇女在离婚时均面临住房困难，这不仅是由于女性的经济能力相对较低，也是多年的福利分房政策中许多单位“分房分男不分女”的规定所带来的后遗症。为解决这一问题，最高人民法院曾在 1993 年《关于审理离婚案件处理财产分割问题的若干具体意见》中明确规定，婚前财产经婚后共同生活一定期间（贵重的生活用品为 4 年，房屋等价值较大的生产资料为 8 年）转化为夫妻共同财产。但由于这一规定与物权理论相违背，修订后的《婚姻法》明确规定夫妻一方的婚前财产属于其个人财产，最高人民法院关于婚前财产转化的规定因与之相悖而不再适用。由于离婚妇女的住房困难在分割夫妻共同财产时难以解决，因而在离婚时从住房上对需要帮助的一方给予帮助具有重要的现实意义。住房是公民实现生存权的基本条件，在我国现实的条件下，需要予以妥善处理。帮助的方法，应针对当事人的具体情况：经济条件好，住房富裕的，可以将房屋的产权让与需要帮助的一方；否则也可将双方的婚姻住房提供无房居住的一方暂住，由其享有一定期间的房屋使用权；在住房条件紧张的情况下，也可由帮助方为需要帮助的一方支付一定期间的房屋租金。

李明与王立经人介绍相识结婚，婚后生有一子。因双方性格不合，经常发生争吵，甚至分居，在儿子 1 岁时王立向法院提出离婚。李明不同意，经调解王立同意撤诉。但此后双方关系并未好转。后双方同意离婚，但对现有子女抚养及财产如何处理双方意见不一。王立再次起诉到法院。法院经审理后认定，双方感情确已破裂，准予离婚。两岁的儿子随母亲生活，夫妻共同财产平均分割。双方的婚姻住房是李明的婚前个人财产，但考虑到王立离婚后无房居住，属于生活困难，将两居室的住房中的一间由王立暂时居住，暂住期为两年。

① 参见黄松有主编：《婚姻法司法解释的理解与运用》，95～96 页，北京，中国法制出版社，2002。

三、离婚后子女的抚养和教育

（一）离婚后的父母子女关系

《婚姻法》第36条第1款规定：“父母与子女间的关系，不因父母离婚而消除。离婚后，子女无论由父或母直接抚养，仍是父母双方的子女。”

父母与子女的关系，不因父母离婚而消除。父母离婚后，对子女的权利义务仍然存在，子女无论随哪方生活，仍然是父母双方的子女。离婚只解除夫妻关系，不能解除父母子女关系。夫妻关系与父母子女关系性质不同，夫妻关系是双方合意的两性结合，可依法成立，亦可依法解除。父母子女关系，则是基于子女出生的法律事实而形成的自然血亲关系，一旦形成，不能用人为的手段解除，如用声明脱离父母子女关系，是不发生法律效力的。因而，离婚所变更的只是父母对子女的抚养形式，而不是父母子女关系，父母双方仍有抚养教育子女的权利和义务。《婚姻法》第36条在肯定了离婚不消除父母子女关系的同时，在同条第2款又明确规定：“离婚后，父母对于子女仍有抚养和教育的权利和义务。”这一规定对于改变父母抚养子女的形式后，加强父母的法律责任与义务感，保障未成年子女的合法权益，保障其健康成长有重要意义。

养父母与养子女间的权利义务关系，不因养父母离婚而消除。根据婚姻法和收养法的规定，养父母和养子女间的权利义务，适用婚姻法对父母子女关系的规定。养父母离婚后，养子女无论由养父或养母抚养，仍然是养父母双方的子女，双方均应承担抚养教育的权利和义务。

继父母与形成扶养关系的继子女间的权利义务关系在继父与生母或继母与生父离婚时是否解除，应视具体情况而定。生父与继母、生母与继父离婚时，继父或继母不同意继续抚养继子女的，可仍由生父母抚养。

离婚后的子女抚养不仅是理论问题，也是实际问题。离婚后，尽管父母子女间的权利义务关系不变，但父母抚养子女的方式发生了变化，由双方与子女共同生活、共同抚养变化为一方作为直接抚养方，与子女共同生活，另一方通过给付抚养费和行使探望权的方式行使其抚养教育子女的权利和义务。因此，法律如何做到尽量减少离婚对子女的负面影响，最大限度地保护孩子的利益，是各国离婚立法的重要课题。

婚姻的本质或它的社会属性决定了离婚并不是仅与个人有关的行为，它不仅会给对方造成一定的影响，也会对子女在心理、行为模式等方面产生重大影响。美国对离婚与孩子关系的调查研究相当深入，学者们认为，父母离婚对子女的负面影响大于正面影响，而且这种影响是全方位的，包括心理、行为、学业、健康、人际关系、婚恋观念等等，甚至父母的离婚还会代际相传，增加子女未来的婚姻变动的危险。在离婚已成为一种文化现象的美国，其负面影响还如此之大，在重视家庭，人际关系密切的我国，离婚给子女所带来的冲击显然会更加巨大和严重。①

有关离婚立法是否要考虑对子女的影响，主要有三种观点：一是认为应以牺牲个人对幸福生活的追求来维持一个外表完整的家庭，为了子女的利益，离婚立法应当在一定条件

① 参见叶文振：《离婚标准的国际比较与启示》，载《中国婚姻家庭历程与前瞻》，175页，北京，中国妇女出版社，2001。

下限制父母离婚自由。二是认为父母离婚对子女的负面影响不大，甚至还有正面影响，离婚使子女离开了或争吵不休，或终年处于冷战的家庭。因此，制定离婚立法时不必把对未成年子女的影响作为重要的考量因素。三是认为父母离婚对子女的身心健康有重要影响，不应将离婚看成只是父母之间的事情，在制定离婚立法时应充分考虑子女的利益，为他们制定一些切实可行的保护措施。

（二）离婚后子女抚养归属的确定及变更

1. 离婚后子女直接抚养方的确定

《婚姻法》第 36 条第 2 款、第 3 款规定："离婚后，父母对于子女仍有抚养和教育的权利和义务。""离婚后，哺乳期内的子女，以随哺乳的母亲抚养为原则。哺乳期后的子女，如双方因抚养问题发生争执不能达成协议时，由人民法院根据子女的权益和双方的具体情况判决。"

如前所述，离婚后父母子女关系不变，但变更了父母对子女的抚养形式，即子女只能随父母一方生活，他方以给付抚养费及享有探望权来行使其抚养教育子女的权利和义务。因此，离婚后子女随何方生活，直接关系到子女的权益，也是双方争议较大的问题。处理时，必须从有利于子女健康成长的原则出发，把维护子女利益放在首位，再结合父母双方的抚养能力和抚养条件，妥善处理。根据《婚姻法》和最高人民法院相关的司法解释，在处理离婚后子女由何方直接抚养时应考虑下列因素：

（1）两周岁以下的子女，原则上由哺乳的母亲抚养。

这是从子女利益出发所作的原则性规定。《婚姻法》第 36 条第 3 款规定，哺乳期内的子女，以随哺乳的母亲抚养为原则 。但哺乳期限为多长，法律未作明确规定。为了更好地保护婴儿的利益，有利于婴儿健康成长，最高人民法院在司法解释中将哺乳期限明确规定为两年。两周岁以下的子女无论在心理上还是生理上都明显地依赖母亲，母爱会使婴儿感到安全、稳定，促进婴儿发育。但在特殊情况下，也可由父亲抚养，随父亲生活。主要有以下几种情况：

（A）母亲患有久治不愈的传染性疾病或其他严重疾病，子女不宜与其共同生活的；

（B）母亲有抚养条件不尽抚养义务，而父方要求子女随其生活的；

（C）父母双方协议，两岁以下子女随父方生活，并对子女健康成长无不利影响。

两周岁以内的子女，由哺乳的母亲抚养，既是其权利也是其义务，婴儿的母亲不能推卸责任，不尽义务。当母亲不宜或不能抚养时，婴儿的父亲必须尽抚养义务，与婴儿共同生活。

（2）两周岁以上子女直接抚养方的确定，应由父母双方协议。

两周岁以上的子女随何方生活，首先应由父母双方协议，协议不成时，由人民法院根据子女的权益和双方的具体情况判决。对于父母双方均要求子女随其共同生活的，判决时，一方具有下列情况之一的，可予优先考虑：

（A）已做绝育手术或因其他原因丧失生育能力的；

（B）子女随其生活时间较长，改变生活环境对子女健康成长明显不利的；

（C）一方无其他子女，而另一方有其他子女的；

（D）子女随其生活，对子女成长有利，而另一方患有久治不愈的传染性疾病或其他严重疾病，或者有其他不利于子女身心健康的情形，如有赌博、酗酒或无抚养子女的经济条件等，不宜与子女共同生活的；

（E）子女随祖父母或外祖父母共同生活多年，且祖父母或外祖父母要求并有能力帮助子女照顾孙子女或外孙子女的。

（3）子女10周岁以上的应考虑本人的意见。

父母双方对10周岁以上的未成年子女随父或随母生活发生争执的，应考虑该子女的意见。在子女有识别能力的情况下，充分考虑子女的意见，有利于离婚后父母子女关系的融洽和该子女的身心健康发展，最大限度地减少离婚对子女的伤害。

（4）在有利于保护子女利益的前提下，父母双方可以协议轮流抚养子女。

所谓双方轮流抚养子女，实际上是父母双方共同行使监护权。根据具体情况，可以由母亲抚养一年，父亲抚养一年，子女轮流随父母一方共同生活。轮流抚养子女，使子女能与父母双方均保持较为密切的父母子女关系，在感情上和生活上既能得到父爱，又能得到母爱，有利于子女的身心健康。但是，轮流抚养子女，可能出现子女的生活不够稳定等情形，父母双方协议轮流抚养子女的，必须以有利于保护子女利益为前提。

2. 离婚后子女直接抚养方的变更

离婚后，由于父母的抚养条件发生重大变化，或者子女要求变更抚养关系的，可由父母双方协议变更，协议不成的，人民法院应根据子女利益和双方的具体情况判决。一方要求变更子女抚养关系有下列情形之一的，应予支持：

（1）与子女共同生活的一方因患严重疾病或因伤残无力继续抚养子女的；

（2）与子女共同生活的一方不尽抚养义务或有虐待子女行为，或其与子女共同生活对子女身心健康确有不利影响的；

（3）10周岁以上未成年子女，愿随另一方生活，该方又有抚养能力的；

（4）有其他正当理由需要变更的。

（三）离婚后子女抚养费的负担和变更

1. 离婚后子女抚养费的负担

《婚姻法》第37条规定："离婚后，一方抚养的子女，另一方应负担必要的生活费和教育费的一部或全部，负担费用的多少和期限的长短，由双方协议；协议不成时，由人民法院判决。关于子女生活费和教育费的协议或判决，不妨碍子女在必要时向父母任何一方提出超过协议或判决原定数额的合理要求。"根据婚姻法的这一规定和最高人民法院的有关司法解释，在处理离婚后子女生活费和教育费的分担时应注意以下几点：

（1）离婚后，父母双方有平等的负担子女生活费和教育费的义务。

子女随母方生活时，父亲应负担必要的生活费和教育费，子女随父方生活时，母亲也应负担必要的生活费和教育费，这是我国男女公民社会和家庭地位平等的反映。1950年《婚姻法》根据当时男女社会经济以及家庭地位的不同，对离婚后男女对子女生活费、教育费的负担作了不平等的规定：离婚后，子女随母方生活的，父方应负担必要的生活费和教育费，而子女随父方生活的，母方则无此义务。这是对妇女特殊保护的一种措施。新中国成立以来，我国政府经过不懈的努力，妇女的经济地位、社会地位以及在家庭中的地位均发生了很大的变化，男女地位已基本平等，女方具备了与男方共同负担子女生活费和教育费的条件。因此，1980年《婚姻法》作了平等负担的规定，父母双方在离婚后有平等的负担子女生活费和教育费的义务。但义务主体的平等，并不意味着抚养费用数额的平均分担，其抚养费数额的确定，应考虑双方的负担能力和经济条件。

（2）子女抚养费的数额。

确定子女抚养费的数额，可根据子女的实际需要、父母双方的负担能力和当地的实际生活水平综合考虑。婚姻法对子女抚养费的数额未作任何确定性的规定，造成了执法过程中的某些偏差和不确定性。最高人民法院 1993 年 11 月在《关于人民法院审理离婚案件处理子女抚养问题的若干具体意见》中对这一问题作了统一的司法解释，按照义务人收入的比例确定抚养费数额：

负有给付义务的一方有固定收入的，抚养费一般可按其月总收入的20%～30%的比例给付。负担两个以上子女抚养费的，比例可适当提高，但一般不得超过月总收入的 50%。

负有给付义务的一方无固定收入的，抚养费的数额可依据当年总收入或同行业平均收入，参照上述比例确定。

有特殊情况的，可适当提高或降低上述比例。对一方无经济收入或者下落不明的，可用其财物折抵子女抚养费。

父母双方可以协议子女随一方生活并由抚养方负担子女全部抚养费。但经查实，抚养方的抚养能力明显不能保障子女所需费用，影响子女健康成长的，不予准许。另一方必须给付子女抚养费，以保障子女健康成长。

(3) 子女抚养费的给付期限。

最高人民法院 2001 年《关于适用〈中华人民共和国婚姻法〉若干问题的解释（一）》第 20 条对《婚姻法》第 21 条作出了明确的解释：《婚姻法》第 21 条规定的“不能独立生活的子女”是指尚在校接受高中及其以下学历教育，或者丧失或未完全丧失劳动能力等非主观的原因而无法维持正常生活的成年子女。

根据《婚姻法》及其相关司法解释，子女抚养费的给付期限一般至子女 18 周岁为止。16 周岁以上不满 18 周岁，以其劳动收入为主要生活来源，并能维持当地一般生活水平的，父母可停止给付抚养费。

18 周岁以上，尚未独立生活的成年子女，有下列情形之一，父母又有给付能力的，仍应负担必要的抚养费：

(A) 尚在校接受高中及其以下学历教育的；

(B) 丧失了劳动能力，或虽未丧失劳动能力但因非主观原因无法维持正常生活的。

与 1993 年《关于人民法院审理离婚案件处理子女抚养问题的若干具体意见》第 12 条的规定相比，最高人民法院《关于适用〈中华人民共和国婚姻法〉若干问题的解释（一）》对“不能独立生活的子女”作出重新界定，按照这一解释，对子女接受高中以上教育的费用及其生活费，父母均无支付的法定义务。其理由有三：一是高中以上的子女大多已经成年，是完全行为能力人，他们有能力也应当为自己所接受的教育承担责任。二是高中以上的教育不是义务教育，父母对子女接受非义务教育不承担法定义务，当然，父母有能力也自愿为子女承担教育费、生活费的，法律予以支持。三是社会已经为大学生们提供了奖学金、助学金、贷学金、勤工俭学等多种途径，为他们依靠自己的力量接受大学教育创造了条件。大学教育作为一种教育投资，子女本人是受益者，他们应当为其预期利益承担相应的责任。

(4) 子女抚养费的给付方法。

子女抚养费应定期给付。所谓定期给付，是指可按月、按季度、按年给付或按收获季节给付。有条件的也可一次性给付。根据当事人的具体情况，可给付金钱或实物。

离婚时，应将子女抚养费的数额、给付的期限和方法，在离婚调解书或判决书中明确规定。

2. 离婚后子女抚养费的变更

离婚后，由于父母一方或子女的情况发生变化，可另行起诉，要求变更。子女抚养费的变更包括增加、减少或免除。

子女要求增加抚育费有下列情形之一，父或母有给付能力的，应予增加：

（1）原定抚养费数额不足以维持当地实际生活水平的；

（2）因子女患病、上学，实际需要已超过原定数额的；

（3）有其他正当理由应当增加的。

有给付义务的一方，符合下列条件之一，可要求减少或免除子女抚养费：

（1）有给付义务的一方，因丧失劳动能力，失去经济来源，确实无力按原协议或判决确定的数额给付，而与子女共同生活的一方确有抚养能力的；

（2）有给付义务的一方，因犯罪服刑，无力给付抚养费的；

（3）与子女共同生活的一方再婚，其再婚配偶愿意负担继子女抚养费的一部或全部的。

李某与吴某原系夫妻关系，育有一女儿子娟。1992年双方协议离婚，女儿10岁，随母亲吴某生活，父亲李某每月给付生活费50元，按月支付。1998年，女儿上高中时，到法院起诉要求提高抚养费。鉴于原定生活费过低，女儿子娟又上高中，属于非义务教育，故经法院调解，父亲李某同意将生活费提高为每月100元，每年支付学杂费1 000元。2001年8月，子娟考入大学，再次到法院起诉要求提高抚养费，包括：每月支付生活费200元、每年支付学费3 000元。父亲李某以自己无固定收入，且再婚后又生育一子，无增加抚养费的能力为由，不同意增加抚养费。法院经审理后确认，子娟已经成年，没有丧失劳动能力，应当依靠自己的能力独立生活，并自己想办法筹措经费上大学，其父亲李某已无法定的抚养义务，可以不负担子娟的生活费和教育费。据此，驳回了子娟的诉讼请求。

（四）离婚后父母对子女的探望权

《婚姻法》第38条规定：离婚后，不直接抚养子女的父或母，有探望子女的权利，另一方有协助的义务。行使探望权利的方式、时间由当事人协议；协议不成时，由人民法院判决。父或母探望子女，不利于子女身心健康的，由人民法院依法中止探望的权利；中止的事由消失后，应当恢复探望的权利。

离婚后不直接抚养子女的父或母一方对其子女享有探望权，是修正后的《婚姻法》新增设的内容。1980年《婚姻法》对探望权未作明确规定，“离婚后，子女无论由父方或母方抚养，仍是父母双方的子女”的规定在实际生活中难以完全落实。当事人或是认为父母离婚后，孩子属于与其共同生活一方的子女，与对方无关，不允许对方探望子女；或是以孩子与对方共同生活，不让自己探望为由，不支付抚育费；或是频繁探望子女，影响对方及子女的正常生活；甚至为了争夺对子女的直接抚养权，转移、藏匿子女。为了处理好这方面的问题，保护子女的身心健康以及父母双方的合法权益，《婚姻法》特增设了探望权制度。探望权制度的设立，使离婚后的父母对其子女的探望权利法定化、明确化，使当事人行使探望权受到公权力的保护，这对完善离婚制度，调整父母离婚后与子女的关系具有很重要的意义。依法行使探望权可使未成年子女在父母离婚后仍能得到双亲的关怀，有利于其健康成长，同时还可减少不必要的纷争，促进家庭和社会的和谐。

1. 探望权制度的内涵

所谓探望权是指离婚后不直接抚养子女，不能与子女共同生活的一方，享有对其抚养的未成年子女定期探望、联系交往、短期共同生活的权利。根据《婚姻法》第38条的规定，探望权制度包括以下内容：

(1) 探望权是离婚后父母对子女的权利。探望权是在父母离婚后，非直接抚养子女的父母一方行使其抚养、教育子女的特殊形式，尽管非直接抚养方对子女履行抚养教育的权利义务有多种形式，如负担抚养费，但体现着血缘亲情的抚养教育是不能仅仅通过金钱来实现的，探望权赋予非直接抚养方与其子女沟通联系、言传身教的机会，既满足了子女对父爱或母爱的渴望，也满足了父母期望与其子女亲近、接触的愿望。

(2) 享有探望权的主体。离婚后的父母享有探望权应具备以下两个条件：一是必须与子女保持父母子女权利义务关系。除生父母外，与养子女保持父母子女权利义务关系的养父母、与继子女保持父母子女权利义务关系的继父母均应享有探望权。二是离婚后非直接抚养子女的父母一方才享有探望权，这是由探望权的内容所决定的。换言之，只有未与子女共同生活的父母一方才有必要及有权利要求探望。与子女共同生活的直接抚养方应当为其行使探望权提供方便条件，即有所谓的协助义务，不得无故阻拦、干扰有探望权的一方行使其权利。

(3) 探望权的行使方式应包括：离婚后非直接抚养方有定期探望子女的权利，如可以是每周一次，也可以是每月一次到双方商定的地点探望子女。有与子女联系、交往的权利，如可以通过电话、书信等形式与子女保持联络。还有与子女短期共同生活的权利，如可以在节假日，将子女接至自己的家中共同生活，联络感情，教育子女。行使探望权的时间、地点等应由当事人协商。

(4) 子女在 10 周岁以上的，有关父母探望权的行使方式、探望的时间、地点，应考虑子女的意见，以保障当事人自觉履行有关探望权的协议。

(5) 行使探望权应以有利于子女健康成长为原则，父或母探望子女，危及子女身心健康的，应当依法中止其探望权的行使。

在人民法院协议离婚的，有关探望子女的协议应由法院认可，并载入离婚调解书。当事人不能达成协议的，由人民法院判决。对于根据当事人的协议制作的调解书或人民法院的判决书，当事人均必须履行。在婚姻登记机关办理离婚登记的，应当同时就离婚后探望子女的问题达成协议，并载入离婚协议书，婚姻登记机关应对其内容进行审查。对于当事人达不成协议，或协议内容不合法的，不能依行政程序登记离婚。

对于拒不执行有关探望子女等判决和裁定的，人民法院可以依法强制执行。根据民事诉讼法的规定，对拒不履行协助另一方行使探望权的有关个人和单位可以采取拘留、罚款等强制措施，但不能对子女的人身、探望行为进行强制执行。

2. 探望权的中止及恢复

享有探望权的一方行使探望权，不得出现危及子女身心健康的情况。否则，直接抚养子女的一方可以请求法院中止其探望权。

根据最高人民法院《关于适用〈中华人民共和国婚姻法〉若干问题的解释（一）》的规定，当事人在履行生效判决、裁定或者调解书的过程中，有权请求中止行使探望权。有权提出中止探望权的请求权人为：未成年子女、直接抚养子女的父或母及其他对未成年子女负担抚养、教育义务的法定监护人。

人民法院在征询双方当事人意见后，认为需要中止行使探望权的，依法作出裁定。中止探望的情形消失后，人民法院应当根据当事人的申请通知其恢复探望权的行使。

思考题

1. 现行《婚姻法》所体现的离婚立法的指导思想是什么？
2. 离婚与婚姻无效的区别是什么？
3. 适用离婚的行政程序应符合哪些条件？
4. 诉讼外的调解是离婚的必经程序吗？
5. 如何理解诉讼离婚的法定条件？
6. 我国婚姻法对现役军人的婚姻是如何保护的？
7. 什么是离婚的效力？包括哪些内容？
8. 试述离婚时财产分割的范围、分割的原则和方法。
9. 离婚后如何给付子女抚养费？
10. 探望权包括哪些内容？

第八章
亲子关系

【重点问题】

亲权的概念和特征
亲子关系的种类
父母子女间的权利和义务

第一节 概说

一、亲权的概念和特征

亲权，是指父母对未成年子女在人身和财产上具有的管教和保护的权利。这种权利兼具义务的性质，权利的行使是通过义务的履行而实现的。在民事权利的分类上，亲权是一种身份权，是基于身份关系而产生的一种专属于父母的权利和义务。亲权制度是亲子法的核心，是调整父母与未成年子女关系的法律规范的总称。在亲属法上，亲指父母，子指子女。亲权是父母对未成年子女的权利和义务的统一。亲权具有以下法律特征：

（1）亲权是基本的身份权。亲权是父母基于其身份而发生的对未成年子女的权利和义务。亲权人在行使亲权时依法自主行使，任何人不得妨碍和侵害。

（2）亲权以管教和保护未成年子女为目的。

（3）亲权是父母对未成年子女专有的权利和义务，父母对成年子女不享有亲权。

（4）亲权是权利和义务的统一，因而不能任意抛弃或滥用。

二、亲权的历史沿革

西方国家的亲权制度，起源于罗马法的家父权和日耳曼法的保护权。在早期的罗马法中，家父权是以家父的利益为核心的，强调的是作为亲权人的家父的权力。在罗马亲属法中，家父由家庭成员中的男性尊长充当。家父在私法上享有各种特权，不仅子女的财产权为家父控制，而且子女的人格也被家父的人格所吸收，家父对家子具有绝对的支配权和惩罚权。日耳曼法中的父权以父对子女的保护权为主要内容，但有关规定仍然是以亲为本位的。中国古代的亲权有其自身的特点，父权和家长权紧密地结合在一起。随着社会的发展和演变，近现代的亲权制度一般都已从以亲为本位转化为以子为本位，各国的亲权法多以保护未成年子女的利益为根本目的。如修改后的《法国民法典》规定：父母有权保护子女的安全、健康及道德品行。父母对子女负有照管、监督及教育的权利和义务。修正后的《德国民法典》也规定：培养子女是父母重要的公民义务并得到国家和社会承认。基于本国的立法传统，大陆法系国家一般皆设亲权制度，父母是未成年子女的亲权人，如父母死亡或父母不能行使亲权时，依法另设监护人。英美法系国家则亲权与监护权不分，统称监护权，父母为子女的当然监护人，如父母监护不能时，依法由他人行使监护权。

目前，我国现行法中尚未设置亲权制度。依据《民法通则》的规定，未成年人的父母是未成年人的监护人。监护人应当履行监护职责，保护被监护人的人身、财产及其他合法权益，除为被监护人的利益外，不得处理被监护人的财产。在最高人民法院《关于贯彻执行〈中华人民共和国民法通则〉若干问题的意见（试行）》中，进一步规定了监护人的监护职责，包括保护被监护人的身体健康，照顾被监护人的生活，管理和保护被监护人的财产，代理被监护人进行民事活动，对被监护人进行管理和教育，在被监护人的合法权益受到侵害或者与人发生争议时，代理其进行诉讼。由此可见，我国法律中尽管没有使用亲权的概念，但上述有关监护权的规定，已包含了亲权的基本内容。为了进一步健全我国的家庭制度，设置和完善亲权制度是十分必要的，对于更好地保护未成年子女的利益，具有重要的现实意义。

三、亲子关系的种类

（一）我国古代亲子关系的种类

在中国古代的父母子女分类上，为了确认纳妾制度和宗祧继承制度，除基于出生而发生的自然血亲父母子女关系外，还有拟制的、与名分恩义相关联的父母子女关系。其中又可分为嗣父与嗣子，养父母与养子女以及各种名义上的父母子女关系。在封建的礼俗中有“三父八母”、“五父十母”之说。根据《元典章》中“三父八母图”的记载，“三父”是指：同居继父、不同居继父、从继母嫁继父。“八母”是指：嫡母、继母、养母、慈母、嫁母、出母、庶母、乳母。在子女方面，有嫡子、庶子、婢生子、奸生子、嗣子、养子。子女的地位，由其生母的地位来决定，嫡子是妻所生之子；庶子是妾所生之子；婢生子是男主人和婢女所生之子；奸生子是与人私通所生之子；嗣子是立嗣承继宗祧之子；养子是收养之子。以上是我国古代的亲子分类法，除有亲疏远近之别外，不同称谓者的法律地位也不同，如嫡子与庶子的法律地位差别很大，婢生子与奸生子的法律地位很低等。

（二）现代亲子关系的种类

根据父母子女关系产生的原因，我国婚姻法将父母子女关系分为两类：

（1）自然血亲的父母子女关系。这是基于子女出生的法律事实而发生的，包括父母与婚生子女，父母与非婚生子女。由于自然血亲的父母子女关系是因血缘联系而存在的，因而除因一方死亡而自然终止外，不能人为解除。而法律上的权利和义务，在通常情况下，也只能因父母将子女送养而消灭。

（2）拟制血亲的父母子女关系。这是基于收养或再婚的法律行为以及事实上的抚养关系形成而发生的，包括养父母子女和形成抚养关系的继父母子女。依法拟制的父母子女关系，是人为设定而由法律加以确认的，与自然血亲的父母子女关系在法律上有同等的权利和义务。这种拟制血亲的父母子女关系，既可依法设立，也可因死亡、收养的解除或继父母与生父母离婚以及相互抚养关系的变化而终止。

（三）人工生育子女的法律地位

人工生育子女，是指利用人工生育技术受胎而出生的子女。人工生育不同于人类传统的自然生育，而是根据生物遗传工程理论，采用人工方法取出精子或卵子，再经人工将精子或受精卵注入妇女子宫，使其受孕的一种新的生育技术。

几千年来，人类以男女两性结合的自然生殖方式进行自身繁衍。提供精子和卵子的男女双方与所生的子女，形成具有直接的血缘联系的父母子女关系。进入20世纪后，人工生殖技术开始应用于临床医学领域，出现了不通过自然的性行为而受孕生育子女的人工生育方式。这项现代医学技术不仅切断了生育与性行为之间的联系，而且也打破了生育关系与遗传关系合为一体的生育规律。随着人工生育方法的不断适用，如何协调由此引发的伦理道德、婚姻家庭、血统以及法律等领域的冲突，已成为世人所关注的问题。人工生育子女给父母子女关系带来了新的变化，传统的父母子女关系的分类，已不能涵盖人工生育的亲子关系，对此，法律已有重新规范的必要。

人工生育分为母体内受孕（人工授精）和母体外受精（试管婴儿）两类。人工授精又分为同质授精和异质授精两种。同质授精（AIH，Artificial Insemination by Husband）是指夫妻双方的精、卵细胞，用人工方法授精生育子女，夫妻与所生子女间具有血缘关系，其与自然血亲的父母子女关系完全相同。异质授精（AID，Artificial Insemination by Donor）是指用第三人提供的精子对妻子进行人工授精的方法。由于异质人工授精出生的子女，与生母的丈夫之间不具有亲子间的血缘关系，因而须依法确认双方是否具有法律上的亲子关系。体外授精（IVF，In Vitro Fertilization）是指用人工方法取卵，将卵子和精子在试管中形成胚胎后再植入子宫妊娠的生殖技术。因精子和卵子的供体不同又可分为：（1）采用夫妻的精子和卵子在体外受精，再植入妻子的子宫内妊娠。这与同质授精一样，子女均与父母双方有着自然的血亲关系。（2）采用妻子的卵子与第三人提供的精子在体外受精，再植入妻子的子宫内妊娠。这与异质授精相同，子女有生物学上即供精者和法律上即养育者两个父亲。（3）采用第三人的卵子与丈夫的精子在体外受精，再植入妻子的子宫内妊娠。这时子女则有一个生物学上的母亲和一个孕育自己的生身母亲。（4）采用第三人提供的精子和卵子在体外受精，在试管内形成胚胎后植入子宫提供者的子宫内妊娠生育。这时子女则会有一个生物学上的父亲和一个法律上养育自己的父亲，以及一个生物学上的母亲即卵子提供者、一个代孕母亲即子宫提供者和一个法律上的养育母亲。

目前，世界大多数国家对人工生育子女尚无明确的法律规定，少数已立法的国家规定的内容也不尽相同。但是，对于在婚姻关系存续期间，因夫妻双方同意而进行人工生育的子女与该夫妻形成亲子关系，由接受人工生育的夫妇承担法律责任的规定，已基本成为共识。如《美国统一亲子法》规定：在AID情况下，丈夫必须书面承诺，并要求经夫妻双方签字，法律对丈夫和胎儿的自然父亲同样对待。AID的提供者在法律上不视为胎儿的父亲。1991年德国颁布的《胚胎保护法》规定：只允许在婚姻关系内进行人工授精。如果丈夫不育，可以用另一男子的精子进行体外受精。我国最高人民法院对此的司法解释是："在夫妻关系存续期间，双方一致同意进行人工授精，所生子女应视为夫妻双方的婚生子女，父母子女关系适用《婚姻法》的有关规定。"据此，只要夫妻双方协议一致同意进行人工授精的，不论所生子女是否与父母具有血缘关系，均应视为夫妻双方的婚生子女。这里需要明确的是：（1）实施人工生育技术的目的，是利用医学技术为不孕的夫妇提供生育的协助。因此，精子和卵子的提供者以及代孕者旨在帮助不孕的夫妇生育子女，其本身并不承担法律上有关亲权的权利和义务。（2）接受人工生育的主体，应当是已婚的不孕夫妇。现各国都倾向于保护 AIH，有限制地允许使用 AID。尽量防止和避免人工生育技术的滥用。（3）凡夫妻就实施人工生育达成协议的，所生子女即为婚生子女，其亲子关系适用有关亲权的法律规定。如妻子未经丈夫同意而进行人工生育，则丈夫对该人工生育子女的婚生性享有否认权。

我国有关部门发布的《人类辅助生育技术管理办法》规定：人类辅助生育技术应当在医疗机构中进行，以医疗为目的，并符合国家计划生育政策、伦理原则和有关法律规定。禁止以任何形式买卖配子、合子、胚胎。医疗机构和医务人员不得实施任何形式的代孕技术。

第二节　父母的婚生子女

一、婚生子女的概念

婚生子女，是指在婚姻关系存续期间受胎或出生的子女。当人类社会进入一夫一妻的婚姻制度后，生育行为就开始由法律来调整。早期法律区分婚生子女和非婚生子女，一是为了传宗接代，避免血缘上出现混乱；二是为了家庭财产继承时确认继承人的需要。近现代以来，立法的意义更多的是为了保障婚姻当事人及其子女的合法权益特别是未成年子女的利益。

从各国的立法上看，关于婚生子女的定位大多较为宽松，即凡在婚姻关系存续期间受胎或出生的子女均为婚生子女。如英国法律规定，子女在婚姻关系存续中出生，不问其是否婚前受胎，只要在出生时父母之间有合法的婚姻关系，子女就取得婚生子女的身份；如果在婚姻关系存续中受胎，则不问子女出生前婚姻关系是否已经解除，子女均可取得婚生子女的身份，但英国普通法不承认婚后的准正。《德国民法典》也规定，妻于婚前或婚姻关系存续中受胎，而夫于妻之受胎期间内有同居的事实，其结婚后所生育的子女为婚生子女，即使婚姻宣告无效，亦相同。相对而言，也有一些国家对婚生子女的规定较为严格，即仅限于婚姻关系存续期间受胎的子女为婚生子女。如《日本民法典》规定，妻于婚姻中怀胎的子女即自婚姻成立起 200 日后，或自婚姻解除或撤销之日起 300 日内所生子女为婚生子女。从大多数国家的立法上看，婚生子女应当具有三个条件：（1）该子女应为具有合法配偶身份的男女所生；（2）该子女的血缘来自具有合法配偶身份的男女双方；（3）该子女出生于合法的婚姻关系存续期间或婚姻关系消灭后的法定期限内。由此可见，其生父母之间是否存在婚姻关系，是婚生子女和非婚生子女的根本区别。

二、婚生子女的推定和否认

1. 婚生子女的推定

婚生子女的推定，是指妻子在婚姻关系存续期间受胎或所生子女推定为夫的婚生子女的制度。婚生子女的推定制度，是对子女婚生性的法律认定，目的是保护子女的合法权益以及善意当事人的合法权益，维护家庭的和睦与稳定。

目前在世界各国设立的婚生子女推定制度中，大致有三种推定方法：一是子女在婚姻关系存续期间受胎的，推定为婚生子女；二是子女在婚姻关系存续期间出生的，推定为婚生子女；三是子女在婚姻关系解除后 300 天以内出生的，推定为婚生子女。如《法国民法典》规定：子女系在婚姻关系存续期间受胎者，夫即为父。受胎期为子女出生前的 300 天至 180 天，其间的

121天为受胎期。结婚满180天以上出生的子女，为婚生子女。《德国民法典》规定：从子女出生之日起，回溯第181日起至第302日止，为受胎期。而《瑞士民法典》则不以受胎为限，而是规定在婚姻关系存续期间或婚姻解除后的300天内出生的子女，推定夫为父。在英国普通法上，婚姻关系存续期间受胎或出生的子女，皆推定为婚生子女。

2. 婚生子女的否认

婚生子女的否认，是指当事人享有否认婚生子女为自己亲生子女的诉讼请求权的制度。婚生子女的否认，又称否认权，是对婚生子女推定的一种限制，目的是保障当事人的合法权益及其子女的利益，避免应尽义务的当事人逃避抚养责任，体现了法律的公正性。

由于确认婚生子女是依据法律推定的，因而婚生推定的结果应当允许当事人依据一定的事实予以否认，各国设立的婚生子女否认制度是对婚生推定制度的一种合理限制。否认婚生子女的事实依据，大多数国家法律采取概括主义，即凡提供的证据能够推翻子女为婚生的即可。否认的基本原因，主要是要能够证明在其妻受胎期间未与之同居，或者能够证明妻受胎与夫无关，即所生子女与夫没有亲子的血缘联系。一般可分为两种情况：一是夫妻在妻受胎期间没有同居的事实；二是夫有生理缺陷或没有生育能力，还包括时间不能、空间不能、肤色不能以及生理上的不能，等等。英国普通法规定，有证据证明夫有“不接近”的事实，即可否认子女婚生性。如仅能证明妻有与人通奸的事实，则不能发生否认的效力。除夫有生理缺陷或丧失生育能力外，在妻受胎期间，如夫妻有过一次同居的事实，夫就丧失了否认权。德国法规定，婚生推定的否认，只有在证明夫妻于受胎期间无同居的事实，才能否认；或者有明确的证据如通过血型或遗传生物学的检查获得的证据，才可否认婚生推定。

对婚生否认的否认权和时效问题，各国法律的规定也不尽相同。否认权人一般分为三类：一是丈夫享有否认权，二是丈夫和子女享有否认权，三是丈夫、妻子、子女和检察官均享有否认权。关于婚生否认之诉的时效，《德国民法典》规定为2年；《日本民法典》规定为1年；《法国民法典》规定为6个月。时效的计算，一般都从自知悉子女出生之日起开始。亦有国家是从丈夫知悉其妻子在受胎期间有与第三人同居的事实之日起算。婚生否认时效的限制，是为了促使当事人及时地行使权利，尽快地确定子女的法律地位。根据不同的立法例可以看出，英美法以亲子关系应尽量符合自然的亲子关系为目的，因而对婚生推定的否认权人以及否认的时效未作严格的限制。但德国、法国、日本等国家更注重亲子关系的法律身份，立法以尽量维护现有的亲子关系和家庭的稳定为目的，因此，在婚生否认的否认权人和时效上都做了严格的限制。但现代的德国法因受英美国家的影响，将否认权人从仅限于丈夫扩及检察官，后者可以基于公益的立场，撤销对子女婚生的确认。这是一种从法律向自然转化的倾向。婚生否认诉权，一般在诉讼时效期限届满、子女死亡、父母认可子女为婚生子女时消灭。

我国目前尚无婚生子女否认的规定。实践中，丈夫如否认子女为婚生子女，可向人民法院提起确认之诉。诉讼中丈夫负有举证责任，须证明在其妻受胎期间，双方没有同居的事实，或能够证明其没有生育能力等。必要时人民法院也可委托有关机构进行亲子鉴定。如果婚生子女否认成立，丈夫可免除对该子女的抚养义务。我国现行法对婚生子女的否认权没有时效的限制，同时也没有丈夫可对该子女生父追偿抚养费的规定。

我国最高人民法院在《关于适用〈中华人民共和国婚姻法〉若干问题的解释（三）》中指出：夫妻一方向人民法院起诉请求确认亲子关系不存在，并已提供必要证据予以证明，另一方没有相反证据又拒绝做亲子鉴定的，人民法院可以推定请求确认亲子关系不存在一方的主张成立。当事人一方起诉请求确认亲子关系，并提供必要证据予以证明，另一方没有相反证据又拒绝做亲子鉴定的，人民法院可以推定请求确认亲子关系一方的主张成立。

三、父母子女间的权利和义务

我国《婚姻法》关于父母子女间权利和义务的规定，不仅适用于父母与婚生子女之间，同时也适用于父母与非婚生子女之间、养父母与养子女之间以及有抚养教育关系的继父母与继子女之间。

（一）父母对子女有抚养教育的权利和义务

我国《婚姻法》第 21 条中规定，“父母对子女有抚养教育的义务”，即子女对父母有受抚养的权利。

1. 父母对子女的抚养

抚养，是指父母在经济上对子女的供养和在生活上对子女的照料，包括负担子女的生活费、教育费、医疗费等等。抚养义务是父母对子女所负的基础义务，是履行对子女的其他义务的前提条件，目的是保障子女的生存、发展和健康成长。

父母对未成年子女的抚养是无条件的。除法律另有规定外，任何情况下父母都必须履行抚养义务。离婚后的父母，无论子女由哪方抚养，另一方都不因此而免除其对子女的抚养义务。在一般情况下，父母的抚养义务到子女成年为止。但如果子女具有以下情形之一，而父母又有负担能力的，则仍需对成年子女负担必要的抚养费：（1）子女丧失劳动能力或丧失部分劳动能力，但其收入不足以维持生活的；（2）子女尚在校接受高中及其以下学历教育的；（3）子女确无独立生活能力和条件的。父母对成年子女的抚养是有条件的，父母仅对不能独立生活的子女，根据需要和可能承担必要的抚养义务。

《婚姻法》第 21 条还规定：“父母不履行抚养义务时，未成年的或不能独立生活的子女，有要求父母付给抚养费的权利。”最高人民法院《关于适用〈中华人民共和国婚姻法〉若干问题的解释（一）》第 20 条指出：“婚姻法第二十一条规定的‘不能独立生活的子女’，是指尚在校接受高中及其以下学历教育，或者丧失或未完全丧失劳动能力等非因主观原因而无法维持正常生活的成年子女。”

当未成年子女或不能独立生活的成年子女的受抚养的权利受到侵害时，其有向父母追索抚养费的权利。有关追索抚养费的争议，可由有关部门进行调解，也可直接向人民法院提起诉讼。最高人民法院《关于适用〈中华人民共和国婚姻法〉若干问题的解释（三）》指出：婚姻关系存续期间，父母双方或者一方拒不履行抚养子女义务，未成年或者不能独立生活的子女请求支付抚养费的，人民法院应予支持。审理时应当根据子女的需要和父母的抚养能力，通过调解或判决的方式，确定抚养费的数额、给付期限及方法。对追索抚养费的请求，可依法裁定先予执行。对拒不履行抚养义务、恶意遗弃未成年子女，情节严重构成犯罪的，应当依法追究其刑事责任。

2. 父母对子女的教育

教育，是指父母在思想品德上对子女的关怀和培养。教育子女是父母一项重要的职责，其中包括两个方面的内容：一是父母应当保障未成年子女受教育的权利，必须使适龄的未成年子女按照规定接受义务教育，不得使在校接受义务教育的未成年子女辍学。二是父母应当以健康的思想、品德和适当的方法教育未成年子女，引导未成年子女进行有益身心健康的活动。按照《未成年人保护法》规定，家庭保护是未成年人保护的一个重要方面。国家、社会、学校和家庭应对未成年人进行理想教育、道德教育、文化教育，进行爱国主义、集体主义和国际主义、共产主义的教育，提倡爱祖国、爱人民、爱劳动、爱科学、爱社会主义的公德。家庭具有重要的教育功能，父母对未成年子女的教育是其他教育形式无法替代的。

父母对子女的抚养教育义务，始于子女出生。父母以任何手段危害子女生命和健康的行为都是违法的。《婚姻法》特别规定，禁止溺婴、弃婴和其他残害婴儿的行为。此外，法律和道德还要求父母不得歧视女性未成年子女或者有残疾的未成年子女。

（二）父母对子女有保护和教育的权利和义务

我国《婚姻法》第23条规定："父母有保护和教育未成年子女的权利和义务。在未成年子女对国家、集体或他人造成损害时，父母有承担民事责任的义务。"

保护，是指父母应保护未成年子女的人身安全和合法权益，防止和排除来自自然界的损害以及他人的非法侵害。这里所说的教育，主要是指父母应按照法律和道德规范的要求，教育未成年子女遵纪守法，尊重社会公德和社会共同生活规则，防止其沾染恶习、误入歧途等。未成年子女是无民事行为能力人或限制民事行为能力人，他们欠缺对事物的理解能力和处理能力。法律要求父母对未成年子女进行保护和教育，一方面是为了保障子女的健康和安全，另一方面则是为了防止未成年子女损害他人和社会的利益。本条所称的教育，与《婚姻法》第21条中所称的教育并不完全相同，两者各有侧重。

保护和教育未成年子女是有效地保障子女身心健康和财产安全的法律依据。父母是未成年子女的法定监护人和法定代理人，当未成年子女的人身或财产权益遭受他人侵害时，父母应以法定代理人的身份提起诉讼，请求停止侵害、排除妨碍、赔偿损失等。当未成年子女脱离家庭或监护人时，父母有要求归还子女的权利。发生拐骗子女行为时，父母有请求司法机关追究拐骗者刑事责任的权利。在未成年子女对国家、集体或他人造成损害时，父母有承担民事责任的义务。《民法通则》第133条规定："无民事行为能力人、限制民事行为能力人造成他人损害的，由监护人承担民事责任。监护人尽了监护责任的，可以适当减轻他的民事责任。有财产的无民事行为能力人、限制民事行为能力人造成他人损害的，从本人财产中支付赔偿费用。不足部分，由监护人适当赔偿，但单位担任监护人的除外。"最高人民法院《关于贯彻执行〈中华人民共和国民法通则〉若干问题的意见（试行）》第158条规定："夫妻离婚后，未成年子女侵害他人权益的，同该子女共同生活的一方应当承担民事责任；如果独立承担民事责任确有困难的，可以责令未与该子女共同生活的一方共同承担民事责任。"第161条规定："侵权行为发生时行为人不满十八周岁，在诉讼时已满十八周岁，并有经济能力的，应当承担民事责任；行为人没有经济能力的，应当由原监护人承担民事责任。行为人致人损害时年满十八周岁的，应当由本人承担民事责任；没有经济收入的，由抚养人垫付，垫付有困难的，也可以判决或者调解延期给付。"需要指出的是，父母的责任以民事责任为限，当未成年子女的行为触犯刑律时，父母不代其承担刑事责任。

父母对未成年子女的保护和教育，既是权利又是义务。父母对未成年子女保护和教育的权利和义务是不能抛弃的。法律要求教育子女的方式要适当，禁止虐待和残害子女。虐待子女情节严重构成犯罪的，应依法追究刑事责任。依据《未成年人保护法》的规定，保护未成年人的工作，应当遵循下列原则：（1）保障未成年人的合法权益；（2）尊重未成年人的人格尊严；（3）适应未成年人身心发展的特点；（4）教育与保护相结合。

（三）子女对父母有赡养扶助的义务

我国《婚姻法》第21条中规定："子女对父母有赡养扶助的义务。""子女不履行赡养义务时，无劳动能力的或生活困难的父母，有要求子女付给赡养费的权利。"《老年人权益保障法》

中明确规定：赡养人是指老年人的子女以及其他依法负有赡养义务的人。老年人养老以居家为基础，家庭成员应当尊重、关心和照料老年人。

赡养，是指子女对父母的供养，即在物质上和经济上为父母提供必要的生活条件。扶助，是指子女对父母在精神上和生活上的关心、帮助和照料。老年人在其一生对社会和家庭都作出了贡献，尽到了责任，他们理应得到社会和家庭的尊敬和照顾。公民年老、患病或者丧失劳动能力时，有从国家和社会获得物质帮助的权利。但由于我国目前社会福利事业相对不足，国家和社会对老年人的物质帮助，还不能完全取代家庭的赡养职能，我国现阶段赡养老人仍然主要依靠家庭。父母抚养了子女，当父母年老体弱时，子女应当对父母履行赡养扶助的义务，这是子女对家庭和社会应当承担的责任。现代的养老育幼是建立在亲子关系平等的基础上的，而尊老、敬老也历来是中华民族的传统美德。

赡养扶助的义务主体是有独立生活能力的成年子女。未成年子女不是父母的赡养义务人。赡养和扶助义务的具体内容是，子女应对无劳动能力或生活困难的父母提供必要的生活保障。依据《老年人权益保障法》的规定，(1) 赡养人应当履行对老年人经济上供养、生活上照料和精神上慰藉的义务，照顾老年人的特殊需要。(2) 赡养人应当使患病的老年人及时得到治疗和护理；对经济困难的老年人，应当提供医疗费用。对生活不能自理的老年人，赡养人应当承担照料责任；不能亲自照料的，可以按照老年人的意愿委托他人或者养老机构等照料。(3) 赡养人应当妥善安排老年人住房，不得强迫老年人居住或迁居条件低劣的房屋。老年人自有的或者承租的住房，子女或者其他亲属不得侵占，不得擅自改变产权关系或者租赁关系。老年人自有的住房，赡养人有维修的义务。(4) 赡养人有义务耕种或委托他人耕种老年人承包的田地，照管或者委托他人照管老年人的林木和牲畜等，收益归老年人所有。

子女对父母的赡养是法定的义务，不得附加任何条件，赡养人不得以放弃继承权或者其他理由，拒绝履行赡养义务。无论子女是否与父母居住在一起，都应根据父母的实际需要履行赡养义务。赡养的方式既可以是与父母共同生活直接履行赡养义务，也可采用提供生活费用的方式承担经济责任。如有多个子女，则应根据每个子女的经济状况，共同承担起对父母的经济责任。赡养人之间可以就履行赡养义务签订协议，并征得老年人的同意。这种协议，可由居民委员会、村民委员会或者赡养人所在组织监督其履行。赡养费的数额，既要根据赡养人的经济负担能力，又要满足父母的实际生活需要。一般而言，应不低于子女本人或当地的平均生活水平。

《婚姻法》第 30 条规定："子女应当尊重父母的婚姻权利，不得干涉父母再婚以及婚后的生活。子女对父母的赡养义务，不因父母的婚姻关系变化而终止。"婚姻自由是我国婚姻法的基本原则，父母应当尊重子女的婚姻权利，不得干涉子女的婚姻自由。子女也应当尊重父母的婚姻权利，不得干涉父母的再婚自由。婚姻自主权受法律保护，赡养人的赡养义务是强行性的法律规范，此项义务不因老年人的婚姻关系变化而消除。

关于追索赡养费的纠纷，可由有关部门进行调解，也可直接向人民法院提起诉讼。调解纠纷时，对有过错的家庭成员，应当给予批评教育，责令改正。人民法院在处理赡养纠纷时，应坚持保护老年人的合法权益的原则，通过调解或判决的方式，确定赡养费的数额和给付方式。对追索赡养费的请求，可以依法裁定先予执行。义务人有能力赡养而拒绝赡养，情节严重，构成遗弃罪的，应依法追究其刑事责任。

（四）父母子女之间有相互继承遗产的权利

我国《婚姻法》第 24 条第 2 款规定："父母和子女有相互继承遗产的权利。"依据我国《继承法》的规定，子女和父母均为第一顺序的法定继承人。

继承权，是指继承人依法享有的继承被继承人遗产的权利。父母和子女是最近的直系血亲，因此，父母子女间的继承权是基于双方的特定身份而产生的。法律所指的父母包括：生父母、养父母和有扶养教育关系的继父母；子女包括：婚生子女、非婚生子女、养子女和有扶养教育关系的继子女。父与母对子女的遗产继承权是平等的。子女对父母的遗产继承权也是平等的，不受性别、年龄、已婚或未婚的限制和影响。需要指出的是：(1) 父母与非婚生子女有相互继承遗产的权利；(2) 养父母与养子女有相互继承遗产的权利，但养子女无权继承生父母的遗产；(3) 有扶养教育关系的继父母与继子女有相互继承遗产的权利，继父母继承了继子女遗产的，不影响其继承生子女的遗产；继子女继承了继父母遗产的，不影响其继承生父母的遗产。父母和子女的继承权是平等的，父母子女都是独立的继承主体，享有独立的继承份额。与此相关，法律还规定：(1) 对被继承人死亡时尚未出生的胎儿，应依法保留其继承的份额。胎儿出生时是死体的，保留的份额由被继承人的继承人继承；胎儿出生后死亡的，则由其继承人继承；(2) 子女先于父母死亡的，其晚辈直系血亲依法享有代位继承权；(3) 丧偶儿媳对公婆、丧偶女婿对岳父母尽了主要赡养义务的，也作为第一顺序继承人继承遗产。

第三节　父母与非婚生子女

一、非婚生子女的概念

非婚生子女，是指没有婚姻关系的男女所生的子女。生育子女的男女，是非婚生子女的生父母。非婚生子女包括：未婚男女所生子女、已婚男女与第三人所生子女、无效婚姻和可撤销婚姻当事人所生子女等。

从生育的自然属性上讲，非婚生子女与婚生子女并无区别。但是，从生育的社会属性上讲，非婚生子女是婚生子女的对称，是没有合法婚姻关系的父母所生的子女。由于人类在传统上对婚姻关系以外的两性行为和生育行为的排斥，因而非婚生子女历来都受到社会的歧视，加之家族财产应由婚生子女继承的传统观念，也导致了非婚生子女的社会地位、法律地位以及其在家庭中的地位都十分低下。英国普通法最初称非婚生子女为“无亲之子”，非婚生子女与其生父、生母不发生法律上的亲子关系。1804 年的《法国民法典》规定：非婚生子女不得请求其父认领，只许其母认领。乱伦子、奸生子的父母均不许认领，即使父母结婚，也不得取得婚生子女的资格。由于在法律上和事实上都与婚生子女处于不平等的地位，非婚生子女的死亡率和受遗弃的比例一直很高。直到 20 世纪初，人们对非婚生子女的态度开始转向宽容，意识到非婚生子女产生的原因是其生父母的过错造成的，非婚生子女本身是无辜的，不应受到社会歧视和不公平待遇。因此，出于人道主义、人权思想以及血统观念的影响，各国开始采取措施，改善非婚生子女的法律地位。法国首先取消了禁止“搜索生父”的规定。德国魏玛宪法也规定，法律对非婚生子女身体的、精神的社会待遇上，与婚生子女的待遇相同。许多国家通过允许准正和认领的程序，使非婚生子女婚生化。但目前仍有一些国家保留了非婚生子女与婚生子女的区别待遇，如现行《日本民法典》规定，非婚生子女继承时的应继份为婚生子女应继份的 1/2。

二、非婚生子女的准正和认领

(一) 非婚生子女的准正

非婚生子女的准正，是指已出生的非婚生子女因生父母结婚或司法宣告而取得婚生子女资格的法律制度。准正制度始于罗马法，为了保护非婚生子女的利益，现代大陆法系国家和英美法系国家多设有准正制度，在当代世界，人们已经形成了将尊重婚姻制度与保护非婚生子女的利益结合起来的共同理念。

准正的要件是：（1）非婚生父母子女之间须有其身份赖以确定的血缘关系；（2）生父母须有结婚的事实或司法宣告；（3）准正的依据是法律事件而非法律行为，这里所说的事件，是指生育行为或子女出生的客观事实。

准正的形式是：（1）因生父母结婚而准正。这里又可分为两种：一是以父母结婚为准正要件，不另设其他条件。二是以结婚和认领为准正的要件，只结婚而不办理认领手续的，不发生准正的效力。（2）因法院宣告而准正。法院宣告的准正，是指生父或生母死亡，或有婚姻障碍，致使婚姻准正不能时，得依一方或子女的请求，由法官宣告子女为婚生子女。

准正的效力是，准正使非婚生子女取得婚生子女的法律资格。但效力发生的时间，因各国法律规定的不同而有差异，有的国家规定从父母结婚或法院宣告之日起发生婚生的效力；有的国家规定从子女出生之日起发生婚生的效力。

据《工人日报》报道，1999年5月重庆永川市的钟某，因抢劫罪被重庆市高级人民法院判处死缓，同年12月转入重庆监狱改造。在判刑之前，钟某在未办理结婚登记的情况下，与人同居并生有二女。目前，女儿已到入学年龄，却因没有户口不能读书。钟某在监狱递交了一份结婚申请书。由此，服刑人员能否结婚的问题，在社会中引起了热烈的讨论。（资料来源：《北京青年报》，2002-05-12）

从时间上看，本案当事人钟某与人同居应是在1994年2月之前，如果同居时双方符合结婚实质要件的，应当适用最高人民法院《关于适用〈中华人民共和国婚姻法〉若干问题的解释（一）》第5条的规定，按事实婚姻处理，无须补办结婚登记。如果仅就本案而言，并不存在子女为非婚生子女的问题。但是，在服刑人员这一特殊人群中有非婚生子女的情形并不罕见，从保护未成年子女利益的角度，法律应有明确的规定。尽管我国《婚姻法》对服刑人员没有作禁止结婚的明文规定，但从服刑人员已被剥夺人身自由和无法履行夫妻义务的角度上讲，准予服刑人员登记结婚或补办结婚登记手续并不现实，也不应作为解决非婚生子女问题的唯一方法。无论服刑人员犯有何种罪行，其子女都是无辜的，法律在不歧视的前提下，还需要制定特别的保护措施。国外亲属法中的准正制度应予借鉴，即非婚生子女在父母结婚不能时，经子女或一方当事人的申请，由法院经诉讼程序宣告该子女依法准正。准正应具有溯及力，准正后的子女从出生之日起具有婚生子女的法律地位。

（二）非婚生子女的认领

认领的目的，是通过法律的手段确定非婚生子女的生父，通常是在非婚生子女尚未准正的情况下，由生父承认或经诉讼程序确认该非婚生子女为其所生的一项法律制度。

从各国的立法上看，对认领的规定主要有：（1）认领者须为非婚生子女的生父本人，他人无权认领。（2）被认领者须为非婚生子女。婚生子女以及已经准正的非婚生子女，不得再为认领。（3）子女已经他人认领者，经法院判决确定其亲子关系不存在后，生父始得认领。（4）认领者与被认领者之间须存在事实上的亲子血缘关系。没有血缘关系的不得因认领而形成亲子关系，非事实亲子关系的即使认领也为无效。（5）认领人为无完全民事行为能力人的认领、无意思表示能力人的认领、与事实不符的认领以及对婚生子女的认领均为无效。（6）许多国家的法律不以非婚生子女之母为认领人，非婚生子女与生母的关系有出生的事实为证，无须认领。但有些国家在法律上规定，生父和生母均得为认领人。

认领有以下两种形式：

（1）自愿认领，是指生父主动确认该非婚生子女为自己所生，并自愿承担抚养义务的法律行为。通常为生父的单方行为，无须得到非婚生子女或其生母的同意。自愿认领可分为生父以明示的意思表示认领和以默示的抚养事实认领。大多数国家法律规定，自愿认领为要式行为，必须通过一定的方式进行认领，主要有以下几种认领方式：一是须向户籍部门申报认领或用遗嘱的方式认领，如《日本民法典》规定，认领应依户籍法规定进行申报，亦可以遗嘱进行；二是须经公证程序，如《法国民法典》规定，认领除已载入出生证书外，应以公证证书为之；三是须向监护法院申请认领；四是须向身份管理官申请认领，如《瑞士民法典》规定，认领应向身份管理官声明或以遗嘱表示，正在进行确认父权诉讼时亦应向法官声明。但也有一些国家和地区的法律不要求要式认领，凡非婚生子女经生父抚养，且生父有以该子女为自己子女的意思表示，视为认领。此外，有的国家规定认领须经生母同意，始发生认领的法律效力。也有的国家规定认领成年子女须经子女本人同意。

生父认领非婚生子女后，不得任意撤销其认领。如果认领的意思表示有重大瑕疵，或在意思表示存在重大误解情况下的认领，认领人可以提起认领无效或撤销之诉，其他利害关系人也可以认领人非该子女之父而提出无效或撤销之诉。为此，各国还规定了不同的诉讼时效。

（2）强制认领，是指非婚生子女的生父不愿认领时，有关当事人得诉请法院予以确认，亦称生父的搜索。强制认领的原因，一是未婚所生子女，经生母指认的生父不承认该子女与其具有亲子血缘关系；二是已婚所生子女，经生母指认该子女的生父为其丈夫以外的第三人而遭否认时，生母可向法院提起确认生父之诉。

强制认领的前提，必须是非婚生子女与认领人之间存在亲子血缘关系。法律要求强制认领的请求权人负有举证责任，必须提供强制认领的事实和原因。如该子女在受胎期间生父与生母有同居的事实，或有证明确立亲子关系的书面材料等。必要时法院也可以依当事人的申请，通过“亲子鉴定”来确认其生父。请求权人一般限定为生母或非婚生子女本人。有关强制认领的诉讼时效，各国规定不一，如《瑞士民法典》规定为1年，《法国民法典》规定为2年。

自愿认领和强制认领的效力是相同的。各国法律规定非婚生子女因认领而享有婚生子女的权利和义务。认领一般具有溯及的效力，如《日本民法典》规定，认领溯及出生时发生效力，但不得侵害第三人的既得权利。此外，认领的效力还及于认领后子女的姓氏，以及生父对生母在妊娠、生育、抚养等费用方面的补偿责任等。

三、我国现行法中非婚生子女的地位

《婚姻法》第25条规定：“非婚生子女享有与婚生子女同等的权利，任何人不得加以危害和歧视。不直接抚养非婚生子女的生父或生母，应当负担子女的生活费和教育费，直至子女能独立生活为止。”在此，法律强调了对非婚生子女的保护，在我国，非婚生子女与婚生子女的法律地位是完全相同的，法律有关父母子女间的权利和义务，同样适用于父母与非婚生子女间。

目前，我国婚姻法中尚无非婚生子女准正和认领的规定。实践中，非婚生子女一般因生父母结婚而视为婚生子女。除此之外，非婚生子女与其生父的关系，则须由生父自己确认或通过生母提出证据加以确认。需要注意的是：（1）非婚生子女的生父母有抚养教育非婚生子女的义务，对于不履行抚养义务的生父母，非婚生子女有要求付给抚养费的权利。非婚生子女的生母与他人结婚，其夫愿意负担该子女的生活费和教育费的一部或全部的，则生父的费用负担可酌情减少或免除。如生父要求领回自行抚养，可由生父母双方协商决定，协商不成的可请求法院作出判决。（2）非婚生子女对生父母有赡养扶助的义务。（3）非婚生子女与生父母有相互继承遗产的权利。非婚生子女继承生父母遗产的应继份与婚生子女的应继份完全相同。

对非婚生子女，法律要求不得危害和歧视。如有遗弃、虐待非婚生子女或有溺婴等危害婴儿生命的行为而构成犯罪的，应依法追究刑事责任。

第四节 继父母与继子女

一、继父母子女的概念

继父母，是指母之后夫或父之后妻。继子女，是指夫与前妻或妻与前夫所生育的子女。继父母与继子女关系产生，一是由于父母一方死亡，他方再行结婚；二是由于父母离婚，父或母再行结婚而形成的。子女对父或母的再婚配偶称为继母或继父。夫或妻对其再婚配偶的子女称为继子女。继父母子女关系是由于父或母再婚而形成的姻亲关系。

继父母子女关系可分为三种情形：（1）父或母再婚时，继子女已成年并已独立生活；（2）父或母再婚后，未成年的或未独立生活的继子女未与继父母共同生活或未受其抚养教育；（3）父或母再婚后，未成年的或未独立生活的继子女与继父母长期共同生活，继父或继母对其进行了抚养教育。从国外的立法通例看，继父母与继子女属于姻亲关系。只有在继父母对继子女办理了收养手续后，双方才形成法律上的拟制血亲关系，具有父母子女间的权利和义务。在我国，因共同生活形成了抚养教育关系的继父母子女间，具有拟制血亲的亲子关系，发生生父母子女间的权利和义务。无抚养教育关系的继父母子女间为姻亲关系，不发生亲子间的权利和义务。

二、继父母子女的法律地位

我国《婚姻法》第 27 条规定：“继父母与继子女间，不得虐待或歧视。继父或继母和受其抚养教育的继子女间的权利和义务，适用本法对父母子女关系的有关规定。”这一规定说明，形成了抚养教育关系的继父母子女间的权利和义务，与亲生父母子女间的权利和义务是相同的。

基于血缘的原因，父母子女关系不因父母的离婚而消除。离婚后的子女仍是父母双方的子女，与不和其共同生活的父母间仍存在权利义务关系，生父母仍对子女有抚养教育的权利和义务。因此，继子女与其有抚养教育关系的继父母间，与其生父母间是双重的权利义务关系。依据有关法律和最高人民法院司法解释的精神，在处理继父母子女关系时，应当注意以下几个问题：

（1）如果继子女与继父或继母由于长期共同生活而形成了抚养教育关系，那么，继父或继母与生母或生父的婚姻因一方死亡或离婚而终止后，有负担能力的继子女，对曾经长期抚育过他们的年老体弱、生活困难的继父或继母应履行赡养扶助的义务。

（2）有抚养教育关系的继父母子女，在继父母死亡后，继子女有继承继父母遗产的权利，享有同生子女相同的应继份；在继子女死亡后，继父母有继承继子女遗产的权利，享有与生父母相同的应继份。继子女继承了继父母遗产的，不影响其继承生父母的遗产。继父母继承了继子女遗产的，不影响其继承生子女的遗产。

（3）依据《收养法》的规定，继父或者继母经继子女的生父母同意，可以收养继子女。继子女与继父母在办理了收养手续后，继父母子女关系就转化为养父母子女关系，适用养父母子女间的权利和义务，原双重的权利义务关系转变为单一的权利义务关系，被继父母收养后的继子女，与其生父母及其近亲属间的权利和义务关系，因收养关系的成立而消除。

三、继父母子女关系的解除

继父母子女关系可基于一定的原因解除，在目前法律规定尚不完善的情况下，解除时应注意遵循以下的原则：（1）对于没有形成抚养教育关系的继父母子女，在生父与继母或生母与继父离婚时，继父母子女间的姻亲关系也随之消除。（2）对于已形成抚养教育关系的继父母子女，在生父与继母或生母与继父离婚时，对曾受其抚养教育的继子女，继父或继母不同意继续抚养的，仍应由生父母抚养。双方已形成的拟制血亲关系也随之消除。（3）继子女在未成年时，与其共同生活的继父母对继子女形成抚养教育关系的，继子女的生父或生母死亡，继父母子女关系不自然解除。（4）在通常的情况下，由继父母抚养成人并已独立生活的继子女，应当承担赡养继父母的义务。（5）如果双方关系恶化，可以通过协议或经诉讼程序解除继父母继子女关系。因继子女成年后虐待、遗弃继父母而解除继父母继子女关系的，继父母有权要求继子女补偿共同生活期间为其支出的生活费和教育费。补偿的数额和给付方法等可由双方协商，也可请求人民法院予以判决。

第五节　亲　权

一、共同亲权的原则

父母双方共同行使亲权，是现代亲权制度的基本原则。亲权的主体，由父方优先或父有最后决定权发展为现代的由父母双方共同行使，是男女平等精神在亲权制度中的体现。父母共同行使亲权，不仅表现在亲权由父母双方平等地享有，而且强调的是亲权应由父母双方共同行使。即父和母是共同的亲权人，在通常情形下，行使亲权应当以父母的共同意思表示为依据。作为一个整体的权利，亲权不能分割，不能由父或母分别享有。在日常生活中，共同亲权原则并不排斥父或母独立行使亲权，也不排斥一方行使亲权时违反他方的意思表示。但如遇重大问题，法律则要求亲权必须由父母双方共同行使。当父母的意思表示不一致时，亲权人应协商解决，协商不成时，一方或双方可诉请法院裁决。对此，《德国民法典》作了明确的规定："父母以自己的责任和相互之间的协商一致为子女的幸福而行使父母照顾权。在发生意见分歧时，他们必须尝试求得一致。""如果父母不能就父母照顾权的具体事务或特定类型的事务取得一致，而规定此种事务对于子女具有重大意义，则经父母的一方申请，家庭法院可以将决定权委托父母一方。此种委托可以附加限制和条件。"从现代各国的亲权立法上看，在普遍确立了共同亲权原则，取消了父的最后决定权后，对共同行使亲权中产生的争议应如何妥善解决的问题，一般都未作具体的规定。德国法的上述规定，既保护了未成年子女的利益，又坚持了家庭意思自治的原则，其立法例值得借鉴。

在共同亲权的原则中，未成年了女的父母是未成年子女的亲权人，亲权应由父母双方共同行使。但出现以下情形时，亲权的主体将发生变化：（1）当父母一方死亡或被宣告死亡、失踪，或者被剥夺亲权，或者被宣告为无民事行为能力人、限制民事行为能力人时，亲权由另一方单独行使。(2) 父母离婚后，亲权一般由与未成年子女共同生活的父或母一方行使。(3) 非婚生子女的母亲，是非婚生子女的亲权人。在非婚生子女经准正或认领后，其生父母是共同的亲权人。(4) 养父母是养子女的亲权人。收养关系成立后，养子女的生父母亲权丧失。(5) 有抚养教育关系的继父母子女，与继子女共同生活的生父或生母和继母或继父为共同亲权人。未与继父母形成抚养关系的继子女，其亲权人一般是与其共同生活的生父或生母。(6) 人工生育子女的亲权人，是经共同协商同意人工生育子女的夫妻双方，亲权由双方共同行使。凡夫妻一方未经对方同意单独实施人工生育的，子女由其单独行使亲权。

二、亲权的内容

亲权的内容是其法律效力的具体体现。从国外的亲权立法上看，包括了人身上的照护权和财产上的照护权两个方面，尽管各国亲权的内容有所差别，但大体都包括了以下一些内容：

（一）人身方面的亲权

1. 子女的姓氏权

子女的姓氏是其身份的标志。尽管有学者认为，姓名设定权是姓名权的组成部分，子女的姓氏只是父母代行子女的姓名设定权，应属于人格权而不是身份权，但大多数国家都将子女的姓氏权作为亲权的基本内容。有关子女姓氏的立法例主要有二：一是婚生子女以父母的婚姻姓氏为姓氏，非婚生子女以生母的姓氏为姓氏。二是婚生子女的姓氏可以随父姓，也可以随母姓，由双方协商确定，协商不成时，由监护机关指定。

2. 居、住所指定权

父母对未成年子女的住所或居所享有指定权，子女不得随意离开父母指定的住所或居所。由于在传统的亲权理论上，父母子女是一个生活共同体，未成年子女是在父母的保护下生活，应当与父母同居。如《法国民法典》规定，未经父母同意，子女不得离开其父母的家庭。子女仅在法律确定的必要情况下，始得离开家庭。《日本民法典》的规定是，子女应于亲权人指定的处所定其居所。《德国民法典》也明确规定，人身照顾权，包括对子女的培养、教育、监督和决定其住所的权利和义务。

3. 惩戒权

法律赋予父母在必要时有对未成年子女进行一定程度惩戒的权利。父母在法律许可的范围内对其未成年的子女施以惩戒，目的是对未成年子女进行必要的管理和约束，这是基于对未成年子女的教养和保护的需要而产生的权利。如《日本民法典》规定，允许行使亲权人亲自惩戒，也允许经法院同意送往惩戒场所惩戒。特别需要注意的是，亲权人在行使惩戒权时，不得损害子女的人格，不得侵害其身心健康，或危及其生命安全。《德国民法典》对此的规定是："有损人尊严的教育措施为不允许。"应当强调，惩戒如超出了必要的限度，则应视为对亲权的滥用。构成犯罪的，应依法追究亲权人的刑事责任。

4. 法定的代理权和同意权

未成年子女是无民事行为能力人或限制民事行为能力人，不能独立地为民事法律行为。父母是未成年子女的法定代理人，按照各国法律的规定，无民事行为能力人为身份上的行为，须由其法定代理人代为意思表示；限制民事行为能力人为与其年龄、智力不相适应的身份上的行为时，须经法定代理人同意。未成年子女被他人收养的代理权或同意权由亲权人行使。当未成年子女的权益受到侵害或致他人损害时，亲权人可以法定代理人的身份要求侵害人停止侵害、赔偿损失或承担其他民事责任。如《德国民法典》规定：亲权照顾权包括对子女的代理。父母共同行使亲权时，共同代表子女，一方独立行使亲权时，由行使亲权方代表子女。这里所说的身份上的同意权包括：（1）职业许可权。未成年子女从事职业，须经父母同意。如《日本民法典》规定，未成年子女非经行使亲权人许可，不得经营职业。（2）身份行为的同意权。未成年人的订婚、结婚和协议离婚等均须经父母的同意。

5. 子女交还请求权

当未成年子女被人诱骗、拐卖、劫持和藏匿时，亲权人依法享有请求返还子女的权利。如《德国民法典》规定：人身照顾权包括子女的父母或父母的一方享有的要求非法藏匿子女的人交还子女的权利。这是亲权中亲权人行使保护权的重要内容，但父母离婚后，未成年子女由父或母一方行使亲权时，除非行使亲权一方的行为对子女明显不利，否则作为另一方的父或母不得行使这种请求权。

（二）财产方面的亲权

1. 法定代理权和同意权

父母是未成年子女为财产法律行为的法定代理人。未成年子女在设定、变更或废止财产法律关系时，须由父母代理或经父母同意。行使财产法律行为代理权，应以维护未成年子女的利益为原则。

2. 管理权

父母对未成年子女的财产有管理的权利。管理权的范围，可及于未成年子女已享有所有权的一般财产。管理应以财产价值的保存或增值为目的，亲权人行使管理权时未尽到注意义务，使未成年子女的财产受到损害时，亲权人应负赔偿的责任。

3. 使用收益权

父母有合理地支配、利用未成年子女的财产和获取孳息的权利。亲权人行使使用收益权时，应当从有利于保护未成年子女的财产权益出发，使用时应以高度的注意，尽量避免造成财产的损失。对于行使收益权后的收益，原则上应归该子女所有。必要时，在扣除管理费用后，可以用于该子女的养育费用，如有剩余也可用于对其他子女的抚养，甚至可以用于家庭的其他必要支出。

4. 处分权

按照有关的外国立法例，父母对未成年子女财产的处分权受到法律的严格限制。在一般情况下，父母对其子女的财产不享有处分权，只有在为了子女的利益和需要时，经监护机关批准，亲权人才能对未成年子女的财产进行处分。如《德国民法典》规定，禁止父母代子女为赠与行为，但对合乎道义的代赠与不在此限。《瑞士民法典》规定，为支付子女的抚养、教育或职业训练费用时，监护官得许可父母动用子女财产中的一定款项。

三、亲权的停止、恢复和消灭

（一）亲权的停止

亲权的停止，系指出现法定的情况时依法停止亲权的行使。如父母将未成年子女送养与他人；父母一方或双方被宣告为无民事行为能力人或限制民事行为能力人；以及因滥用亲权经判决宣告停止亲权的行使等。

亲权的停止在性质上不同于亲权的消灭，在前一种情形下，亲权尚有恢复的可能，后一种情形下则无此可能。收养关系成立后，基于收养的法律效力，养子女已不在生父母的亲权之下，而在养父母的亲权之下。因此，收养关系的成立既是生父母的亲权的停止原因，也是养父母的亲权的发生原因，故亦可称为亲权的转移。

（二）亲权的恢复

亲权的恢复，系指停止亲权的法定情形消失后恢复亲权的行使。如收养关系解除后，未成年养子女与其生父母的权利义务关系自行恢复；无民事行为能力或限制行为能力的父母因精神病治愈经法院宣告为完全民事行为能力人等。

（三）亲权的消灭

亲权的消灭，系指亲权的存在已不符合法定的条件，在事实上和法律上已无适用亲权的必要和可能，因而在本质上归于消灭。如子女已届成年，脱离亲权；父母或未成年子女死亡，致使亲权关系的主体缺位等。父母一方死亡，以另一方为亲权人；双方均已死亡的，应为未成年人设置监护。

目前我国现行法中未设亲权制度，本题仅为有选择地介绍一些常见的立法例以供参考。

思考题

1. 试述父母子女间的权利和义务。
2. 试述我国的亲子关系在法律上的分类，以及各类亲子关系的发生原因。
3. 试述亲权的概念和内容。

第九章 收　养

【重点问题】

形式意义上的收养法和实质意义上的收养法
收养法的基本原则
收养关系成立的法定条件及法定程序
收养关系的法律效力
收养关系的解除

第一节　概说

一、收养的概念

收养，是指公民依照法律规定的条件和程序，将他人的子女作为自己的子女领养，从而使原无父母子女关系的当事人产生法律拟制的父母子女关系的民事法律行为。因该种行为而成立的法律关系称收养关系。在这种关系中，收养人为养父母，被收养人为养子女。

> 人们往往在两种意义上使用“收养”一词，一是指收养行为，二是指收养关系。前者是就拟制血亲的亲子关系借以发生的法律事实而言的，后者是就拟制血亲的亲子关系本身而言的。①

二、收养的法律特征

收养具有如下法律特征：

（一）收养的条件和程序由法律加以规定

在现代社会中，收养被纳入了法律调整的范畴。这是因为，收养不仅关系着收养人、被收养人和送养人的切身利益，而且还涉及社会的整体利益。因此，各国法律都要求，收养关系的成立必须符合法定条件和法定程序。不符合法定条件和程序进行收养的，法律不承认该行为发生收养的效力。这是收养行为与不法收养行为的根本区别。

---

① 参见龙翼飞主编：《婚姻家庭法概论》，266 页，北京，中国长安出版社，2004。

（二）收养属于民事法律行为

公民依照民事法律规范进行收养行为，从而在收养人和被收养人之间确立与父母子女关系等同的民事权利义务关系，该行为在性质上应属于民事法律行为。这是收养行为与国家设立的社会福利机构对孤儿、遗弃儿的收容和抚育行为的本质区别。首先，社会福利机构对孤儿、遗弃儿的收容和抚育是国家采取的一种社会救济措施，而收养行为是一种民事法律行为。其次，对孤儿、遗弃儿的收容和抚育是由社会福利机构自行决定的，而收养是由有关当事人协议而成立的。最后，社会福利机构与被收容和抚育的孤儿、遗弃儿之间并不发生父母子女间的权利和义务关系，而收养行为成立后收养人与被收养人之间发生父母子女的权利义务关系。

（三）收养行为导致亲属身份和权利义务关系的变更

收养关系一经成立，一方面使收养人与被收养人之间具有了法律拟制的父母子女身份，进而产生了等同于生父母与生子女间的权利和义务关系，另一方面又使被收养人同生父母之间原有的权利和义务关系消除。这是收养行为同寄养行为的根本区别。寄养，是指父母在某种特殊情况下不能直接抚养子女时，委托他人代为抚养子女的行为。在寄养关系中，被寄养的儿童与受托人之间并不发生父母子女身份和父母子女的权利义务。

（四）收养只能发生在非直系血亲之间

法律上设立收养制度的目的，是使原本没有父母子女关系的当事人发生法律拟制的父母子女关系，由此决定了收养只能发生在非直系血亲之间。如果允许在具有直系血亲关系的亲属之间成立以父母子女的权利和义务为内容的收养关系，则必然会使亲属身份发生重叠，甚至发生相互排斥和冲突。

三、收养制度的沿革

（一）古代的收养制度

收养制度由来已久，早在父系氏族社会就为当时的习惯所确认。进入阶级社会以后，收养制度具有了一定的法律形式，成为不同时代、不同国家的亲属制度、家庭制度的重要组成部分。

古巴比伦王国的《汉穆拉比法典》规定，自由民得收养被遗弃的幼儿为子。罗马法中的亲属制度将收养分为自权人收养和他权人收养、完全收养和不完全收养，并对其规定了相应的收养条件、程序和效力。欧洲中世纪的日耳曼习惯法，将被收养作为加入另一个血族团体的重要途径。在许多基督教占统治地位的国家里，收养关系主要是由教会法（寺院法）加以调整的。

在中国古代的宗法制度下，立嗣是收养的一种特殊形式。立嗣的宗旨是为了承继宗祧，它同近现代的收养有着严格的区别。

1. 按照礼、法的规定，无子者得择立同宗近支的卑亲属不嗣子，以便传宗接代，保证父系、父权、父治的家庭的延续。所以只有男子无后才能立嗣，同时所立者也仅限于男子。

2. 嗣子的地位高于他种收养的被收养人。嗣子既为嗣父之继体，即可依礼、法取得嫡子的身份上、财产上的权利。

3. 立嗣行为可由需立嗣者在生前进行，亦可在其死后，由配偶或其他尊长代为立嗣。

4. 立嗣的条件是很严格的。例如，按照《大清律例·户律》的规定，“无子者，许令同宗昭穆相当之侄承继，先尽同父周亲，次及大功、小功、缌麻，如俱无，方许择立远房及同姓为嗣”。立嗣的对象必须由近及远；立异姓男为嗣是被礼、法均严格禁止的。

除立嗣外，中国古代还有其他的收养形式，收养人可以是男子，也可以是女子，而且一般不以无后作为收养的条件。被收养人有同宗抚养子和异姓养子（义子）的区别。前者指以同宗卑亲属为养子而不立其为嗣子，后者则大多是自幼收养的。例如，《唐律·户婚》规定，"其遗弃小儿，年三岁以下，虽异姓，听收养，即从其姓"。至于收养异姓女子为养女，礼、法均不作限制。

（二）近现代的收养制度

近现代许多国家的亲属立法中，对收养的成立、效力和解除等问题，都作了比较详细的规定。20 世纪发生的两次世界大战造成的孤儿和流浪儿问题，在一定程度上促进了有关国家的收养制度的改革。某些国家在法律上对收养所持的态度是有变化的。英国原来不承认收养，1926 年颁行《养子法》后，已由不承认转为承认。十月革命后，1918 年的《俄罗联邦户籍登记、婚姻、家庭和监护法典》中废除了收养制度，1926 年新法典颁行后又加以恢复。

中国自清朝末年以来，历次民律草案中虽有收养制度之设，但均未公布施行。1930 年国民党政府的民法亲属编虽然在法律形式上实现了收养法的近代化，但是，在有关条款中仍有歧视养子女的内容。该法的继承编中，还设有被讥为"足以救嗣子之穷"的指定继承人制度。经过 1985 年台湾立法当局的修正，这些规定始被删除。

中华人民共和国成立以后，在一个相当长的时期内，收养问题是按照婚姻法中的原则规定和最高人民法院的有关司法解释处理的。《中华人民共和国收养法》于 1991 年 12 月 29 日公布，自 1992 年 4 月 1 日起施行。从此，我国的收养制度有了比较完备的法律形式。

第二节 我国的收养立法及其基本原则

一、我国的收养立法

我国的收养法是以《中华人民共和国宪法》为立法根据的。《中华人民共和国民法通则》和《中华人民共和国婚姻法》关于调整公民之间的人身关系的法律规定等，是收养法的重要法律渊源。

作为中国收养法主要法律渊源的《中华人民共和国收养法》，于 1991 年 12 月 29 日经第七届全国人民代表大会常务委员会第二十三次会议通过，并于 1992 年 4 月 1 日起施行。1998 年 11 月 4 日第九届全国人民代表大会常务委员会第五次会议通过了《全国人大常委会关于修改〈中华人民共和国收养法〉的决定》，对该法进行了修正，修正后的《中华人民共和国收养法》（以下简称《收养法》）自 1999 年 4 月 1 日起施行。该法共 6 章，计 34 条，分别规定了总则、收养关系的成立、收养的效力、收养关系的解除、法律责任和附则。

国务院所属有关部门针对收养问题所制定的规范性文件，如中华人民共和国民政部发布的《中国公民收养子女登记办法》和《外国人在中华人民共和国收养子女登记办法》等，以及关于适用《收养法》的民族自治地方的变通的或者补充的规定，最高人民法院关于适用收养法的司法解释和中华人民共和国缔结或参加的有关解决收养关系法律冲突的国际条约，也都是中国收养法的法律渊源。

二、我国收养法的基本原则

我国收养法的基本原则可以概括为五项，即有利于未成年人的抚养和成长的原则，保障被收养人和收养人合法权益的原则，平等自愿的原则，不得违背社会公德的原则，不得违背计划生育的法律和法规的原则。

《收养法》第 2 条和第 3 条明确规定：收养应当有利于被收养的未成年人的抚养、成长，保障被收养人和收养人的合法权益，遵循平等自愿的原则，并不得违背社会公德。收养不得违背计划生育的法律、法规。这些原则性规定，体现了我国收养法的指导思想，是立法和执法的基本依据。

（一）有利于未成年人的抚养和成长的原则

保障未成年人的健康成长是实行收养制度的首要目的。由于未成年人的身心发育尚不成熟，缺乏独立的生活能力和辨认自己行为的社会后果的能力，属于无民事行为能力人或限制民事行为能力人，他们需要家庭和社会的悉心抚养、关怀、爱护、培养教育和监督保护。尤其是对那些丧失父母的孤儿、查找不到生父母的弃婴和儿童以及生父母有特殊困难而无力抚养的未成年人，通过收养的成立，可以使他们在温暖的家庭中生活，得到养父母的抚养教育，健康成长。《收养法》中有关收养条件特别是被收养人的条件和收养人的能力的规定，以及有关解除收养关系的某些规定等，都是以这一原则为依据的。

（二）保障被收养人和收养人合法权益的原则

收养关系涉及收养人和被收养人双方的利益，因此，《收养法》必须同时保障被收养人和收养人双方合法权益的平等实现。我国《收养法》中的各种具体制度，如收养的成立、收养的效力、收养的解除及违反收养法的法律责任等，都反映了这一原则的要求。收养是对常态的亲子关系的必要补充，在立法上应当兼顾养父母和养子女双方的权益。

（三）平等自愿的原则

民事法律关系的基本准则之一是当事人在民事活动中地位平等，自由表达其真实意思，即平等自愿原则。收养关系属于民事法律关系的范畴，收养也必须遵循平等自愿原则。我国《收养法》中关于成立收养关系须经当事人各方同意的规定，有配偶者共同送养、共同收养的规定，以及关于协议解除收养的规定等，都是以这一原则为依据的。

（四）不得违背社会公德的原则

收养行为不仅关系着当事人的切身权益，而且直接涉及社会公共利益，因此，有必要从维护社会公德的立场，对收养子女的行为加以必要的约束，其目的在于保护公序良俗。我国《收养法》中有关无配偶的男性收养女性须有法定年龄差的规定，以虐待、遗弃为解除收养关系的法定理由的规定等，都是以这一原则为依据的。

（五）不得违背计划生育的法律和法规的原则

计划生育是我国的基本国策，推行计划生育有利于我国社会的可持续发展，对促进国家的繁荣富强，提高人民的物质和文化生活水平都具有十分重要的意义。这一国策已被明确载入《宪法》、《婚姻法》、《人口与计划生育法》等法律，成为重要的法律原则。《收养法》同样必须贯彻计划生育原则；该法中有关不得以送养为理由违反计划生育政策的规定，无子女者始得收养一名子女的规定，年满 30 周岁始得为收养人的规定，都是以这一原则为依据的。

第三节　收养关系成立的法定条件

收养关系成立的法定条件，是指法律规定成立收养关系必须具备的实质要件。各国对收养关系成立的法定条件的要求不尽相同。我国《收养法》关于收养关系成立的法定条件的规定有两类：一类是普通收养关系成立的条件，另一类是特殊收养关系成立的条件。

一、普通收养关系成立的条件

普通收养关系成立的条件，是指法律所规定的对一般情形下成立收养关系必须具备的实质性法律要求。

我国《收养法》规定，普通收养关系的成立必须符合以下四个方面的条件：

（一）被收养人应当为得不到生父母抚养的不满 14 周岁的未成年人

我国《收养法》第 4 条规定："下列不满十四周岁的未成年人可以被收养：（一）丧失父母的孤儿；（二）查找不到生父母的弃婴和儿童；（三）生父母有特殊困难无力抚养的子女。"根据该条规定，可以作为被收养人的必须同时符合这样一些法律要求：

1. 被收养人应为不满 14 周岁的未成年人

以不满 14 周岁的未成年人作为被收养人，有利于在收养人和被收养人之间建立和培养起亲子感情，以有利于收养关系的稳定。

2. 被收养人得不到生父母的抚养

通过收养关系使那些得不到生父母抚养的未成年人获得父母之爱，享受家庭的温暖，在养父母的抚养教育下健康成长，是收养制度的主要目的之一。因此，下列三种得不到生父母抚养的不满 14 周岁的未成年人可以作为被收养人：

（1）丧失父母的孤儿。我国民政部发布的《关于在办理收养登记中严格区分孤儿与查找不到生父母的弃婴的通知》中说明："我国《收养法》中所称的孤儿是指其父母死亡或人民法院宣告其父母死亡的不满十四周岁的未成年人。"

（2）查找不到生父母的弃婴和儿童。我国《收养法》中所称的"查找不到生父母的弃婴和儿童"，是指被其生父母或其他监护人遗弃的婴儿和未满 14 周岁的其他未成年人。

（3）生父母有特殊困难无力抚养的子女。生父母有特殊困难无力抚养的子女，是指其生父母双方因身体健康方面的原因或者家庭经济方面的原因，遭遇到特殊的困难，丧失了抚养子女的能力，致使其陷于得不到生父母抚养的境地。

（二）送养人须为法律所认可的特定公民或社会福利机构

根据上述法律规定，法律所认可的合格的送养人，包括下列公民和社会组织：

1. 孤儿的监护人

按照《民法通则》第 16 条的规定，孤儿的监护应由以下人员中有监护能力的人担任：祖父母、外祖父母；兄、姐；关系密切的其他亲属、朋友愿意承担监护责任，须经未成年人的父、母所在单位或者孤儿住所地的居民委员会、村民委员会同意。对担任监护人有争议的，由孤儿的父、母所在单位或孤儿住所地的居民委员会、村民委员会在其近亲属中指定；对指定不服提起诉讼的，由人民法院裁决。如果没有上述监护人，由孤儿的父、母所在单位或者孤儿住所地的居民委员会、村民委员会或者民政部门担任监护人。

为保护孤儿的合法权益，《收养法》对监护人送养孤儿作了必要的限制性规定："监护人送养未成年孤儿的，须征得有抚养义务的人同意。有抚养义务的人不同意送养、监护人不愿意继续履行监护职责的，应当依照《中华人民共和国民法通则》的规定变更监护人。"此处所称的"有抚养义务的人"，就是指孤儿的有监护能力和抚养能力的祖父母、外祖父母、兄、姐。

2. 社会福利机构

社会福利机构是各级人民政府的民政部门兴办的慈善机构，如社会福利院等。对父母死亡、其他亲属无力抚养的孤儿以及查找不到生父母的弃婴和儿童，由民政部门将其收入社会福利机构，接受社会福利机构的养育和监护。在符合收养条件时，社会福利机构可以将所监护的孤儿送养于合格的收养人。

为保护未成年人的合法权益，《收养法》第12条、第13条和第18条规定了在某些情形下，公民或者社会组织不得作为送养人：

第一，未成年人的父母均不具备完全民事行为能力的，该未成年人的监护人不得将其送养；但父母对该未成年人有严重危害可能的除外。

第二，在送养未成年的孤儿时，监护人必须事先征得对其有抚养义务的其他近亲属的同意。如果有抚养义务的近亲属不同意送养，而监护人又不愿意继续履行监护职责，不能送养该未成年孤儿，应当依照《民法通则》中有关监护制度的规定对监护人加以变更。

第三，在配偶一方死亡时，死亡方的父母要求行使优先抚养未成年孙子女、外孙子女的权利的，生存一方不得将该未成年子女送养。

3. 有特殊困难无力抚养子女的生父母

依照我国《收养法》的规定，有特殊困难无力抚养子女的生父母送养子女时，须双方共同送养。在生父母离婚的情况下，抚养子女的一方送养子女须经另一方同意。但也有下述例外：在生父母一方不明或者查找不到的情况下，另一方可以单方送养。生父母一方死亡的，生存的另一方可以单方送养。

（三）收养人必须具有抚养教育被收养人的条件

《收养法》第6条规定："收养人应当同时具备下列条件：（一）无子女；（二）有抚养教育被收养人的能力；（三）未患有在医学上认为不应当收养子女的疾病；（四）年满三十周岁。"这一规定表明，作为收养人应当同时符合下列要求：

（1）无子女。此处的无子女，是指作为收养人的夫妻一方或双方因无生育能力而没有子女，或者作为收养人的夫妻不愿生育而没有子女，或者作为收养人的夫妻所生子女已经死亡，或者作为收养人的无配偶者没有子女。我国《收养法》对收养人的这一规定源于宪法和婚姻法关于实行计划生育的要求。

（2）有抚养教育被收养人的能力。这项规定包括两层含义：一是收养人具有良好的道德品质，二是收养人有保证被收养人成长的物质条件。

（3）未患有在医学上认为不应当收养子女的疾病，即没有影响被收养人健康成长的精神病或其他严重疾病。

（4）收养人年满30周岁。这是根据设立收养关系的目的，即在收养人和被收养人之间设定父母子女关系而规定的。收养人须年满30周岁，是对有配偶者双方和无配偶者的共同要求。除上述规定外，我国《收养法》还对收养人的条件作了相应的其他规定：第一，基于伦理道德的考虑，《收养法》第9条规定："无配偶的男性收养女性的，收养人与被收养人的年龄应当相差四十周岁以上。"第二，为了有利于夫妻和睦和对被收养人的抚养教育及收养关系的稳定，《收养法》第10条中规定："有配偶者收养子女，须夫妻共同收养。"第三，为了贯彻计划生育原则，保障收养人有足够的经济来源和精力抚养教育被收养人，《收养法》第8条中规定："收养人只能收养一名子女。"

（四）必须有成立收养关系的合意

根据我国《收养法》的规定，收养关系的成立，必须有当事人的一致合意。收养合意应当遵循下列要求：

1. 收养人收养与送养人送养，必须双方自愿

收养关系作为一种民事法律关系，以当事人平等自愿为其基本原则之一。由此决定了成立收养关系时必须有收养人同意收养子女和送养人同意送养被收养人。具体而言：首先，在成立收养关系时，应当由收养人和送养人在完全自愿的基础上依照法律规定的收养和送养条件达成协议。其次，有配偶者收养子女，必须夫妻双方都同意共同收养。再次，生父母送养子女，必须夫妻双方都自愿共同送养。最后，收养社会福利机构抚养的孤儿，应当征得该社会福利机构的同意。

2. 收养年满10周岁以上的未成年人的，应当征得被收养人的同意

《民法通则》规定，年满10周岁以上的未成年人属于限制民事行为能力人，已具有一定识别能力，可以进行与其年龄、智力相适应的民事活动。如果他们被收养，将引起其身份关系的重大改变，在实施这种与其终身利益密切相关的重大民事行为时，应当征得他们的同意，尊重他们的选择，从而保护他们的合法权益不受损害。

3. 成立收养的合意应符合法定的方式

有成立收养的合意，只能说明当事人有此共同意愿。通过法定的方式，收养关系才能为国家所承认，为法律所保护。关于这方面的问题，本章第四节另有说明。

二、特殊收养关系成立的条件

我国《收养法》针对某些特殊收养关系，作了适当放宽收养条件的规定。这里所说的特殊，主要与收养关系主体的身份状况有关。适当放宽的原因是多方面的，或出于对近亲收养的历史传统的考虑，或出于对侨胞利益的关切和照顾，或出于鼓励收养孤儿、残疾儿童、弃婴和儿童的需要，或出于稳定家庭关系的要求。

现将对几种特殊收养关系放宽收养条件的规定分述于下。规定中未指明放宽的，仍应适用普通收养关系成立的条件。

（一）收养三代以内同辈旁系血亲的子女

《收养法》第7条第1款规定："收养三代以内同辈旁系血亲的子女，可以不受本法第四条第三项、第五条第三项、第九条和被收养人不满十四周岁的限制。"

按此规定，国内公民在收养其兄弟姐妹的子女、堂兄弟姐妹的子女、表兄弟姐妹的子女时，收养条件放宽之处有以下四点：

（1）其生父母无特殊困难、有抚养能力的子女，亦可为被收养人。

（2）无特殊困难、有抚养能力的生父母，亦可为送养人。

（3）无配偶的男性收养三代以内同辈旁系血亲之女，不受收养人与被收养人之间须有40周岁以上法定年龄差的限制。

（4）被收养人不受须不满14周岁的限制。

《收养法》第7条第2款规定："华侨收养三代以内同辈旁系血亲的子女，还可以不受收养人无子女的限制。"

收养人如为华侨，除了按照同条第1款的规定放宽条件外，即使本人已有子女，甚至子女不止一人，也不妨碍其收养兄弟姐妹、堂兄弟姐妹、表兄弟姐妹的子女。

（二）收养孤儿、残疾儿童或者弃婴和儿童

《收养法》第8条第2款规定："收养孤儿、残疾儿童或者社会福利机构抚养的查找不到生

父母的弃婴和儿童，可以不受收养人无子女和收养一名的限制。”

按此规定，有子女的收养人亦可收养本款中所列举的被收养人，收养一名或数名均可。孤儿、残疾儿童、弃婴和儿童被他人收养，有利于其在养父母的抚育下健康成长。放宽收养条件，实含鼓励此类收养行为之意。但是，在处理具体问题时也要实事求是地考虑收养人的能力和抚育条件。

（三）继父母收养继子女

《收养法》第14条规定：“继父或者继母经继子女的生父母同意，可以收养继子女，并可以不受本法第四条第三项、第五条第三项、第六条和被收养人不满十四周岁以及收养一名的限制。”

收养继子女以其生父母同意为必要前提。按照本条的规定，收养条件放宽之处有以下各点：

（1）继子女的生父母即使无特殊困难，有抚养能力，亦可由其继父或继母收养。

（2）继父母即使不符合《收养法》第6条对收养人的要求（包括子女状况、抚育能力、健康状况和年龄），也不妨碍其收养继子女。因为，继父母与继子女本来就是同居一家，共同生活的。

（3）作为被收养人的继子女，年龄不受须不满14周岁的限制。作为收养人的继父母，在收养数额上不受只能收养一名的限制。这些规定符合此类收养的实际情况，是有其必要性和合理性的。

对继父母收养继子女适用放宽条件的规定，鼓励变继父母继子女关系为养父母养子女关系，有利于保障当事人各方的权益，有利于家庭关系的和睦、稳定。

第四节　收养关系成立的法定程序

我国《收养法》规定，成立收养关系的法定程序是收养登记程序，同时以收养协议及收养公证为补充。本节的内容以内地公民间的收养为限，涉外、涉侨、涉港澳台的收养见本书第十三章。

一、收养登记程序

《收养法》第15条规定：“收养应当向县级以上人民政府民政部门登记。收养关系自登记之日起成立。”“收养查找不到生父母的弃婴和儿童的，办理登记的民政部门应当在登记前予以公告。”“收养关系当事人愿意订立收养协议的，可以订立收养协议。收养关系当事人各方或者一方要求办理收养公证的，应当办理收养公证。”

（一）办理收养登记的机关

办理收养登记的法定机关，是县级人民政府的民政部门。按照被收养人情况的不同，又可分为：（1）收养非社会福利机构抚养的查找不到生父母的弃婴和儿童，在弃婴和儿童发现地收养登记机关办理收养登记。（2）收养社会福利机构抚养的查找不到生父母的弃婴、儿童和孤儿，在社会福利机构所在地收养登记机关办理收养登记。（3）收养生父母有特殊困难无力抚养的子女或者由监护人监护的孤儿的，在被收养人生父母或者监护人常住户口所在地（组织作监护人的，在该组织所在地）的收养登记机关办理登记。（4）收养三代以内同辈旁系血亲的子女，以及继父或者继母收养继子女的，在被收养人生父或者生母常住户口所在地的收养登记机关办理登记。

（二）收养登记的具体程序

收养登记的具体程序可分为申请、审查和登记三个步骤。

1. 申请

（1）为保证收养当事人的意思表示的真实性，办理收养登记时，当事人必须亲自到场。首先，夫妻共同收养子女者，一方如果不能亲自到收养登记机关的，须出具其作出并经过公证的委托收养书。其次，送养人为公民的，须送养人亲自到收养登记机关办理收养登记；送养人为社会福利机构的，须由其负责人或委托代理人到收养登记机关办理收养登记。

（2）申请收养登记时，收养人应当向收养登记机关提交收养申请书。收养申请书应包括如下内容：第一，收养人情况；第二，送养人情况；第三，被收养人情况；第四，收养的目的；第五，收养人作出的不虐待、不遗弃被收养人和抚育被收养人健康成长的保证。

（3）申请办理收养登记时，根据收养人和被收养人的不同情况，收养人应当提供相应的证明材料。内地公民作为收养人的，应当提供：居民身份证和户口簿；申请人所在单位出具的或村民委员会、居民委员会出具的加盖乡（镇）人民政府或街道办事处公章的本人婚姻状况、有无子女和抚养教育被收养人的能力等情况的有效证明；县级以上医疗机构出具的未患有在医学上认为不应当收养子女的疾病的身体健康检查证明；收养查找不到生父母的弃婴、儿童的，并应当提交收养人经常居住地计划生育部门出具的收养人生育情况证明；其中收养非社会福利机构抚养的查找不到生父母的弃婴、儿童的，收养人还应当提交收养人经常居住地计划生育部门出具的收养人无子女的证明和公安机关出具的捡拾弃婴、儿童报案的证明；收养继子女的，可以只提交居民户口簿、居民身份证和收养人与被收养人生父或生母结婚的证明。

送养人应当向收养登记机关提交下列证件和证明材料：送养人的居民户口簿和居民身份证（组织作监护人的，提交其负责人的身份证件）；收养法规定送养时应当征得其他有抚养义务的人同意的，并提交其他有抚养义务的人同意送养的书面意见；社会福利机构作为送养人的，并应提交弃婴、儿童进入社会福利机构的原始记录，公安机关出具的捡拾弃婴、儿童报案的证明或者孤儿的生父母死亡的证明。监护人为送养人的，并应当提交实际承担监护责任的证明，孤儿的父母死亡或者宣告死亡的证明，或者被收养人生父母无完全民事行为能力并对被收养人有严重危害的证明。生父母为送养人的，并应当提交与当地计划生育部门签订的不违反计划生育规定的协议；有特殊困难无力抚养子女的，还应当提交所在单位或者村民委员会、居民委员会出具的送养人有特殊困难的证明。其中，因丧偶或者一方下落不明由单位送养的，还应当提交配偶死亡或者下落不明的证明；子女由三代以内同辈旁系血亲收养的，还应当提交公安机关出具的或者经过公证的与收养人有亲属关系的证明。收养残疾儿童的，并应当提交县级以上医疗机构出具的该儿童的残疾证明。

2. 审查

收养登记机关接受当事人提出的收养申请后，应当自次日起30日内依法对收养申请进行严格审查。审查的主要内容包括：第一，收养申请人是否符合法律所规定的收养人条件以及其收养的目的是否正当。第二，被收养人是否符合法律所规定的被收养人条件。第三，送养人是否符合法律所规定的送养人条件。第四，当事人成立收养关系的意思表示是否真实。

3. 登记

经过审查后，收养登记机关对申请人证件齐全有效、符合收养法规定的收养条件的，应为其办理收养登记，发给收养证。收养关系自登记发证之日起正式成立。对不符合收养法规定条件的，不予登记，并对当事人说明情况。

二、收养协议和收养公证

（一）收养协议

收养协议，是收养关系当事人之间订立的关于同意成立收养关系的协议。订立收养协议应当符合如下要求：

（1）收养协议的当事人即收养人、被收养人与送养人均须符合收养法规定的收养成立的条件。

（2）收养协议的主要条款，应当包括收养人、送养人和被收养人的基本情况，收养的目的，收养人不虐待、不遗弃被收养人和抚育被收养人健康成长的保证，以及双方要求订入的其他内容。

（3）收养协议的形式，应当为书面协议。

（4）收养协议自收养关系当事人正式签订之日起生效。

（二）收养公证

收养公证，是根据收养关系当事人各方或者一方的要求由公证机关对其依法成立的收养关系作出的公证证明。关于收养公证的办理应注意以下几个问题：

（1）办理收养公证并不是成立收养关系的必经法律程序。只有在收养关系当事人要求办理收养公证的情况下，才依法予以办理。

（2）办理收养公证时，公证机关应当对收养关系的合法性，证件是否真实、有效等进行审查。经审查后，对符合法律规定的，应为其办理收养公证。

（3）公证机关对收养公证的文件应当妥善保管。

应当指出，收养关系是否成立应以是否办理收养登记为准，仅有收养协议和对收养协议作出的公证证明，而没有办理收养登记的，不发生收养的法律效力。

附：保守收养秘密

我国《收养法》第 22 条规定："收养人、送养人要求保守收养秘密的，其他人应当尊重其意愿，不得泄露。"这一规定是基于保护公民的隐私权的要求而提出的，有利于稳定收养关系，保持收养人与被收养人家庭生活的和睦。按照这一规定，收养人、送养人有权要求保守收养秘密，其他任何人都负有不得泄露该收养秘密的义务。

第五节　收养关系的法律效力

收养关系的法律效力，是指成立收养关系所引起的法律后果。按照法律后果的不同，可以把收养关系的法律效力分为收养的拟制效力和收养的解消效力。

一、收养的拟制效力

收养的拟制效力，是指收养关系的成立导致收养人与被收养人之间发生父母子女的权利义务关系，以及被收养人与收养人的近亲属发生相应的亲属关系等法律后果。

收养关系一经成立，便在收养人与被收养人之间确立起养父母和养子女的身份关系，收养人是养父母，被收养人是养子女，他们彼此发生了与自然血亲的父母子女关系相同的法定的权利与义务。我国《收养法》第 23 条第 1 款规定："自收养关系成立之日起，养父母与养子女间的权利义务关系，适用法律关于父母子女关系的规定；养子女与养父母的近亲属间的权利义务关系，适用法律关于子女与父母的近亲属关系的规定。"

收养关系成立的拟制效力主要包括如下几个方面的内容：

（一）养子女的姓名权

我国《收养法》第 24 条规定："养子女可以随养父或者养母的姓，经当事人协商一致，也可以保留原姓。"对该条法律规定的正确理解应当是：收养关系成立后，养子女既可以随养父的姓氏，也可以随养母的姓氏。如果收养人与送养人或者被收养人协商，也可保留被收养人原来的姓氏。

（二）养父母对养子女的抚养教育义务

根据我国婚姻法关于父母子女关系的有关规定，养父母对养子女负有抚养教育的义务。这种义务体现为：首先，养父母既要从物质和生活上对养子女给予抚育和照料，又要从品德和知识上对养子女进行全面培育和正确引导，以保证养子女身心健康地成长。其次，养父母对养子女的抚养教育义务，应当履行至养子女独立生活为止。再次，养父母双方均须承担对养子女的抚养教育义务，即使在养父母离婚的情况下，双方仍不得推卸对养子女应负的该项法定义务。最后，养父母不履行抚养义务时，未成年的或不能独立生活的养子女，有权通过包括诉讼程序在内的合法方式要求养父母给付抚养费和教育费。

（三）养父母对未成年养子女保护和教育的权利和义务

依照我国民法通则的规定，养父母是养子女的法定监护人，对未成年养子女有保护和教育的权利与义务。这种权利和义务主要体现在：第一，养父母应当按照法律和道德的准则，采用正确的方法对未成年的养子女进行保护和教育，并对其行为施以必要的约束，一方面保证其健康成长，另一方面也防止未成年的养子女因实施不法行为给他人和社会的利益造成损害。第二，养父母负有对未成年的养子女的人身和财产加以保护的责任。当未成年的养子女的人身和财产权利受到不法侵害时，养父母应以法定代理人的身份直接向侵权行为人主张权利或者向人民法院提起针对侵权行为人的诉讼，以维护养子女的合法权益。第三，当未成年的养子女实施侵权行为造成他人损害时，养父母应依法承担民事责任。

（四）养子女对养父母的赡养扶助义务

养子女对养父母的赡养扶助义务主要体现为：第一，成年的有负担能力的养子女应当为无劳动能力的或生活困难的养父母提供必要的物质资料和生活帮助，直至养父母死亡。第二，当养子女不履行赡养扶助义务时，无劳动能力的或者生活困难的养父母有权要求养子女给付赡养费。

（五）养父母与养子女之间的遗产继承权

按照我国继承法的规定，养父母与养子女互为第一顺序的法定继承人。在继承开始后，养父母或养子女有权首先参加遗产的继承分割。养子女和养父母生前立遗嘱处分其遗产时，不得取消缺乏劳动能力又无生活来源的养父母或养子女应当继承的遗产份额。

（六）养子女与养父母的近亲属之间发生法定的权利和义务关系

基于亲属法的一般原理，父母与子女的关系及于父母的其他近亲属。因此，我国《收养法》规定，收养关系成立后，养子女与养父母的近亲属之间的权利义务关系，适用法律关于子女与父母的近亲属的规定，即养子女与养父母的近亲属如父母、子女等相应地发生养祖孙关系、养兄弟姐妹关系，彼此具有法律规定的权利和义务。

二、收养的解消效力

收养关系成立的解消效力，是指收养关系的成立导致被收养人与其生父母之间消除父母子女权利义务关系，以及被收养人与其生父母的其他近亲属间的权利义务关系也随之消除等法律后果。在收养成立后，原有的父母子女关系被改变，而新的父母子女关系形成，由此产生的必然后果之一，便是消除了被收养人与其生父母之间的权利义务。我国《收养法》第 23 条第 2 款规定："养子女与生父母及其他近亲属间的权利义务关系，因收养关系的成立而消除。"

收养的解消效力表现在如下两个方面：

（一）被收养人与其生父母的关系

收养关系成立之后，被收养人与生父母之间彼此已不再是法律意义上的父母与子女，他们原有的权利和义务，如抚养教育、保护、赡养扶助、相互继承等等一律终止。但是，收养关系的成立并不能改变被收养人与生父母之间的自然血亲关系，故婚姻法中关于直系血亲间禁止结婚的规定，仍适用于被收养人与其生父母。

（二）被收养人与生父母的其他近亲属的关系

被收养人与生父母的其他近亲属之间的权利和义务，因收养关系的成立而不复存在。但基于收养关系的成立并不能消除自然血亲关系的原理，被收养人与其生父母的其他近亲属之间仍适用婚姻法中关于直系血亲和三代以内旁系血亲间禁止结婚的规定。

三、收养的无效

（一）收养的无效，是指无效收养行为因违反法律关于收养关系成立的条件和程序而不发生收养的法律效力

在现代社会里，收养行为只有符合法律规定的条件和程序，才能有效成立，得到法律的认可和保护，实现收养当事人预期的目的。为了使收养行为纳入合法有效的轨道，避免和制裁违法收养行为，保护收养关系当事人的合法权益，我国《收养法》第 25 条规定："违反《中华人民共和国民法通则》第五十五条和本法规定的收养行为无法律效力。收养行为被人民法院确认无效的，从行为开始时起就没有法律效力。"

依照《民法通则》和《收养法》的有关规定，导致收养行为无效的原因主要为：送养人和收养人不具有相应的民事行为能力；成立收养的意思表示不真实；收养行为违反法律（包括有关收养条件和收养程序的规定）或者社会公共利益。

（二）收养无效的确认及其法律后果

根据我国《收养法》和《中国公民办理收养登记的若干规定》，收养无效的确认有两种程序：第一，由人民法院通过诉讼程序确认某一收养行为无效。第二，由收养登记机关通过行政

程序确认某一收养行为无效。

收养行为被人民法院确认无效的，从该行为开始时起就没有法律效力。收养行为被收养登记机关确认无效的，收养登记机关应宣布该项收养登记自始无效，收缴收养登记证。对借收养之名拐卖儿童的犯罪人，应依法追究其相应的刑事责任。

第六节 收养关系的解除

收养关系作为一种法律拟制的民事法律关系，既可以通过法律行为依法设立，也可以经由一定的法律程序予以解除。

《收养法》第 26 条规定："收养人在被收养人成年以前，不得解除收养关系，但收养人、送养人双方协议解除的除外，养子女年满十周岁以上的，应当征得本人同意。收养人不履行抚养义务，有虐待、遗弃等侵害未成年养子女合法权益行为的，送养人有权要求解除养父母与养子女间的收养关系。送养人、收养人不能达成解除收养关系协议的，可以向人民法院起诉。"第 27 条规定："养父母与成年养子女关系恶化，无法共同生活的，可以协议解除收养关系。不能达成协议的，可以向人民法院起诉。"解除收养关系应根据不同情况，分别采取协议解除方式或诉讼解除方式。

一、协议解除收养关系

（一）协议解除收养关系的条件

按照《收养法》第 26 条、第 27 条的规定，在养子女成年前，收养人和送养人可以协议解除收养；养父母和成年养子女也可以协议解除收养。协议解除收养必须符合下列要求：

第一，在养子女成年前，协议解除收养须得收养人、送养人同意。养子女年满 10 周岁以上的，应当征得本人同意。

第二，在养子女成年后，协议解除收养须得收养人、被收养人同意。送养人的同意不是必要的条件。此外，当事人还应根据具体情况就与解除收养有关的财产和生活等问题达成协议。

（二）协议解除收养关系的程序

《收养法》第 28 条规定："当事人协议解除收养关系的，应当到民政部门办理解除收养关系的登记。"适用这一规定办理解除收养关系的登记时，当事人应当到收养人户籍所在地县级以上人民政府民政部门提出解除收养关系的申请。申请人必须向收养登记机关提交收养人和被收养人的居民身份证和户籍证明、收养登记证、解除收养关系协议书。当事人对收养登记机关必须了解的情况应当如实提供。收养登记机关经过审查，对符合收养法规定的解除收养关系条件的，准予其解除，收回收养登记证，发给当事人解除收养关系证明，解除收养关系。

二、诉讼解除收养关系

（一）诉讼解除收养关系的条件

诉讼解除收养关系的条件是：

（1）收养人不履行抚养义务，有虐待、遗弃等侵害未成年养子女合法权益行为的，送养人要求解除养父母与养子女的收养关系，但送养人与收养人不能达成解除收养关系协议的，送养人可以向人民法院提起诉讼。

（2）养父母与成年养子女关系恶化，无法共同生活，又不能达成解除收养关系协议的，双方均可以向人民法院起诉解除收养关系。

（二）诉讼解除收养关系的程序

收养关系当事人应当依照《民事诉讼法》的有关规定，向有管辖权的人民法院提起解除收养关系的民事诉讼。人民法院审理解除收养关系的案件，应当查明要求解除收养关系的事实和理由，保护合法的收养关系，保障收养人和被收养人的合法权益。对收养人不履行抚养义务，有虐待、遗弃等侵害未成年养子女合法权益行为，送养人要求解除收养的；对养父母与成年养子女关系恶化，无法共同生活，一方要求解除收养的，人民法院应当进行调解。调解无效的，依法判决准予解除或不准解除。

三、解除收养关系的法律后果

（一）解除收养关系后的人身关系和财产关系

根据我国《收养法》第 29 条的规定，收养关系解除后，养子女与养父母之间的身份和权利义务即行消除，彼此不再具有抚养教育、保护、赡养扶助和继承遗产等关系。与此同时，养子女与养父母的其他近亲属间的权利义务关系也随之消除。

收养关系解除后，未成年的养子女与生父母及其他近亲属的权利义务关系自行恢复。但成年养子女与生父母及其他近亲属间的权利义务关系是否恢复，可以由成年养子女与生父母协商确定。

钟玉 5 岁时被养父钟长山收养。钟玉成年后因与养父关系恶化，无法共同生活，双方协议解除了收养关系，但钟玉并没有与其生父母恢复权利义务关系。在钟玉因意外车祸死亡后，其生父母要求继承钟玉的遗产。试分析钟玉生父母的继承主张有没有法律依据。

（二）解除收养关系后养父母的补偿请求权

依照我国《收养法》第 30 条的规定，解除收养关系后，在不同的情况下养父母享有一定的补偿请求权。第一，收养关系解除后，经养父母抚养的成年养子女，对缺乏劳动能力又缺乏生活来源的养父母，应当给付生活费。该生活费的数额，应不低于当地居民的一般生活费用标准。第二，因养子女成年后虐待、遗弃养父母而解除收养关系的，养父母有权要求养子女补偿收养期间支出的生活费和教育费。第三，生父母要求解除收养关系的，养父母有权要求生父母适当补偿收养期间支出的生活费和教育费。但因养父母虐待、遗弃养子女而导致收养关系解除的，养父母无权要求生父母补偿收养期间养子女的生活费和教育费。

思考题

1. 收养的法律特征是什么？
2. 我国《收养法》有哪些基本原则？
3. 收养关系的成立应当具备哪些法定条件？
4. 收养关系成立必须履行什么样的法定程序？
5. 何谓收养关系的法律效力？它表现在哪些方面？
6. 协议解除和诉讼解除收养关系的条件和程序有何异同？
7. 收养关系解除引起的法律后果是什么？

第十章 扶 养

【重点问题】

扶养的法律内涵
扶养的基本特点
我国现行扶养制度的主要内容

第一节 概说

一、扶养的概念

在社会生活中所说的扶养通常概指各种社会关系中针对“弱者”所发生的经济供养和生活扶助，一般涵盖四个方面：（1）以国家为主体，在特定情形下体现社会福利的公力扶养，包括各种灾害救济、贫困救济、民政抚恤等；（2）以一定的社会组织、机构、单位为主体并逐步走向社会化、一体化的社会保障性扶养；（3）在自然人之间基于道义、感情、慈善等非法定权利义务而发生的自然的、事实上的扶养；（4）法律意义上的扶养。

法律意义上的扶养又有广义和狭义之分。广义上的扶养是泛指特定亲属之间根据法律的明确规定而存在的经济上相互供养、生活上相互扶助照顾的权利义务关系，它囊括了长辈亲属对晚辈亲属的“抚养”，平辈亲属之间的“扶养”和晚辈亲属对长辈亲属的“赡养”三种具体形态。狭义上的扶养则专指平辈亲属之间尤其是夫妻之间依法发生的经济供养和生活扶助权利义务关系，具有主体界定的特定性。

在立法选择上，不仅世界上多数国家将亲属间的供养扶助权利义务统称为扶养，而且有些国家地区直接用“抚养”或“赡养”来指称扶养，从而使三个概念显示出通用性或混同性；我国婚姻法按不同的主体关系对扶养、抚养、赡养分别加以规定，其“扶养”则属于狭义。而《刑法》、《继承法》、《民法通则》等法律规范中又是统称为扶养，属于广义。基于此，在法学研究和法律适用总体上应按广义的扶养来理解，在具体的亲属关系中，则不妨分别进行指称。

二、扶养关系的特征

法律意义上的扶养，无论是其形式还是其内容，都构成为特定亲属之间的权利义务关系，即扶养关系，或扶养法律关系。其特点集中表现为四个：

（一）扶养关系具有法定性

什么范围、哪些种类的亲属之间存在扶养关系，扶养权利义务的具体内容，以及扶养的顺序和条件等都由法律明确加以规定；凡与法律规定的情形相符合者，则必然地、强制性地产生扶养权利义务关系，不允许凭借当事人的意志进行自由选择和变更。这就是扶养关系的法定性。每个国家在其特定的历史阶段，都会根据其亲属模式、家庭结构、社会保障水平等客观要求，在法律上以强行性规范直接明确地规定亲属之间的扶养关系。这种扶养关系无不具有主体的法定性、内容的法定性、条件的法定性和遵行适用的强制性。即使在社会保障制度日益健全、家庭或亲属职能逐渐推向社会化的发达国家，亲属扶养关系的法定性和强制性仍然没有消亡。

（二）扶养关系是一种法定之债，具有债的属性

民法上，债是特定人与特定人之间得请求为特定行为的法律关系。《民法通则》第 84 条中规定，“债是按照合同的约定或者依照法律的规定，在当事人间产生的特定的权利和义务关系”。这一界定明确告诉我们，按照发生根据的不同，债分为两大类：一是基于当事人的约定而发生的合同之债；二是基于法律的直接规定而产生的法定之债，如侵权行为之债、不当得利之债、无因管理之债等。作为法定之债，其实质特征在于法律针对某种社会现象，径行规定特定当事人之间如发生某种法律事实，则依法产生债权债务关系，权利方依法享有请求义务方为特定行为的权利，义务方则依法承担必须为该特定行为的义务。我们认为，扶养关系正好符合这类特征，民法上应该承认和接纳扶养关系作为法定之债。①

1. 扶养关系具备债的主体要素。无论是受扶养的权利人，还是有扶养责任的义务人，都是互动的具体的人，符合债之主体的特定性、对立性和互动性。

2. 扶养关系具备债的客体要素。债的客体就是债权债务所共同指向的对象。综括各种各样的债的关系，其客体无不集中表现为债务人履行特定的行为，以满足权利人的请求和利益。债务人所为的特定行为，既可以是给付，也可以是提供一定的服务或劳务，因而给付行为和劳务行为即为债的客体。在扶养关系中，权利人的请求和需要包括经济供养和生活扶助两个方面，义务人的履行或者是提供经济帮助，为给付行为，或者是给予生活照料、扶助，提供劳务服务行为，或者是二者兼而有之。显然，这一权利义务互动所指向的客体正是债权债务的客体，和民法上的债之客体完全一致。

3. 扶养关系具备债的内容要素。法律上规定的扶养权直接表现为权利人请求义务人积极地为一定行为，这是一种请求权、相对权和受领权，而扶养义务则为义务人依法按权利人的请求积极为特定行为，当义务人消极地不履行其义务时，既构成违法，又构成侵权，权利人可请求强制其履行。扶养权利义务的这一内容属性及其运行规则是符合债权债务的内容特征的。

正因为扶养关系具有上述债的典型特征和要素内涵，所以在法律定位上，扶养关系是一种财产性权利义务关系，属于亲属财产法的范畴，扶养权是亲属财产权的组成部分。

（三）扶养关系具有鲜明的身份性

扶养关系的身份性集中表现在四个方面：（1）扶养关系的主体双方必须是具有亲属身份的人；亲属身份是扶养的前提，也是发生扶养的法律事实，扶养关系则是亲属身份的法律后果或法律效力。亲属身份之外的人不生法定之扶养。（2）扶养权利义务具有人身属性，附从于主体

① 关于扶养关系是否债权债务关系，学界有不同的主张，此处申述的是本章作者的观点。

的亲属身份，只能由本人亲自享有和承受，非依法律特别规定，不得转移、让与、继承和替代。(3) 由于亲属身份关系一旦产生，不仅伴生着长期的共同生活关系，而且身份维系时间长乃至毕其一生，以这种身份共同生活状态为前提的扶养关系则有别于普通债权债务的短期性、一次性，显示出长期性、持续性、稳定性等特点。(4) 依附于身份关系的扶养关系，其权利义务的配置和运行具有对等中的非对等性。一方面，法律上关于夫妻之间、亲子之间及其他近亲属之间扶养权利义务的静态规定，在形式上都是对应、对等和互动的，显示出权利义务配置分布的平等性、一致性。而另一方面，基于主体自身条件、扶养能力和扶养需求的不同，这种权利义务在实际运作中又表现出明显的扶养时间错位、扶养程度差异乃至权利义务的单向流动，从而凸显出扶养权利义务的非对等性和非互动性。

(四) 扶养关系具有社会保障的替代功能

任何社会，都不可避免地存在着老、幼、病、残等丧失劳动能力或没有生活来源的“弱者”群体。如何保障这一群体的生存和生活，形成了三种模式：(1) 古代社会单一的亲属或家族扶养保障模式；(2) 近代社会逐步建立的亲属扶养与社会保障相结合模式；(3) 极少数发达国家正在推行的单一社会扶养保障模式。从主流来看，亲属扶养一直担负着对“弱者”给予保障的重要角色，扶养制度是“弱者”保护体系中的重要法律制度，家庭则是这一角色的结构载体。所以，迄今为止，赡老养幼、扶助病患伤残等缺少劳动能力、没有经济来源的亲属成员，是一定范围的亲属所担当的基本社会责任，亦是家庭保障职能的重要内容，构成社会保障体系的不可缺的环节，在社会福利条件不充足的情况下，亲属或家庭保障对社会中的“弱者”具有无可替代的地位。现代社会虽然各类社会保障制度相继建立，但亲属扶养性的家庭保障仍不能也不应全部消退。尤其是当今人口老化现象严重，老年人口剧增，老年人的社会保障压力大，而社会、政府难于彻底承受，必须凭借传统的亲属扶养保障职能予以缓解。因此，中国发展社会主义市场经济，一方面要逐步建立健全老年人的各种形式的社会保障制度，另一方面要弘扬中华民族敬老养老的传统美德，使晚辈赡养长辈的“反哺模式”有效地运行，让家庭、亲属继续充当好一定的社会保障角色，避免西方社会老年人“空巢模式”的忧思。

通过上述四个特征的分析，可以明显看出，亲属扶养关系不仅具有身份与财产的双重性，而且具有私法与公法的双重性。

三、扶养制度的历史发展

追溯人类扶养制度的历史，可看出大致经历了四个阶段：(1) 原始社会以集体为中心的群体式扶养；(2) 以家长为中心的家族式扶养；(3) 以扶养人为重心的夫权式、亲权式扶养；(4) 以被扶养人为重心的保障式扶养。史尚宽先生详细表述为：“在亲属团体为宗族或大家族之时代，某集团之首长一方面独占财产，支配集团所属人员之劳力，他方面保障其生活。此时扶养一任亲属集团之自治，为首长之责任。降至后代，仅变为道义的或习俗的责任，而非法律上之义务。即被扶养为家长之恩惠，不得对家长以诉为主张。然此仅有道义上扶养义务人，如不顾道义拒绝扶养，则将使生活不能者走入犯罪或坐以待毙，故国家此时只有：(一) 对于生活不能者予以扶助之恩惠；(二) 奖励慈善家之布施和慈善机构之救济；(三) 使一定近亲负担法律上扶养之义务。然亲属扶养及慈善的救济，到底不足以应付生活不能者之需要，近代基于基本的人权之思想，以扶助为国家之义务，排除旧日之恩惠主义，而树立一视同仁之国家救助责任。亲属集团因私有经济之进展，渐次分化，而以夫妻亲子之小单位组织，为法律规范的支持之核心。其他亲属集团，则主要的为道德的习俗的规范所支配。于是又有上述生活保持义务与一般扶养义务之分，后者为法律所确认的道德习俗最小限度之义务。”①

现代亲属法上的扶养，在家庭核心化和亲属关系淡漠化、女权运动和男女平等、人格独立及自由发展、公共福利和社会保障体系建立等多重时代因素的强力冲击下，呈现出四个必然发展趋势：(1) 扶养权利人和义务人的范围日益缩小；(2) 生活保持义务的厚重地位减弱，夫妻之间的生活保持义务消退，一般扶助义务的强制属性暗淡；(3) 扶养责任的社会转嫁机制逐步建立，扶养方式由家庭化、亲属化走向社会化、社区化和专业化；(4) 扶养内容此消彼长，尤其是对老年人的经济供养的物质压力减轻，但精神上、情感上的扶助慰藉和生活照料凸显重要。

四、扶养关系的层次结构

亲属扶养关系由于发生于不同类型的亲属之间，其扶养效力、程度、方式因共同生活状态、亲系亲等的亲疏远近和被扶养人生活情势的不同而有区别。针对这种区别，以《瑞士民法典》为代表的大陆法系遂将亲属扶养关系分化为生活保持义务和一般生活扶助义务两个层次，学理上普遍认为这种层次结构的区分是科学合理的。在英美法中，则用 maintenance 表示生活保持义务，用 support 表示一般扶助义务。

所谓生活保持义务，又称共生义务，通常是指发生于夫妻之间、父母与未成年子女之间的为维系家庭共同生活而由法律强制性规定的无条件扶养义务。其特点在于：它发生在核心家庭内或大家庭之中的核心家庭成员之间；它是无条件的，义务人必须在自己能力范围内履行义务，即使降低自己的生活水平，也必须使权利人过与自己相当的生活，亦即权利人的生活就是义务人的生活，二者不可分；它是与身份相随而持续存在的，不可能处于潜在的期待性状态，义务人须不断地、经常地履行这些义务，因为履行该义务是维持家庭共同生活的必要条件。一般生活扶助义务则是一定范围的亲属由身份滋生出来的，在一定条件下根据其承受能力而依法负担的潜在性义务，它是有条件的，以不改变义务人相当之生活水平为前提的。

日本法学家中川善之助早在 1928 年就著文认为扶养应分为生活保持义务和生活扶助义务。他主张将夫妻间和父母与未成年子女间的扶养称为生活保持义务，其他直系血亲、兄弟姐妹和其他亲属间的扶养称为扶助；并指出夫妻间、父母与未成年子女间，一方扶养对方是为保持自己的生活（家庭生活）所必尽的义务，这种义务是无条件的，要作出自我牺牲的，即所谓“即使是最后的一片肉、一粒米也要分而食之”的义务。日本法学家有地亨也认为夫妻间和父母与未成年子女间的扶养是必须保持他们之间的同一生活质量、同一生活水平的扶养。但是，其他直系血亲之间、兄弟姐妹和其他亲属间的扶养，并不是为维持共同生活所必需的，而是一种偶然的、例外的、相对的扶养，是在保持与义务人地位相当的生活水准的前提下，给予确实需要扶养的亲属以扶助，使其保持最低生活水平。②

我国婚姻法关于扶养权利义务的规定，虽没有明示有这种层次结构的区分，但在其条文排列和义务条件的配置上，可以明显看出立法上有两个层次的意旨或精神。具体说来，《婚姻法》第 20 条、第 21 条关于夫妻互相扶养的义务和父母对未成年子女的扶养义务的规定，应属于生活保持义务层次；而第 28 条、第 29 条关于兄弟姐妹间的扶养义务、祖孙间的扶养义务及第 21 条关于成年子女对父母的扶养义务，应属于生活扶助义务层次。

---

① 史尚宽：《亲属法论》，679 页，北京，中国政法大学出版社，2000。

② 参见杨大文主编：《亲属法》，339 页。

五、关于扶养制度的若干立法例

了解外国亲属法中的相关规定，有助于我们考察当代社会的扶养制度。外国亲属法中的扶养制度主要包括扶养关系的主体范围、扶养顺序、扶养程度、扶养方式、扶养的变更和消灭等内容。

（一）扶养关系的主体

扶养关系的主体是指哪些亲属在法律上享有受扶养的权利，承担扶养义务，亦即法律确定的相互存在扶养关系的亲属的范围。由于各国经济发展水平、习俗、文化背景的不同，法律确定的有扶养权利义务的亲属范围也有一定差异。综合来看，夫妻之间的扶养和父母子女之间的扶养，是古往今来世界各国的通例，但对其他直系血亲、直系姻亲及旁系血亲之间如何确定扶养主体的范围，则具有明显的民族特色和历史性。

（二）扶养顺序

由于亲属网络中，一个人的亲属身份角色是多重的，他同时置身在不同的亲属关系中，负载不同的亲属身份，则必然在不同方位享有受扶养的权利，承担扶养义务。基于此，法定的扶养主体范围总是一个混合的复数结构，一个扶养义务人不得不面对多个扶养权利人，而一个扶养权利人也会面对多个扶养义务人，或者是多个扶养权利人面对多个扶养义务人。针对这种客观存在的主体复合结构，法律上必须明确界定出扶养顺序。所谓扶养顺序，就是扶养义务人或扶养权利人为数人时，法律所确定的履行扶养义务或行使扶养权利的先后顺位。

各国关于扶养顺序的规定，主要有三种模式：

1. 概括主义模式。即法律上对扶养权利人、扶养义务人的顺序只作原则性、概括性的规定，而不予具体明示。如日本民法规定扶养顺序由当事人自行协议，协议不成或不能协议时由家庭法院确定。

2. 列举主义模式。即法律上对扶养权利人、扶养义务人的顺序分别作出具体明确的规定。如德国民法典规定扶养义务人的顺序为：（1）配偶；（2）直系卑亲属；（3）直系尊亲属；（4）近亲先于远亲承担义务；（5）同亲等的扶养义务人有数人时，依收入和财产状况分担义务。扶养权利人的顺序为：（1）配偶先于未成年的未婚子女；（2）未成年的未婚子女先于其他子女；（3）子女先于其他直系卑亲属；（4）直系卑亲属先于直系尊亲属。

3. 法律上无明文规定。如苏联、法国等在亲属法上采取回避态度，对扶养权利人、扶养义务人的顺序不作直接反映，在操作上则主要依据财力及其具体情况，由当事人自行协商，或由法院决定。①

（三）扶养的程度②

所谓扶养的程度是指应给予扶养权利人扶养的水平和标准。考察各国立法规定，扶养的程度主要按扶养权利人的需要和扶养义务人的经济能力及身份决定。所谓需要，是以正当且必要的需求为限。如果扶养权利人提出过高的要求，即使扶养义务人是很富有的，也是不合理、不合法的。但正当的扶养需要，并非以衣、食费用为限，可以是一个生存、发展期间所包括的全部生活、学习需要的费用。

---

① 参见杨大文主编：《亲属法》，353～354页。

② 扶养的程度、扶养方式及抚养的变更三部分内容均引自杨大文主编：《亲属法》，356～360页。

关于扶养的程度有不同的立法例，大致有如下几种不同的扶养标准：

1. 有具体内容的列举性规定。扶养包括供给全部生活的必需费用，还包括学会某项职业技能所必需的培训费用，以及需要受教育者的教育费用，医疗、护理费用等，如《德国民法典》第1610条第2款（1979年修正）的规定。

2. 无具体内容的概括性规定。《瑞士民法典》第329条规定，依扶养权利人的生活需要及义务人的财产能力给付；《法国民法典》第208条规定，扶养义务应斟酌扶养需求人的需要与扶养人的资力适当履行。

3. 依协议确定扶养的程度，必要时由法院最后裁决。如现行《日本民法典》第879条规定：关于扶养的程度，依当事人协议，协议不成或不能协议时，由家庭法院考虑扶养权利人的需要、扶养义务人的资力及其他有关情事予以确定。

（四）扶养的方式

当前世界各国关于扶养的方式主要有两种情况：

1. 共同生活扶养，即扶养权利人同扶养义务人共同生活在一起，进行直接扶养。

2. 定期支付扶养金，或以实物进行扶养，也包括定期的体力上的扶助，精神上的探望、慰藉。

在父母子女和夫妻关系中一般以共同生活进行扶养为主：在其他亲属间，一般以提供扶养金和一定的扶助进行扶养为主。用何种方式进行扶养由当事人自行协商，达不成协议时，才由法院确定。有少数国家还规定，有特别理由时，扶养义务人得请求以其他方法进行扶养，如《德国民法典》第1612条第1款的规定，但并未提出其他方式的具体内容。现行的日本民法抛弃了明治民法的法定主义，规定依当事人协议或由家庭法院裁判（《日本民法典》第879条）。法国则规定，如扶养义务人证明其无力支付扶养费时，法院在了解原因后，得判令其接纳扶养请求人在其住所扶养（《法国民法典》第210条）；父母在住所接纳应抚养教育的子女时，可免除其支付抚养费（《法国民法典》第211条）。

（五）扶养的变更和消灭

1. 扶养的变更

所谓扶养的变更是指扶养义务人、扶养权利人的顺序，以及扶养程度和方法的变更。扶养当事人一方或双方在经济和生活状况发生变化时，扶养义务人和扶养权利人均有请求变更原扶养协议或判决的权利。提出变更请求，必须以原有扶养情况发生新的变化为条件，否则不得提出。变更请求的内容包括增加、减少或免除协议或判决中原定的扶养费数额等。关于扶养的变更，各国法律均有规定。例如，《法国民法典》规定，如扶养义务人与扶养权利人情况变更，致一方无力再行负担，或他方需要减少一部分或完全不需要扶养时，得请求免除扶养义务或减少其数额（《法国民法典》第209条）；如扶养义务人证明其无力支付扶养费时，前述法院可判令其接纳扶养权利人在其住所扶养（《法国民法典》第210条）。现行的《日本民法典》规定，就应履行扶养者或受扶养者的顺序、扶养的程度或扶养的方法达成协议或判决后，情事发生变更时，家庭法院可以变更或撤销该协议或判决（《日本民法典》第880条）。《德国民法典》还规定，当事人应根据政府颁布的调整法令所规定的提高或降低扶养金的百分比，自行调整扶养费或请求有关部门调整扶养费（《德国民法典》第1612a条）。

2. 扶养的消灭

所谓扶养的消灭是指在法定的原因或事实出现的情况下，终止当事人间的扶养权利义务关系。根据各国法律规定，扶养义务消灭的原因，一般有如下三方面。

（1）当事人死亡。不管是扶养权利人还是扶养义务人，一方死亡，扶养关系即告终止。

（2）基础法律关系不复存在。扶养权利义务是以一定的身份关系为基础而产生的，当此种关系消灭时，扶养权利义务关系也随之解除。如婚姻关系终止导致扶养权利义务关系消灭等。法国、瑞士、保加利亚等许多国家的法律中均有此类规定。

（3）扶养要件消灭。扶养权利人的需要改变，不再需要扶养；或者扶养义务人扶养能力完全丧失，无法扶养；或者子女已成年独立生活，无须扶养；扶养关系随之解除。关于子女成年一说，各国规定不一，有的国家规定须达到子女已能独立生活为止，有的国家则作了年龄的限制规定，一般国家子女成年年龄规定在18岁～21岁之间，但也有个别国家成年年龄规定在14岁。

扶养要件消灭是一种相对的原因。基于情事变更，在一定条件下，是可以依法恢复扶养权利义务关系的。

第二节 我国现行扶养制度

我国现行扶养制度在继承新民主主义革命时期的立法成果的基础上，经由1950年《婚姻法》的初创，1980年《婚姻法》的发展及其他法律渊源的填补、充实，而逐步发展起来。就其规范形式来看，主要有三个方面：（1）专门调整婚姻家庭关系的规范，如《婚姻法》、《收养法》等。（2）最高人民法院结合审判实践所作的针对性司法解释，如1958年1月最高人民法院《关于已出嫁女儿赡养父母和媳妇赡养婆婆问题的批复》、1978年11月最高人民法院《关于子女对继母有无赡养义务的请示的批复》、1980年5月最高人民法院《关于非婚生子女抚养问题的批复》、1981年9月最高人民法院《关于对年老、无子女的人能否按照〈婚姻法〉第23条类推判决有负担能力的兄弟姐妹承担抚养义务的复函》、1985年2月最高人民法院《关于兄妹间扶养问题的批复》、1986年3月最高人民法院《关于继母与生父离婚后仍有权要求已与其形成抚养关系的继子女履行赡养义务的批复》、1993年11月最高人民法院《关于人民法院审理离婚案件处理子女抚养问题的若干具体意见》、2001年婚姻法修正后最高人民法院的有关司法解释，以及最高人民法院历次民事审判工作会议关于贯彻执行民事政策法律问题的意见等。（3）其他法律部门的相应规范，如《妇女权益保障法》、《老年人权益保障法》、《未成年人保护法》、《残疾人保障法》、《民法通则》、《继承法》等等。在扶养制度领域，已经形成了以《婚姻法》为主干、以司法解释为补充、以其他相关规范为配套的规范体系。其内容主要有以下几个方面。

一、夫妻间的扶养

夫妻之间的扶养权利和义务是配偶权的重要内容，也是配偶身份关系和婚姻共同体的物化表现。此类扶养属于生活保持义务。《婚姻法》第20条有关夫妻间扶养的规定，本书第六章第三节中已作出说明，此处无须赘述，以免重复。为了深化对配偶扶养问题的认识，本题再就以下各点作一些补充性的说明。

1. 夫妻间的扶养权利义务以经济上相互供养、生活上相互扶助为内容，是婚姻内在属性和法律效力对主体的必然要求。就其性质来看，夫妻扶养属于生活保持义务范畴，既是双方当事人从缔结婚姻开始就共生的义务，也是婚姻或家庭共同体得以维系和存在的基本保障，同时还是人类个体婚制形成以来婚姻一直负载的基本功能。尽管现代社会人格自由平等、经济独立淡化了夫妻人身上的客观约束，但夫妻扶养仍是各国法律普遍确认的规则。

2. 夫妻间的扶养在历史意义上，因应于男女两性的社会地位和经济条件的差异而经历着由单向扶养向互动平等扶养的转化。详言之，近代社会以前，男性在经济上、社会上和家庭生活中的主宰地位，决定了丈夫既有经济供养的权利，同时也有经济供养的责任和义务，而妻子的非职业化和经济依附性决定其只能经营操持家庭生活，应当而且必须承担对丈夫的服侍、照料义务。这种扶养关系是一种分离的、非对等的单向运行模式。现代社会的扶养在价值上讲求男女平等、夫妻对等互动，在内容上追求供养与扶助的整合同构，在功能上则基于女性的特殊自然条件和社会历史原因强调对妻子的保障和丈夫责任的减轻，从而逐步实现将夫妻扶养关系推向一种平权、对等、统一的互动运行模式。

3. 夫妻扶养从婚姻成立之时起发生，至婚姻终止时消灭，在婚姻关系存续的整个过程中一直存在且具有法律拘束力，因而是一种状态性的、持续性的法律关系。无论婚姻的实际情势如何，当事人双方的感情状况怎样，夫妻扶养既是双方的权利，也是双方的义务，因而不履行义务的行为必然是一种侵权行为。

4. 夫妻扶养作为法定义务，具有法律强制性。但在实际运作上，基于夫妻关系的特殊性，应以当事人自我调节为主导，以自觉履行为普遍，而以公力干预为辅助，以司法救济为例外。

二、父母子女间的扶养

《婚姻法》第21条有关父母子女间扶养（即法条中所称的扶养和赡养）的规定，本书第八章第二节中已作说明，此处无须赘述，以免重复，仅就以下各点作一些补充性的说明。

1. 父母子女间的扶养义务，既反映了人类个体的生命成长和延续的规律要求，也来源于社会保障不可能替代或包容扶养之全部内涵和外延的必然，因而一直是扶养体系中的核心内容和家庭的基本职能。即使在社会福利程度很高、社会保障体系十分完备的发达国家，充其量只能做到经济供养的社会化，却不能完全胜任和接替亲子间的生活扶助、照料及精神情感的依恋与抚慰。我国婚姻法明确规定亲子间的扶养义务，既反映了亲子关系的普遍规律，又与中国固有传统相吻合，也与中国现阶段的国家、社会、家庭等实际情况相一致。

2. 父母对未成年子女的扶养是强制性的生活保持义务。其法律属性和要求有四：(1) 扶养时间的长期性。在整个动物界，人类个体从出生到独立生活能力的形成在时间上最为漫长，在过程上最为艰辛，对他人、对社会的依赖性最为明显，因而对未成年人的扶养对社会来说永远是不可推脱的责任；对父母来说，则是很长一段时间内的持续性义务。即从子女出生时开始，到子女达到成年年龄乃至具有独立生活能力为止，父母均应责无旁贷地承担扶养义务。(2) 扶养内容的复合性。父母对未成年子女的扶养涉及子女身心成长、发展的全过程，是全方位的扶养，所以扶养内容总是与亲权融为一体，具有复合性，通常包括四个方面：一是精心关怀、照料子女，为子女营造安全、健康、幸福的生活条件和氛围，确保子女的生命权、健康权、生存权；二是提供子女所必需的一切生活费用，为子女健康成长和发展提供经济保障；三是提供子女教育、学习费用，保证子女有接受义务教育的权利，为培养和提供子女的文化素质和生活技能创造条件；四是言传身教，身体力行，以健康的思想、品行和正确的方法教育子女，使扶养与家庭教育有机地结合起来。(3) 扶养责任的无条件性。父母对未成年子女的扶养作为生活保持义务，是无条件的，子女一旦出生，无论父母经济条件、劳动能力如何，也不论是否愿意，均必须依法承担扶养义务。即使降低自己的生活水平、牺牲自己的事业发展和生活享受，也必须首先保障子女的生存和生活需要。(4) 义务履行的自觉性。基于亲子关系的特殊情感联系和家庭共同生活状态，父母对未成年子女的扶养虽是强制性义务，但绝大多数情形是以父母自觉自愿地履行其义务为结果，法律和社会公力无须过多干预或介入。然而，现实生活中确有少数人自私自利，生而不养，公然背离作为父母的道义责任和法律义务。在此情形下，则必须动用社会公力，强制父母履行抚养义务。

3. 父母对成年子女的抚养是特定条件下的义务。在我国，凡年满 18 周岁的公民即为成年人，依法具有完全民事行为能力，应该以自己的劳动能力和劳动收入满足自己的经济需求，成为具有独立能力、独立收入、独立责任的主体，从而不再依赖他人抚养；父母对子女的抚养义务因子女的成年而消灭，子女也因成年而丧失要求父母抚养的权利。这应该是现代社会人格独立的普遍性要求，也应该是亲子扶养关系的常态模式；社会价值应以此为导向，法律也应以此为常规。但是，由于目前社会经济发展水平的局限，社会对公民个体的综合保障系统难以健全，再加上公民个人生理、心理、学习、就业存在着现实的差异，成年不等于有劳动能力，有劳动能力不等于有独立经济来源和生活保障。在社会中有相当一部分成年人还必须依靠他人扶养，当社会无力全部承受时，只能由其父母承受。从而父母对成年子女在一定条件下应依法承担抚养义务。何谓一定条件？见本书第八章第二节的有关说明。

4. 成年子女对父母的扶养义务，在立法理由上的支撑主要有以下各点：(1) 潜在地反映了对父母曾经长期扶养子女的回报，体现了法律配置权利义务的公平性和对等性；(2) 有效弥补社会养老保障的不足；(3) 客观反映了父母对子女的依恋之情和子女对父母的敬重之爱，有利于营造幸福和谐的家庭氛围，减轻社会负担；(4) 植根于中华民族数千年形成的优良传统和民众自我认知的心理定势；(5) 中国现阶段老年问题的直接要求。基于此，我国法律从多个角度规定成年子女应当扶养父母。但是，与父母对未成年子女的扶养有所不同，成年子女对父母的扶养是有条件的，即必须是父母丧失劳动能力，没有生活来源或独立操持生活有客观困难，而成年子女具有经济供养能力或生活扶助能力。不具有上述情形，成年子女自愿扶养其父母的，法律和道德应予肯定和提倡。

三、祖孙间的扶养

祖父母、外祖父母与孙子女、外孙子女是隔代直系血亲，也是除亲子关系之外最近的直系血亲。基于对历史传统、亲属感情、民间习惯及部分“缺损家庭”的现实和社会保障水平等多种因素的考虑，我国《婚姻法》第 28 条明确规定：“有负担能力的祖父母、外祖父母，对于父母已经死亡或父母无力抚养的未成年的孙子女、外孙子女，有抚养的义务。有负担能力的孙子女、外孙子女，对于子女已经死亡或子女无力赡养的祖父母、外祖父母，有赡养的义务。”由此可见，祖孙之间的扶养是第二顺位的，有条件的。其适用条件有三：一是义务方确实有负担能力；二是权利方确实需要受扶养；三是第一顺位的扶养义务人死亡或丧失扶养能力。

四、兄弟姐妹间的扶养

兄弟姐妹是最近的旁系血亲。他们之间发生和存在扶养权利与义务是中华民族的历史传统，有着较牢固的文化习俗基础和社会心理支撑。现实生活中，不少兄弟姐妹共同生活在一个家庭内，朝夕相处，同舟共济，相依为命，也有不少兄弟姐妹虽然婚后分开居住，但亲密来往，同甘共苦，互相协力扶助，从而在客观上、事实上存在着扶养关系。这不仅是一种良好的道德风貌，而且为社会、国家排忧解难，展示出积极的社会效应。基此，《婚姻法》第 29 条规定：“有负担能力的兄、姐，对于父母已经死亡或父母无力抚养的未成年的弟、妹，有扶养的义务。由兄、姐扶养长大的有负担能力的弟、妹，对于缺乏劳动能力又缺乏生活来源的兄、姐，有扶养的义务。”这一简明规定揭示了兄、姐扶养弟、妹的三项条件：（1）弟、妹未成年或没有独立生活能力，客观上需要扶养；（2）他们的父母已经死亡，或虽没有死亡，但没有能力承担和履行抚养义务；（3）兄、姐有履行扶养义务的负担能力。

由于1980年《婚姻法》的规定只是反映兄弟姐妹之间的一种单向权利义务关系，忽视了对双向互动的把握，所以最高人民法院1984年在《关于贯彻执行民事政策法律若干问题的意见》中补充解释：“由兄、姐抚养长大的有负担能力的弟、妹，对于丧失劳动能力、孤独无依的兄、姐，有扶养的义务。”这一解释揭示出弟、妹承担扶养义务的条件有四：（1）弟、妹曾由兄、姐扶养长大；（2）弟、妹有负担能力；（3）兄、姐丧失劳动能力；（4）兄、姐孤独无依。鉴于这一解释的科学性和合理性，2001年修正的《婚姻法》予以吸收，增加了下述规定：“由兄、姐扶养长大的有负担能力的弟、妹，对于缺乏劳动能力又缺乏生活来源的兄、姐，有扶养的义务。”

第三节　扶养制度的完善

一、现行扶养制度的不足

就实质内容来看，应该肯定我国现行扶养制度既反映了中华民族的传统和现实国情，又贴近当今世界各国立法的共同趋势，同时也充分展示了对弱者保护的社会公益价值，因而不失其先进性和合理性。但是，受制于现行婚姻法的整体性共同缺陷，扶养制度在立法技术和形式布局等方面又存在一定的不足。集中概括起来，主要有如下五点：

1. 现行法未能将扶养集中到一个范畴内规定，而是分置在不同的亲属身份关系中，分散零乱，既缺乏统一整合性，又没有清晰的层次把握，显得重复、模糊、烦琐，在运作中“只见其木，不见其林”。

2. 现行法过于简略、抽象，对有扶养关系的亲属及其发生扶养的条件缺乏周密把握和严谨规范，存在一些疏漏，以至于在实践中不得不通过司法解释来补充。而亲属扶养绝大多数情况下依赖于道德习俗指导人们自觉履行，司法解释存在效力和适用范围的狭窄性，难以为民众认知和遵行。

3. 现行婚姻法采用“抚养”、“扶养”、“赡养”三种称谓来分别表达不同亲属间的扶养关系，其他法律却用“扶养”作为上述三者的总称，从而发生概念使用上的混乱，在没有权威性立法解释的情况下不便于统一掌握。

4. 现行法对亲子之间的扶养与“亲权”混杂在一起；对四大扶养类型之间的内在联系及顺序结构没有清楚地表述，只能从学理上加以推论，不便于在实践中操作适用。

5. 亲属扶养关系不仅是一种内部权利义务关系，而且在诸多法律部门中存在相应的法律后果，与公民的人身权、财产权和民事责任亦存在直接或间接的关联。《婚姻法》作为专门调整婚姻家庭亲属关系的基本法，在相关领域应当释放出基本依据的规范效果。但《婚姻法》有关扶养的规定一直未能很好地发挥这一作用，从而影响了法律的统一性、权威性和严肃性。

二、完善我国扶养制度的若干建议

（一）完善扶养制度的前置依据

对扶养制度进行内容完善和技术重构，必须首先统一制度理念和立法思想，把握制度设计的方向或前置依据。就亲属扶养关系的独特机理和社会功能来分析，这一前置依据至少应包括五个方面：一是中华民族的固有法文化传统和民间习惯；二是在中国当代社会的普遍性亲属模式和家庭结构；三是现行法经过数十年的运行已经形成的制度定势和社会认知的心理基础；四是中国人口政策尤其是计划生育在扶养问题上产生的正面效应和负面影响；五是中国社会保障体系的现状及其发展前景。

（二）完善我国扶养制度的主要内容

1. 扶养关系的主体范围

我国现行法确认的扶养主体是夫妻之间、父母子女之间、祖孙之间及兄弟姐妹之间。在完善立法的讨论过程中，虽曾有人提出这一范围显得狭小，应将直系姻亲之间和伯、叔、姑、舅、姨与侄子女、甥子女也纳入扶养主体之中；但绝大多数人认为经过新中国60年的实践检验，现行法关于扶养主体的范围认定是科学合理的，也是切实可行的，新的立法只需改变现行法的分散结构和表述方式，用严谨的法律语言将有扶养权利义务的亲属范围集中反映出来。基此，建议在法律上专设一条规定："下列亲属互负扶养义务，互享扶养的权利：（1）直系血亲之间；（2）配偶之间；（3）二亲等的旁系血亲之间"。对于此范围之外的亲属，如直系姻亲之间、二亲等之外的旁系血亲之间，是否发生扶养权利义务，则应听凭人们在生活中自愿选择，由道德习俗去调整，法律上可以有这方面的倡导性规范，但不宜作强制性规定。

2. 扶养顺序

我国现行法对扶养顺序在表面上似乎没有规定，但在法条表述和相关条件设置上已潜在隐含了顺位内容。在修改婚姻法的讨论中，学者们曾一致建议将这种含蓄的精神明示出来，专设几条对扶养权利人、扶养义务人的顺序作出直接规定，具体如下：

（1）扶养义务人不止一人时，按照配偶、成年子女为第一顺序；父母为第二顺序；成年的兄弟姐妹，祖父母、外祖父母，成年的孙子女、外孙子女为第三顺序，向扶养权利人履行义务。后顺序的义务人自愿先于前顺序的义务人履行扶养义务的，不受上述顺序的限制。

（2）同一顺序的扶养义务人对扶养权利人有同等的义务，自愿独自负担或多负担义务的，不受此限。

（3）扶养权利人不止一人，扶养义务人的能力不足以扶养其全体时，按照未成年子女、配偶、父母为第一顺序；祖父母、外祖父母、孙子女、外孙子女为第二顺序；兄弟姐妹为第三顺序由义务人履行义务。

3. 扶养程度

我国《婚姻法》涉及扶养程度的内容只有两项，一是第25条第2款规定："不直接抚养非婚生子女的生父或生母，应当负担子女的生活费和教育费，直至子女能独立生活为止。"二是第37条第1款规定："离婚后，一方抚养的子女，另一方应负担必要的生活费和教育费的一部分或全部，负担费用的多少和期限的长短，由双方协议；协议不成时，由人民法院判决。"除此之外，其他常态或非常态下亲属之间的扶养程度没有在法律上作出明确的规定，这既造成了人们自觉履行扶养义务、行使受扶养权利的无从把握，也造成了扶养执行中的困难。我们认为，借鉴外国的经验，我国关于扶养的程度问题以采用概括和列举相结合的规定比较恰当。

（1）明确规定夫妻及父母子女之间的扶养程度。

第一，明确规定扶养包括供给被扶养人全部生活必需的费用，包括必需的生活费、受教育者的教育费及职业培训费，疾病患者的医疗护理费用等，还应包括必需的精神和体力上的扶助。

第二，具体的供养费用及扶助程度，在夫妻同居时，夫妻双方的扶养义务在共同生活中履行；其他情况下，由扶养义务人和扶养权利人协商决定（对未成年子女包括非婚生子女必须尽其全部所能）协议不成或不能协议时，由人民法院考虑扶养权利人的需要和扶养义务人的财力及其他有关情事决定。

（2）其他直系血亲间、旁系血亲兄弟姐妹间的扶养程度，依扶养权利人的需要和扶养义务人的能力，经协商决定；协议不成或不能协议的，扶养权利人可要求人民法院考虑权利人的需求和义务人的财力及其他有关情事决定。

4. 扶养的方式

我国《婚姻法》对于扶养方式没有作出系统的规定，只规定对不履行扶养义务的义务人，权利人有要求其付给扶养费、抚养费或赡养费的权利。在最高人民法院的司法解释和批复中，也作过一些相应的规定。鉴于实践中某些扶养纠纷难以处理，进一步完善《婚姻法》时，应将扶养方式作为一个问题，专门作出规定。可以参照一些国家的立法例，规定扶养有下列两种方式：

（1）权利人与义务人同居一家，以共同生活方式进行扶养；

（2）以定期给付扶养费、探视、扶助等方式进行扶养，并以协议形式载明扶养费的数额，给付的期限和方法。若协议不成或不能协议的，由法院根据当事人双方情况作出决定。

5. 扶养的变更和消灭

（1）扶养的变更。

关于扶养的变更，我国《婚姻法》除第 37 条第 2 款规定“关于子女生活费和教育费的协议或判决，不妨碍子女在必要时向父母任何一方提出超过协议或判决原定数额的合理要求”之外，别无其他具体规定，今后进一步完善《婚姻法》时应明确规定：扶养当事人一方或双方在经济和生活状况发生变化时，当事人双方均有请求变更扶养协议或判决中原定事项的权利。原为双方协议的，仍可以协议方式变更，协议不成或无法协议的，可起诉至法院依诉讼程序处理。至于经济和生活状况发生变化的具体解释即需要变更扶养的依据，大致可列举如下几点：

第一，社会经济变化，生活必需品费用提高，原定扶养费数额明显不足；

第二，被扶养人患有重病，医疗费用增加，需增加扶养费；

第三，扶养方式因特殊情况需要改变；

第四，扶养义务人因重大理由无法继续承担扶养义务，客观上需要免除或减轻其扶养负担；

第五，因其他重大事由确有必要加以变更的。

（2）扶养的消灭。

对于扶养的消灭和期限等问题，在我国《婚姻法》中有所反映，如关于对非婚生子女的扶养教育费的问题作出了不直接扶养的一方需支付抚育费至子女有独立生活能力时为止（《婚姻法》第 25 条）。但总的来说，我国《婚姻法》在这方面的规定仍很不完善，所以在进一步完善《婚姻法》时，关于扶养权利义务的消灭问题应有明确的规定。如规定当扶养权利人或义务人死亡时，或当事人身份关系解除时，扶养义务消灭；扶养要件（扶养的必要性和可能性）消灭时，扶养关系随之终止，但是扶养义务可以根据扶养要件的再发生而重新恢复，并应规定受扶养的权利不得转让他人。

思考题

1. 如何理解扶养的含义?
2. 亲属扶养关系有哪些特点?
3. 亲属扶养有何现实意义?
4. 如何理解现行法上的扶养体系?
5. 如何完善我国亲属扶养制度?
6. 如何协调社会保障与亲属扶养的关系?
7. 中国亲属扶养的重心应放在哪些方面?
8. 直系姻亲间是否应当互负扶养义务、互享受扶养的权利?

第十一章
监　　护

【重点问题】

监护制度的特点和功能
监护关系的设立、变更和终止
监护人的职责

第一节　概说

一、监护的概念

法律意义上的监护，可从四个层面界定：

1. 指向监护制度。即监护是指依照法律规定，对特定自然人的人身权益和财产权益进行监督和保护的法律制度。详言之，监护是为保护无民事行为能力人、限制民事行为能力人的人身和财产权益而由法定或指定的自然人或社会组织基于法律规定对其加以监督和保护的民事法律制度。其规范的系统表现，便是监护法。

2. 指向监护法律关系。即监护是指围绕对无民事行为能力人或限制民事行为能力人的监督和保护而在监护人与被监护人之间及其他相关民事主体之间发生的民事权利义务关系。其本质属性仍应为平等主体之间的民事法律关系。

3. 指向监护权。即监护是指监护人根据法律规定，在监护法律关系中对无民事行为能力人或限制民事行为能力人的人身和财产权益所负载的监督和保护的权利。但与普通民事权利不同，监护权是法律资格、权利、义务和责任的集合体；与其说是一种权利，不如说是一种职责。

4. 指向法律行为。即监护是指监护人根据法律规定，在监护权限内，为监督和保护无民事行为能力人或限制民事行为能力人的人身和财产权益而行使权利、履行义务和职责的行为及其产生的法律后果。从该行为的完整过程来看，包括设置监护的行为、实施监护的行为和实施监护行为的法律后果三个环节。

应当看到，在监护的内在构成中，上述四个层面是不可分割的有机整体：监护制度是抽象的、静态的一般规范模式，也是监护的基本内涵；监护法律关系、监护权、监护行为是具体的、动态的现实运作，也是监护制度的内容和实际表现。换言之，监护制度以监护法律关系、监护权和监护行为为主要的规范对象和制度范围；监护关系、监护权、监护行为只有合乎监护制度的规范，才有实际的法律效果；法律上不存在，也不允许存在监护制度之外的监护关系、监护权和监护行为。

二、监护制度的功能和特点

根据现代监护制度中有代表性的国家的法律规定，监护制度存在广义和狭义两种类型。

广义上的监护制度是指对一切未成年人和无民事行为能力、限制民事行为能力的成年人的人身和财产权益进行监督和保护的法律规范的总和。此类监护包括父母对未成年子女的法定监护，即亲权型监护，从而在法律上没有专设独立的亲权制度。英美法系的很多国家采用了这一体例。我国《民法通则》第 16 条所规定的监护亦属此类型。

狭义上的监护制度是指与亲权制度并行的监护制度，即父母对未成年子女监督和保护的法律规范，为亲权制度；对不在亲权保护下的未成年人，以及限制民事行为能力或无民事行为能力的成年人的人身和财产权益进行监督和保护的法律规范，为监护制度。由此，在法律上形成了监护与亲权的分离。就未成年人保护来讲，监护制度可谓亲权制度运行残缺时的有效补充和延伸；就成年人来讲，该监护制度仍具有独立的存在意义。大陆法系各国大都采用这一模式。鉴于我国《民法通则》规定的粗疏和《婚姻法》规定的单薄，亲权与监护既不像分离独立，又不像整合统一，不少学者建议加以完善，在立法上明确采用监护与亲权分设的体例。

无论哪种类型的监护制度，就其法律规范所涉及的内容分析，可明显看出它与多个民事法律关系相关联，交织在四个民事法律制度之中：（1）民事主体制度；（2）民事权利制度；（3）民事责任制度；（4）婚姻家庭制度或亲属制度。正因如此，我国《民法通则》将监护规定于民事主体制度，德国、瑞士、日本民法及我国台湾地区“民法典”将监护规定于亲属编；在法学研究中，有学者将其归入民事主体范畴，有学者将其纳入人身权体系，有学者将其置于亲属法领域。

任何一项法律制度，都有其独特的制度功能和存在意义。监护制度作为一项古老的民事法律制度，经过不断的发展演变，仍被当今世界各国民法所确认，自有其科学性、必然性和合理性。概括起来，监护制度，尤其是我国的监护制度，至少有五个方面的功能。

1. 针对自然人民事主体的年龄规律和智力状况所必然引起的民事权利能力平等性、普遍性与行为能力差异性、个别性之间的矛盾，通过监护制度补充主体能力制度，补救无民事行为能力人和限制民事行为能力人的能力瑕疵，使其民事权利能力得到完满实现。抽象的独立民事主体资格依托监护媒介变为具体的、现实的民事主体，民事权利和利益得以真正落实归位。

2. 根据亲属之间亲近协力乃至共同生活的集体特性和相互扶持、照顾的伦理道德基础，通过监护制度固化法律意义上的亲属范围，明确亲属间的具有强行性法律效力的权利义务关系，使监护与亲权、扶养等制度内部沟通和衔接，形成完整的亲属制度模式。在这一模式下，亲属之间的扶养、抚养、赡养等人身性、财产性的权利义务归位不仅主体明确、内容清晰，而且层次分明、顺序确定。

3. 在市民社会条件下，民事活动无时不在、无处不在、无人不在，整个社会构成一个纷繁复杂的民事活动网络，无民事行为能力人、限制民事行为能力人并非停留于法律虚拟的民事主体，而是实实在在的各种各样的民事活动和民事法律关系的主体。这种主体性既有其自身参与的主动性一面，也有身不由己地被牵涉的被动性一面。但由于其行为能力、表意能力和责任能力的不足，其主体性活动及产生的权利义务不仅关系到本人，而且影响到民事活动秩序并涉及其他相关民事活动。鉴于此，为保障民事活动秩序的稳健运作，通过监护制度及与其存在必然联系的代理制度、民事责任制度，既保护无民事行为能力人、限制民事行为能力人的权利和利益，又活跃民事活动，促使每个民事活动都能正常运转并产生预期的法律后果。

4. 现代社会的民事活动并非孤立的、简单的个体性活动，而是植根于市场经济和社会财富资源公平、安全地配置和交易的母体中，交织着纷繁多样的市场交易关系，以无民事行为能力人、限制民事行为能力人为主体的民事活动，不仅体现着无民事行为能力人、限制民事行为能力人的利益，也体现着活动相对人和第三人的利益；不仅涉及单一的民事活动秩序，而且关系着市场交易安全和社会经济利益。在此意义上，监护制度无疑具有深层的、宗旨性的功能内涵。

5. 在社会保障体系尚不完备、健全的条件下，对未成年人、智力残损的成年精神病人等"弱者"群体的社会化、公共化、福利化保障程度不能百分之百到位，国家公力救济明显不足，有相当一部分保障性工作必须依靠家庭和亲属来完成。在目前及今后相当长的时期内，中国家庭不仅保留着性爱、人口再生产、精神情感慰藉等功能，而且负载着经济供养、人口教育和赡老养幼、扶助看护病患伤残等缺乏劳动能力、没有经济来源或独立生活能力的家庭成员的保障性功能。监护制度的设计，在一定程度上正是对家庭功能的规范化反映和确认，是为了发挥家庭功能所给予的法律保障和制度定型。对于不能受到家庭监护的无行为能力人、限制行为能力人，则通过社会性、政府性和公共福利性的监护机构提供保障。监护制度的社会保障功能，使当代的监护法具有一定的"公法"色彩。

监护制度凸显出以下三个特征，这是由其功能决定的。

第一，设立监护制度有明确的目的性。现代监护制度的首要表层目的就是为了保护无民事行为能力人和限制民事行为能力人的人身和财产权利。无民事行为能力人和限制民事行为能力人虽然具有与其他民事主体平等的民事权利能力，但因其民事行为能力方面的缺陷，难于自行实现其人身和财产方面的民事权利。为此，需要为其设定监护人，维护其正当民事权益，以保障未成年的被监护人健康成长和处在智力残损状态下的成年精神病人的正常生活。这一目的性体现了监护制度在民法上对"弱势"群体的关怀。

第二，监护关系的主体具有特定性。(1) 被监护人特定，只能是未成年人和无民事行为能力、限制民事行为能力的成年精神病人；(2) 监护人特定，或者是基于法律的直接规定，或者通过遗嘱或有指定权的社会组织在符合法定条件的人中指定；(3) 监护监督人特定；(4) 处理和解决监护问题的国家公力机构特定，如监护法院、监护官署等。但我国现行法律只做到了被监护人和监护人的特定化，对其他主体未作规范。

第三，监护关系的内容具有法定性。民法是权利法，奉行意思自治原则，其规范多为任意性、授权性规范，但监护制度有所不同，尤其是监护关系的内容即监护人的权利、义务和职责多由法律加以明确规定和限制，带有强行性色彩。监护行为不仅直接关系到无民事行为能力人和限制民事行为能力人的人身和财产权利的实现，同时还涉及第三人的利益，并产生相应的社会后果，对社会秩序亦有一定的影响。因此，监护关系的内容只能由法律直接加以规定，而不允许当事人自行约定或对法律规定有所变更。

三、监护制度的沿革

作为古代宗族制和家长制基础上萌生的监护制度，在其历史演变发展的过程中，大致经历了四个阶段。第一阶段，按照原始社会父系氏族向奴隶制阶级社会的转型规律，监护制度在很大程度上是为了家庭利益而设立的代行家长权的具有家长辅佐人、代表人性质的一项制度。第二阶段，既有日耳曼法的源头，又有罗马法的轨迹，是随着宗族制和家长制的逐步瓦解、亲权和夫权逐渐独立于家长权之外而相应形成的监护制度。监护和保佐逐渐演变为一种社会的“公职”，对不在亲权之下的未成年人及不在夫权之下的妻子也开始设置监护人。监护人往往是家庭内的成员，与近代的亲权有类似之处。罗马法中既有对未成年人的监护，也有对妇女的监护规定，此时监护制度仍带有浓重的父权家族法性质。第三阶段，第二次世界大战以前的近现代监护制度，随着资产阶级革命胜利和近代工业化的发展及商品经济日益发达而逐步健全完善起来。一方面为适应生产关系、社会结构和思想观念变化的需要，世界上很多国家逐步摒弃了实质性家长制度，监护的身份性渐趋淡化，监护制度的私法性能得以确立；另一方面，随着监护人与被监护人财产的相对独立，监护制度“社会公职”的性质开始凸显，未成年人的法律地位有所提高，男女不平等状况走向缓和。1926年的苏俄婚姻家庭和监护法典，在保护未成年人利益及男女平等方面，更是前进了一大步。第四阶段，从第二次世界大战之后至今，监护制度进一步现代化，呈现出四个走向：（1）战争留下了大量的孤儿，以未成年人的保护为重心的监护理念形成，推动了监护立法的改革。东欧诸国纷纷依照苏联婚姻家庭和监护法典，修改或制定监护制度；资本主义国家也顺应时代发展和社会需求，对监护制度进行相应调适，删除一些旧的落后的条款，对未成年人利益的保护较前有所加强。（2）在监护人的确定和监护权的配置上，法律中的规定渐趋男女平等，剔除了形式上对妇女的歧视和对监护权的排斥。（3）基于家庭结构的缩小、缺损家庭的增多和亲属观念的淡化，以及社会福利水平的提高，在对成年精神病人的监护设计中，强化了社会性、公益性、专门性监护机制，弱化了亲属或家庭的监护责任，监护的社会化趋势强劲。（4）监护的性质发生转变，即已从单纯的监护人的监护权转变为权利与义务整合同构而以义务或责任为中心内容的一种社会职责。①

监护制度上述历史轨迹是一般的概括性的总结。由于监护制度并不是孤立的规则体系，而是深嵌于社会生活之中，与各国、各民族、各地区的经济、文化、传统、习俗等密切相关，由此决定了监护制度的差异性和独特性。

中国古代宗法思想厚重，家庭统属于家长。一家之内，子必从父，弟必从兄，妻必从夫，家属必从于家长，即所谓“天无二日，国无二君，家无二尊”，严格的纵横一体化的尊卑等级身份关系及其社会控制、管理模式，从内部吸纳了监护的功能，也排斥了监护的独立存在，而以地缘、亲缘、血缘为基石的小农经济的乡土社会浓缩了一个人、一个家庭的空间和交际范围，私法上的监护制度缺乏生成的社会驱动力。换言之，在小农经济为主、家长制极为发达的社会背景下，家族中若有未成年人或无民事行为能力人、限制民事行为能力的成年人时，也无须设置所谓专职监护人，一切事务可委诸家长于家族内解决到位，监护制度自无存在的价值。仅就其亲子关系而言，我国台湾地区学者戴炎辉先生曾言：“我国固有法上的亲子法与现代法比较时，有次述四点特色：（1）固有亲子法，以奉伺父母、家及宗族等为其根本（子之一方的义务），而现代法则以父母保护教育子女为其核心（强调父母的义务）。（2）亲子关系以男子为中心，女子则不大重要，与现代法男女并重不同。（3）亲子关系以教令及惩戒为其重要的内容，换句话说，子女应孝顺父母，听从其教令；惩戒子女非致死，则勿论。（4）亲子关系，因再受尊长权的限制，而形成阶层，上层的亲子关系优越于下层的亲子关系。若祖父母还在，则父母对子女行使教令权时，应听祖父母的指挥。反之，现代法的亲权本于亲子关系，亲权的行使不

① 参见杨大文主编：《亲属法》，305～307页。

受任何第三人的干涉。"①在实际生活中，基于宗祧继承制的要求，当发生家长本人年幼或其他原因无法主持家务、管理家政时，则多以"管家"、"顾命"、"托孤"等形式委托他人对幼主或未成年家长进行保护和辅佐。这虽有监护的意思，但并没有形成为严格的法律制度，也没有完整规范的权利义务，充其量只能谓为中国监护制度的前身或萌芽。降至清末改制，立法变革，学仿德国、日本等大陆法系的民事立法形体，于1911年完成了《大清民律草案》。其中第四编亲属部分内列有监护条款，规定"未成年人无行亲权人或行亲权人不得行其亲权时，须设监护人"；"受准禁治产之宣告者，须置保佐人"；"成年人受禁治产之宣告时，须置监护人"；并规定以亲属会议对监护人、保佐人的监护行为进行协助和监督。《大清民律草案》虽然有浓厚的封建性而且随清王朝的迅速灭亡而未实施，但在制度构建上继受西方法学思潮，以德、日等民事立法体系为蓝本，将亲权、监护、保佐作为对未成年人及其他无民事行为能力人、限制民事行为能力人进行保护的民事法律制度，既是我国监护制度近代化的发端，也是对固有法传统的创新，为后来中国监护制度的发展提供了初步的基础。

1930年旧中国国民政府制定《中华民国民法》，在亲属编中专设监护制度，并将监护分为不在亲权下的未成年人的监护和禁治产人（即无民事行为能力或限制民事行为能力的成年人）的监护；规定"未成年人无父母或父母均不能行使、负担对于其未成年子女之权利义务时，应置监护人"，"禁治产人应置监护人"，从而使监护与亲权分设独立，未采用保佐制度。1949年新中国成立后，该法在台湾地区经过数次修改，沿用至今。新中国民事立法的迟缓，使监护制度和其他民法制度一样，长期未得到立法层面的反映。1950年和1980年两部《婚姻法》虽然在有关亲子关系和亲属扶养关系中涉及监护方面的实体内容，但并未形成明晰的监护制度架构。直至1986年作为民事活动基本准则的《民法通则》的颁布，才在民事主体"公民"一章中对监护作了原则性的规定，从而为监护制度的研究和操作适用提供了基本的规范性依据。

第二节 监护关系的设立、变更和终止

一、监护的设立

根据我国《民法通则》的规定，以产生监护关系的途径和方法为标准，可将监护分为法定监护和指定监护；根据被监护人的年龄状态，将监护人分为未成年人的监护和成年人的监护。不同的监护，其设立情形和法律要求是有所不同的。

（一）未成年人的法定监护

未满18周岁的公民为未成年人。《民法通则》第16条第1、2、4款规定："未成年人的父母是未成年人的监护人。""未成年人的父母已经死亡或者没有监护能力的，由下列人员中有监护能力的人担任监护人：（一）祖父母、外祖父母；（二）兄、姐；（三）关系密切的其他亲属、朋友愿意承担监护责任，经未成年人的父、母的所在单位或者未成年人住所地的居民委员会、村民委员会同意的。""没有第一款、第二款规定的监护人的，由未成年人的父、母的所在单位或者未成年人住所地的居民委员会、村民委员会或者民政部门担任监护人。"据此，未成年人法定监护的设立，应遵循如下三个层次：

1. 未成年人的父、母是第一顺位的法定监护人，即亲权性监护人

① 戴炎辉：《中国法制史》，250页，台北，三民书局，1970。

(1) 父母作为未成年子女的法定监护人，以子女出生这一法律事实为发生原因，一直延续到子女年满 18 周岁。亲子血缘关系和子女未成年状态是这一监护关系设立和存在的自然基础。在此意义上，可以说父母是未成年子女与生俱来的、当然的监护人，法律只不过加以确认而已。任何人一旦出生，即形成与父母的监护关系，不需另设附加条件和程序。父母作为未成年子女的第一顺位监护人，既是一种身份权利，也是一种基本的身份义务和责任。

(2) 父母对未成年子女的监护，在本质属性上是一种亲权性监护，即集保护、教育、抚养于一体的监护。换言之，在我国现行法律上，父母与未成年子女是亲权化的监护关系，也是监护化的亲权关系，因而作为监护人、亲权人的双重主体，身份色彩更为浓厚，父母比其他监护人享有更多的权利，也承担着更多的义务和责任。《婚姻法》第 21 条规定："父母对子女有抚养教育的义务……父母不履行抚养义务时，未成年的或不能独立生活的子女，有要求父母付给抚养费的权利……"第 23 条规定："父母有保护和教育未成年子女的权利和义务。在未成年子女对国家、集体或他人造成损害时，父母有承担民事责任的义务。"

(3) 父母对未成年子女的监护资格是由法律直接赋予的，具有强制性、排他性，既无须再经过其他任何程序设立，非法定特殊事由也不得剥夺，父母本人更不得抛弃和转让。

(4) 作为未成年人法定监护人的父母，包括婚生子女的生父母、非婚生子女的生父母、养父母、形成了事实上抚养教育关系的继父母。当未成年人依法被他人收养、养父母取得监护人资格时，该未成年人的生父母的监护权消灭。

(5) 父母对未成年子女的法定监护人的资格，不因父母的离婚而丧失。父母离婚后，子女无论是同父方或是同母方生活，仍是父母双方的子女，父亲和母亲仍是未成年子女的法定监护人。《婚姻法》第 36 条规定："父母与子女间的关系，不因父母离婚而消除。离婚后，子女无论由父或母直接抚养，仍是父母双方的子女。离婚后，父母对于子女仍有抚养和教育的权利和义务。"最高人民法院《关于贯彻执行〈中华人民共和国民法通则〉若干问题的意见（试行）》第 21 条指出："夫妻离婚后，与子女共同生活的一方无权取消对方对该子女的监护权；但是，未与该子女共同生活的一方，对该子女有犯罪行为、虐待行为或者对该子女明显不利的，人民法院认为可以取消的除外。"

2. 未成年人的父母之外的近亲属和关系密切的其他亲属、朋友，是第二顺位的法定监护人

其设立要求如下：

(1) 作为未成年人第二顺位的法定监护人，包括以下两类：一是除未成年人父母之外的近亲属，包括祖父母、外祖父母和兄、姐。祖父母、外祖父母对未成年孙子女、外孙子女的监护，兄、姐对未成年弟、妹的监护，是一种有法定扶养义务的近亲属监护，可谓为扶养型监护或亲属型监护。二是关系密切的其他亲属、朋友。从法律上讲，此类监护人对被监护人并无法定的扶养义务，属于自愿型监护或亲友型监护。

(2) 作为未成年人的第二顺位的法定监护人，《民法通则》第 16 条对上述人员并无顺序之别和先后之分，即应列为同一顺位的法定监护人。但当其内部就是否实际担任监护人发生争议，需要从中选择指定时，则应按"（一）祖父母、外祖父母；（二）兄、姐；（三）关系密切的其他亲属、朋友"的顺序来把握。此可谓静态的无顺位和动态的有顺位。

(3) 上述人员担任未成年人的法定监护人，必须符合法定条件：第一，未成年人的父母已经死亡，或者没有监护能力，如部分丧失行为能力或者全部丧失行为能力，亦即第一顺位的监护人在客观上不能实际承担监护职责。第二，第二顺位的法定监护人（未成年人的祖父母、外祖父母、兄、姐和关系密切又愿意担任监护人的其他亲属、朋友）在客观上具有监护能力。根

据最高人民法院《关于贯彻执行〈中华人民共和国民法通则〉若干问题的意见（试行）》第11条的解释，“认定监护人监护能力，应当根据监护人的身体健康状况、经济条件，以及与被监护人在生活上的联系状况等因素确定”。第三，关系密切的其他亲属、朋友，不仅要本人愿意担任监护人，而且还必须经过未成年人父母的所在单位或者未成年人住所地的居民委员会、村民委员会同意。第四，在这些第二顺位的监护人之中，不存在何人担任监护人的争议。如有争议，则需从中进行选定，从而法定监护转变为指定监护。

3. 有关单位或组织是未成年人的第三顺位的法定监护人

现实生活纷繁复杂，因天灾人祸等原因难免不发生有些未成年人成为既无父母监护又无其他亲友监护的孤儿或“弃儿”，从而第一顺位、第二顺位的法定监护人均出现空缺，需要在法律上设置第三顺位的法定监护人。在此情形下，有关单位或社会公益组织担负着不可推卸的社会义务和道义责任。《民法通则》明确规定，没有第一顺位、第二顺位的监护人时，“由未成年人的父、母的所在单位或者未成年人住所地的居民委员会、村民委员会或者民政部门担任监护人”。这一监护形式可谓之为社会型监护或公益型监护。

（二）未成年人的指定监护

未成年人的指定监护，是指当未成年人没有第一顺位的法定监护人，而第二顺位的法定监护人为多人且对由何人担任监护人发生争议时，由法定机构依法从第二顺位的监护人中指定具体承担监护职责的人。《民法通则》第16条第3款规定：“对担任监护人有争议的，由未成年人的父、母的所在单位或者未成年人住所地的居民委员会、村民委员会在近亲属中指定。对指定不服提起诉讼的，由人民法院裁决。”在实际操作中，对未成年人指定监护的设立，应注意把握以下几点：

1. 我国法律上及实践中所说的指定监护，实际上是选定监护。即在法定监护人中选择确定监护人，属于法定监护的具体落实和适用，是法定监护的一种实施方式，并非在法定监护人之外指定监护。这与国外的指定监护、遗嘱监护明显不同。

2. 发生指定监护的前提条件有二：(1) 未成年人的父母死亡或者没有监护能力，需要由第二顺位的法定监护人监护。如果未成年人的父母健在且有监护能力，应由父母担任未成年子女的第一顺序法定监护人，不可能发生指定监护，只需要强制父母履行监护职责。(2) 未成年人的第二顺位的法定监护人对担任监护人存在争议。这种争议具体表现为两种：一种是数个法定监护人争当监护人，从而发生积极冲突，需要从中指定；另一种是数个法定监护人都不愿担任监护人，相互推诿，从而发生消极冲突，需要从中指定。

3. 指定监护人的范围和顺序，具有明确的限定性。根据《民法通则》第16条第3款的规定，指定监护人只限于未成年人第二顺位法定监护人中的近亲属。所谓近亲属，依最高人民法院《关于贯彻执行〈中华人民共和国民法通则〉若干问题的意见（试行）》第12条的解释，“民法通则中规定的近亲属，包括配偶、父母、子女、兄弟姐妹、祖父母、外祖父母、孙子女、外孙子女”。可见，作为未成年人的指定监护人的近亲属，其中只有祖父母、外祖父母和成年兄、姐。最高人民法院《关于贯彻执行〈中华人民共和国民法通则〉若干问题的意见（试行）》第14条进一步规定，“人民法院指定监护人时，可以将民法通则第十六条第二款中（一）、（二）、（三）项或第十七条第一款中的（一）、（二）、（三）、（四）、（五）项规定视为指定监护人的顺序。前一顺序有监护资格的人无监护能力或者对被监护人明显不利的，人民法院可以根据对被监护人有利的原则，从后一顺序有监护资格的人中择优确定。被监护人有识别能力的，应视情况征求被监护人的意见”。据此，关于未成年人的指定监护人的顺序，应明确五点：(1) 按上述规定，在指定监护人时，祖父母、外祖父母排在前一顺序，兄、姐排在后一顺序；（2）只有在祖父母、外祖父母无监护能力或者对被监护人明显不利时，才可根据对被监护人有利的原则，从兄、姐中择优确定监护人；（3）当未成年人自身有一定识别能力时，指定监护应视情况征求未成年人的意见；（4）《民法通则》第16条第2款第3项所说的关系密切的其他亲属、朋友是以自愿担任监护人为前提，当其不愿意监护时，不应强行指定；（5）由于同一顺序的监护人并非只有一人，所以指定时须注意，监护人可以是一人，也可以是同一顺序中的数人。

4. 依法有权为未成年人指定监护人的机关包括：（1）未成年人的父母所在单位；（2）未成年人住所地的居民委员会或者村民委员会；（3）人民法院。根据最高人民法院《关于贯彻执行〈中华人民共和国民法通则〉若干问题的意见（试行）》第16、17、18、19条的规定，这三类机关在行使指定权时，应注意把握以下各点：（1）当发生担任监护人的争议时，须首先由未成年人的父母的所在单位或者未成年人住所地的居民委员会、村民委员会指定；未经该指定而向人民法院起诉的，人民法院不予受理。此即有关组织在先，人民法院在后的顺序指定原则。（2）未成年人的父母所在单位或者未成年人住所地的居民委员会、村民委员会依照《民法通则》规定指定监护人，以书面或者口头通知了被指定人的，应当认定指定成立。被指定人不服的，应当自接到通知的次日起30日内向人民法院起诉。逾期起诉的，按变更监护关系处理。（3）被指定人对有关组织的指定不服而在法定期限内提起诉讼的，人民法院应当作出维持或者撤销指定监护人的判决。如果判决是撤销原指定的，可以同时另行指定监护人。在人民法院作出判决前的监护责任，一般应当按照指定监护人的顺序，由有监护资格的人承担。（4）监护人被指定后，不得自行变更；擅自变更的，由原被指定的监护人和变更后的监护人承担监护责任。

（三）成年精神病人的法定监护

在法律意义上，成年精神病人是指年满18周岁，因患精神病而不能辨认自己的行为或不能完全辨认自己的行为，经法定程序被宣告为无民事行为能力或限制民事行为能力的人。在外国有些民法中，往往将其称为禁治产人。

由于成年精神病人处于无民事行为能力或限制民事行为能力状态，所以必须通过监护制度，设立监护人对其人身和财产权益加以监督和保护。至于未成年的精神病人，则应完全适用未成年人的监护规则。

关于成年精神病人的法定监护，我国《民法通则》第17条第1款和第3款明确规定："无民事行为能力或者限制民事行为能力的精神病人，由下列人员担任监护人：（一）配偶；（二）父母；（三）成年子女；（四）其他近亲属；（五）关系密切的其他亲属、朋友愿意承担监护责任，经精神病人的所在单位或者住所地的居民委员会、村民委员会同意的。""没有第一款规定的监护人的，由精神病人的所在单位或者住所地的居民委员会、村民委员会或者民政部门担任监护人。"对此，在理解上应注意把握三个方面：

1. 成年人的法定监护关系的设立，以成年人患有精神病被宣告为无民事行为能力人或者限制民事行为能力人为发生之法律事实。

2. 成年精神病人的法定监护人，在其法律规定的静态构成上，被划分为两个顺位，其范围分别是：第一顺位为成年精神病人的配偶、父母、成年子女，其他近亲属即祖父母、外祖父母、兄弟姐妹、孙子女、外孙子女，关系密切的其他亲属、朋友；第二顺位为成年精神病人的所在单位或者住所地的居民委员会、村民委员会或者民政部门。只要有第一顺位的法定监护人，第二顺位的法定监护就无从发生。当第一顺位的法定监护人内部发生担任监护人的争议时，则应按配偶、父母、成年子女、其他近亲属的先后顺序指定选任，所以《民法通则》第17条第1款的规定既是成年精神病人的法定监护人的范围，也是其指定监护人的范围和顺序。

3. 不同的法定监护人，其实际担任监护人的条件有所不同。就配偶、父母、成年子女、祖父母、外祖父母、兄弟姐妹、孙子女、外孙子女来说，他们与成年精神病人属于近亲属，既有密切的身份关系，有的还有共同生活关系，依照《婚姻法》的规定又存在强制性的扶养、赡养、抚养关系，担任监护人应属于法定的责任和义务；只要有监护能力，即应实际担任监护人。此乃亲属性监护或扶养性监护。对于关系密切的其他亲属和朋友来说，他们在法律上没有类同于近亲属的相应义务和责任，所以担任监护人须遵守三个条件：（1）本人愿意承担监护责任，不得强制；（2）本人确有监护能力，不得勉为其难，危及被监护人的利益；（3）应经精神病人的所在单位或者住所地的居民委员会、村民委员会同意。

至于精神病人的所在单位或者住所地的居民委员会、村民委员会或者民政部门作为第二顺位担任监护人，则以精神病人没有近亲属或关系密切的其他亲属、朋友担任监护人为条件。此类监护既是一种社会责任，也是一种公力救济和社会福利保障手段。

（四）成年精神病人的指定监护

《民法通则》第17条第2款规定："对担任监护人有争议的，由精神病人的所在单位或者住所地的居民委员会、村民委员会在近亲属中指定。对指定不服提起诉讼的，由人民法院裁决。"据此规定，结合最高人民法院《关于贯彻执行〈中华人民共和国民法通则〉若干问题的意见（试行）》的相关解释，成年精神病人的指定监护与未成年人的指定监护相比较，主要存在两个方面的不同：一是指定机关所涉有关组织中，界定于精神病人的所在单位或者住所地的居民委员会、村民委员会；二是在被指定的近亲属范围和顺序上，界定于精神病人的下列近亲属：（1）配偶；（2）父母；（3）成年子女；（4）其他近亲属（即祖父母、外祖父母、兄弟姐妹、孙子女、外孙子女）。除此之外，在指定的操作程序、条件和要求上，则应适用相同的规则。

二、监护的变更

监护关系设立之后，可以基于一定的法律事实而发生变更。

所谓监护的变更，应指监护人因某种事由不再或不能继续担任监护人，而由新的监护人继任。这种变更，只是监护人更换，而被监护人仍需受到监护。如果从监护人的角度看，是旧的监护关系消灭，新的监护关系确立。而从整个监护关系和被监护人角度看，只不过是监护关系中监护权主体的变更。由此可见，监护的变更，实际上就是监护关系的相对消灭。

监护变更的前提条件是被监护人尚需继续被监护。如果被监护人已经不再需要监护，则不存在监护人变更的问题，而是发生监护关系消灭的后果。

根据监护关系的内在特性和运作规律，监护变更的事由主要有以下几种：

1. 监护人死亡

监护人死亡，包括自然死亡和被宣告死亡，监护权主体在客观上不复存在，应迅速变更监护人。

2. 监护人丧失监护能力

监护人因疾病、伤残、经济极度贫困等不能实际履行监护职责，或因犯罪被处剥夺自由的刑罚，或被宣告为无民事行为能力人或者限制民事行为能力人，均属于监护人丧失监护能力，为切实保护被监护人的人身和财产权益，应变更监护人。

3. 监护人辞职

监护人有正当理由，依法要求退出监护，即为监护人辞职。监护人的性质和职责，决定了监护人原则上不得辞职；但在监护人有正当理由的情形下，应予许可。日本民法规定监护人辞职的正当理由是：（1）因参军而服役者；（2）于被监护人住所之市或郡以外从事公务者；（3）较自己应先为监护人者曾有不得任监护之事由，而其事由消灭者；（4）对于禁治产人曾10年以上为监护者，但配偶者、直系血亲及户主不在此限；（5）其他正当事由。我国现行法律没有规定监护人辞职制度，但实务中，如当事人确有正当理由要求辞职的，应当准许。

4. 监护人被撤销

《民法通则》第18条第3款规定："监护人不履行监护职责或者侵害被监护人的合法权益的……人民法院可以根据有关人员或者有关单位的申请，撤销监护人的资格。"《未成年人保护法》第53条规定："父母或者其他监护人不履行监护职责或者侵害被监护的未成年人的合法权益，经教育不改的，人民法院可以根据有关人员或者有关单位的申请，撤销其监护人的资格，依法另行指定监护人。被撤销监护资格的父母应当依法继续负担抚养费用。"这些规定，与各国立法关于监护人撤除、撤退、撤销的规定类似。提出撤销申请的人，可以是其他有监护资格的人，可以是前述有关单位或居民委员会、村民委员会，还可以是被监护人。作出撤销决定的，只能是人民法院。原监护人被撤销后，应当按法定监护人范围和顺序继任新的监护人，或者指定新的监护人，监护关系由此发生变更。

5. 协议变更

最高人民法院《关于贯彻执行〈中华人民共和国民法通则〉若干问题的意见（试行）》第15条规定："有监护资格的人之间协议确定监护人的，应当由协议确定的监护人对被监护人承担监护责任。"如果有监护资格的人之间达成新的协议，确定由新的监护人替代原监护人，亦属于监护变更，法律应予许可。

6. 对指定监护有异议而引起的变更

在指定监护中，被指定人不服指定，但在接到指定通知的次日起30日后才向人民法院起诉的，人民法院只能按变更监护关系处理。

7. 监护人与被监护人之间的身份关系发生改变

近亲属之间的法定监护关系以存在亲属身份关系为前提。如果这种亲属身份关系因法律行为而消灭，原监护人的监护资格丧失，监护关系应相应变更。常见的亲属身份关系消灭的情形有：（1）监护人与成年精神病人的配偶关系，因离婚而解除；（2）未成年子女被送养，原亲子关系解除；（3）养父母与未成年养子女的收养关系依法解除，养父母子女关系消灭；（4）未成年非婚生子女被生父母认领。必须注意，有些人将这种亲属身份关系的变动而引起的监护变更，认定为监护关系终止，是一种不正确的理解，其充其量只是监护关系的相对消灭，而非绝对的终止。

三、监护的终止

在严格意义上，监护的终止是指监护法律关系因被监护人不再需要监护而消灭。这与监护变更明显不同。

根据被监护人的人身状态，监护终止的事由有三个：（1）被监护人已成年并具有完全的民事行为能力；(2) 被监护人死亡，包括自然死亡和被宣告死亡；(3) 成年精神病人已治愈，恢复为完全民事行为能力人。

第三节　监护人的法律地位

一、监护人法律地位的界定

综观世界各国的立法例，除了以父母之亲权来保护教养未成年人外，大都设有监护制度来监督保障未受父母亲权保护之未成年人及无行为能力成年人身体上及财产上之利益。由于监护制度——尤其是未成年人的监护制度乃是于行使亲权的父母无法履行其保护教养子女之义务时，为了照顾未成年人而设立之制度，故其内容乃依亲权之内容而设计。因此，监护制度与亲属法有密切的关系。大部分国家均将监护制度置于私法（尤其是亲属法）领域。(监护制度被置于亲属法领域有其历史因素。家庭从过去至现在都被认为系一保障弱者如孤儿、寡妇、疾病者之保护机构。) 近年来，由于社会之变迁，亲属间、家庭成员间之关系日渐松弛，原具有私法色彩之监护制度乃逐渐脱离亲属法之范畴。多数国家以监护职务为国家之公务而设专职机构执行监护工作，使得监护制度兼具公法、私法之双重色彩。如德国联邦法院于1960年之判决中明确表示：监护制度乃系国家执行其对国民之公法上之保护任务；监护系一公职；监护人不再只限于家庭之成员，任何国家为履行其照顾人民而指定之可信任之人均可为监护人；国家为此对之采行政监督之控制。而日本在第二次世界大战后，为了顺应监护公法化、社会化之时代趋势及废止旧有之制度，由家庭裁判所行使旧有亲属会议大部分权力。① 英美法系中亲权与监护未严格分离，在近年的家庭法改革中，不断强化两个原则，一是“父母的职责”原则，二是“子女（未成年人）最大利益”原则。透过监护制度的这一演进方向，必须从法理上准确界定监护人在现代社会的监护关系中的法律地位。

所谓监护人的法律地位，即监护人作为一个法律关系的主体所负载的权力、权利、义务、责任的法律定位。监护关系从不同的角度反映主体之间的对应和互动，至少涉及四个层面：(1) 监护人与被监护人之间的关系，即监护之内部法律关系；(2) 以被监护人为媒介而发生的监护人与被监护人之外的不特定主体之间的法律关系，即监护之外部法律关系；(3) 基于被监护人的特殊地位而发生的监护人与社会或国家之间的关系；(4) 被监护人与监护人之外的人发生但对监护人产生相应法律后果的法律关系。由于监护关系的这种复合性和复杂性，使对监护人法律地位的界定十分困难，从而形成了诸多不同的认识。概括起来，颇具代表性的有下列各种：

1. 监护权说，即认为监护是一种权利。“其理由有二：(1) 我国《民法通则》第18条第2款明文规定：‘监护人依法履行监护的权利，受法律保护。’明文确认监护为权利。(2) 在亲属法上的身份权，在现代意义上本来就以义务为中心，配偶权、亲权、亲属权莫不如此。监护权既含亲属法上的内容，又含亲属法外的内容，其权利中包含义务的中心，自是同理。因此，应当理直气壮地确认监护是一种权利，即监护权。”②

2. 监护人权利义务一体说，即监护本质上不失为一种权利，但以义务为中心和前提。“监护究为权利抑或义务？能否说监护纯为一种民事权利？答案是否定的，因为大凡权利皆可放

① 参见陈惠馨：《亲属法诸问题研究》，293页，台北，月旦出版公司，1993。

② 杨立新：《人身权法论》，869页，北京，中国检察出版社，1996。

弃，义务皆须履行。而在监护关系存续期间，监护人于未有正当理由（如患病、年纪大、迁居及工作、家庭负担繁重，致不能履行监护职责）时，不准辞其任务，从这点来看，监护应为义务。但并不意味着监护纯为一种民事义务。因为监护除了体现为对被监护人应尽人身上照顾、财产照顾及代理被监护人进行民事活动等义务外，同时也体现为监护人为上述目的之达成而依自己意思作为或不作为的权利，任何他人不得侵犯。所以监护是义务，是就此制度之设旨在为监护人提供一种基本约束而言的；监护是权利，是就其履行由监护人依自己意思而作为或不作为而言的。因此，两相结合，监护在本质上仍不失为一种权利，只不过以一定义务为前提、为中心、为目的，权利和义务虽然胶着为一体，却仍能辨清。再者，从法律价值上考虑，监护关系是亲子关系或配偶关系的一种延伸，属于一种伙伴型关系，监护人对被监护人的关心照顾，是一种法律无法直接实现的慈爱价值，因此就像在亲权中一样，法律对监护也规定最低限度的义务，即在保障伙伴型关系存续所必需的安全、秩序价值后，听凭监护人去作为或不作为。"①

3. 监护人职责说。"监护并不是一种权利，而是一种职责，监护的内容在于保护被监护人的身体和财产，而不是对人的支配的权利．在罗马法中就把监护视为一种公职，而不是权利。我国民法设立监护制度，纯粹是为保护被监护人的利益，绝对不允许监护人借监护以谋取自身利益。"② 监护在性质上并不是权利。诚然，在监护关系中，监护人享有一定的权利。如监护人为了被监护人的利益，可以合理地利用或处分被监护人的财产。当被监护人的人身、财产和其他合法权益受到非法侵害时，监护人作为法定代理人有权代理被监护人请求人民法院给予保护，代为参加民事诉讼活动。从实践来看，常常片面强调监护人的责任，而忽略监护人的某些权利，如辞去监护之责的权利、请求适当报酬的权利，以至于对有些未成年人或精神病人，常常无人愿意担任其监护人。但是，监护人要有一定的权利，并不意味着监护在性质上就是权利。首先，任何权利都以一定的实有利益为基础，权利都要体现权利人的利益，而监护制度的着眼点在于保护被监护人的合法权益，而不是为监护人自身的利益。如果说监护是一种权利，那么监护人就可以因监护而取得相应的利益，甚至借监护而谋求自身利益（如为了自己的利益不正当地处分被监护人的财产），这显然违背了监护制度的目的。其次，按照法律规定，监护关系的设立不应附带任何条件，监护人不能基于自身利益考虑而决定是否履行其监护之责，只要监护人不履行其监护之责，就要承担相应的责任。所以，我认为，监护在本质上并不是一种权利而是一种职责，这是权利和义务的有机统一。监护人既享有职权（权利），又负有责任（义务）。从整体上看，我国监护制度注重监护人所负有的职责以及职责的正确履行。任何人作为监护人首先应意识到其对社会和国家负有的责任，不能根据自己的意志和利益而推卸或不适当地履行此种责任。我国《民法通则》第 18 条规定：监护人应当履行监护职责，正是认为监护在性质上是职责的观点。③

二、监护人的职责

综合法国、德国、日本、瑞士等国家民法典中关于监护人权利和义务的规定，可以看出，监护人的职责集中于对被监护人的人身和财产两个方面。

---

① 王利明主编：《人格权法新论》，204 页，长春，吉林出版社，1996。

② 梁慧星：《民法》，84 页，成都，四川人民出版社，1989。

③ 参见王利明：《民商法研究》（修订本），第 1 辑，150～151 页，北京，法律出版社，2001。

在被监护人的人身方面，监护人的职责主要有：（1）保护被监护人的身体安全，使其不受侵害；（2）交还被监护人的请求权，当被监护人被诱骗、拐卖、绑架、隐藏时，监护人享有请求交还被监护人的权利；（3）监督教育被监护的未成年人；（4）指定被监护人的住所；（5）为被监护人的法定代理人；（6）对成年被监护人的医治和管束；（7）适度惩戒权；（8）对未成年被监护人结婚的同意权。

在被监护人的财产方面，以维护被监护人的利益为目的、以财产管理为重心，监护人的职责主要有：（1）对被监护人的财产开具清单；（2）管理被监护人享有所有权的一切动产和不动产；（3）在为被监护人利益时使用和处分被监护人的财产；（4）禁止受让被监护人的财产；（5）如实提供财产状况报告。①

我国现行法律关于监护人职责的规定，不仅反映于《民法通则》，而且见之于《未成年人保护法》、《义务教育法》、《残疾人保护法》、《预防未成年人犯罪法》、《婚姻法》等。其主要规范内容有：

1.《民法通则》第18条规定："监护人应当履行监护职责，保护被监护人的人身、财产及其他合法权益，除为被监护人的利益外，不得处理被监护人的财产。"最高人民法院《关于贯彻执行〈中华人民共和国民法通则〉若干问题的意见（试行）》第10条规定："监护人的监护职责包括：保护被监护人的身体健康，照顾被监护人的生活，管理和保护被监护人的财产，代理被监护人进行民事活动，对被监护人进行管理和教育，在被监护人合法权益受到侵害或者与人发生争议时，代理其进行诉讼。"

2.《未成年人保护法》第10条、第11条、第13条、第15条规定："父母或者其他监护人应当创造良好、和睦的家庭环境，依法履行对未成年人的监护职责和抚养义务。禁止对未成年人实施家庭暴力，禁止虐待、遗弃未成年人，禁止溺婴和其他残害婴儿的行为，不得歧视女性未成年人或者有残疾的未成年人。""父母或者其他监护人应当关注未成年人的生理、心理状况和行为习惯，以健康的思想、良好的品行和适当的方法教育和影响未成年人，引导未成年人进行有益身心健康的活动，预防和制止未成年人吸烟、酗酒、流浪、沉迷网络以及赌博、吸毒、卖淫等行为。""父母或者其他监护人应当尊重未成年人受教育的权利，必须使适龄未成年人依法入学接受并完成义务教育，不得使接受义务教育的未成年人辍学。""父母或者其他监护人不得允许或者迫使未成年人结婚，不得为未成年人订立婚约。"

3.《义务教育法》第4条、第5条、第11条、第58条规定："凡具有中华人民共和国国籍的适龄儿童、少年，不分性别、民族、种族、家庭财产状况、宗教信仰等，依法享有平等接受义务教育的权利，并履行接受义务教育的义务。""适龄儿童、少年的父母或者其他法定监护人应当依法保证其按时入学接受并完成义务教育。""凡年满六周岁的儿童，其父母或者其他法定监护人应当送其入学接受并完成义务教育；条件不具备的地区的儿童，可以推迟到七周岁。适龄儿童、少年因身体状况需要延缓入学或者休学的，其父母或者其他法定监护人应当提出申请，由当地乡镇人民政府或者县级人民政府教育行政部门批准。""适龄儿童、少年的父母或者其他法定监护人无正当理由未依照本法规定送适龄儿童、少年入学接受义务教育的，由当地乡镇人民政府或者县级人民政府教育行政部门给予批评教育，责令限期改正。"

4.《预防未成年人犯罪法》第10条规定："未成年人的父母或者其他监护人对未成年人的

① 参见杨大文主编：《亲属法》，330页。

法制教育负有直接责任。学校在对学生进行预防犯罪教育时，应当将教育计划告知未成年人的父母或者其他监护人，未成年人的父母或者其他监护人应当结合学校的计划，针对具体情况进行教育。”第 14 条规定：“未成年人的父母或者其他监护人和学校应当教育未成年人不得有下列不良行为……”第 15 条规定：“未成年人的父母或者其他监护人和学校应当教育未成年人不得吸烟、酗酒。任何经营场所不得向未成年人出售烟酒。”第 16 条规定：“未成年人擅自外出夜不归宿的，其父母或者其他监护人、其所在的寄宿制学校应当及时查找，或者向公安机关请求帮助。”第 17 条规定：“未成年人的父母或者其他监护人和学校发现未成年人组织或者参加实施不良行为的团伙的，应当及时予以制止。”第 19 条规定：“未成年人的父母或者其他监护人，不得让不满十六周岁的未成年人脱离监护单独居住。”第 20 条规定：“未成年人的父母或者其他监护人对未成年人不得放任不管，不得迫使其离家出走，放弃监护职责。未成年人离家出走的，其父母或者其他监护人应当及时查找，或者向公安机关请求帮助。”第 21 条规定：“未成年人的父母离异的，离异双方对子女都有教育的义务，任何一方都不得因离异而不履行教育子女的义务。”第 38 条规定：“未成年人因不满十六周岁不予刑事处罚的，责令他的父母或者其他监护人严加管教；在必要的时候，也可以由政府依法收容教养。”

5. 按照《婚姻法》的有关规定，父母对子女有抚养教育的义务，有保护和教育未成年子女的权利和义务；在未成年子女对国家、集体或他人造成损害时，父母有承担民事责任的义务；离婚后，父母对于子女仍有抚养和教育的权利和义务；不直接抚养子女的父或母，有探望子女的权利。

这些规定，都是与父母对未成年子女的监护密切相关的。

三、监护关系中的民事责任

根据监护人的职责和监护行为的运作状态，在监护关系中可能发生三种民事责任。

1. 监护人对被监护人的侵权责任

《民法通则》第 18 条第 3 款规定：“监护人不履行监护职责或者侵害被监护人的合法权益的，应当承担责任；给被监护人造成财产损失的，应当赔偿损失。”

2. 被监护人侵权产生的民事责任

《民法通则》第 133 条规定：“无民事行为能力人、限制民事行为能力人造成他人损害的，由监护人承担民事责任。监护人尽了监护责任的，可以适当减轻他的民事责任。有财产的无民事行为能力人、限制民事行为能力人造成他人损害的，从本人财产中支付赔偿费用。不足部分，由监护人适当赔偿，但单位担任监护人的除外。”最高人民法院《关于贯彻执行〈中华人民共和国民法通则〉的若干问题的意见（试行）》第 158 条至第 160 条进一步说明：“夫妻离婚后，未成年子女侵害他人权益的，同该子女共同生活的一方应当承担民事责任；如果独立承担民事责任确有困难的，可以责令未与该子女共同生活的一方共同承担民事责任。”“被监护人造成他人损害的，有明确的监护人时，由监护人承担民事责任；监护人不明确的，由顺序在前的有监护能力的人承担民事责任。”“在幼儿园、学校生活、学习的无民事行为能力人或者在精神病院治疗的精神病人，受到伤害或者给他人造成损害，单位有过错的，可以责令这些单位适当给予赔偿。”

3. 第三人损害监护关系的民事责任

最高人民法院《关于确定民事侵权精神损害赔偿责任若干问题的解释》第 2 条规定：“非法

使被监护人脱离监护，导致亲子关系或者近亲属间的亲属关系遭受严重损害，监护人向人民法院起诉请求赔偿精神损害的，人民法院应当依法予以受理。”

思考题

1. 监护的含义和功能有哪些？
2. 监护制度的历史发展规律是什么？
3. 未成年人监护的设立需要哪些条件？
4. 成年精神病人监护的设立需要哪些条件？
5. 监护关系的变更和终止事由有哪些？
6. 如何认识监护人的法律地位？
7. 监护人有哪些职责？

第十二章
救助措施与法律责任

【重点问题】

增设救助措施的意义以及救助措施的概念、方式
违反婚姻家庭法的法律责任的种类
常见的侵犯婚姻家庭成员合法权益的行为及其法律责任

第一节 救助措施

一、救助措施的概念和立法意义

《婚姻法》第 43 条规定："实施家庭暴力或虐待家庭成员，受害人有权提出请求，居民委员会、村民委员会以及所在单位应当予以劝阻、调解。对正在实施的家庭暴力，受害人有权提出请求，居民委员会、村民委员会应当予以劝阻"。第 44 条规定："对遗弃家庭成员，受害人有权提出请求，居民委员会、村民委员会以及所在单位应当予以劝阻、调解。"

救助措施是有关单位和部门依据对遭受家庭成员非法侵害的受害人的请求为其提供的旨在保护或恢复其权利实现的各种救援和帮助的手段及方法。

救助措施是 2001 年《婚姻法》修订时增加的内容。其立法依据是《宪法》、《民法通则》中保护婚姻、家庭、妇女、儿童的原则，以及《婚姻法》总则中关于禁止家庭暴力，禁止虐待、遗弃的规定。结合中国的实际情况，对违反婚姻家庭法行为的受害人提供救助措施，有着重要的立法意义：

首先，增设救助措施，是完善婚姻家庭法的重要举措。长期以来，对于那些发生在家庭成员之间，尚未构成犯罪的、违法行为，法律提供的救济手段相当有限。此次增加救助手段，发挥多种法律措施对婚姻家庭权益的综合保护作用，保护婚姻家庭关系中处于相对弱势的一方，从而维护法律的正义，使人们的婚姻家庭权益得到切实的保障。

其次，增设救助措施，顺应了保护婚姻家庭关系的新形势。例如，原有法律定对家庭暴力没有规定，以至于出现投诉无门、是非不清、责任不明，甚至违法犯罪者逍遥法外的情况，家庭暴力案件屡屡发生。增设救助措施，既能为受害人及时提供帮助，使受害人尽速摆脱不利处境，又考虑到主体之间存在的特定亲属关系，多途径地救济受害人，体现了婚姻家庭立法的特色。

二、实施救助措施的主体

依照《婚姻法》第43条、第44条的规定，实施救助措施的主体是居民委员会、村民委员会、当事人所在单位和公安机关。

1990年施行的《居民委员会组织法》规定：居民委员会是调解民间纠纷，协助维护社会治安的基层群众性自治组织。其任务包括：宣传宪法、法律、法规和国家的政策；维护居民的合法权益，教育居民履行依法应尽的义务，爱护公共财产；办理本居住地区居民的公共事务和公益事业；调解民间纠纷；维护社会治安等。

1998年施行的《村民委员会组织法》规定：村民委员会是调解民间纠纷，协助维护社会治安的基层群众性自治组织。其任务包括：办理本村的公共事务和公益事业；调解民间纠纷，协助维护社会治安；向人民政府反映村民的意见、要求和提出建议等。

调解民间纠纷、维护社会治安是居民委员会、村民委员会的职责，同时，他们作为农村和城市的基层群众性组织与当地群众接触最多，也最了解情况，最适宜担任劝阻与调解的角色。

当事人所在单位对其成员负有领导、管理的职责，教育其成员奉公守法，维护社会的安定团结是其工作的重要内容，同时，他们对其成员的情况最为了解，对其成员的家庭发生的家庭暴力等问题，既可以采取调解、说服教育的方式，也可以采取予以一定处分的方式。

公安机关，是各级行政机关的组成部分，其职责包括维护社会治安秩序，制止危害社会治安秩序的行为。为了保护公民婚姻家庭权益。公安机关有权对正在实施的家庭暴力予以制止；对实施家庭暴力或虐待家庭成员的，公安机关应当依法予以行政处罚。

三、实施救助措施的条件及方法

实施救助措施以受害人自愿行使请求权为前提。未成年子女的权利受到侵害时，可以由其法定代理人代为请求。对受害人予以救助是法律赋予当事人的一项权利，婚姻家庭权利作为一项私权，公权利的介入是有条件的，只有在受害人自愿行使这项权利，提出救助请求时，居民委员会、村民委员会、当事人所在单位和公安机关才能够依法予以救助。受害人没有提出请求的，为了尊重和保护公民私权，一般情况下，有关部门和单位不主动干预。

救助的具体措施包括劝阻、调解和制止。

劝阻和调解是在受害人提出请求的前提下，由居民委员会、村民委员会和有关单位将双方召集在一起，对当事人的不当和违法行为进行劝说和阻止，并通过耐心细致的调解工作，化解纠纷。劝阻和调解的目的是防止行为人继续实施违法行为，预防婚姻家庭矛盾的激化，维护婚姻家庭的稳定和社会的稳定。这是有组织地运用社会力量主动干预婚姻家庭矛盾、实现群众自我管理、自我教育的有效形式，是社会治安综合治理的第一道防线。

制止是公安机关对于正在实施的家庭暴力予以强制终止的行政救助措施。公安机关对于正在实施的家庭暴力，应当及时依法采取相应措施，如对施暴人予以批评教育和训诫、将受害人或加害人带离现场等，以强行终止家庭暴力，保护受害人的人身安全和财产安全。受害人向公安机关请求救助的，公安机关应当对受害人提供保护，对加害行为进行阻止。

关于公安机关能否主动介入婚姻家庭纠纷，目前对《婚姻法》第43条第2款的规定有不同的理解。《婚姻法》第43条第2款规定："对正在实施的家庭暴力，受害人有权提出请求，居民委员会、村民委员会应当予以劝阻；公安机关应当予以制止。”

主动介入说认为：受害人有权提出请求仅仅是对居民委员会、村民委员会“劝阻”的限定，而不是给公安机关“制止”的限定。现实中不能苛求正在受到家庭暴力侵害的当事人及时报案，提出请求。更何况，保护公民的合法人身权利，制止正在发生的不法侵害行为，也是公安机关的职责。

请求介入说认为：公权力介入婚姻家庭应当以当事人请求为前提，无论是居民委员会、村民委员会的劝阻，还是公安机关的制止，都应受到“受害人提出请求”的限制。毕竟，婚姻家庭关系与其他的社会关系不同，当事人之间的血缘关系和婚姻关系使他们利益相关，除非情况紧急，情节严重，一般不愿意借助外力解决问题，因而，一般情况下，应当是请求介入。

婚姻家庭成员受到家庭暴力，或遭受虐待、遗弃时，应当及时行使请求权，保护自己的权利。同时，还可以依法实施自力救济，如采取正当防卫、紧急避险、自助行为等。

第二节　法律责任

法律责任是指行为人因其行为违反法律规定而必须承担的法律后果。法律责任制度通过合法处置违法行为保障法律的实施，包括行政责任、民事责任、刑事责任。

一、行政责任

行政责任是与行政处罚相对应的，特定行政机关或法定授权的其他组织，依法对违反行政法规但尚不构成犯罪的组织或个人的处罚是行政处罚，违法者所承担的法律责任是行政责任，它是一种惩戒性的行政法律责任。

（一）行政责任的形式

《婚姻法》第 43 条规定：实施家庭暴力或虐待家庭成员，受害人提出请求的，公安机关应当依照治安管理处罚的法律规定予以行政处罚。行政处罚的性质是一种以制止违法行为为目的的具有制裁性的具体行政行为，《治安管理处罚法》主要针对没有达到需要予以刑事制裁程度，但有治安违法行为的予以行政处罚。公安机关可以依据《治安管理处罚法》第 45 条的规定：对虐待家庭成员且被虐待人要求处理的行为人，或遗弃没有独立生活能力的被扶养人的行为人处以 5 日以下拘留或警告。当事人承担行政责任的具体形式包括：警告、罚款、拘留。

（二）行政责任的适用范围

根据《婚姻法》和《收养法》、《人口与计划生育法》等法律法规的规定，在婚姻家庭领域中需要承担行政责任的情形主要为：家庭暴力、虐待、遗弃、出卖亲生子女、拒绝及阻碍依法执行计划生育公务等行为。

对于家庭暴力、虐待行为，受害人提出处罚加害人请求的，公安机关按照《治安管理处罚法》，根据具体情况，可以处以 5 日以下拘留或者警告。给受害人造成损失或者伤害，由加害人赔偿损失或者负担医疗费用；加害人不满 14 岁的应当责令其监护人严加管教。

对于遗弃婴儿的行为、出卖亲生子女的行为，按照《收养法》第 31 条的规定，“遗弃婴儿，由公安机关处以罚款。出卖亲生子女的，由公安机关没收非法所得，并处以罚款”。

对于拒绝、阻碍计划生育行政部门及其工作人员依法执行公务的，按照《人口与计划生育法》第43条的规定，由计划生育行政部门给予批评教育并予以制止，构成违反治安管理行为的，依法给予治安管理处罚。公安机关根据具体情况，可以对违法行为人处以罚款、拘留或者警告。

二、民事责任

这里所说的民事责任，是指家庭成员违反《婚姻法》或其他民事法律，侵害了其他家庭成员的权利所应承担的民事法律后果。根据《婚姻法》、《民法通则》和相关法律法规的规定，民事责任是在婚姻家庭关系中适用较多的法律救济方式。

依照《民法通则》、《婚姻法》、《继承法》等法律的规定，违法行为人承担民事责任的形式主要有：停止侵害、排除妨害、消除影响、返还财产、恢复原状、赔偿损失、赔礼道歉、撤销监护人的资格、丧失继承权、中止探望权等。

（一）侵害家庭成员人身权利的民事责任

根据《婚姻法》的规定，侵害家庭成员人身权利的情形主要包括：重婚、有配偶者与他人同居、对家庭成员实施家庭暴力、虐待、遗弃家庭成员、干涉家庭成员的婚姻自由或借婚姻索取财物等。

对于因一方重婚、有配偶者与他人同居、实施家庭暴力、虐待、遗弃家庭成员导致离婚的，根据我国《婚姻法》第46条的规定，无过错方有权要求损害赔偿。

最高人民法院《关于适用〈中华人民共和国婚姻法〉若干问题的解释（三）》指出：夫妻双方均有《婚姻法》第46条规定的过错情形，一方或者双方提出离婚赔偿请求的，人民法院不予支持。

对干涉婚姻自由的买卖婚姻，应没收其非法所得。对于借婚姻索取财物的行为，如结婚时间不长，或者因索要财物造成对方生活困难的，可酌情返还。

对未成年子女享有探望权的父母一方，因没有或无法正当行使探望权，未成年子女、直接抚养子女的父或母及其他对未成年子女负有抚养、教育义务的法定监护人，有权向人民法院提出中止探望权的请求。

监护人不履行监护职责或者侵害被监护人的合法利益的，应当承担责任；给被监护人造成财产损失的，应当赔偿损失。人民法院可以根据有关人员或者有关单位的申请撤销监护人的资格。

（二）侵害家庭成员财产权利的民事责任

根据《婚姻法》的规定，侵害家庭成员财产权利的情形主要包括：故意毁损夫妻共同财产或家庭共同财产、夫妻一方擅自处分夫妻共同财产、妨碍公平分割夫妻共同财产，拒不履行给付抚养费、扶养费、赡养费的义务，侵害家庭成员的财产继承权等。

对故意毁损夫妻共同财产、家庭共同财产的行为，加害方应承担停止侵害、赔礼道歉、损害赔偿等民事责任。

对在夫妻关系存续期间，一方未经另一方同意，擅自处分夫妻共同财产的行为，擅自处分方应依法承担责任。关于擅自出售夫妻共有的房屋问题，详见本书第六章第三节援引的有关司法解释。

对离婚时，一方有隐藏、转移、变卖、毁损夫妻共同财产，或伪造债务企图侵占另一方财产行为的，根据《婚姻法》第47条的规定，分割夫妻共同财产时，对隐藏、转移、变卖、毁损夫妻共同财产或伪造债务的一方，可以少分或不分。离婚后，另一方发现有上述行为的，可以向人民法院提起诉讼，请求再次分割夫妻共同财产。人民法院对于这种妨碍民事诉讼的行为，可以依照民事诉讼法的规定予以制裁。

对于不履行抚养、赡养、扶养义务的法定义务人，权利人有权通过诉讼程序要求义务人给付抚养费、赡养费、扶养费。人民法院依法作出的关于抚养费、赡养费、扶养费的判决，义务人必须履行，否则将由人民法院强制执行，有关单位和个人有协助执行的责任。

继承人丧失继承权的，包括下列四种情形：(1) 继承人故意杀害被继承人；(2) 为争夺遗产而杀害其他继承人；(3) 遗弃被继承人或者虐待被继承人情节严重；(4) 伪造、篡改或者销毁遗嘱情节严重。

三、刑事责任

婚姻家庭关系受我国刑事法律的保护，当破坏婚姻家庭关系的行为已经超越婚姻法这一民事法律调整的范围，情节恶劣，构成犯罪时，应当追究其刑事责任。我国《刑法》在“侵犯公民人身权利、民主权利罪”一章中明确规定了侵害婚姻家庭关系的犯罪，包括：暴力干涉婚姻自由罪、重婚罪、破坏军婚罪、虐待罪、遗弃罪、拐骗未成年人罪。

（一）暴力干涉婚姻自由罪

暴力干涉婚姻自由罪，是指以暴力的方法干涉他人婚姻自由的行为。干涉婚姻自由是社会中较为常见的现象，但构成犯罪必须符合法定条件。

暴力干涉婚姻自由罪的主体是一般主体，但实际生活中以父母、子女、兄弟姐妹等亲属为多。暴力干涉婚姻自由罪在客观上实施了暴力干涉的行为，如采用殴打、捆绑、禁闭、强抢等对人身实施强制的方法，造成被干涉者身体痛苦，精神折磨，且情节严重，对被干涉者行使婚姻自由的权利造成了实际的危害。暴力干涉婚姻自由罪在主观方面是故意的，即明知自己的行为是为了干涉他人的婚姻自由。

根据《刑法》第 257 条的规定，以暴力干涉他人婚姻自由的，处 2 年以下有期徒刑或者拘役；告诉的才处理。因暴力干涉婚姻自由，致使被害人死亡的，处 2 年以上 7 年以下有期徒刑。

（二）重婚罪

重婚罪，是指有配偶又与他人结婚或明知他人有配偶又与他人结婚的行为。包括法律上的重婚和事实上的重婚两种形式。重婚是严重破坏一夫一妻制的行为，不仅应当承担民事责任，构成犯罪的，还应当承担刑事责任。

重婚罪的主体是一般主体，但必须有男女二人的共同行为才能构成。客体是他人的婚姻家庭和我国的一夫一妻婚姻制度。在客观方面，表现为有配偶的人在婚姻关系并未终止的情形下又与他人重婚的行为，或者明知他人有配偶而与之结婚的行为。根据最高人民法院《关于〈婚姻登记条例〉施行后发生的以夫妻名义非法同居的重婚案件是否以重婚罪定罪处罚的批复》(1994 年 12 月 14 日)，在 1994 年 2 月 1 日民政部发布《婚姻登记管理条例》之后，有配偶的人与他人以夫妻名义同居生活的，或者明知他人有配偶而与之以夫妻名义同居生活的，也应按重婚罪定罪处罚。本罪在主观上是故意，即明知自己有配偶而又与他人建立夫妻关系，或者明知他人有配偶仍与之建立夫妻关系。

根据《刑法》第 258 条的规定，犯重婚罪的，处 2 年以下有期徒刑或者拘役。

（三）破坏军婚罪

破坏军婚罪是指明知对方是现役军人的配偶而与之结婚或者同居的行为。

现役军人，包括正在中国人民解放军或人民警察部队服役的军官、警官、文职干部、士兵以及其他有军籍的人员。现役军人的配偶指与现役军人有合法婚姻关系的人，不包括与现役军人有婚约关系、其他两性关系的人或已经离婚者。破坏军婚罪在主观上要求犯罪人明知对方是现役军人的配偶，对于有证据表明自己不知道对方是现役军人的配偶或者受对方欺骗而不明真相者不以此罪论。破坏军婚罪在客观方面要求行为人有与现役军人的配偶同居或结婚的行为，即破坏军人婚姻的行为分为两类：一是与现役军人的配偶结婚，二是与现役军人的配偶同居。

根据《刑法》第259条的规定，明知是现役军人的配偶，而与之同居或结婚的，构成破坏军婚罪，处3年以下有期徒刑或者拘役。利用职权、从属关系，以胁迫手段奸淫现役军人的妻子的，以强奸罪论处。

（四）虐待罪

虐待罪是指经常以打骂、冻饿、禁闭、强迫过度劳动、有病不给治疗等方法，摧残、折磨家庭成员，情节恶劣的行为。

虐待罪的客体是被害人的人身权利和在家庭中应享的平等权利。虐待罪的主体是满16周岁、具有责任能力的与被害人同属一个家庭的成员。任何一个家庭成员虐待另一个家庭成员，都可构成本罪。虐待罪的客观方面，表现为经常用上述方法。对家庭成员进行肉体、精神上的摧残、折磨，而且情节是恶劣的。对非家庭成员的侵害，不能构成虐待罪。虐待罪的突出特点是：残酷性和经常性。虐待罪的主观方面是故意，即明知自己的行为是在虐待家庭成员，会给其造成肉体和精神痛苦，并希望这一结果发生。所谓情节恶劣是指，虐待手段残忍，对没有独立生活能力的人经常虐待，引起了严重后果等等。虐待罪与虐待行为的重要区别在于情节是否恶劣。如果只是方法粗暴、一般的体罚、轻微的打骂行为，不构成虐待罪。

根据《刑法》第260条的规定，犯虐待罪的，处2年以下有期徒刑、拘役或管制；告诉的才处理。犯本罪致使被害人重伤、死亡的，处2年以上7年以下有期徒刑。

（五）遗弃罪

遗弃罪是指对于年老、年幼、患病或者其他没有独立生活能力的人，负有扶养义务而拒绝扶养，情节恶劣的行为。

遗弃罪的客体是公民受扶养的权利。客观方面表现为对于年老、年幼、患病或者没有独立生活能力的人，负有扶养义务而拒绝扶养，情节恶劣。拒绝扶养有独立生活能力的家庭成员，不能构成本罪。本罪的基本行为方式是不作为，行为人有扶养义务，并且有履行此义务的能力而不履行。情节恶劣是指对被害人造成严重后果，或有遗弃行为，经多次教育不悔改的，或在社会上造成恶劣影响的。犯罪主体，是对受害人负有抚养义务的人。主观方面是故意。

根据《刑法》第261条的规定，犯遗弃罪的，处5年以下有期徒刑、拘役或者管制。

我国刑法对家庭暴力目前没有专门规定罪名，依据实施家庭暴力的情节及后果，可以分别适用《刑法》中有关故意杀人罪、过失致人死亡罪、故意伤害罪、过失致人重伤罪、虐待罪等规定，追究刑事责任。

思考题

1. 在《婚姻法》中增设救助措施的立法意义是什么？
2. 适用救助措施是否应以受害人的请求为前提？
3. 违反《婚姻法》的规定应承担哪些法律责任？
4. 离婚损害赔偿的性质及其发生根据。

第三编

附论

| 第十三章 |

民族、涉外、涉侨及区际婚姻家庭法律问题

【重点问题】

民族婚姻家庭
涉外婚姻和收养
涉侨、涉港澳婚姻和收养
涉台婚姻家庭问题

第一节　民族婚姻家庭法律问题

一、民族婚姻家庭及其立法

（一）民族婚姻家庭的特征

民族婚姻家庭，是指少数民族在民族内、少数民族之间、少数民族与汉族之间的婚姻和各种不同类型的家庭关系。包括结婚、离婚、复婚、扶养、监护、收养等。

民族婚姻家庭通常有以下几个明显的特征：(1) 在民族婚姻家庭的主体中，双方或一方为少数民族。(2) 民族婚姻家庭关系的内容具有明显的民族特色。我国目前共有56个民族。各少数民族都有不同的生产环境、传统文化、生活方式、宗教和风俗习惯。这些独特的、有别于其他民族的社会生活决定了其婚姻家庭生活内容的差异。(3) 民族婚姻家庭具有浓厚的地方特色。我国少数民族分布在全国各地，具有散居多、聚居少的特点，主要是在边疆地区较为集中。由于各民族人民生活的社会条件和地理区域不同，民族婚姻家庭往往具有形态的差异和各自的特点。在同一民族的不同支系之间、居住在不同区域的同一少数民族间，婚姻家庭生活的内容和形式也不尽相同。(4) 民族婚姻家庭具有强烈的传统习俗特色。民族婚姻家庭从内容到形式，各方面都受制于各自民族特有的婚姻家庭习俗和伦理道德。

（二）对处理民族婚姻家庭问题的一般要求

根据国家的民族政策，处理民族婚姻家庭法律问题应从总体上把握以下三个方面：

1. 不同民族间的通婚应遵循的一般原则

我国各少数民族对不同民族通婚的态度不尽相同。各民族之间有的有通婚的习惯，有的是宗教教规不允许与外族通婚，有的则因民族间的隔阂而不许与某民族通婚。我国法律并不限制

不同民族通婚。根据宪法和婚姻法规定的精神，对不同民族间的通婚问题，应以尊重民族习惯、维护民族团结为基本原则。

许多民族自治地方在关于《婚姻法》的变通或补充规定中，允许不同民族间通婚，应按照规定执行。有些民族自治地方在此类规定中对不同民族通婚问题未作明示，而当地的民族习惯或宗教教规又不允许与外族通婚的，则应尽可能说服要求结婚的男女双方，尊重民族习惯，不要结婚，以免引起群众反感和民族纠纷。

若经过做工作，双方当事人仍坚持结婚的，则应向有关人员宣传婚姻法，使他们能依法办事，尊重男女双方婚姻自由的权利。但是，如果该民族习惯要求与本族人结婚者须加入该民族的，我们认为原则上应当接受。当然，是否因结婚而改变民族从属应由当事人自行决定。

2. 民族婚姻家庭纠纷的处理原则

对家庭不同民族的成员之间因不尊重对方习俗而引起的纠纷，应劝导汉族一方为了家庭和睦相处，遵守对方的习俗。对于其他不同民族间的婚姻家庭纠纷，应从民族团结的原则出发，既要依照婚姻法以及民族自治地方的变通或补充规定办事，又要尊重和照顾少数民族的风俗习惯，妥善处理。对故意利用婚姻家庭纠纷，影响民族团结的，应予以批评教育。

3. 不同民族通婚所生子女或收养子女的民族从属问题

依照国家民族事务委员会和公安部等有关部委制定的《关于中国公民确定民族成分的规定》，个人的民族成分，只能依据父或母的民族成分确定。不同民族的公民结婚所生子女，或收养其他民族的幼儿，其民族成分在年满 18 周岁以前由父母或养父母商定，满 18 周岁者由本人确定。

（三）民族自治地方对《婚姻法》的变通或补充性立法

我国《婚姻法》虽然是适用于全国各民族的法律，但由于少数民族婚姻的特殊性，修正后的《婚姻法》第 50 条具体规定："民族自治地方的人民代表大会有权结合当地民族婚姻家庭的具体情况，制定变通规定。自治州、自治县制定的变通规定，报省、自治区、直辖市人民代表大会常务委员会批准后生效。自治区制定的变通规定，报全国人民代表大会常务委员会批准后生效。"这种变通规定的立法原则有二：一是必须符合《婚姻法》的基本原则；二是必须适合当地民族婚姻家庭的实际情况，以满足调整民族婚姻家庭关系的需要。《收养法》中也有类似的规定，即民族自治地方可以依据该法第 32 条的要求制定变通的或者补充的规定。

从立法状况看，自 1980 年我国《婚姻法》颁布以来，许多民族自治地方先后制定颁布了贯彻执行《婚姻法》的变通或补充规定。新疆、西藏、宁夏、内蒙古等四个自治区，先后颁行了《新疆维吾尔自治区执行〈中华人民共和国婚姻法〉的补充规定》（1980 年 12 月 14 日新疆维吾尔自治区五届人大三次会议通过，1981 年 1 月 1 日起与《婚姻法》同时执行）、《西藏自治区施行〈中华人民共和国婚姻法〉的变通条例》（1981 年 4 月 18 日西藏自治区三届人大常委会第五次会议通过，自 1982 年 1 月 1 日起施行）、《宁夏回族自治区执行〈中华人民共和国婚姻法〉的补充规定》（1981 年 6 月 15 日宁夏回族自治区四届人大三次会议通过，自颁布之日起施行）、《内蒙古自治区执行〈中华人民共和国婚姻法〉的补充规定》（1981 年 9 月 21 日内蒙古自治区五届人大常委会第九次会议通过，自公布之日起施行）。此外，一些自治州（如四川省的甘孜、阿坝、凉山自治州，青海省的海北、海西自治州等）、自治县（如云南省的孟连、宁蒗、沧源自治县，青海省的循化、化隆自治县等），也作了变通或补充规定。这些结合当地实际制定的法规，加强了少数民族自治地方婚姻家庭方面的法制建设，对当地婚姻家庭制度的改革起了积极的促进作用。

有关《婚姻法》的变通或补充规定的适用范围，各民族自治地方的规定不尽相同。新疆、西藏、宁夏、内蒙古四个自治区规定只适用于本自治区的少数民族。循化、化隆、孟连、沧源等自治县规定只适用于本地少数民族中的一般群众，双方都是国家职工的，仍按《婚姻法》的规定执行。甘孜、阿坝、凉山等自治州规定既适用于本州的少数民族，也适用于与少数民族结婚的汉族。

二、变通或补充规定的主要内容

（一）基本原则方面的规定

1. 关于婚姻自由。各民族自治地方在变通或补充规定中都明确规定实行婚姻自由，并针对本地区的具体情况作了更为具体的补充规定。例如宁夏回族自治区规定："回族同其他民族的男女自愿结婚，任何人不得干涉。""保护寡妇的婚姻自由，任何人不得以任何借口进行干涉。"新疆维吾尔自治区规定："禁止买卖婚姻和借婚姻索取财物。""寡妇有再婚的自由，任何人不得以任何借口进行干涉。"这些具有针对性的补充规定都贯彻了婚姻自由的基本原则。

2. 关于一夫一妻制。由于民族习惯和历史原因，在有的少数民族地区还残存着一夫多妻、一妻多夫的婚姻关系。对此，必须加以改革和从实际出发区别处理。西藏自治区规定："废除一夫多妻、一妻多夫等封建婚姻，对执行本条例之前形成的上述婚姻关系，凡不主动提出解除婚姻关系者，准予维系。"对于该条例实施后形成的重婚，则应依法处理，以维护一夫一妻制原则。四川省的甘孜、阿坝藏族自治州也有类似的规定。

3. 关于计划生育。由于各少数民族地区自然条件、经济和文化发展程度，以及人口状况不同，国家允许民族地区在实行计划生育方面可以作一些灵活性规定。有的民族自治地方原来规定对少数民族不提倡计划生育，后来，鉴于本地区少数民族人口增长较快，已不适应人口与环境、资源和社会发展相协调的要求，为了少数民族地区经济的发展和人口素质的提高，改为少数民族也要实行计划生育。根据少数民族的不同情况，实行不同的计划生育政策，须由民族自治地区的人民代表大会决定。一般对少数民族的生育政策比汉族宽，即一对夫妇可以生育两个孩子，有特殊情况的可以生三个孩子。有的民族地区只宣传生命科学知识，做好妇幼保健，不作生育数量要求。

（二）结婚和离婚方面的规定

1. 适当降低法定婚龄。我国许多少数民族都有早恋早婚的习俗，青年男女一般在 16 周岁至 18 周岁左右就结婚。《婚姻法》规定的法定婚龄在少数民族地区难以执行。因此，从当地实际情况出发，各少数民族地方的变通或补充规定都把《婚姻法》规定的法定婚龄降低了两岁。即结婚年龄变通为男不得早于 20 周岁，女不得早于 18 周岁。少数民族男女自愿晚婚晚育的，应予鼓励。

2. 禁止近亲结婚的变通规定。有些少数民族长期以来盛行只在本民族内通婚的习俗，通婚的范围比较狭小，近亲结婚较为普遍，表兄弟姐妹婚更是许多民族的习惯。①《婚姻法》规定禁止三代以内旁系血亲结婚，对一些少数民族还需要一个宣传教育过程，不宜一刀切硬性执行。因此，有的民族自治地方作出了某些变通规定。内蒙古自治区变通为"大力提倡三代以内旁系血亲不结婚"。宁夏回族自治区变通为推迟到 1983 年 1 月 1 日起执行禁止三代以内旁系血亲结

① 参见杨怀英等：《滇西南边疆少数民族婚姻家庭制度与法的研究》，237 页，北京，法律出版社，1988。

婚的规定。

3. 坚持结婚、离婚必须履行法律手续。由于传统婚俗和宗教的影响，许多少数民族男女结婚、离婚一般都只按传统习惯举行一定世俗仪式或宗教仪式，很少履行法律手续。为对婚姻的成立进行指导和监督，以保护合法婚姻，防止违反婚姻法行为的发生，各民族自治地方都明确规定：结婚、离婚必须履行登记手续，禁止用宗教仪式代替婚姻登记。但对各少数民族传统的婚嫁仪式，在不妨碍婚姻自由的前提下，予以尊重。如新疆维吾尔自治区规定：结婚、离婚必须履行法律手续，禁止一方用口头或文字通知对方的方法离婚。“禁止以宗教仪式代替法定的结婚登记。”宁夏回族自治区规定：“禁止用宗教仪式代替法定的结婚登记。信奉伊斯兰教的男女结婚，自愿举行宗教仪式的，只能在领取结婚证后进行。”

（三）其他方面的规定

一些少数民族自治地方还结合当地实际，对订婚、非婚生子女等问题作了补充规定。如新疆维吾尔自治区规定：“禁止未达结婚年龄的男女预先订婚。”西藏自治区规定：“非婚生子女生活费和教育费的负担，应按《中华人民共和国婚姻法》第 19 条（此处系指 2001 年修正前的《婚姻法》第 19 条）的规定执行。改变全由生母负担的习惯。”四川省甘孜、阿坝、凉山三个自治州也作了类似的规定。这些规定，有利于维护婚姻家庭当事人的合法权益。

第二节　涉外婚姻家庭法律问题

一、涉外婚姻家庭关系的法律适用

涉外婚姻家庭关系，在适用法律时需要解决不同国家的法律冲突问题。我国现行《婚姻法》对此未作规定。1983 年 8 月 26 日民政部颁行的《中国公民同外国人办理婚姻登记的几项规定》（已失效，为《婚姻登记条例》所代替），仅对我国内地发生的涉外结婚、涉外离婚的问题作了具体规定，但未全面规定涉外婚姻家庭关系的法律适用问题。1987 年 1 月 1 日施行的我国《民法通则》设有专章规定“涉外民事法律关系的法律适用”，其中既规定了法律适用的一般原则，又对有关准据法作了明确规定，其中也包括有关涉外婚姻家庭关系法律适用的若干规定。

（一）涉外婚姻家庭关系法律适用的一般原则

《民法通则》第 142 条指出：涉外民事关系的法律适用，依照该法第八章的规定确定。中华人民共和国缔结或者参加的国际条约同中华人民共和国的法律有不同规定的，适用国际条约的规定，但中华人民共和国声明保留的除外。中华人民共和国法律和中华人民共和国缔结或者参加的国际条约没有规定的，可以适用国际惯例。第 150 条还指出：依照该法第八章的规定适用外国法律或者国际惯例的，不得违背中华人民共和国的社会公共利益。

上述规定是我国的涉外民事关系法律适用的一般原则，是处理各种涉外婚姻家庭关系的法律依据。

（二）涉外婚姻家庭关系的准据法

1. 中国公民同外国人结婚适用婚姻缔结地法律（参见《民法通则》第 147 条）。即涉外结婚以行为地法为准据法。包括婚姻成立的实质要件和形式要件，均适用结婚行为地国家（或地区）的法律。

2. 中国公民同外国人离婚适用受理案件的法院所在地法律（参见《民法通则》第 147 条）。即涉外离婚以法院地法为准据法。包括离婚的实质要件和形式要件，均适用受理离婚案件的法院所在地国家（或地区）的法律。按照我国最高人民法院的司法解释，我国法院受理的涉外离婚案件，离婚以及因离婚而引起的财产分割，适用我国法律。认定其婚姻是否有效，适用婚姻缔结地法律。但是，《民法通则》中的规定并未涉及涉外的诉讼外协议离婚的法律适用问题。

3. 扶养适用与被扶养人有最密切联系的国家的法律（参见《民法通则》第148条）。这里所说的扶养，包括我国《婚姻法》规定的抚养、赡养、扶养。最高人民法院的司法解释指出，父母子女相互之间的扶养，夫妻相互之间的扶养以及其他有扶养关系的人之间的扶养，应当适用与被扶养人有最密切联系国家的法律。扶养人和被扶养人的国籍、住所以及供养被扶养人的财产所在地，均可视为与被扶养人有最密切的联系。①

需要说明的是，关于涉外婚姻家庭关系的法律适用，我国现行法中的规定还是不够完善的。《民法通则》中规定的，仅限于结婚、离婚和扶养，即使加上与婚姻家庭关系密切有关的法定继承，也仅为4项。我们认为，在制定法典化的民法时，应当增补有关涉外婚姻家庭关系法律适用的条款，其内容应当包括婚姻的无效和撤销、夫妻财产制、诉讼外的协议离婚、非婚生子女的认领和准正、收养（目前仅有外国人来华收养子女的规定，欠缺涉外收养法律适用的一般规则）、亲权和监护等。

二、我国内地的涉外婚姻家庭法律问题

（一）涉外结婚

1. 结婚的法律适用。中国公民与外国人要求在我国内地结婚，根据“结婚适用婚姻缔结地法律”的原则，应适用中国法律。包括我国《婚姻法》、《婚姻登记条例》等，这些法律、法规中规定的基本原则和结婚条件（包括必备条件和禁止条件）、结婚程序必须遵守。在不违背我国《婚姻法》基本原则的前提下，对外国人一方的结婚条件，可适当考虑其本国法律中的有关规定，以免该项婚姻被其本国法认为无效。

2. 对结婚主体的限制。我国法律规定某些中国公民不得与外国人结婚。根据有关规定，以下两类中国公民不得与外国人结婚：

一类是某些担任特定职务的人员。其范围是：（1）现役军人：指正在中国人民解放军和人民武装警察部队中服现役，具有军籍的干部和战士。（2）外交人员：指直接从事外交工作的人员，主要指外交部和我国驻外使、领馆的外交官员。（3）公安人员：指在编的各级公安机关、国家安全机关的干警。（4）机要人员和其他掌握重大机密的人员：指在国家党政机关、科研机构和企事业单位从事机要工作，掌握党和国家重大机密包括科技尖端机密的人员。

不准担任特定职务的人员同外国人结婚，是为了维护国家的安全和利益，这也是世界各国立法的通例。

另一类是正在接受劳动教养和服刑的人。这类人员由于违法或犯罪，正在接受法律制裁，被限制了人身自由，所以不得与外国人结婚。

3. 结婚登记的程序

履行涉外结婚登记程序，是在我国内地成立涉外婚姻的唯一合法的形式要件。由于涉外婚姻的特殊性，我国法律对涉外结婚登记的机关、当事人须持的证件分别作了下列规定。

---

① 参见最高人民法院《关于贯彻执行〈中华人民共和国民法通则〉若干问题的意见（试行）》（1988年1月26日）第188、189条。

（1）办理涉外结婚登记的机关。中国公民同外国人在中国内地结婚的，办理登记的机关是省、自治区、直辖市人民政府民政部门或者省、自治区、直辖市人民政府民政部门确定的机关。男女双方应当共同到内地居民常住户口所在地的婚姻登记机关办理结婚登记。

（2）结婚当事人须持的证件和证明材料：1）办理结婚登记的内地居民一方应当出具的证件和证明材料，与双方均为内地居民办理结婚登记应当出具的相同（参见本书第五章第四节）。2）办理结婚登记的外国人应当出具的证件和证明材料有：第一，本人的有效护照或者其他有效的国际旅行证件；第二，所在国公证机构或者有权机关出具的，经中华人民共和国驻该国使（领）馆认证或者该国驻华使（领）馆认证的本人无配偶的证明，或者所在国驻华使（领）馆出具的本人无配偶的证明。

（二）涉外离婚

1. 离婚的法律适用

在我国内地的涉外离婚，依诉讼程序办理的，根据“离婚适用受理案件的法院所在地法律”的原则，适用我国《婚姻法》及其他有关法律、法规的规定。依登记程序办理的，同样适用上述法律、法规的规定；由此可见，关于涉外的诉讼外协议离婚，是以受理机构所在地法律为准据法的（虽然《民法通则》中未作明示）。

2. 离婚的程序

（1）涉外离婚登记。

涉外离婚登记，由省、自治区、直辖市人民政府民政部门或者上述民政部门确定的婚姻登记机关办理。我国《婚姻登记条例》第 11 条规定，办理涉外离婚登记，内地居民一方应当出具下列证件和证明材料：1）本人的户口簿、身份证；2）本人的结婚证；3）双方当事人共同签署的离婚协议书。外国人一方除应当出具结婚证和离婚协议书外，还应当出具本人的有效护照或者其他有效国际旅行证件。

（2）涉外离婚诉讼。

涉外离婚当事人应按我国法律的有关规定，向中国公民一方户口所在地或常住地的人民法院起诉。人民法院应当依法调解，调解无效的，依法判决。

这里还须说明的是：第一，不在我国居住的外国人，不能来我国法院亲自参加起诉、应诉的，可以委托我国公民、律师或居住在我国境内的本国公民、本国驻华使、领馆官员（以个人名义）担任诉讼代理人。但外国人一方向我国法院提交的离婚起诉状、答辩状、意见书、委托书、上诉状等诉讼文书，必须经所在国公证机关公证，并经我驻该国使、领馆认证方为有效。

第二，根据《维也纳领事关系公约》规定的原则，外国人一方不在我国境内，或由于其他原因不能适时到我国法院出庭时，在没有委托的情况下，该国驻华使、领馆领事官员（包括经我国外交部确认的外国驻华使馆的外交官同时兼有领事衔者），可以直接以领事名义担任其代表人，或为其安排代表人在我国法院出庭，参与离婚诉讼。①

3. 处理涉外离婚案件应注意的问题

人民法院审理涉外离婚案件，应根据我国《婚姻法》第 32 条和有关规定判决。对于因离婚而引起的子女的抚养归属、抚养费的负担、夫妻共同财产的分割、债务的清偿和一方对他方的经济帮助等问题，也应按我国《婚姻法》的规定一并处理。

中国公民同外国人离婚，处理子女抚育费的负担和经济帮助等问题，负有给付义务的外国

---

① 参见《最高人民法院公报》，1985（3），32 页。

人一方原则上应当一次性给付。这主要是由于我国目前与不少国家尚未签订司法协助协议，这些判决不便强制执行。为了保护中国公民及其子女的合法权益，采取这种给付方法很有必要，同时也可防止日后发生新的纠纷。如果外国人一方一次性给付确有实际困难的，可由居住在我国境内有相当财产的中国公民或外国公民担保。到期不履行的，由担保人清偿。

涉外复婚适用涉外结婚登记程序。

（三）涉外收养

我国《收养法》第 21 条规定：外国人依照该法可以在中华人民共和国收养子女。外国人在中华人民共和国收养子女，应当经其所在国主管机关依照该国法律审查同意。收养人应当提供由其所在国有权机构出具的有关收养人的年龄、婚姻、职业、财产、健康、有无受过刑事处罚等状况的证明材料，该证明材料应当经其所在国外交机关或者外交机关授权的机构认证，并经中华人民共和国驻该国使领馆认证。该收养人应当与送养人订立书面协议，亲自向省级人民政府民政部门登记。

该条还规定：收养关系当事人各方或者一方要求办理收养公证的，应当到国务院司法行政部门认定的具有办理涉外公证资格的公证机构办理收养公证。

外国人在我国内地收养子女，包括夫妻一方为外国人在我国内地收养子女，具体问题应当按照我国民政部经国务院批准发布施行的《外国人在中华人民共和国收养子女登记办法》的规定办理。

1. 法律的适用

外国人在华收养子女，应当符合中国有关收养法律的规定，并应当符合收养人所在国有关收养法律的规定；因收养人所在国法律的规定与中国法律的规定不一致而产生的问题，由两国政府有关部门协商处理。重叠适用和协商处理，是为了防止收养行为被外国法律认为无效。

（关于办理涉外收养登记的机关，《收养法》中已作规定，此处不再重复。）

2. 收养的程序

外国人在华收养子女，应当通过所在国政府或者政府委托的收养组织，向我国政府委托的收养组织转交收养申请书，并提交收养人的家庭情况报告和有关证明。中国收养组织对上述材料进行审查后，应当按照省级人民政府民政部门提供的情况，参照外国收养人的意愿，为其选择适当的被收养人，并将被收养人及其送养人的有关情况的材料，通过外国政府或收养组织送交外国收养人。如送养人同意送养，收养人同意收养，我国收养组织应向外国收养人发出来华收养子女通知书。

外国人来华收养子女，应当与送养人订立书面协议，然后共同到涉外收养登记机关办理登记。

3. 须出具的证明材料

上述外国收养人经委托收养组织转交的，除跨国收养申请书外，还包括收养人的出生证明，婚姻状况证明，职业、经济收入和财产状况证明，身体健康检查证明，有无前科的证明，收养人所在国主管机关同意其跨国收养子女的证明以及收养人的家庭情况适合收养子女的报告。

送养人也应向省级民政部门提交《外国人在中华人民共和国收养子女登记办法》要求提交的证件和有关的证明材料。关于对证明材料的要求，因不同的具体情形而异。这方面的一些具体问题，以及一些操作性的规定，此处不拟详述，参见上述办法中的有关规定。

第三节　涉侨、涉港澳台的婚姻家庭法律问题

一、婚姻家庭领域的区际法律冲突和对策

（一）中国区际婚姻家庭法律冲突的现状

在我国的领土、主权范围内，存在着四个相对独立的法域。由于两岸四地的社会差异和法制建设实践的殊途，诸法域在婚姻家庭法的立法宗旨、立法体例、基本原则、具体制度及操作适用等方面既有一定程度的相通和趋同，又有较为明显的差别和分歧。在"一国两制"的基本国策统辖下，采取适当的措施，合理解决婚姻家庭法律冲突，对于促进相互间的交流交往，稳定社会秩序，有效保护不同法域居民的合法权益具有十分重要的现实意义。

区际法律冲突，是在一个主权国家的范围内不同地区民商事法律制度之间在同一层面上的冲突。区际法律冲突发生在"复合法域（多法域）国家"，存在于一国内部不同地区人民进行跨法域的民事、商事活动的法律适用过程中。

中国内地（大陆）、香港、澳门和台湾地区人民相互往来日趋频繁，随着"一国两制"的付诸实践，已顺利实现了香港、澳门的回归，台湾回到祖国怀抱势在必然，交织在两岸四地之间的婚姻家庭关系渐呈常态。但是，这四个法域施行互不相同的法律，处于互为独立、有同有异的状态。在现实和将来的民商事交往及婚姻家庭关系的互动中，"当某一事项或一项争议涉及两个或两个以上的地区时，究竟应适用哪个地区的法律处理争议问题，亦即区际法律冲突问题，不可避免地会产生"①。实际上，"在任何历史时期，只要是文化的载体——民族之间发生了社会活动方面的接触，则首先带来的冲突之一就是不同法律或不同社会行为规范的冲突"②。中国成为"复合法域"国家并因此产生较为复杂的区际法律冲突问题，既是中国社会结构历史变迁的客观走向，同时也为当今中国社会的特定历史案件和发展格局所决定。有的学者认为：在一国内部，区际法律冲突的产生须具备如下条件：（1）在一国内部，存在着数个具有不同法律制度的法域；（2）各法域人民之间的民事交往导致产生众多的区际民事法律关系；（3）各法域相互承认外法域的自然人和法人在本法域的民事法律地位；（4）各法域相互承认外法域的法律在本法域内的域外效力。③ 区际法律冲突的产生的原因在于国内存在着数个具有不同法律制度的地区。一个国家之所以成为"复合法域"国家，是国内各地区法制不统一造成的。在这种情形下，区际法律冲突的发生是不可避免的，重要的问题在于制定相应的对策。

中国婚姻家庭法的区际冲突之客观存在的具体原因可界定于六个方面：一是四个法域已经呈历史性、发展性地实际存在；二是婚姻家庭法本身具有明显的地域性、传统性和强制性；三是婚姻家庭法的法制建设实践总是与其赖以存在的社会母体具有同步性；四是区际婚姻家庭关系的互动具有必然性，而且交往交流越频繁，区际婚姻家庭关系就越多；五是四个法域的婚姻家庭法规范体系的差异性；六是"一国两制"已从根本上确认了不同法域的婚姻家庭法的效力。

（二）中国区际婚姻家庭法律冲突的特点

中国诸法域婚姻家庭法律冲突的特点，是由中国区际法律冲突现状决定的。概括起来，主

---

① 韩德培主编：《国际私法分论》，448页，武汉，武汉大学出版社，1997。

② 米也天：《澳门法制与大陆法系》，2页，北京，中国政法大学出版社，1996。

③ 参见黄进：《区际冲突法研究》，229页，上海，学林出版社，1991。

要有如下几点：

1. 中国区际婚姻家庭法律冲突是单一制国家中特别行政区享有高度自治权情况下的法律冲突。我国是单一制国家，根据《关于香港问题的联合声明》、《关于澳门问题的联合声明》和两个基本法，特别行政区享有高度的自治权。各特别行政区基于其历史和现实被赋予特殊待遇和地位，享有独立的立法权、司法权和终审权。因此，无论是现今的港澳回归，还是未来的祖国统一，都客观地存在着“一国两制四法域”的格局。在这种法律差异极大的情况下，解决区际法律冲突，实现全国性婚姻家庭法制的统一的进程必将缓慢和艰难，同时也更显重要和迫切。

2. 中国区际婚姻家庭法律冲突既有同一社会制度下的冲突，又有不同社会制度下的冲突。世界上现有的其他国家的区际法律冲突完全发生在社会制度相同的区域之间，即以“一国一制”作为大前提。在其统一的大同小异的社会制度下，各区域法律的共同点居多，易于沟通，便于交往，少量且居次要地位的不同点之间的冲突也相对容易解决和处理。换言之，其法律原则是统一的，冲突是局部的。而中国区际婚姻家庭法律冲突则不然，它既有属于同类社会制度法域之间的法律冲突，如港、澳、台相互之间，又有社会制度根本不同的法域之间的法律冲突，如内地与港、澳、台地区的法律之间的冲突。这在世界上各复合法域国家中亦为特例。

3. 中国区际婚姻家庭法律冲突，也表现为两大法律传统之间的冲突。在中国诸法域内，中国大陆、台湾、澳门基本上属于大陆法系传统，而香港则可归于英美法系传统。因此，它们之间既构成同一法系的法域之间的法律冲突，也存在不同法系的法域之间的法律冲突，其中更交织着固有法与继受法的冲突。

4. 中国区际婚姻家庭法律冲突，是在各法域均有独立的立法权、司法权和终审权的条件下发生的法律冲突。根据“一国两制”的基本国策，祖国统一后的台、港、澳地区仍拥有独立的立法权、司法权和终审权，而在各法域之上无共同的终审司法机关予以管领和协调。

5. 中国区际婚姻家庭法律冲突不仅仅是局部区域之间的法律冲突，在某种意义上，还是特殊情形下处于平等地位的全国性法律与特别行政区地方法律之间的冲突。这是我国有针对性地依法赋予特别行政区高度自治权的集中体现，但更应明确，特别行政区仍然是中华人民共和国不可分割的一部分，其法律冲突不是国际私法上的法律冲突。

（三）区际婚姻家庭法律冲突的对策

正视客观存在的区际法律冲突，寻求和把握解决冲突的积极有效的途径，首先必须坚持五项原则：一是“一国两制”和促进国家统一的原则；二是在民商法领域保障法域平权和有序的原则；三是在不违背国家的根本利益前提下，互利协作的原则；四是促进和保障正常的民事交流、交往的原则；五是对各法域法律关系主体的合法权益平等保护的原则。基于这些原则，我们认为，从长远来看，解决中国区际婚姻家庭法律冲突，可循序渐进地分阶段进行。

我们认为，面对婚姻家庭领域的区际法律冲突，亟待解决的是法律适用问题。方案之一是在各法域立法机关交换意见的基础上，各自在有关法律中制定区际婚姻家庭关系法律适用的规则。这些规则应当是相互协调，互不抵触的。为此，似可先由各法域的法学团体、有关部门共同研讨，将研究成果提供给各法域的立法机关参考。方案之二是在各法域之间签订有关区际婚姻家庭关系法律适用的协定。这种协定可以是多边的，也可以是双边的。方案之三是，将来在条件成熟的时候，可以根据各法域立法机关的共同要求，在国家一级制定统一的区际婚姻家庭关系法律适用法。只要各法域的立法机关都有此愿望，协商一致，这一方案并不违背我国宪法和特别行政区基本法的规定。目前，还可考虑采取重叠适用的规则，例如：内地居民和香港居民在内地结婚，或者在香港结婚，既要符合我国《婚姻法》的规定，又要符合香港《婚姻条例》

的规定。这可能过于苛求，但是，作为一种过渡性的措施，还是有其可取之处的，是有利于保障不同法域的中国公民的婚姻家庭权益的。至于区际婚姻家庭关系法律适用规则的内容，有关婚姻家庭法律关系的发生、变更和终止，如结婚、离婚、出生、收养等，似以适用法律事实发生地法律为宜。有关婚姻家庭主体的权利义务，似以适用权利人的住所地或惯常居所地法律为宜。

二、我国内地的涉侨、涉港澳台的婚姻家庭法律问题

关于在我国内地发生的区际婚姻家庭法律问题，如涉港澳台的结婚、离婚、收养等，处理时均应适用《中华人民共和国婚姻法》和相关的法律、法规的规定。鉴于这些问题具有区际因素，在程序上，对证件、证明的要求上，比对有关当事人均为内地居民的要求更为严格，其目的在于保护身处不同法域的当事人的权益。为了方便起见，涉侨婚姻家庭法律问题也置于本题中一并说明。

（一）涉侨、涉港澳台的结婚登记

改革开放以来，我国有关部门对华侨、香港居民、澳门居民、台湾居民与内地居民在内地结婚的问题，作过许多具体规定，如民政部于 1983 年颁行的《华侨同国内公民、港澳同胞同内地公民办理婚姻登记的几项规定》（已失效）等。2003 年的《婚姻登记条例》施行后，涉侨、涉港澳台的结婚登记应当按照该条例的统一规定办理。

1. 结婚登记的机关

办理涉侨、涉港澳台的婚姻登记（包括结婚登记、离婚登记、复婚登记）的机关，是省、自治区、直辖市人民政府民政部门或者由其确定的机关。要求结婚的双方当事人须共同到内地居民一方常住户口所在地的婚姻登记机关办理结婚登记。

2. 当事人须持的证件和证明材料

办理结婚登记的内地居民一方应当出具的证件和证明材料，与双方均为内地居民办理结婚登记应当出具的相同（参见本书第五章第四节）。

办理结婚登记的华侨应当出具下列证件和证明材料：

（1）本人的有效护照；

（2）居住国公证机构或者有权机关出具的、经中华人民共和国驻该国使（领）馆认证的本人无配偶，以及与对方当事人没有直系血亲或三代以内旁系血亲关系的证明，或者中华人民共和国驻该国使（领）馆出具的上述证明。

办理结婚登记的香港居民、澳门居民、台湾居民应当出具下列证件和证明材料：

（1）本人的有效通行证、身份证；

（2）经居住地公证机构公证的本人无配偶以及与对方当事人没有直系血亲或三代以内旁系血亲关系的声明。

涉侨、涉港澳台的复婚登记，适用结婚登记程序。

（二）涉侨、涉港澳台的离婚登记和离婚诉讼

1. 离婚登记

华侨、港澳台居民同内地居民在内地离婚，如离婚出于双方自愿，并对子女抚养和财产问题已有适当处理的，双方可共同到内地居民一方常住户口所在地的婚姻登记机关办理离婚登记。

办理离婚登记的内地居民一方应当出具的证件和证明材料，与双方均为内地居民办理离婚

登记应当出具的相同（参见本书第五章第四节）。

办理离婚登记的华侨、香港居民、澳门居民、台湾居民应当出具下列证件和证明材料：

（1）本人的结婚证；

（2）双方当事人共同签署的离婚协议书；

（3）华侨还应当出具本人的有效护照或者其他有效国际旅行证件；香港居民、澳门居民、台湾居民还应当出具本人的有效通行证、身份证。

2. 离婚诉讼

关于涉侨、涉港澳台的婚姻，男女一方要求离婚的，或一方不能到婚姻登记机关申请离婚的，可由有关部门进行调解或者直接向内地居民一方住所地或经常居住地的人民法院提出离婚诉讼。

从台湾回内地定居的中国公民，要求与台湾的配偶离婚，可向回内地定居后的住所地或者经常居住地人民法院提出离婚诉讼。

（三）涉侨、涉港澳台的收养登记

1999年5月12日发布施行的《中国公民收养子女登记办法》规定，华侨以及居住在香港、澳门、台湾地区的中国公民在内地收养子女的，申请办理收养登记的管辖以及所需要出具的证件和证明材料，按照国务院民政部门的有关规定执行。

据此，民政部于同年5月20日发布了《华侨以及居住在香港、澳门、台湾地区的中国公民办理收养登记的管辖以及所需要出具的证件和证明材料的规定》，主要内容如下：

1. 收养登记的机关

华侨以及居住在香港、澳门、台湾地区的中国公民在中国内地收养子女的，应当到被收养人常住户口所在地的直辖市、设区的市、自治州人民政府民政部门或者地区（盟）行政公署民政部门申请办理收养登记。

2. 收养人应当出具的证件和证明材料

华侨或港、澳、台居民在中国内地办理收养登记，均须提交收养申请书，并出具有关的证件和证明材料。对此，前述规定对华侨、香港居民、澳门居民、台湾居民分别提出了具体的要求。华侨须提交护照，港澳居民须提交身份证件，台湾居民须提交在台湾地区居住的有效证明。收养人还须提交有关本人年龄、婚姻、有无子女、职业、财产、健康、有无前科等状况的证明材料。这些材料均须经过认证、公证或由有权机关出具，以保障其真实性。（详见上述《规定》第3条至第7条。）

三、关于涉台婚姻家庭若干具体问题的处理

（一）去台人员与其在内地的配偶之间婚姻关系的处理问题

1. 已办离婚手续，双方均未再婚的，应分别不同情况处理

（1）双方分离后，留在内地的一方要求离婚，已经人民法院判决离婚，不论另一方是否收到判决书，人民法院的判决都是有效的。如果双方要求恢复婚姻关系，原审法院可按申诉案件处理，经过审查，双方均未再婚，则可用裁定注销原判决，宣告婚姻关系恢复。

（2）双方分离后，去台一方已依照台湾有关规定与留在内地的一方解除了婚姻关系，但双方均未再婚，现双方自愿恢复婚姻关系的，可承认其婚姻关系存续。

2. 未办离婚手续，一方或双方分别在内地和台湾再婚的问题

（1）对于双方分离后未办理离婚手续，一方或者双方分别在内地和台湾再婚，对这种由于特殊原因形成的婚姻关系，不以重婚对待，当事人不告诉，人民法院不主动干预。如果其中一方当事人提出与其配偶离婚的，人民法院应当按照离婚案件受理，依法准予离婚。

（2）对双方分离后未办理离婚手续，内地一方又与他人结婚或者长期与他人以夫妻关系同居生活的，原则上承认这种婚姻关系。现去台一方回来，内地一方如要求与原配偶恢复关系，提出与再婚配偶离婚的，是否准予离婚，人民法院应当按照《婚姻法》第32条第2款关于“人民法院审理离婚案件，应当进行调解；如感情确已破裂，调解无效，应准予离婚”的规定处理。

（3）双方分离后，一方或双方分别在内地或台湾再婚，且其再婚配偶健在的，如双方自愿恢复与原配偶的婚姻关系，应按照一夫一妻制的原则，先与再婚配偶解除婚姻关系后，方可与原配偶重新办理结婚登记。如再婚配偶已经离异或死亡，现双方自愿恢复婚姻关系的，亦应重新办理结婚登记。

（二）涉台夫妻共同财产问题

涉台的夫妻共同财产，主要是指去台一方在去台前与其配偶共同生活期间形成的、并遗留在内地的财产。对于新形成的涉台婚姻财产关系，依照双方约定处理。无约定的，以夫妻共有财产对待。

去台一方请求原配偶返还婚前财产，或者要求分割夫妻共有财产的，如果这些财产在几十年中已被没收、改造、灭失或原配偶用于抚养子女，或用于赡养父母，或用于家庭其他生活消费的，人民法院应说服其撤诉或者驳回诉讼请求。如果财产尚在，且数额较大，在考虑其原配偶、子女等生活需要的情况下，可以酌情分割部分给去台人员。

（三）去台人员与其留在内地子女之间的抚养、赡养和收养问题

1. 抚养。两岸分离的特殊历史原因，致使去台人员不能对其留在内地的子女履行抚养义务。现在，去台一方回内地时，内地一方向其索要已成年子女过去的抚养费用的，人民法院原则上不予支持。现在子女已经成年，没有实际支付的必要。同时，抚养子女是夫妻双方的义务；夫妻双方都在，由夫妻双方共同承担这个义务。一方由于特殊原因未与子女共同生活或者无法尽抚养义务，应由另一方独立承担这个义务。去台一方在台湾未对子女尽抚养之责是由于两岸长期隔离的客观原因造成的，并非其主观上不愿意抚养子女。因此，内地一方已经尽了全部抚养义务的，不能向对方主张追索抚养费。至于其他没有抚养、赡养义务的人代替去台一方抚养子女或者赡养了去台人员父母的，去台人员则应酌情补偿。

2. 赡养。去台人员返回内地，由于年老、体弱多病、生活确实困难，从而要求子女承担赡养义务的，人民法院应当根据法律规定和子女的家庭经济状况尽可能地给予满足。子女故意不尽赡养义务，或以去台人员过去未尽抚养之责而推诿自己的赡养责任的，应予以批评教育，促使其承担赡养义务。如果去台人员留在内地的子女已被他人合法收养的，在收养关系解除之前，可以不承担对生父或生母的赡养义务。即使解除了收养关系，生父母要求恢复与成年子女的亲子关系，也应双方协商达成一致意见。

3. 收养。去台人员留在内地的子女已被他人合法收养的，被收养的子女因其生父或生母回内地，而要求解除收养关系；或者去台的生父母一方要求解除收养关系的，应根据养父母、养子女、生父母三方面关系的实际情况，体现老有所养、幼有所育的原则，予以解决。

（四）内地法院对台湾地区有关两岸公民婚姻家庭案件判决的认可问题

根据最高人民法院于1998年1月15日颁布的《关于人民法院认可台湾地区有关法院民事判决的规定》，对台湾地区涉及两岸公民婚姻家庭案件的判决，当事人可以向内地中级人民法院

申请认可。

所谓台湾地区涉及两岸公民婚姻家庭案件的判决，是指婚姻家庭案件当事人一方住所地、经常居住地或者被执行财产所在地涉及内地有关省、自治区、直辖市的民事判决。

人民法院审查申请后，对于台湾地区有关法院的民事判决，只要不具有下列情形的，人民法院裁定认可其效力：(1) 申请认可的民事判决的效力未确定的；(2) 申请认可的民事判决，是在被告缺席又未经合法传唤或者在被告无诉讼行为能力又未得到适当代理的情况下作出的；(3) 案件系人民法院专属管辖的；(4) 案件的双方当事人订有仲裁协议的；(5) 案件系人民法院已作出判决，或者外国、境外地区法院作出判决或境外仲裁机构作出仲裁裁决已为人民法院所承认的；(6) 申请认可的民事判决具有违反国家法律基本原则，或者损害社会公共利益情形的；(7) 申请认可的民事判决中有违反一个中国原则内容的。

思考题

1. 如何处理民族婚姻家庭问题?
2. 各民族自治地方关于《婚姻法》的变通规定主要有哪些内容?
3. 我国现行法对涉外婚姻家庭关系的法律适用有哪些规定?
4. 如何处理我国的区际婚姻家庭法律冲突?
5. 如何处理基于历史原因而发生的涉台婚姻家庭法律问题?

21世纪高等院校法学系列精品教材

Faxue xilie jingpin jiaocai

婚 姻 家 庭 法 学(第 三 版)

附 录

中华人民共和国婚姻法

（1980 年 9 月 10 日第五届全国人民代表大会第三次会议通过
根据 2001 年 4 月 28 日第九届全国人民代表大会常务委员会第二十一次会议
《关于修改〈中华人民共和国婚姻法〉的决定》修正）

目　录

第一章　总　则

第一条　本法是婚姻家庭关系的基本准则。

第二条　实行婚姻自由、一夫一妻、男女平等的婚姻制度。

保护妇女、儿童和老人的合法权益。

实行计划生育。

第三条　禁止包办、买卖婚姻和其他干涉婚姻自由的行为。禁止借婚姻索取财物。

禁止重婚。禁止有配偶者与他人同居。禁止家庭暴力。禁止家庭成员间的虐待和遗弃。

第四条　夫妻应当互相忠实，互相尊重；家庭成员间应当敬老爱幼，互相帮助，维护平等、和睦、文明的婚姻家庭关系。

第二章　结　婚

第五条　结婚必须男女双方完全自愿，不许任何一方对他方加以强迫或任何第三者加以干涉。

第六条　结婚年龄，男不得早于二十二周岁，女不得早于二十周岁。晚婚晚育应予鼓励。

第七条　有下列情形之一的，禁止结婚：

（一）直系血亲和三代以内的旁系血亲；

（二）患有医学上认为不应当结婚的疾病。

第八条　要求结婚的男女双方必须亲自到婚姻登记机关进行结婚登记。符合本法规定的，予以登记，发给结婚证。取得结婚证，即确立夫妻关系。未办理结婚登记的，应当补办登记。

第九条　登记结婚后，根据男女双方约定，女方可以成为男方家庭的成员，男方可以成为女方家庭的成员。

第十条　有下列情形之一的，婚姻无效：

（一）重婚的；

（二）有禁止结婚的亲属关系的；

（三）婚前患有医学上认为不应当结婚的疾病，婚后尚未治愈的；

（四）未到法定婚龄的。

第十一条　因胁迫结婚的，受胁迫的一方可以向婚姻登记机关或人民法院请求撤销该婚姻。受胁迫的一方撤销婚姻的请求，应当自结婚登记之日起一年内提出。被非法限制人身自由的当事人请求撤销婚姻的，应当自恢复人身自由之日起一年内提出。

第十二条　无效或被撤销的婚姻，自始无效。当事人不具有夫妻的权利和义务。同居期间所得的财产，由当事人协议处理；协议不成时，由人民法院根据照顾无过错方的原则判决。对重婚导致的婚姻无效的财产处理，不得侵害合法婚姻当事人的财产权益。当事人所生的子女，适用本法有关父母子女的规定。

第三章　家庭关系

第十三条　夫妻在家庭中地位平等。

第十四条　夫妻双方都有各用自己姓名的权利。

第十五条　夫妻双方都有参加生产、工作、学习和社会活动的自由，一方不得对他方加以限制或干涉。

第十六条　夫妻双方都有实行计划生育的义务。

第十七条　夫妻在婚姻关系存续期间所得的下列财产，归夫妻共同所有：

（一）工资、奖金；

（二）生产、经营的收益；

（三）知识产权的收益；

（四）继承或赠与所得的财产，但本法第十八条第三项规定的除外；

（五）其他应当归共同所有的财产。

夫妻对共同所有的财产，有平等的处理权。

第十八条　有下列情形之一的，为夫妻一方的财产：

（一）一方的婚前财产；

（二）一方因身体受到伤害获得的医疗费、残疾人生活补助费等费用；

（三）遗嘱或赠与合同中确定只归夫或妻一方的财产；

（四）一方专用的生活用品；

（五）其他应当归一方的财产。

第十九条　夫妻可以约定婚姻关系存续期间所得的财产以及婚前财产归各自所有、共同所有或部分各自所有、部分共同所有。约定应当采用书面形式。没有约定或约定不明确的，适用本法第十七条、第十八条的规定。

夫妻对婚姻关系存续期间所得的财产以及婚前财产的约定，对双方具有约束力。

夫妻对婚姻关系存续期间所得的财产约定归各自所有的，夫或妻一方对外所负的债务，第三人知道该约定的，以夫或妻一方所有的财产清偿。

第二十条　夫妻有互相扶养的义务。

一方不履行扶养义务时，需要扶养的一方，有要求对方付给扶养费的权利。

第二十一条　父母对子女有抚养教育的义务；子女对父母有赡养扶助的义务。

父母不履行抚养义务时，未成年的或不能独立生活的子女，有要求父母付给抚养费的权利。

子女不履行赡养义务时，无劳动能力的或生活困难的父母，有要求子女付给赡养费的权利。

禁止溺婴、弃婴和其他残害婴儿的行为。

第二十二条　子女可以随父姓，可以随母姓。

第二十三条　父母有保护和教育未成年子女的权利和义务。在未成年子女对国家、集体或他人造成损害时，父母有承担民事责任的义务。

第二十四条　夫妻有相互继承遗产的权利。

父母和子女有相互继承遗产的权利。

第二十五条　非婚生子女享有与婚生子女同等的权利，任何人不得加以危害和歧视。

不直接抚养非婚生子女的生父或生母，应当负担子女的生活费和教育费，直至子女能独立生活为止。

第二十六条　国家保护合法的收养关系。养父母和养子女间的权利和义务，适用本法对父母子女关系的有关规定。

养子女和生父母间的权利和义务，因收养关系的成立而消除。

第二十七条　继父母与继子女间，不得虐待或歧视。

继父或继母和受其抚养教育的继子女间的权利和义务，适用本法对父母子女关系的有关规定。

第二十八条　有负担能力的祖父母、外祖父母，对于父母已经死亡或父母无力抚养的未成年的孙子女、外孙子女，有抚养的义务。有负担能力的孙子女、外孙子女，对于子女已经死亡或子女无力赡养的祖父母、外祖父母，有赡养的义务。

第二十九条　有负担能力的兄、姐，对于父母已经死亡或父母无力抚养的未成年的弟、妹，有扶养的义务。由兄、姐扶养长大的有负担能力的弟、妹，对于缺乏劳动能力又缺乏生活来源的兄、姐，有扶养的义务。

第三十条　子女应当尊重父母的婚姻权利，不得干涉父母再婚以及婚后的生活。子女对父母的赡养义务，不因父母的婚姻关系变化而终止。

第四章　离　婚

第三十一条　男女双方自愿离婚的，准予离婚。双方必须到婚姻登记机关申请离婚。婚姻登记机关查明双方确实是自愿并对子女和财产问题已有适当处理时，发给离婚证。

第三十二条　男女一方要求离婚的，可由有关部门进行调解或直接向人民法院提出离婚诉讼。

人民法院审理离婚案件，应当进行调解；如感情确已破裂，调解无效，应准予离婚。

有下列情形之一，调解无效的，应准予离婚：

（一）重婚或有配偶者与他人同居的；

（二）实施家庭暴力或虐待、遗弃家庭成员的；

（三）有赌博、吸毒等恶习屡教不改的；

（四）因感情不和分居满二年的；

（五）其他导致夫妻感情破裂的情形。

一方被宣告失踪，另一方提出离婚诉讼的，应准予离婚。

第三十三条　现役军人的配偶要求离婚，须得军人同意，但军人一方有重大过错的除外。

第三十四条　女方在怀孕期间、分娩后一年内或中止妊娠后六个月内，男方不得提出离婚。女方提出离婚的，或人民法院认为确有必要受理男方离婚请求的，不在此限。

第三十五条　离婚后，男女双方自愿恢复夫妻关系的，必须到婚姻登记机关进行复婚登记。

第三十六条　父母与子女间的关系，不因父母离婚而消除。离婚后，子女无论由父或母直接抚养，仍是父母双方的子女。

离婚后，父母对于子女仍有抚养和教育的权利和义务。

离婚后，哺乳期内的子女，以随哺乳的母亲抚养为原则。哺乳期后的子女，如双方因抚养问题发生争执不能达成协议时，由人民法院根据子女的权益和双方的具体情况判决。

第三十七条　离婚后，一方抚养的子女，另一方应负担必要的生活费和教育费的一部或全部，负担费用的多少和期限的长短，由双方协议；协议不成时，由人民法院判决。

关于子女生活费和教育费的协议或判决，不妨碍子女在必要时向父母任何一方提出超过协议或判决原定数额的合理要求。

第三十八条　离婚后，不直接抚养子女的父或母，有探望子女的权利，另一方有协助的义务。

行使探望权利的方式、时间由当事人协议；协议不成时，由人民法院判决。

父或母探望子女，不利于子女身心健康的，由人民法院依法中止探望的权利；中止的事由消失后，应当恢复探望的权利。

第三十九条　离婚时，夫妻的共同财产由双方协议处理；协议不成时，由人民法院根据财产的具体情况，照顾子女和女方权益的原则判决。

夫或妻在家庭土地承包经营中享有的权益等，应当依法予以保护。

第四十条　夫妻书面约定婚姻关系存续期间所得的财产归各自所有，一方因抚育子女、照料老人、协助另一方工作等付出较多义务的，离婚时有权向另一方请求补偿，另一方应当予以补偿。

第四十一条　离婚时，原为夫妻共同生活所负的债务，应当共同偿还。共同财产不足清偿的，或财产归各自所有的，由双方协议清偿；协议不成时，由人民法院判决。

第四十二条　离婚时，如一方生活困难，另一方应从其住房等个人财产中给予适当帮助。具体办法由双方协议；协议不成时，由人民法院判决。

第五章　救助措施与法律责任

第四十三条　实施家庭暴力或虐待家庭成员，受害人有权提出请求，居民委员会、村民委员会以及所在单位应当予以劝阻、调解。

对正在实施的家庭暴力，受害人有权提出请求，居民委员会、村民委员会应当予以劝阻；公安机关应当予以制止。

实施家庭暴力或虐待家庭成员，受害人提出请求的，公安机关应当依照治安管理处罚的法律规定予以行政处罚。

第四十四条　对遗弃家庭成员，受害人有权提出请求，居民委员会、村民委员会以及所在单位应当予以劝阻、调解。

对遗弃家庭成员，受害人提出请求的，人民法院应当依法作出支付扶养费、抚养费、赡养费的判决。

第四十五条　对重婚的，对实施家庭暴力或虐待、遗弃家庭成员构成犯罪的，依法追究刑事责任。受害人可以依照刑事诉讼法的有关规定，向人民法院自诉；公安机关应当依法侦查，人民检察院应当依法提起公诉。

第四十六条　有下列情形之一，导致离婚的，无过错方有权请求损害赔偿：

（一）重婚的；

（二）有配偶者与他人同居的；

（三）实施家庭暴力的；

（四）虐待、遗弃家庭成员的。

第四十七条　离婚时，一方隐藏、转移、变卖、毁损夫妻共同财产，或伪造债务企图侵占另一方财产的，分割夫妻共同财产时，对隐藏、转移、变卖、毁损夫妻共同财产或伪造债务的一方，可以少分或不分。离婚后，另一方发现有上述行为的，可以向人民法院提起诉讼，请求再次分割夫妻共同财产。

人民法院对前款规定的妨害民事诉讼的行为，依照民事诉讼法的规定予以制裁。

第四十八条　对拒不执行有关扶养费、抚养费、赡养费、财产分割、遗产继承、探望子女等判决或裁定的，由人民法院依法强制执行。有关个人和单位应负协助执行的责任。

第四十九条　其他法律对有关婚姻家庭的违法行为和法律责任另有规定的，依照其规定。

第六章　附　则

第五十条　民族自治地方的人民代表大会有权结合当地民族婚姻家庭的具体情况，制定变通规定。自治州、自治县制定的变通规定，报省、自治区、直辖市人民代表大会常务委员会批准后生效。自治区制定的变通规定，报全国人民代表大会常务委员会批准后生效。

第五十一条　本法自1981年1月1日起施行。

1950年5月1日颁行的《中华人民共和国婚姻法》，自本法施行之日起废止。

最高人民法院关于适用《中华人民共和国婚姻法》若干问题的解释（一）

法释［2001］30号

颁布日期：2001-12-25　实施日期：2001-12-27　颁布单位：最高人民法院

为了正确审理婚姻家庭纠纷案件，根据《中华人民共和国婚姻法》（以下简称婚姻法）、《中华人民共和国民事诉讼法》等法律的规定，对人民法院适用婚姻法的有关问题作出如下解释：

第一条　婚姻法第三条、第三十二条、第四十三条、第四十五条、第四十六条所称的“家庭暴力”，是指行为人以殴打、捆绑、残害、强行限制人身自由或者其他手段，给其家庭成员的身体、精神等方面造成一定伤害后果的行为。持续性、经常性的家庭暴力，构成虐待。

第二条　婚姻法第三条、第三十二条、第四十六条规定的“有配偶者与他人同居”的情形，是指有配偶者与婚外异性，不以夫妻名义，持续、稳定地共同居住。

第三条　当事人仅以婚姻法第四条为依据提起诉讼的，人民法院不予受理；已经受理的，裁定驳回起诉。

第四条　男女双方根据婚姻法第八条规定补办结婚登记的，婚姻关系的效力从双方均符合婚姻法所规定的结婚的实质要件时起算。

第五条　未按婚姻法第八条规定办理结婚登记而以夫妻名义共同生活的男女，起诉到人民法院要求离婚的，应当区别对待：

（一）1994年2月1日民政部《婚姻登记管理条例》公布实施以前，男女双方已经符合结婚实质要件的，按事实婚姻处理；

（二）1994年2月1日民政部《婚姻登记管理条例》公布实施以后，男女双方符合结婚实质要件的，人民法院应当告知其在案件受理前补办结婚登记；未补办结婚登记的，按解除同居关系处理。

第六条　未按婚姻法第八条规定办理结婚登记而以夫妻名义共同生活的男女，一方死亡，另一方以配偶身份主张享有继承权的，按照本解释第五条的原则处理。

第七条　有权依据婚姻法第十条规定向人民法院就已办理结婚登记的婚姻申请宣告婚姻无效的主体，包括婚姻当事人及利害关系人。利害关系人包括：

（一）以重婚为由申请宣告婚姻无效的，为当事人的近亲属及基层组织。

（二）以未到法定婚龄为由申请宣告婚姻无效的，为未达法定婚龄者的近亲属。

（三）以有禁止结婚的亲属关系为由申请宣告婚姻无效的，为当事人的近亲属。

（四）以婚前患有医学上认为不应当结婚的疾病，婚后尚未治愈为由申请宣告婚姻无效的，为与患病者共同生活的近亲属。

第八条　当事人依据婚姻法第十条规定向人民法院申请宣告婚姻无效的，申请时，法定的无效婚姻情形已经消失的，人民法院不予支持。

第九条　人民法院审理宣告婚姻无效案件，对婚姻效力的审理不适用调解，应当依法作出判决；有关婚姻效力的判决一经作出，即发生法律效力。

涉及财产分割和子女抚养的，可以调解。调解达成协议的，另行制作调解书。对财产分割和子女抚养问题的判决不服的，当事人可以上诉。

第十条　婚姻法第十一条所称的“胁迫”，是指行为人以给另一方当事人或者其近亲属的生命、身体健康、名誉、财产等方面造成损害为要挟，迫使另一方当事人违背真实意愿结婚的情况。

因受胁迫而请求撤销婚姻的，只能是受胁迫一方的婚姻关系当事人本人。

第十一条　人民法院审理婚姻当事人因受胁迫而请求撤销婚姻的案件，应当适用简易程序或者普通程序。

第十二条　婚姻法第十一条规定的“一年”，不适用诉讼时效中止、中断或者延长的规定。

第十三条　婚姻法第十二条所规定的自始无效，是指无效或者可撤销婚姻在依法被宣告无效或被撤销时，才确定该婚姻自始不受法律保护。

第十四条　人民法院根据当事人的申请，依法宣告婚姻无效或者撤销婚姻的，应当收缴双方的结婚证书并将生效的判决书寄送当地婚姻登记管理机关。

第十五条　被宣告无效或被撤销的婚姻，当事人同居期间所得的财产，按共同共有处理。但有证据证明为当事人一方所有的除外。

第十六条　人民法院审理重婚导致的无效婚姻案件时，涉及财产处理的，应当准许合法婚姻当事人作为有独立请求权的第三人参加诉讼。

第十七条　婚姻法第十七条关于“夫或妻对夫妻共同所有的财产，有平等的处理权”的规定，应当理解为：

（一）夫或妻在处理夫妻共同财产上的权利是平等的。因日常生活需要而处理夫妻共同财产的，任何一方均有权决定。

（二）夫或妻非因日常生活需要对夫妻共同财产做重要处理决定，夫妻双方应当平等协商，取得一致意见。他人有理由相信其为夫妻双方共同意思表示的，另一方不得以不同意或不知道为由对抗善意第三人。

第十八条　婚姻法第十九条所称“第三人知道该约定的”，夫妻一方对此负有举证责任。

第十九条　婚姻法第十八条规定为夫妻一方所有的财产，不因婚姻关系的延续而转化为夫妻共同财产。但当事人另有约定的除外。

第二十条　婚姻法第二十一条规定的“不能独立生活的子女”，是指尚在校接受高中及其以下学历教育，或者丧失或未完全丧失劳动能力等非因主观原因而无法维持正常生活的成年子女。

第二十一条　婚姻法第二十一条所称“抚养费”，包括子女生活费、教育费、医疗费等费用。

第二十二条　人民法院审理离婚案件，符合第三十二条第二款规定“应准予离婚”情形的，不应当因当事人有过错而判决不准离婚。

第二十三条　婚姻法第三十三条所称的“军人一方有重大过错”，可以依据婚姻法第三十二条第二款前三项规定及军人有其他重大过错导致夫妻感情破裂的情形予以判断。

第二十四条　人民法院作出的生效的离婚判决中未涉及探望权，当事人就探望权问题单独提起诉讼的，人民法院应予受理。

第二十五条　当事人在履行生效判决、裁定或者调解书的过程中，请求中止行使探望权的，人民法院在征询双方当事人意见后，认为需要中止行使探望权的，依法作出裁定。中止探望的情形消失后，人民法院应当根据当事人的申请通知其恢复探望权的行使。

第二十六条　未成年子女、直接抚养子女的父或母及其他对未成年子女负担抚养、教育义务的法定监护人，有权向人民法院提出中止探望权的请求。

第二十七条　婚姻法第四十二条所称“一方生活困难”，是指依靠个人财产和离婚时分得的财产无法维持当地基本生活水平。

一方离婚后没有住处的，属于生活困难。

离婚时，一方以个人财产中的住房对生活困难者进行帮助的形式，可以是房屋的居住权或者房屋的所有权。

第二十八条　婚姻法第四十六条规定的“损害赔偿”，包括物质损害赔偿和精神损害赔偿。涉及精神损害赔偿的，适用最高人民法院《关于确定民事侵权精神损害赔偿责任若干问题的解释》的有关规定。

第二十九条　承担婚姻法第四十六条规定的损害赔偿责任的主体，为离婚诉讼当事人中无过错方的配偶。

人民法院判决不准离婚的案件，对于当事人基于婚姻法第四十六条提出的损害赔偿请求，不予支持。

在婚姻关系存续期间，当事人不起诉离婚而单独依据该条规定提起损害赔偿请求的，人民法院不予受理。

第三十条　人民法院受理离婚案件时，应当将婚姻法第四十六条等规定中当事人的有关权利义务，书面告知当事人。在适用婚姻法第四十六条时，应当区分以下不同情况：

（一）符合婚姻法第四十六条规定的无过错方作为原告基于该条规定向人民法院提起损害赔偿请求的，必须在离婚诉讼的同时提出。

（二）符合婚姻法第四十六条规定的无过错方作为被告的离婚诉讼案件，如果被告不同意离婚也不基于该条规定提起损害赔偿请求的，可以在离婚后一年内就此单独提起诉讼。

（三）无过错方作为被告的离婚诉讼案件，一审时被告未基于婚姻法第四十六条规定提出损害赔偿请求，二审期间提出的，人民法院应当进行调解，调解不成的，告知当事人在离婚后一年内另行起诉。

第三十一条　当事人依据婚姻法第四十七条的规定向人民法院提起诉讼，请求再次分割夫妻共同财产的诉讼时效为两年，从当事人发现之次日起计算。

第三十二条　婚姻法第四十八条关于对拒不执行有关探望子女等判决和裁定的，由人民法院依法强制执行的规定，是指对拒不履行协助另一方行使探望权的有关个人和单位采取拘留、罚款等强制措施，不能对子女的人身、探望行为进行强制执行。

第三十三条　婚姻法修改后正在审理的一、二审婚姻家庭纠纷案件，一律适用修改后的婚姻法。此前最高人民法院作出的相关司法解释如与本解释相抵触，以本解释为准。

第三十四条　本解释自公布之日起施行。

最高人民法院关于适用《中华人民共和国婚姻法》若干问题的解释（二）

法释［2003］19号

颁布日期：2003-12-25　实施日期：2004-04-01　颁布单位：最高人民法院

为正确审理婚姻家庭纠纷案件，根据《中华人民共和国婚姻法》（以下简称婚姻法）、《中华人民共和国民事诉讼法》等相关法律规定，对人民法院适用婚姻法的有关问题作出如下解释：

第一条　当事人起诉请求解除同居关系的，人民法院不予受理。但当事人请求解除的同居关系，属于婚姻法第三条、第三十二条、第四十六条规定的“有配偶者与他人同居”的，人民法院应当受理并依法予以解除。

当事人因同居期间财产分割或者子女抚养纠纷提起诉讼的，人民法院应当受理。

第二条　人民法院受理申请宣告婚姻无效案件后，经审查确属无效婚姻的，应当依法作出宣告婚姻无效的判决。原告申请撤诉的，不予准许。

第三条　人民法院受理离婚案件后，经审查确属无效婚姻的，应当将婚姻无效的情形告知当事人，并依法作出宣告婚姻无效的判决。

第四条　人民法院审理无效婚姻案件，涉及财产分割和子女抚养的，应当对婚姻效力的认定和其他纠纷的处理分别制作裁判文书。

第五条　夫妻一方或者双方死亡后一年内，生存一方或者利害关系人依据婚姻法第十条的规定申请宣告婚姻无效的，人民法院应当受理。

第六条　利害关系人依据婚姻法第十条的规定，申请人民法院宣告婚姻无效的，利害关系人为申请人，婚姻关系当事人双方为被申请人。

夫妻一方死亡的，生存一方为被申请人。

夫妻双方均已死亡的，不列被申请人。

第七条　人民法院就同一婚姻关系分别受理了离婚和申请宣告婚姻无效案件的，对于离婚案件的审理，应当待申请宣告婚姻无效案件作出判决后进行。

前款所指的婚姻关系被宣告无效后，涉及财产分割和子女抚养的，应当继续审理。

第八条　离婚协议中关于财产分割的条款或者当事人因离婚就财产分割达成的协议，对男女双方具有法律约束力。

当事人因履行上述财产分割协议发生纠纷提起诉讼的，人民法院应当受理。

第九条　男女双方协议离婚后一年内就财产分割问题反悔，请求变更或者撤销财产分割协议的，人民法院应当受理。

人民法院审理后，未发现订立财产分割协议时存在欺诈、胁迫等情形的，应当依法驳回当事人的诉讼请求。

第十条　当事人请求返还按照习俗给付的彩礼的，如果查明属于以下情形，人民法院应当予以支持：

（一）双方未办理结婚登记手续的；

（二）双方办理结婚登记手续但确未共同生活的；

（三）婚前给付并导致给付人生活困难的。

适用前款第（二）、（三）项的规定，应当以双方离婚为条件。

第十一条　婚姻关系存续期间，下列财产属于婚姻法第十七条规定的“其他应当归共同所有的财产”：

（一）一方以个人财产投资取得的收益；

（二）男女双方实际取得或者应当取得的住房补贴、住房公积金；

（三）男女双方实际取得或者应当取得的养老保险金、破产安置补偿费。

第十二条　婚姻法第十七条第三项规定的“知识产权的收益”，是指婚姻关系存续期间，实际取得或者已经明确可以取得的财产性收益。

第十三条　军人的伤亡保险金、伤残补助金、医药生活补助费属于个人财产。

第十四条　人民法院审理离婚案件，涉及分割发放到军人名下的复员费、自主择业费等一次性费用的，以夫妻婚姻关系存续年限乘以年平均值，所得数额为夫妻共同财产。

前款所称年平均值，是指将发放到军人名下的上述费用总额按具体年限均分得出的数额。其具体年限为人均寿命七十岁与军人入伍时实际年龄的差额。

第十五条　夫妻双方分割共同财产中的股票、债券、投资基金份额等有价证券以及未上市股份有限公司股份时，协商不成或者按市价分配有困难的，人民法院可以根据数量按比例分配。

第十六条　人民法院审理离婚案件，涉及分割夫妻共同财产中以一方名义在有限责任公司的出资额，另一方不是该公司股东的，按以下情形分别处理：

（一）夫妻双方协商一致将出资额部分或者全部转让给该股东的配偶，过半数股东同意、其他股东明确表示放弃优先购买权的，该股东的配偶可以成为该公司股东；

（二）夫妻双方就出资额转让份额和转让价格等事项协商一致后，过半数股东不同意转让，但愿意以同等价格购买该出资额的，人民法院可以对转让出资所得财产进行分割。过半数股东不同意转让，也不愿意以同等价格购买该出资额的，视为其同意转让，该股东的配偶可以成为该公司股东。

用于证明前款规定的过半数股东同意的证据，可以是股东会决议，也可以是当事人通过其他合法途径取得的股东的书面声明材料。

第十七条　人民法院审理离婚案件，涉及分割夫妻共同财产中以一方名义在合伙企业中的出资，另一方不是该企业合伙人的，当夫妻双方协商一致，将其合伙企业中的财产份额全部或者部分转让给对方时，按以下情形分别处理：

（一）其他合伙人一致同意的，该配偶依法取得合伙人地位；

（二）其他合伙人不同意转让，在同等条件下行使优先受让权的，可以对转让所得的财产进行分割；

（三）其他合伙人不同意转让，也不行使优先受让权，但同意该合伙人退伙或者退还部分财产份额的，可以对退还的财产进行分割；

（四）其他合伙人既不同意转让，也不行使优先受让权，又不同意该合伙人退伙或者退还部分财产份额的，视为全体合伙人同意转让，该配偶依法取得合伙人地位。

第十八条　夫妻以一方名义投资设立独资企业的，人民法院分割夫妻在该独资企业中的共同财产时，应当按照以下情形分别处理：

（一）一方主张经营该企业的，对企业资产进行评估后，由取得企业一方给予另一方相应的补偿；

（二）双方均主张经营该企业的，在双方竞价基础上，由取得企业的一方给予另一方相应的补偿；

（三）双方均不愿意经营该企业的，按照《中华人民共和国个人独资企业法》等有关规定办理。

第十九条　由一方婚前承租、婚后用共同财产购买的房屋，房屋权属证书登记在一方名下的，应当认定为夫妻共同财产。

第二十条　双方对夫妻共同财产中的房屋价值及归属无法达成协议时，人民法院按以下情形分别处理：

（一）双方均主张房屋所有权并且同意竞价取得的，应当准许；

（二）一方主张房屋所有权的，由评估机构按市场价格对房屋作出评估，取得房屋所有权的一方应当给予另一方相应的补偿；

（三）双方均不主张房屋所有权的，根据当事人的申请拍卖房屋，就所得价款进行分割。

第二十一条　离婚时双方对尚未取得所有权或者尚未取得完全所有权的房屋有争议且协商不成的，人民法院不宜判决房屋所有权的归属，应当根据实际情况判决由当事人使用。

当事人就前款规定的房屋取得完全所有权后，有争议的，可以另行向人民法院提起诉讼。

第二十二条　当事人结婚前，父母为双方购置房屋出资的，该出资应当认定为对自己子女的个人赠与，但父母明确表示赠与双方的除外。

当事人结婚后，父母为双方购置房屋出资的，该出资应当认定为对夫妻双方的赠与，但父母明确表示赠与一方的除外。

第二十三条　债权人就一方婚前所负个人债务向债务人的配偶主张权利的，人民法院不予支持。但债权人能够证明所负债务用于婚后家庭共同生活的除外。

第二十四条　债权人就婚姻关系存续期间夫妻一方以个人名义所负债务主张权利的，应当按夫妻共同债务处理。但夫妻一方能够证明债权人与债务人明确约定为个人债务，或者能够证明属于婚姻法第十九条第三款规定情形的除外。

第二十五条　当事人的离婚协议或者人民法院的判决书、裁定书、调解书已经对夫妻财产分割问题作出处理的，债权人仍有权就夫妻共同债务向男女双方主张权利。

一方就共同债务承担连带清偿责任后，基于离婚协议或者人民法院的法律文书向另一方主张追偿的，人民法院应当支持。

第二十六条　夫或妻一方死亡的，生存一方应当对婚姻关系存续期间的共同债务承担连带清偿责任。

第二十七条　当事人在婚姻登记机关办理离婚登记手续后，以婚姻法第四十六条规定为由向人民法院提出损害赔偿请求的，人民法院应当受理。但当事人在协议离婚时已经明确表示放弃该项请求，或者在办理离婚登记手续一年后提出的，不予支持。

第二十八条　夫妻一方申请对配偶的个人财产或者夫妻共同财产采取保全措施的，人民法院可以在采取保全措施可能造成损失的范围内，根据实际情况，确定合理的财产担保数额。

第二十九条　本解释自 2004 年 4 月 1 日起施行。

本解释施行后，人民法院新受理的一审婚姻家庭纠纷案件，适用本解释。

本解释施行后，此前最高人民法院作出的相关司法解释与本解释相抵触的，以本解释为准。

最高人民法院关于适用《中华人民共和国婚姻法》若干问题的解释（三）

法释［2011］18号

颁布日期：2011-08-09　实施日期：2011-08-13　颁布单位：最高人民法院

为正确审理婚姻家庭纠纷案件，根据《中华人民共和国婚姻法》、《中华人民共和国民事诉讼法》等相关法律规定，对人民法院适用婚姻法的有关问题作出如下解释：

第一条　当事人以婚姻法第十条规定以外的情形申请宣告婚姻无效的，人民法院应当判决驳回当事人的申请。

当事人以结婚登记程序存在瑕疵为由提起民事诉讼，主张撤销结婚登记的，告知其可以依法申请行政复议或者提起行政诉讼。

第二条　夫妻一方向人民法院起诉请求确认亲子关系不存在，并已提供必要证据予以证明，另一方没有相反证据又拒绝做亲子鉴定的，人民法院可以推定请求确认亲子关系不存在一方的主张成立。

当事人一方起诉请求确认亲子关系，并提供必要证据予以证明，另一方没有相反证据又拒绝做亲子鉴定的，人民法院可以推定请求确认亲子关系一方的主张成立。

第三条　婚姻关系存续期间，父母双方或者一方拒不履行抚养子女义务，未成年或者不能独立生活的子女请求支付抚养费的，人民法院应予支持。

第四条　婚姻关系存续期间，夫妻一方请求分割共同财产的，人民法院不予支持，但有下列重大理由且不损害债权人利益的除外：

（一）一方有隐藏、转移、变卖、毁损、挥霍夫妻共同财产或者伪造夫妻共同债务等严重损害夫妻共同财产利益行为的；

（二）一方负有法定扶养义务的人患重大疾病需要医治，另一方不同意支付相关医疗费用的。

第五条　夫妻一方个人财产在婚后产生的收益，除孳息和自然增值外，应认定为夫妻共同财产。

第六条　婚前或者婚姻关系存续期间，当事人约定将一方所有的房产赠与另一方，赠与方在赠与房产变更登记之前撤销赠与，另一方请求判令继续履行的，人民法院可以按照合同法第一百八十六条的规定处理。

第七条　婚后由一方父母出资为子女购买的不动产，产权登记在出资人子女名下的，可按照婚姻法第十八条第（三）项的规定，视为只对自己子女一方的赠与，该不动产应认定为夫妻一方的个人财产。

由双方父母出资购买的不动产，产权登记在一方子女名下的，该不动产可认定为双方按照各自父母的出资份额按份共有，但当事人另有约定的除外。

第八条　无民事行为能力人的配偶有虐待、遗弃等严重损害无民事行为能力一方的人身权利或者财产权益行为，其他有监护资格的人可以依照特别程序要求变更监护关系；变更后的监护人代理无民事行为能力一方提起离婚诉讼的，人民法院应予受理。

第九条　夫以妻擅自中止妊娠侵犯其生育权为由请求损害赔偿的，人民法院不予支持；夫妻双方因是否生育发生纠纷，致使感情确已破裂，一方请求离婚的，人民法院经调解无效，应依照婚姻法第三十二条第三款第（五）项的规定处理。

第十条　夫妻一方婚前签订不动产买卖合同，以个人财产支付首付款并在银行贷款，婚后用夫妻共同财产还贷，不动产登记于首付款支付方名下的，离婚时该不动产由双方协议处理。

依前款规定不能达成协议的，人民法院可以判决该不动产归产权登记一方，尚未归还的贷款为产权登记一方的个人债务。双方婚后共同还贷支付的款项及其相对应财产增值部分，离婚时应根据婚姻法第三十九条第一款规定的原则，由产权登记一方对另一方进行补偿。

第十一条　一方未经另一方同意出售夫妻共同共有的房屋，第三人善意购买、支付合理对价并办理产权登记手续，另一方主张追回该房屋的，人民法院不予支持。

夫妻一方擅自处分共同共有的房屋造成另一方损失，离婚时另一方请求赔偿损失的，人民法院应予支持。

第十二条　婚姻关系存续期间，双方用夫妻共同财产出资购买以一方父母名义参加房改的房屋，产权登记在一方父母名下，离婚时另一方主张按照夫妻共同财产对该房屋进行分割的，人民法院不予支持。购买该房屋时的出资，可以作为债权处理。

第十三条　离婚时夫妻一方尚未退休、不符合领取养老保险金条件，另一方请求按照夫妻共同财产分割养老保险金的，人民法院不予支持；婚后以夫妻共同财产缴付养老保险费，离婚时一方主张将养老金账户中婚姻关系存续期间个人实际缴付部分作为夫妻共同财产分割的，人民法院应予支持。

第十四条　当事人达成的以登记离婚或者到人民法院协议离婚为条件的财产分割协议，如果双方协议离婚未成，一方在离婚诉讼中反悔的，人民法院应当认定该财产分割协议没有生效，并根据实际情况依法对夫妻共同财产进行分割。

第十五条　婚姻关系存续期间，夫妻一方作为继承人依法可以继承的遗产，在继承人之间尚未实际分割，起诉离婚时另一方请求分割的，人民法院应当告知当事人在继承人之间实际分割遗产后另行起诉。

第十六条　夫妻之间订立借款协议，以夫妻共同财产出借给一方从事个人经营活动或用于其他个人事务的，应视为双方约定处分夫妻共同财产的行为，离婚时可按照借款协议的约定处理。

第十七条　夫妻双方均有婚姻法第四十六条规定的过错情形，一方或者双方向对方提出离婚损害赔偿请求的，人民法院不予支持。

第十八条　离婚后，一方以尚有夫妻共同财产未处理为由向人民法院起诉请求分割的，经审查该财产确属离婚时未涉及的夫妻共同财产，人民法院应当依法予以分割。

第十九条　本解释施行后，最高人民法院此前作出的相关司法解释与本解释相抵触的，以本解释为准。

婚姻登记条例

国务院令第 387 号公布

颁布日期：2003-08-08　实施日期：2003-10-01　颁布单位：国务院

第一章　总　则

第一条　为了规范婚姻登记工作，保障婚姻自由、一夫一妻、男女平等的婚姻制度的实施，保护婚姻当事人的合法权益，根据《中华人民共和国婚姻法》（以下简称婚姻法），制定本条例。

第二条　内地居民办理婚姻登记的机关是县级人民政府民政部门或者乡（镇）人民政府，省、自治区、直辖市人民政府可以按照便民原则确定农村居民办理婚姻登记的具体机关。

中国公民同外国人，内地居民同香港特别行政区居民（以下简称香港居民）、澳门特别行政区居民（以下简称澳门居民）、台湾地区居民（以下简称台湾居民）、华侨办理婚姻登记的机关是省、自治区、直辖市人民政府民政部门或者省、自治区、直辖市人民政府民政部门确定的机关。

第三条　婚姻登记机关的婚姻登记员应当接受婚姻登记业务培训，经考核合格，方可从事婚姻登记工作。

婚姻登记机关办理婚姻登记，除按收费标准向当事人收取工本费外，不得收取其他费用或者附加其他义务。

第二章　结婚登记

第四条　内地居民结婚，男女双方应当共同到一方当事人常住户口所在地的婚姻登记机关办理结婚登记。

中国公民同外国人在中国内地结婚的，内地居民同香港居民、澳门居民、台湾居民、华侨在中国内地结婚的，男女双方应当共同到内地居民常住户口所在地的婚姻登记机关办理结婚登记。

第五条　办理结婚登记的内地居民应当出具下列证件和证明材料：

（一）本人的户口簿、身份证；

（二）本人无配偶以及与对方当事人没有直系血亲和三代以内旁系血亲关系的签字声明。

办理结婚登记的香港居民、澳门居民、台湾居民应当出具下列证件和证明材料：

（一）本人的有效通行证、身份证；

（二）经居住地公证机构公证的本人无配偶以及与对方当事人没有直系血亲和三代以内旁系血亲关系的声明。

办理结婚登记的华侨应当出具下列证件和证明材料：

（一）本人的有效护照；

（二）居住国公证机构或者有权机关出具的、经中华人民共和国驻该国使（领）馆认证的本人无配偶以及与对方当事人没有直系血亲和三代以内旁系血亲关系的证明，或者中华人民共和国驻该国使（领）馆出具的本人无配偶以及与对方当事人没有直系血亲和三代以内旁系血亲关系的证明。

办理结婚登记的外国人应当出具下列证件和证明材料：

（一）本人的有效护照或者其他有效的国际旅行证件；

（二）所在国公证机构或者有权机关出具的、经中华人民共和国驻该国使（领）馆认证或者该国驻华使（领）馆认证的本人无配偶的证明，或者所在国驻华使（领）馆出具的本人无配偶的证明。

第六条　办理结婚登记的当事人有下列情形之一的，婚姻登记机关不予登记：

（一）未到法定结婚年龄的；

（二）非双方自愿的；

（三）一方或者双方已有配偶的；

（四）属于直系血亲或者三代以内旁系血亲的；

（五）患有医学上认为不应当结婚的疾病的。

第七条　婚姻登记机关应当对结婚登记当事人出具的证件、证明材料进行审查并询问相关情况。对当事人符合结婚条件的，应当当场予以登记，发给结婚证；对当事人不符合结婚条件不予登记的，应当向当事人说明理由。

第八条　男女双方补办结婚登记的，适用本条例结婚登记的规定。

第九条　因胁迫结婚的，受胁迫的当事人依据婚姻法第十一条的规定向婚姻登记机关请求撤销其婚姻的，应当出具下列证明材料：

（一）本人的身份证、结婚证；

（二）能够证明受胁迫结婚的证明材料。

婚姻登记机关经审查认为受胁迫结婚的情况属实且不涉及子女抚养、财产及债务问题的，应当撤销该婚姻，宣告结婚证作废。

第三章　离婚登记

第十条　内地居民自愿离婚的，男女双方应当共同到一方当事人常住户口所在地的婚姻登记机关办理离婚登记。

中国公民同外国人在中国内地自愿离婚的，内地居民同香港居民、澳门居民、台湾居民、华侨在中国内地自愿离婚的，男女双方应当共同到内地居民常住户口所在地的婚姻登记机关办理离婚登记。

第十一条　办理离婚登记的内地居民应当出具下列证件和证明材料：

（一）本人的户口簿、身份证；

（二）本人的结婚证；

（三）双方当事人共同签署的离婚协议书。

办理离婚登记的香港居民、澳门居民、台湾居民、华侨、外国人除应当出具前款第（二）项、第（三）项规定的证件、证明材料外，香港居民、澳门居民、台湾居民还应当出具本人的有效通行证、身份证，华侨、外国人还应当出具本人的有效护照或者其他有效国际旅行证件。

离婚协议书应当载明双方当事人自愿离婚的意思表示以及对子女抚养、财产及债务处理等事项协商一致的意见。

第十二条　办理离婚登记的当事人有下列情形之一的，婚姻登记机关不予受理：

（一）未达成离婚协议的；

（二）属于无民事行为能力人或者限制民事行为能力人的；

（三）其结婚登记不是在中国内地办理的。

第十三条　婚姻登记机关应当对离婚登记当事人出具的证件、证明材料进行审查并询问相关情况。对当事人确属自愿离婚，并已对子女抚养、财产、债务等问题达成一致处理意见的，应当当场予以登记，发给离婚证。

第十四条　离婚的男女双方自愿恢复夫妻关系的，应当到婚姻登记机关办理复婚登记。复婚登记适用本条例结婚登记的规定。

第四章　婚姻登记档案和婚姻登记证

第十五条　婚姻登记机关应当建立婚姻登记档案。婚姻登记档案应当长期保管。具体管理办法由国务院民政部门会同国家档案管理部门规定。

第十六条　婚姻登记机关收到人民法院宣告婚姻无效或者撤销婚姻的判决书副本后，应当将该判决书副本收入当事人的婚姻登记档案。

第十七条　结婚证、离婚证遗失或者损毁的，当事人可以持户口簿、身份证向原办理婚姻登记的机关或者一方当事人常住户口所在地的婚姻登记机关申请补领。婚姻登记机关对当事人的婚姻登记档案进行查证，确认属实的，应当为当事人补发结婚证、离婚证。

第五章　罚　则

第十八条　婚姻登记机关及其婚姻登记员有下列行为之一的，对直接负责的主管人员和其他直接责任人员依法给予行政处分：

（一）为不符合婚姻登记条件的当事人办理婚姻登记的；

（二）玩忽职守造成婚姻登记档案损失的；

（三）办理婚姻登记或者补发结婚证、离婚证超过收费标准收取费用的。

违反前款第（三）项规定收取的费用，应当退还当事人。

第六章　附　则

第十九条　中华人民共和国驻外使（领）馆可以依照本条例的有关规定，为男女双方均居住于驻在国的中国公民办理婚姻登记。

第二十条　本条例规定的婚姻登记证由国务院民政部门规定式样并监制。

第二十一条　当事人办理婚姻登记或者补领结婚证、离婚证应当交纳工本费。工本费的收费标准由国务院价格主管部门会同国务院财政部门规定并公布。

第二十二条　本条例自 2003 年 10 月 1 日起施行。1994 年 1 月 12 日国务院批准、1994 年 2 月 1 日民政部发布的《婚姻登记管理条例》同时废止。

中华人民共和国收养法

（1991 年 12 月 29 日第七届全国人民代表大会常务委员会第二十三次会议通过
根据 1998 年 11 月 4 日第九届全国人民代表大会常务委员会第五次会议
《关于修改〈中华人民共和国收养法〉的决定》修正
同日中华人民共和国主席令第 10 号公布）

目　录

第一章　总　则

第一条　为保护合法的收养关系，维护收养关系当事人的权利，制定本法。

第二条　收养应当有利于被收养的未成年人的抚养、成长，保障被收养人和收养人的合法权益，遵循平等自愿的原则，并不得违背社会公德。

第三条　收养不得违背计划生育的法律、法规。

第二章　收养关系的成立

第四条　下列不满十四周岁的未成年人可以被收养：

（一）丧失父母的孤儿；

（二）查找不到生父母的弃婴和儿童；

（三）生父母有特殊困难无力抚养的子女。

第五条　下列公民、组织可以作送养人：

（一）孤儿的监护人；

（二）社会福利机构；

（三）有特殊困难无力抚养子女的生父母。

第六条　收养人应当同时具备下列条件：

（一）无子女；

（二）有抚养教育被收养人的能力；

（三）未患有在医学上认为不应当收养子女的疾病；

（四）年满三十周岁。

第七条　收养三代以内同辈旁系血亲的子女，可以不受本法第四条第三项、第五条第三项、第九条和被收养人不满十四周岁的限制。

华侨收养三代以内同辈旁系血亲的子女，还可以不受收养人无子女的限制。

第八条　收养人只能收养一名子女。

收养孤儿、残疾儿童或者社会福利机构抚养的查找不到生父母的弃婴和儿童，可以不受收养人无子女和收养一名的限制。

第九条　无配偶的男性收养女性的，收养人与被收养人的年龄应当相差四十周岁以上。

第十条　生父母送养子女，须双方共同送养。生父母一方不明或者查找不到的可以单方送养。

有配偶者收养子女，须夫妻共同收养。

第十一条　收养人收养与送养人送养，须双方自愿。收养年满十周岁以上未成年人的，应当征得被收养人的同意。

第十二条　未成年人的父母均不具备完全民事行为能力的，该未成年人的监护人不得将其送养，但父母对该未成年人有严重危害可能的除外。

第十三条　监护人送养未成年孤儿的，须征得有抚养义务的人同意。有抚养义务的人不同意送养、监护人不愿意继续履行监护职责的，应当依照《中华人民共和国民法通则》的规定变更监护人。

第十四条　继父或者继母经继子女的生父母同意，可以收养继子女，并可以不受本法第四条第三项、第五条第三项、第六条和被收养人不满十四周岁以及收养一名的限制。

第十五条　收养应当向县级以上人民政府民政部门登记。收养关系自登记之日起成立。

收养查找不到生父母的弃婴和儿童的，办理登记的民政部门应当在登记前予以公告。

收养关系当事人愿意订立收养协议的，可以订立收养协议。

收养关系当事人各方或者一方要求办理收养公证的，应当办理收养公证。

第十六条　收养关系成立后，公安部门应当依照国家有关规定为被收养人办理户口登记。

第十七条　孤儿或者生父母无力抚养的子女，可以由生父母的亲属、朋友抚养。

抚养人与被抚养人的关系不适用收养关系。

第十八条　配偶一方死亡，另一方送养未成年子女的，死亡一方的父母有优先抚养的权利。

第十九条　送养人不得以送养子女为理由违反计划生育的规定再生育子女。

第二十条　严禁买卖儿童或者借收养名义买卖儿童。

第二十一条　外国人依照本法可以在中华人民共和国收养子女。

外国人在中华人民共和国收养子女，应当经其所在国主管机关依照该国法律审查同意。收养人应当提供由其所在国有权机构出具的有关收养人的年龄、婚姻、职业、财产、健康、有无受过刑事处罚等状况的证明材料，该证明材料应当经其所在国外交机关或者外交机关授权的机构认证，并经中华人民共和国驻该国使领馆认证。该收养人应当与送养人订立书面协议，亲自向省级人民政府民政部门登记。

收养关系当事人各方或者一方要求办理收养公证的，应当到国务院司法行政部门认定的具有办理涉外公证资格的公证机构办理收养公证。

第二十二条　收养人、送养人要求保守收养秘密的，其他人应当尊重其意愿，不得泄露。

第三章　收养的效力

第二十三条　自收养关系成立之日起，养父母与养子女间的权利义务关系，适用法律关于父母子女关系的规定；养子女与养父母的近亲属间的权利义务关系，适用法律关于子女与父母的近亲属关系的规定。

养子女与生父母及其他近亲属间的权利义务关系，因收养关系的成立而消除。

第二十四条　养子女可以随养父或者养母的姓，经当事人协商一致，也可以保留原姓。

第二十五条　违反《中华人民共和国民法通则》第五十五条和本法规定的收养行为无法律效力。

收养行为被人民法院确认无效的，从行为开始时起就没有法律效力。

第四章　收养关系的解除

第二十六条　收养人在被收养人成年以前，不得解除收养关系，但收养人、送养人双方协议解除的除外，养子女年满十周岁以上的，应当征得本人同意。

收养人不履行抚养义务，有虐待、遗弃等侵害未成年养子女合法权益行为的，送养人有权要求解除养父母与养子女间的收养关系。送养人、收养人不能达成解除收养关系协议的，可以向人民法院起诉。

第二十七条　养父母与成年养子女关系恶化、无法共同生活的，可以协议解除收养关系。不能达成协议的，可以向人民法院起诉。

第二十八条　当事人协议解除收养关系的，应当到民政部门办理解除收养关系的登记。

第二十九条　收养关系解除后，养子女与养父母及其他近亲属间的权利义务关系即行消除，与生父母及其他近亲属间的权利义务关系自行恢复，但成年养子女与生父母及其他近亲属间的权利义务关系是否恢复，可以协商确定。

第三十条　收养关系解除后，经养父母抚养的成年养子女，对缺乏劳动能力又缺乏生活来源的养父母，应当给付生活费。因养子女成年后虐待、遗弃养父母而解除收养关系的，养父母可以要求养子女补偿收养期间支出的生活费和教育费。

生父母要求解除收养关系的，养父母可以要求生父母适当补偿收养期间支出的生活费和教育费，但因养父母虐待、遗弃养子女而解除收养关系的除外。

第五章　法律责任

第三十一条　借收养名义拐卖儿童的，依法追究刑事责任。

遗弃婴儿的，由公安部门处以罚款；构成犯罪的，依法追究刑事责任。

出卖亲生子女的，由公安部门没收非法所得，并处以罚款；构成犯罪的，依法追究刑事责任。

第六章　附　则

第三十二条　民族自治地方的人民代表大会及其常务委员会可以根据本法的原则，结合当地情况，制定变通的或者补充的规定。自治区的规定，报全国人民代表大会常务委员会备案。自治州、自治县的规定，报省或者自治区的人民代表大会常务委员会批准后生效，并报全国人民代表大会常务委员会备案。

第三十三条　国务院可以根据本法制定实施办法。

第三十四条　本法自 1999 年 4 月 1 日起施行。

图书在版编目（CIP）数据

婚姻家庭法学/杨大文等主编．—3版．—北京：中国人民大学出版社，2012.12
21世纪高等院校法学系列精品教材
ISBN 978-7-300-16894-4

Ⅰ.①婚…　Ⅱ.①杨…②龙…　Ⅲ.①婚姻法-法的理论-中国-高等学校-教材　Ⅳ.①D923.901

中国版本图书馆CIP数据核字（2012）第313898号

普通高等教育“十五”国家级规划教材
21世纪高等院校法学系列精品教材
婚姻家庭法学（第三版）
主　编　杨大文　龙翼飞　夏吟兰
Hunyin Jiating Faxue

出版发行	中国人民大学出版社		
社　　址	北京中关村大街31号	**邮政编码**	100080
电　　话	010－62511242（总编室）		010－62511398（质管部）
	010－82501766（邮购部）		010－62514148（门市部）
	010－62515195（发行公司）		010－62515275（盗版举报）
网　　址	http://www.crup.com.cn		
	http://www.ttrnet.com（人大教研网）		
经　　销	新华书店		
印　　刷	北京密兴印刷有限公司	**版　　次**	2006年5月第1版
规　　格	185 mm×260 mm　16开本		2013年3月第3版
印　　张	16 插页2	**印　　次**	2014年1月第2次印刷
字　　数	395 000	**定　　价**	29.00元

《　　　　　　》※任课教师调查问卷

为了能更好地为您提供优秀的教材及良好的服务，也为了进一步提高我社法学教材出版的质量，希望您能协助我们完成本次小问卷，完成后您可以在我社网站中选择与您教学相关的1本教材作为今后的备选教材，我们会及时为您邮寄送达！如果您不方便邮寄，也可以申请加入我社的**法学教师QQ群：83961183（申请时请注明法学教师）**，然后下载本问卷填写，并发往我们指定的邮箱（cruplaw@163.com）。

邮寄地址：北京市海淀区中关村大街31号中国人民大学出版社411室收

邮　　编：100080

再次感谢您在百忙中抽出时间为我们填写这份调查问卷，您的举手之劳，将使我们获益匪浅！

基本信息及联系方式：※

姓名：＿＿＿＿＿＿ 性别：＿＿＿＿＿＿ 课程：＿＿＿＿＿＿＿＿＿＿

任教学校：＿＿＿＿＿＿＿＿＿＿＿＿ 院系（所）：＿＿＿＿＿＿＿＿

邮寄地址：＿＿＿＿＿＿＿＿＿＿＿＿ 邮编：＿＿＿＿＿＿＿＿＿＿

电话（办公）：＿＿＿＿＿＿ 手机：＿＿＿＿＿＿ 电子邮件：＿＿＿＿＿＿

调查问卷：※

1. 您认为图书的哪类特性对您使用教材最有影响力？（　　）（可多选，按重要性排序）

   A. 各级规划教材、获奖教材　　B. 知名作者教材

   C. 完善的配套资源　　D. 自编教材

   E. 行政命令

2. 在教材配套资源中，您最需要哪些？（　　）（可多选，按重要性排序）

   A. 电子教案　　B. 教学案例

   C. 教学视频　　D. 配套习题、模拟试卷

3. 您对于本书的评价如何？（　　）

   A. 该书目前仍符合教学要求，表现不错将继续采用。

   B. 该书的配套资源需要改进，才会继续使用。

   C. 该书需要在内容或实例更新再版后才能满足我的教学，才会继续使用。

   D. 该书与同类教材差距很大，不准备继续采用了。

4. 从您的教学出发，谈谈对本书的改进建议：＿＿＿＿＿＿＿＿＿＿＿＿

＿＿＿＿＿＿＿＿＿＿＿＿＿＿＿＿＿＿＿＿＿＿＿＿＿＿＿＿＿＿＿＿

＿＿＿＿＿＿＿＿＿＿＿＿＿＿＿＿＿＿＿＿＿＿＿＿＿＿＿＿＿＿＿＿

选题征集：如果您有好的选题或出版需求，欢迎您联系我们：

联系人：黄　强　联系电话：010-62515955

索取样书：书名：＿＿＿＿＿＿＿＿＿＿＿＿＿＿＿＿＿＿＿＿＿＿＿＿

书号：＿＿＿＿＿＿＿＿＿＿＿＿＿＿＿＿＿＿＿＿＿＿＿＿＿＿＿＿

备注：※ 为必填项。